Tiffany N. Florvil
BLACK GERMANY

Tiffany N. Florvil

BLACK GERMANY

**Schwarz, deutsch, feministisch –
die Geschichte einer Bewegung**

Aus dem Englischen
von Stephan Pauli

Ch.Links VERLAG

Die Originalausgabe erschien 2020 unter dem Titel *Mobilizing Black Germany. Afro-German Women and the Making of a Transnational Movement* bei University of Illinois Press, Urbana, Chicago and Springfield.

Auch als ebook erhältlich

Die Deutsche Nationalbibliothek verzeichnet diese Publikation in der Deutschen Nationalbibliografie; detaillierte bibliografische Angaben sind im Internet über www.dnb.de abrufbar.

Ch. Links Verlag ist eine Marke der Aufbau Verlage GmbH & Co. KG

© 2020 by the Board of Trustees of the University of Illinois, reprinted by arrangement with the University of Illinois Press
© 2023 für die Übersetzung aus dem Englischen Stephan Pauli
© Aufbau Verlage GmbH & Co. KG, Berlin 2023
www.christoph-links-verlag.de
Prinzenstraße 85, 10969 Berlin
Umschlaggestaltung: zero-media.net, München,
unter Verwendung einer Zeichnung © Diana Ejaita
Lektorat: Dr. Julia M. Nauhaus
Sensitive Reading: Minitta Kandlbauer
Satz: Nadja Caspar
Druck und Bindung: Druckerei F. Pustet, Regensburg

ISBN 978-3-96289-176-3

Inhalt

Vorwort
von Alice Hasters ~ 9

Vorwort zur deutschen Ausgabe
von Tiffany N. Florvil ~ 13

Ein »Schwarzes Comingout«
Einleitung ~ 18

Die Kulturpolitik von Race ~ 28

Schwarze deutsche Frauen »doin' it for themselves« ~ 31

Schwarzen Internationalismus, das Schwarze Europa und Schwarzen Intellektualismus neu denken ~ 32

Ein Deutschland, in dem Schwarzsein existiert ~ 37

Der politische Hintergrund der Bewegung ~ 46

Auf den Spuren der Schwarzen Bewegung in Deutschland
Kapitelübersicht ~ 51

1 **Schwarze deutsche Frauen und Audre Lorde** ~ 56

Lorde vor ihrer Berliner Zeit ~ 60

Lorde in Berlin ~ 67

Die Verbindungen Schwarzer deutscher und Schwarzer europäischer Frauen zu Lorde ~ 83

2 **Die Entstehung einer modernen Schwarzen Bewegung in Deutschland** ~ 99

»Wo ist deine Heimat – ich meine, deine richtige?« Die Ursprünge der Initiative ~ 103

Die Initiative verstehen ~ 107

Die von Schwarzen Deutschen erfundenen Traditionen in der Praxis ~ 124

3 **ADEFRA, *Afrekete* und die Verwandtschaftsbeziehungen Schwarzer deutscher Frauen** ~ 135

Die Ursprünge der Schwarzen deutschen feministischen Mobilisierung ~ 139

Schwarz, queer, feministisch – Projekt und Community ~ 144

Verwandtschaftsbeziehungen in *Afrekete* ~ 156

Transnationale diasporische Roots und Routes ~ 169

4 **Intellektueller Aktivismus und transnationale Überquerungen Schwarzer deutscher Frauen** ~ 178

Frauen erheben in *Farbe bekennen* ihre Stimme ~ 181

May Ayims frühe Jahre ~ 192

Ayims intellektueller Aktivismus in Deutschland ~ 196

Ayims transnationaler Aktivismus ~ 206

5 **Diasporische Raumpolitik und Black History Month in Berlin** ~ 217

Berlin, die Black History Months und das Herstellen von Bedeutung ~ 221

Das Bundestreffen und andere diasporische Ressourcen ~ 222

Die jährlichen Feierlichkeiten zum Black History Month ~ 231

Die Raumzeiten von Schwarzsein auf den Black History Months ~ 241

6 Schwarze feministische Solidarität in Deutschland
und Schwarzer Internationalismus ~ 258

Schwarzer feministischer Aktivismus und das Entstehen
des Sommerseminars ~ 262

Das fünfte interkulturelle Sommerseminar für
Black Women's Studies ~ 273

Die Resolutionen des Sommerseminars 1991 ~ 279

**Black Lives Matter in Deutschland
Epilog** ~ 291

Anhang

Anmerkungen ~ 299

Abkürzungen ~ 367

Abbildungen ~ 269

Quellen und Literatur ~ 371

Glossar ~ 387

Personenregister ~ 389

Stichwortregister ~ 397

Dank ~ 405

Vorwort
von Alice Hasters

Im Sommer 2020 standen Zehntausende Menschen auf den Straßen Deutschlands, in Berlin, Köln, Frankfurt und vielen anderen Städten, um gegen die Missachtung Schwarzer Leben zu demonstrieren. Es waren die größten Black-Lives-Matter-Proteste außerhalb der USA. Ausgelöst durch den Mord an George Floyd, einem Schwarzen Mann, der in Minneapolis von einem weißen Polizisten getötet wurde.

Niemals zuvor waren Proteste gegen Antischwarzen Rassismus in Deutschland so groß wie im Sommer 2020. Für eine breitere Öffentlichkeit war es das erste Mal, dass sie etwas von Schwarzem deutschen Aktivismus hörte. Nach Jahren der Ignoranz widmeten sich auf einmal ganze Fernsehsendungen und Zeitungsartikel kritisch den Fragen, was mit Kolonialdenkmälern, Raubkunst und dem Wort »Rasse« im Grundgesetz passieren sollte. Doch diese Diskussionspunkte sind schon weitaus älter, als viele zunächst meinten. Auch wenn einige Medienberichte es gern so darstellten, kam dieser Widerstand nicht aus dem Nichts, vor allem fing er nicht erst 2020 an. Die Menschen, die auf den öffentlichen Plätzen Deutschlands »I can't breathe« riefen und ein Ende von rassistischer Gewalt forderten, führten eine jahrzehntelange Geschichte fort, von der leider viel zu wenige wissen. Auch viele junge Schwarze Deutsche nicht. Sie stehen auf Schultern, die sie selbst kaum oder gar nicht kennen. Es ist die Konsequenz eines strukturellen Problems: In Schulen lernen wir kaum etwas über Schwarze Geschichte. So machen viele von uns einen Abschluss in der Annahme, Schwarzsein und Deutschsein hätten nichts miteinander zu tun. Ebenso herrscht der Eindruck vor, es hätte bis Ende des 20. Jahrhunderts keine Schwarzen Menschen in Deutschland gegeben.

Auch ich dachte das in meiner Schulzeit. Erst als ich während meines Studiums in den 2010er Jahren anfing, mir mehr Fragen über meine eigene Identität zu stellen, setzte ich mich genauer mit Schwarzem Aktivismus auseinander. Ich fand Texte von May Ayim aus den frühen 1990er Jahren, die so relevant und aktuell waren, als wären sie gerade erst geschrieben worden. Im Bücherregal meiner Mutter fand ich eine alte Ausgabe von *Farbe bekennen,* eines der, wenn nicht *das* wichtigste Buch über Schwarze Identität in Deutschland. Hätte meine Mutter es nicht gehabt, wäre es für mich kaum möglich gewesen, es zu lesen, denn es wurde zu diesem Zeitpunkt nicht mehr verlegt. Ich war angefixt, wollte noch mehr wissen. Jedoch war das nicht leicht. Mir fehlte jegliche Orientierung. Selbst Google wusste nicht allzu viel über Schwarze deutsche Widerstandsgeschichte. Die gute Nachricht ist: Auch das ist mittlerweile einige Jahre her und es ändert sich langsam etwas. *Farbe bekennen* wird wieder gedruckt und auch das Buch, das Sie hier vor sich haben, wird es künftigen Generationen sehr viel leichter machen, Schwarze deutsche Geschichte zu verstehen.

Tiffany N. Florvil hat sich einer wichtigen, aber keiner leichten Aufgabe gewidmet. In *Black Germany. Schwarz, deutsch, feministisch – die Geschichte einer Bewegung* zeichnet sie nach, wie sich ein Schwarzes deutsches Selbstbewusstsein formte und daraus die Organisationen Initiative Schwarzer Menschen in Deutschland (ISD) und Schwarze Frauen in Deutschland (ADEFRA) entstanden, deren Anfänge mittlerweile mehr als dreißig Jahre zurückliegen. Diese Aufgabe ist deshalb so herausfordernd wie wichtig, weil die Geschichte des Schwarzen Aktivismus in Deutschland kaum Anerkennung findet. Viele Bücher, Magazine, Filme, Forderungen und Veranstaltungen sowie Kunst von und für Schwarze Deutsche drohen in Vergessenheit zu geraten. Tiffany N. Florvil setzt mit ihrem Buch etwas dagegen und leistet Pionierarbeit. Noch nie wurde so genau über die Entstehung und Entwicklung der wichtigsten Schwarzen deutschen Organisationen geschrieben. Sie trägt dazu bei, dass Schwarzer Aktivismus in Deutschland endlich als das anerkannt wird, was er auch ist: Teil der deutschen Geschichte. Er ist prägend für den nationalen Diskurs über die Frage, was Deutschsein bedeutet, sowie für den internationalen Diskurs darüber, was es heißt, Schwarz zu sein.

Black Germany zeigt die außergewöhnliche Entstehung von Schwarzem Aktivismus in Deutschland auf. In den USA, Großbritannien oder Frankreich formte sich eine politische Schwarze Identität, nachdem bereits eine Gemeinschaft, eine sogenannte Community, bestand. Die prägende Erfahrung vieler Schwarzer Deutscher war jedoch, isoliert von anderen Schwarzen aufzuwachsen. Erst die Politisierung, der Kampf gegen Rassismus, brachte Schwarze Menschen oftmals überhaupt zusammen.

Florvil erklärt anschaulich, dass Schwarzer Aktivismus schon immer Wert auf internationale Solidarität legte und von anderen Bewegungen lernte, insbesondere denen aus den USA. Was zum großen Teil auf das Wirken der karibisch-amerikanischen Aktivistin und Autorin Audre Lorde zurückzuführen ist. Doch auch andere Verbindungen, wie zum Beispiel die Besuche von Angela Davis oder W.E.B. Du Bois an deutschen Universitäten, sind relevant. Florvils Recherche zu Schwarzer deutscher Geschichte in den USA wie in Deutschland macht dieses Buch so wertvoll und umfassend. Denn: Viel Forschung zu Schwarzer deutscher Identität wird nach wie vor in den USA durchgeführt. Einige Expertinnen zu diesem Themenbereich finden in den Vereinigten Staaten eher Stellen als hier oder müssen zumindest ihre Daseinsberechtigung nicht so stark verteidigen wie es an deutschen Universitäten häufig der Fall zu sein scheint. Es ist doch bemerkenswert, dass ein Buch über die Geschichte des Schwarzen Aktivismus in Deutschland zuerst auf Englisch erscheint und erst drei Jahre nach Erstveröffentlichung ins Deutsche übersetzt wird. Zum Glück, denn gerade Menschen in Deutschland brauchen es.

Für mich ist dieses Buch unverzichtbar, es hat mir in vielerlei Hinsicht geholfen. Zum einen als Autorin zu verstehen, in was für eine Tradition ich mich einschreibe. Zum anderen als Schwarze Frau in Deutschland zu begreifen, dass das Ergründen und der Kampf um Schwarze deutsche Identitäten eine lange Geschichte hat, die mir das Privileg gibt, nicht bei null anfangen zu müssen. *Black Germany* macht Mut und gibt Wertschätzung für eine Bewegung, die viel zu lange ignoriert wurde und immer noch zu wenig Beachtung findet. Es regt zum kritischen Denken an und liefert spannende Anknüpfungspunkte für einen weiteren Diskurs.

Die Frage, was Schwarzsein in Deutschland bedeutet, ist eine fortlaufende. Doch ohne die Anerkennung der Arbeit Schwarzer Organisationen ist sie unmöglich zu beantworten. Florvil trägt sie mit diesem Buch endlich mehr ans Licht.

Vorwort zur deutschen Ausgabe von Tiffany N. Florvil

Bis zu diesem Buch war es ein langer Weg. Ich bin stolz, erleichtert und glücklich, dass nun eine deutsche Übersetzung von *Mobilizing Black Germany* vorliegt. Bei den Recherchen zu diesem Buch hatte ich das Glück, Ria Cheatom, Jasmin Eding, Judy Gummich, Ricky Reiser, Ika Hügel-Marshall, Katharina Oguntoye, Dagmar Schultz, Marion Kraft, Regina Stein, Katja Kinder, Maisha Auma und Peggy Piesche kennenzulernen. Diese Schwarzen deutschen Frauen haben Zeit mit mir verbracht und mich bei meiner Arbeit unterstützt. Sie teilten ihre Erinnerungen mit mir sowie zahlreiche Materialien. Darüber hinaus haben die Forschungen von Anne Adams, Andrea-Vicky Amankwaa-Birago, Maisha Auma, Robbie Aitken, Céline Barry, Manuela Bauche, Denise Bergold-Caldwell, Carol Aisha Blackshire-Belay, Reginald Bess, Vance Byrd, Tina M. Campt, Sonya Donaldson, Fatima El-Tayeb, Cedric Essi, Karina Griffith, Leroy Hopkins, Natasha A. Kelly, Katja Kinder, Kevina King, Philipp Khabo Koepsell, Bebero Lehmann, Heidi Lewis, Azziza B. Mandala, Peter Martin, Adrienne Merritt, Michelle Moyd, Priscilla Layne, Yara Colette Lemke Muñiz de Faria, Clarence Lusane, Obenewaa Oduro-Opuni, Katharina Oguntoye, Jeannette Oholi, Pamela Ohene-Nyako, Rosemarie Peña, Peggy Piesche, Vanessa Plumly, Reiner Pommerin, Patrice Poutrus, Sara Pugach, Paulette Reed Anderson, Eve Rosenhaft, Marilyn Sephocle, Kira Thurman, Jamele Watkins, Michelle M. Wright und vieler anderer meine Arbeit an dem Buch begleitet. Außerdem haben mich die Analysen und Theorien von Schwarzen und Theoretiker*innen of Color inspiriert, zum Beispiel die Darstellungen von Hazel Carby, Carole Boyce Davies, Paul Gilroy, Stuart Hall, Katherine McKittrick, Frantz Fanon, José Esteban Muñoz, Christina Sharpe, Michel-Rolph Trouillot, Alexander Weheliye.

Ich bin eine afrokaribische Historikerin aus den USA mit einem großen Interesse an der Schwarzen Geschichte, nicht nur in Deutschland, sondern in ganz Europa. Diese Geschichte ist mir wichtig, weil sie die Komplexität Schwarzer Lebenserfahrungen zeigt. Die afrikanische Diaspora ist dynamisch und global. Leider wird Diaspora-Geschichte in Deutschland von der weißen Dominanzgesellschaft immer noch mehrheitlich ignoriert, Kolonialismus verharmlost und die Auffassung vertreten, Schwarze Geschichte fange nach dem Zweiten Weltkrieg an. Mein Buch zeigt, dass die Schwarze Geschichte zur Geschichte Deutschlands gehört, dass also eine vollständige Geschichte Deutschlands ohne Schwarze Geschichte nicht geschrieben werden kann. In *Farbe bekennen: Afro-deutsche Frauen auf den Spuren ihrer Geschichte* (2020, 2006, 1992, 1986) hat May Ayim diese lange Schwarze Geschichte vom 12. Jahrhundert bis zum 20. Jahrhundert vorgestellt. Die Schwarze Community in Deutschland ist heterogen, und so auch ihre Kultur und ihre Geschichte. Ich kann nicht für die Schwarze Community in Deutschland sprechen, und ich habe das auch nie versucht. Ich habe Archive besucht und die Quellen analysiert, um diese komplexe Geschichte zu erläutern und zu beschreiben sowie sie in die Geschichte Deutschlands einzuflechten. Die meisten Dokumente und Materialien habe ich jedoch nicht in traditionellen Archiven gefunden, sondern sie wurden mir während der zahlreichen und langen persönlichen Gespräche mit den Schwarzen deutschen Aktivist*innen in Privatwohnungen zugänglich gemacht.

Dieses Buch erzählt die Geschichte der Schwarzen deutschen Bewegung in den 1980er, 1990er und 2000er Jahren. In dieser Zeit machte die Schwarze Community Schwarzsein in Deutschland sowohl sichtbar als auch lesbar. Diese Arbeit war begleitet von intensivem Engagement, unterschiedlichen Formen des Aktivismus, Begegnungen und Emotionen. Dies zeigte, dass das Leben Schwarzer

Menschen in Deutschland schon immer präsent und wichtig war. Die Communitys gaben vielen Schwarzen Menschen eine Stimme und einen Platz in Deutschland. Schwarze Menschen in Deutschland kämpften gegen Rassismus, Diskriminierung, Klischees und negative Stereotypen. Sie dachten intersektional, fanden Worte und sprachen über Machstrukturen in der deutschen Gesellschaft. Sie waren »Intellektuelle des Alltags« (»quotidian intellectuals«) und leisteten eine wichtige affektive, politische, kulturelle und intellektuelle Arbeit. Mein Buch dokumentiert diese schwere Arbeit. Der kollektive Schwarze Aktivismus begründet von May Ayim, Katharina Oguntoye, Jasmin Eding, Judy Gummich, Helga Emde, Eleonore Wiedenroth-Coulibaly, David Nii Addy, Michael Reichel, John Kantara und Abenaa Adomako besteht fort.

Meine Dankbarkeit gilt den Generationen von Schwarzen Frauen in den USA, in Deutschland und in Europa: Abenaa Adomako, May Ayim, Ria Cheatom, Jasmin Eding, Philomena Essed, Glenda Florvil, Shirley Graham Du Bois, Fasia Jansen, Claudia Jones, June Jordan, Marion Kraft, Audre Lorde, Anne Moody, Olive Morris, Katharine Oguntoye, Gloria Wekker und allen anderen, die ihren Platz erkämpft haben. Ich stehe auf ihren Schultern. Ich bin hier, weil sie auch hier waren und sind. Was für ein Erbe?! Die Arbeit und die Bestrebungen der neuen Generationen von Schwarzen Aktivist*innen, Autor*innen, Journalist*innen, Künstler*innen, Musiker*innen und Wissenschaftler*innen in Deutschland – zum Beispiel Josephine Apraku, Diana Arce, Stefanie-Lahya Aukongo, Denise Bergold-Caldwell, Rebecca Brückmann, Meryem Choukri, Patricia Eckermann, Tessa Hart, Alice Hasters, Jasmina Kuhnke, Malonda, Lara-Sophie Milagro (Label Noir), Mirjam Nuenning, Evein Rosa Obulor, Tupoka Ogette, Jeannette Oholi, Sharon Dodua Otoo, Olumide Popoola, Emilia Roig, Chantal-Fleur Sandjon, Riccarda J. Schneider, SchwarzRund, Vanessa Thompson, Katharina Warda, Olivia Wenzel und Anna Yeboah – sind inspirierend und beeindruckend. Viel Inspiration habe ich im Mai und Juni 2022 erfahren bei dem von Sharon

Dodua Otoo kuratierten Schwarzen Literaturfestival *Resonanzen* im Rahmen der Ruhrfestspiele Recklinghausen und beim *Afrolution Festival* des Each One Teach One e.V. in Berlin. Es war schön, diese Momente zu erleben und ein Teil davon sein zu können!

Ich bedanke mich bei allen, die an der deutschen Ausgabe meines Buchs mitgewirkt haben, besonders bei Diana Ejaita, Alice Hasters, Minitta Kandlbauer, Maike Nedo, Nora Prüfer, Stephan Pauli, und dem Ch. Links Verlag. Mein Dank gilt auch Luam Belay, Rebecca Brückmann, Alicia E. Ellis, Glenda Florvil, Silke Hackenesch, Vanessa Haye, Ika Hügel-Marshall, Tamara Jendoubi, Annette Joseph-Gabriel, Yezenia León Mezu, Heidi Lewis, Jeannette Oholi, Sharon Dodua Otoo, David Prior, Isaac Anderson Prior, Vanessa Plumly, Ricky Reiser, Jennifer Rodgers, Sina Maria Speit, Cynthia Suchomel, Jamele Watkins, Sheba Wiafe und Eleonore Wiedenroth-Coulibaly.

Es gibt viele Schwarze Geschichten, die noch zu entdecken und zu schreiben sind. Dieses Buch ist nur ein kleiner Anfang, um diese wichtigen Geschichten zu beleuchten.

Albuquerque, New Mexico
13. Januar 2023

*Für Glenda und Isaac
in Liebe und Dankbarkeit*

*Und für
Ika Hügel-Marshall
1947–2022*

Ein »Schwarzes Comingout«
Einleitung

Wir Schwarzen Deutschen wollen aus dem Zustand des gesellschaftlichen Unsichtbarseins heraustreten, da dies ja nun auch wirklich kein sehr angenehmer Zustand für uns ist. Damit sind wir für unsere Gesellschaft eine Herausforderung, der sie auf Grund ihres gestörten Eigenbewußtseins kaum gewachsen ist. Aus dem Gesagten erklärt sich, daß die schwarze deutsche Bewegung ihre hauptsächliche Kraft und Motivation aus dem Wunsch und der Erkenntnis erhält, daß es notwendig ist, eine selbstbestimmte Identität als Afrodeutsche bzw. schwarze Deutsche zu finden. Ist doch die eigene Identität die Voraussetzung, um als einzelne Person in der deutschen Gesellschaft zu leben und auch um als Gruppe im Kampf gegen Rassismus und Diskriminierung von Minderheiten zu bestehen, also die eigenen Kräfte sinnvoll einzubringen.
Katharina Oguntoye, »Die Schwarze deutsche Bewegung und die Frauenbewegung in Deutschland«, März 1989

Was heißt es, eine Schwarze deutsche Bürgerin zu sein? Wie sahen für Frauen die Kämpfe des Schwarzen Deutschlands gegen Rassismus und Unterdrückung aus, und welche Form nahmen Schwarze Politik und Schwarzer Aktivismus im Deutschland des späten 20. Jahrhunderts an? Wann, wo und warum ist die moderne Schwarze deutsche Bewegung entstanden, und welche Folgen hat sie gezeitigt? *Black Germany. Schwarz, deutsch, feministisch – die Geschichte einer Bewegung* beantwortet diese Fragen anhand der Geschichte einer Gruppe Schwarzer deutscher Aktivist*innen-Intellektueller, darunter May

Ayim, Jasmin Eding, Helga Emde, Judy Gummich und Katharina Oguntoye. Sie haben eine moderne Diaspora-Bewegung aufgebaut und am Leben erhalten, die ihre unterschiedlichen Identitäten betont und sie zugleich in die Lage versetzt, sich der Diskriminierung entgegenzustellen und sich ihrer Ausgrenzung sowie ihrem Othering oder Zu-Anderen-gemacht-Werden innerhalb der beiden deutschen Staaten zu widersetzen.[1] In deutschen Großstädten kamen Schwarze deutsche Frauen trotz ihrer persönlichen Unterschiede zusammen. Sie knüpften affektive Verbindungen und »traten aus [ihrem] gesellschaftlichen Unsichtbarsein« und ihrer Isolation heraus.[2] Darüber hinaus schufen sie neue Räume, Diskurse und Praktiken, in deren Mittelpunkt ihre Forderung nach Zugehörigkeit und antirassistische Perspektiven standen. Um ihre nationalen wie internationalen politischen Ziele voranzubringen, gründeten sie Basisorganisationen, schrieben Briefe, Lyrik und Prosa und planten kulturelle wie politische Aktivitäten, mit denen sie gegen rassistisches Unrecht und weißes Überlegenheitsdenken weltweit protestierten.

In *Black Germany* vertrete ich die These, dass Schwarze deutsche Frauen eine zentrale Rolle bei der Ausformung intellektueller, kultureller und politischer Konturen der modernen Schwarzen Bewegung in Deutschland spielten. Sie wurden aktiv, um Missstände anzusprechen, die in Deutschland und weltweit herrschten, und stießen Diskussionen über rassistische und geschlechtsspezifische Formen der Unterdrückung an.[3] Der feministische diasporische Aktivismus Schwarzer deutscher Frauen ließ sich von einer »Politik und Poetik der Repräsentation« leiten. Schwarze deutsche Frauen produzierten Wissen, prangerten rassistische Ungleichheit an, wehrten sich gegen ihre Unsichtbarmachung innerhalb der Nation und stellten gleichzeitig den Status quo in Frage.[4] Ihre antirassistische Politik kritisierte im Deutschland der späten Nachkriegszeit diskriminierende Maßnahmen und Praktiken. Ihre Poetik versinnbildlichte die Vielfalt Schwarzer deutscher Kulturformen, indem sie ihre Subjektivitäten und Erfahrungen widerspiegelte. Sie unterstützten einen Schwarzen

Internationalismus, der es ihnen ermöglichte, Verbindungen und Netzwerke im In- und Ausland aufzubauen. Diese Verbindungen waren insofern radikale Formen affektiver Verwandtschaftsbeziehungen, als Schwarze Deutsche sich weigerten, ihre Herkunft und Zugehörigkeit allein auf Grundlage von genealogischer Abstammung oder Ehe zu definieren.

Um den beispiellosen diskursiven Raum aufzuzeigen, den Schwarze Deutsche gestalteten und an dem sie teilhatten, stützt sich dieses Buch auf eine Reihe von veröffentlichten und unveröffentlichten Quellen, darunter Briefwechsel, autobiografische Schriften, Interviews, Gedichte, Zeitungen, Community-basierte Zeitschriften, Organisationsprotokolle und -broschüren sowie Veranstaltungsprogramme. Es berücksichtigt weiterhin Archivmaterial und die privaten Sammlungen verschiedener Schwarzer deutscher Aktivistinnen, die nicht in traditionellen Archiven aufbewahrt werden.[5] Zusammen bergen diese Quellen eine lange vernachlässigte kulturelle, intellektuelle und institutionelle Geschichte der modernen Schwarzen deutschen Bewegung von den 1980er bis in die 2000er Jahre, zu deren Umfeld etwa jene Aktivist*innen-Intellektuellen gehörten, die auf Race-Identität, Geschlechterbefreiung und soziale Gerechtigkeit drängten. Es wurden bereits mehrere Bücher über die Bewegung in Deutschland veröffentlicht, allerdings unterscheidet sich meines dadurch, dass ich eine detaillierte Darstellung biete, die sich auf eine Vielzahl von Quellen beiderseits des Atlantiks stützt.[6] Dies ist das erste Buch, das die Entwicklung zweier prominenter deutscher, mitgliedergesteuerter Organisationen Schwarzer Deutscher erforscht – der Initiative Schwarze Deutsche (ISD) und AfroDEutsche FRAuen (ADEFRA). Ich untersuche jene organisatorischen Praktiken, Strategien und Veranstaltungen, die ihre Mitglieder ermutigten, für ihre Anerkennung, ihre Grundrechte und die Beseitigung von Rassismus und Diskriminierung in Deutschland und in anderen Ländern zu kämpfen. Gemessen an ihren Mitgliedszahlen waren die 1985 ins Leben gerufene ISD und die 1986 mit feministischem Schwerpunkt gegründete ADEFRA die größten Organisationen Schwarzer Deutscher. Ihnen gehörten auch Menschen aus der größeren Schwarzen Diaspora des Landes an. Beide Gruppen versuchten, die Community zu repräsentieren und mit einzubeziehen, und sie gewannen innerhalb der Community selbst bei jenen Personen einen beachtlichen Stellenwert, die nicht in der größeren Bewegung aktiv waren. In späteren Jahren fanden sie auch in deutschen Medien sowie bei anderen Institutionen und Nichtregierungsorganisationen Beachtung. Wenn man bedenkt, wie isoliert und marginalisiert viele Schwarze Deutsche waren, erwies sich die Existenz dieser Organisationen als äußerst wichtig. Ihre gemeinsamen Bemühungen repräsentierten eine neue Form von Schwarzem deutschem Aktivismus, der sich an alternativen linken Bewegungen in Deutschland und globalen Schwarzen Freiheitskämpfen orientierte.

Die Gründung von ISD- und ADEFRA-Ortsverbänden durch Schwarze Deutsche führte zu neuen kulturellen und politischen Impulsen. Es wurden gesellschaftliche und öffentliche Foren geschaffen, die eine andere Sprache etablierten. Diese neue Grammatik veränderte die Art und Weise, wie über das Thema Race diskutiert wurde. Sie zeigte auf, wie rassifizierte Vorstellungen von Staatsbürgerschaft entstehen und was es hieß, deutsch zu sein. Als kulturpolitische Organisationen verfolgten ISD und ADEFRA antirassistische und feministische Ziele. Ihre Mitglieder »erfanden Traditionen«, indem sie bewusstseinsbildende Workshops, historische und soziologische Seminare, private Zusammenkünfte und Proteste gegen ihre Diskriminierung veranstalteten.[7] Die Arbeit Schwarzer Deutscher in diesen Organisationen machte auch eine internationalistische Koalitionsbildung und Solidarität an der Basis erforderlich. Doch sind ISD und ADEFRA nicht nur deshalb prominent in diesem Buch vertreten, weil sie die Katalysatoren der Bewegung waren, sondern weil sie für den Versuch Schwarzer Deutscher stehen, über die Auswirkungen von strukturellem Rassismus in Deutschland nachzudenken, ihn zu identifizieren und sich ihm zu widersetzen. Beide Gruppen entstanden zusammen mit anderen diasporischen Organisationen, die später in diesem Buch erwähnt werden, und arbeiteten mit ihnen zusammen. Sie bildeten kollektive Schwarze deutsche Organisationsformen aus und schufen eine Grundlage für zukünftige antirassistische und kulturelle Schwarze Vereinigungen und Initiativen in Deutschland.[8] ISD und ADEFRA machten Schwarzes Deutschsein in einem mehrheitlich von Weißen bewohnten Land sichtbar, dem es nicht gelungen war, seine koloniale Vergangenheit und deren Nachwehen, seine Multi-Race- und multikulturellen Bevölkerungsgruppen sowie die Fortdauer von Rassismus und rassistischer Gewalt nach dem Niedergang des Nationalsozialismus anzuerkennen. Wie Katharina Oguntoye im einleitenden Zitat gezeigt hat, zog die moderne Schwarze deutsche Bewegung die Grenzen zwischen Schwarzsein und Deutschsein neu, sie politisierte Race und forderte die deutsche Gesellschaft auf, ihr »gestörtes Eigenbewußtsein« anzuerkennen.[9]

Dieses Buch vertritt die These, dass zum Aktivismus Schwarzer deutscher Frauen eine Kulturpolitik der Benennung, des Stylings, des Kuratierens ihrer selbst und ihrer Geschichten gehörte. Schwarze deutsche Frauen, unter anderem May Ayim (geb. Sylvia Andler, aufgewachsen als Brigitte Sylvia Gertrud Opitz) und Katharina Oguntoye, bewiesen, dass sie Denkerinnen und Macherinnen in eigener Sache waren. Sie beteiligten sich an Akten der Wissensproduktion und Selbstdefinition, indem sie einen neuen Wortschatz schufen, der die Bezeichnungen »Afrodeutsche« und »Schwarze Deutsche« enthielt. Mit diesen Begriffen untergruben sie normative Auffassungen von Deutschsein und unterbrachen die Kontinuität einer weißen deutschen Identität. Sie schufen Identitäten, die vom Begriff der Nation aus- und über ihn hinausgingen. Ihre Bemühungen um Selbstdefinition waren kulturelle und politische Interventionen, die sie im Austausch untereinander und mit der karibisch-amerikanischen, feministischen, lesbischen Dichterin Audre Lorde betrieben, die 1984 Gastprofessorin an der Freien Universität Berlin war. Zusammengenommen verliehen diese Akte ihrem aufgezwungenen Anderssein eine neue Bedeutung und machten es zur Grundlage für Gemeinschaft, Empowerment und kulturelle Reformen.

Zu den Schwarzen Deutschen gehören nicht nur Mixed-Race-Personen und Menschen mit Vorfahren aus Afrika, der Karibik, Europa, Lateinamerika und den Vereinigten Staaten, sondern auch andere Menschen of Color, die unter Schwarz eine politische Identität verstanden, aus der Gemeinschaft und Aktivismus entstehen konnten.[10] Dies ähnelte dem britischen Kontext, wo politisches Schwarzsein früher entstanden war.[11] Personen südasiatischer, türkischer und arabischer Herkunft engagierten sich in der Bewegung, da auch sie in Deutschland Rassismus und Ausgrenzung erdulden mussten. Zuweilen umfasste der Begriff sich gegenseitig überschneidende Diaspora-Bewegungen in Deutschland. Zwar werden die Bezeichnungen Afrodeutsche und Schwarze Deutsche als gleichbedeutend betrachtet, Mitglieder der Community bevorzugen aber letztere, weil sie inklusiver ist und weniger an Kolonialismus erinnert. Ich verwende in diesem Buch beide Begriffe ohne Unterschied, gebe jedoch dem Ausdruck »Schwarze Deutsche« den Vorzug. Wenngleich Menschen afrikanischer Herkunft bereits früher in Deutschland gelebt hatten, waren Schwarze Deutsche in der Bewegung häufig Kinder aus Mixed-Race-Beziehungen und wuchsen über Nachkriegsdeutschland verteilt in weißen Familien, Waisenhäusern und Pflegefamilien auf.[12] Oft waren Afrodeutsche die einzigen Schwarzen Menschen in ihren überwiegend weißen Stadtteilen und hatten eingeschränkte oder sporadische Kontakte zu ihren Schwarzen Familienmitgliedern. Einige wuchsen mit Schwarzen Verwandten auf oder hatten Kontakt zu Afroamerikaner*innen, da sie, insbesondere in Süddeutschland, oft in der Nähe von Militärstützpunkten wohnten.[13] Andere lebten als Kinder afrikanischer oder asiatischer Migrant*innen in dritter Generation in Deutschland. Bedenkt man, dass bei Volkszählungen in Deutschland aufgrund der nationalsozialistischen Vergangenheit keine Fragen zu Race gestellt werden, ist es schwierig festzustellen, wie viele Schwarze Deutsche im Land gelebt haben oder leben. Neuere Schätzungen für das Jahr 2019 gehen von 83,2 Millionen Einwohner*innen aus, von denen 500 000 bis 800 000 Menschen zur Community gehören.[14]

Ayim und Oguntoye setzten sich mit diesem rassistischen Erbe auseinander und erlangten ihre Handlungsfähigkeit zurück, indem sie positive Bezeichnungen erfanden und sich gegen weitverbreitete und rassistische Ausdrücke wie »B~~imbo~~«, »F~~arbige~~«, »N…m~~ischling~~«, »M~~ischlingskinder~~« und »B~~esatzungskinder~~« wehrten. Einige dieser Benennungen hatten sich bereits in der Politik und in den Diskursen der Nationalsozialisten durchgesetzt, die sich wiederum bei den Jim-Crow-Gesetzen der Vereinigten Staaten bedienten.[15] Die Nationalsozialisten führten am 15. September 1935 die Nürnberger Gesetze ein, in denen sie Jüdinnen und Juden zu Bürger*innen zweiter Klasse herabstuften. Sie sprachen ihnen die deutsche Staatsbürgerschaft ab, verwehrten ihnen politische Rechte und verboten ihnen, Menschen von »deutschem Blut« zu heiraten oder sexuelle Handlungen mit ihnen zu vollziehen. Mit der ersten Verordnung zum Reichsbürgergesetz vom 14. November 1935 etablierten die Nationalsozialisten formal die Kategorien Deutsche, Juden und jüdische M~~ischlinge~~. Sie schufen die rechtliche Grundlage für den rassifizierten Status Jude/Jüdin, indem sie Jüdischsein mit Geburt, Genealogie und Vorfahren verknüpften, nicht jedoch mit der Religion.[16] Das Dekret galt auch für Sinti*zze und Rom*nja sowie Schwarze deutsche Bevölkerungsgruppen, wobei nur wenige Menschen afrikanischer Herkunft, auch wenn sie im Land geboren waren, die Staatsbürgerschaft besaßen.[17] Im Jahr 1937 begann das NS-Regime, eine Gruppe Schwarzer Deutscher, die sogenannten »R~~heinlandbastarde~~«, zu sterilisieren. Sie waren Kinder von Soldaten französischer Kolonialtruppen und weißen deutschen Frauen, die während der Besatzung des Rheinlands von 1918 bis 1930 gezeugt worden waren.[18] An einigen wurden weitere medizinische Experimente durchgeführt, andere in Konzentrationslager verschleppt.[19] Die Schwarzen Deutschen, die im Land blieben – es handelte sich größtenteils um Männer aus den Kolonien –, lebten in zunehmend prekären Verhältnissen.[20] Mehrere der abwertenden Bezeichnungen für Schwarze Deutsch tauchten in einer Art Verknüpfung nationalsozialistischer Vergangenheit und Nachkriegsgegenwart wieder auf, als während der Besatzung der Bundesrepublik durch die Alliierten afroamerikanische Soldaten sowie später afrikanische Migrant*innen Beziehungen mit weißen deutschen Frauen führten.[21] Solche Benennungen gehörten zum alltäglichen Rassismus. Ein Teil der weißen Deutschen weigerte sich sogar, Schwarze als vollwertige Menschen und Bürger*innen zu akzeptieren. Für weiße Deutsche, die glaubten, man könne nicht gleichzeitig Schwarz und deutsch sein, waren Schwarze Deutsche schlichtweg ein Paradox.

Die Entstehung und Entwicklung einer Schwarzen deutschen Identität zeigte, wie wichtig der Standort Deutschland für die Schwarze Diaspora war, die sich auf die jahrhundertealten Erfahrungen von Menschen afrikanischer Herkunft in diesem Land berief. Schwarze deutsche Aktivist*innen-Intellektuelle verorteten sich ebenso innerhalb der Nation wie innerhalb der globalen Schwarzen Diaspora. Sie »schmiedeten« im In- und Ausland eine Diaspora und gingen Verwandtschaftsbeziehungen mit Menschen afrikanischer Herkunft ein.[22] In vielerlei Hinsicht verkörpert die (Wieder)Herstellung der Identität Schwarzer Deutscher und der Aufbau ihrer politischen Bewegung das, worüber Stuart Hall in Bezug auf kulturelle Identität und die Diaspora geschrieben hat. Die (Wieder)Herstellung der Identität Schwarzer Deutscher war ein Prozess, der sich über ihre Basisorganisationen und kulturellen Produktionen ständig weiterentwickelte und ihre Bemühungen um Offenlegung von Rassismus, um Repräsentation und Widerstand gegen eine ihnen auferlegte eingeschränkte Staatsbürgerschaft prägte.[23] Er formte auch die Sprache und die Art des von ihnen generierten, in Umlauf gebrachten und zur Norm erklärten Wissens. Dieses Buch zeigt nicht nur, wie von der Community organisierte Veranstaltungen Schwarzer Deutscher, ihre Schriften und ihre Politik den Wandel ihrer Perspektiven, Identitäten und ihre Bewegung widerspiegelten, sondern auch, wie sie sich im In- und Ausland präsentierten. Es erweitert darüber hinaus unser

Verständnis von Aktivismus. Denn es behauptet, dass im Zentrum des Schwarzen Intellektualismus und Internationalismus Diskussionen über Race, Rassismus und rassifizierte Identität in Deutschland und anderswo in Europa standen. Schwarze Deutsche zeigten, wie diese Kategorien von bestimmten Werten und Verhaltensweisen geprägt wurden, die dazu beitrugen, dass sich eine Ideologie der Rassismuslosigkeit etablieren konnte.[24] Auf diese Weise verschafften sie sich Gehör und machten deutlich, wie wichtig diese Thematik war. *Black Germany* untersucht Zeitschriften der Community und andere Kulturproduktionen Schwarzer Deutscher, in denen sie das Affektive mit dem Kulturellen und Politischen verbanden.

In diesem Buch vertrete ich die These, dass Schwarze Deutsche »Intellektuelle des Alltags« waren, die über ihre individuellen, kollektiven und globalen diasporischen Erzählungen unterschiedliche Wissensformen weitergaben und somit neue Vokabeln und Bedeutungen von Identität, Staatsangehörigkeit und Zugehörigkeit vermittelten. Mit Intellektuellen des Alltags meine ich Schwarze deutsche Frauen (und Männer), die dachten, theoretisierten, schrieben, öffentlich auftraten und ihre Ideen sowie ihr Wissen in Texten und Bildern, mündlich und über Publikationen, Workshops, Konferenzen, Vorträge und künstlerische Ausdrucksformen einer breiten Öffentlichkeit näherbrachten. Tatsächlich etablierten sie neue Orte, an denen Wissen produziert und weitergegeben wurde.[25] Sowohl inhaltlich als auch formal stellten Schwarze Deutsche alltägliche Erfahrungen der Diskriminierung in den Vordergrund. Sie benutzten nicht-standardisierte Kulturformen, um die dominante Wissens- und Repräsentationsmacht ins Schwanken zu bringen. Sie halfen, das Studienfach Black German Studies zu etablieren und dieses durch ihre Veröffentlichungen und Veranstaltungen mit intellektuellem wie akademischem Wissen zu unterfüttern. So verhinderten sie ihre Unsichtbarmachung in den Archiven. Unter Einsatz verschiedener intellektueller Traditionen waren diese Akte epistemische Interventionen, durch die zum Schweigen gebrachte Narrative wiederentdeckt wurden. Sie ermöglichten es Schwarzen Deutschen, an der Öffentlichkeit teilzuhaben. Schwarze deutsche Intellektuelle des Alltags arbeiteten über und gegen dominante Diskurse und legten neu fest, wer als Intellektuelle*r zu gelten und wie intellektuelle Arbeit auszusehen habe. Dies wird deutlich, sobald wir erkennen, dass Schwarze Deutsche oder andere aus Afrika stammende Menschen entweder auf erniedrigende Art und Weise, unter den Blicken und Perspektiven weißer Deutscher, in der Öffentlichkeit standen, oder aber von der Öffentlichkeit ausgeschlossen wurden, weil man sie als Denker*innen nicht ernst nahm. Unabhängig davon, ob sie gebildet waren oder nicht, hielten Schwarze Deutsche den Herrschenden ihre Wahrheit über Race, Kolonialismus und andere Themen entgegen.

Mein Begriff Intellektuelle des Alltags konzentriert sich auf eine kleine soziale Gruppe marginalisierter Schwarzer Deutscher, die vorrangig aus der Mittelschicht stammten und ihren Intellektualismus sowie Internationalismus einsetzten, um Einfluss zu gewinnen, die Hegemonie der späten Nachkriegszeit in Deutschland zu durchbrechen und gleichzeitig neue Formen des Seins, Fühlens und Wissens anbieten zu können.[26] Schwarze Deutsche unterschieden sich von einigen ihrer weißen oder türkisch-deutschen Pendants der späten Nachkriegszeit, die sich aufgrund prestigeträchtiger literarischer Auszeichnungen einen Namen machen konnten. Mit Betonung auf ihrem »intellektuellen Aktivismus« verknüpften Schwarze Deutsche Sprache, Macht und Widerstand[27] und zeigten so, wie wichtig ihre Kämpfe um Macht und Wissen waren. Ohne Zweifel erlaubte die Normalisierung einer Schwarzen deutschen Identität, die auf den Aufbau ihrer Bewegung und die Wiederaufnahme und Pflege einer literarischen Tradition folgte, einer Vielzahl minorisierter deutscher Stimmen, sich zusammenzuschließen und aufzublühen, während sie gleichzeitig kulturelles Wissen produzierten und weitergaben.

Die Kulturpolitik von Race

Dieses Buch zeichnet alltägliche Akte von Schwarzem radikalen Aktivismus in Deutschland nach und untersucht damit, wie Schwarze deutsche Feministinnen, sowohl hetero als auch queer, offen davon erzählten, wie sehr der Alltagsrassismus ihr Leben und das Leben anderer deutscher Minorisierter und Eingewanderter geprägt hat.[28] Dieser konnte sich in vielerlei Form äußern. So kam es vor, dass weiße Deutsche ungefragt die Haare ihrer Schwarzen Mitbürger*innen berührten. In den Medien und im öffentlichen Raum wurde eine rassistische Ikonografie gezeigt. Schwarze Menschen waren brutalen körperlichen Angriffen ausgesetzt und bekamen abschätzige Worte und/oder Antworten zu hören, wonach »sie nicht wie Deutsche aussahen«. Schwarze Deutsche stellten zudem die in Westdeutschland gängige Behauptung in Frage, das Land habe Rassismus schon vor langer Zeit überwunden, schließlich habe die westdeutsche Regierung im Grundgesetz von 1949 die »Gleichheit vor dem Gesetz« und die Menschenrechte festgeschrieben. In Wahrheit sprach man in Deutschland weiterhin nur widerstrebend über Rassismus. So wurden öffentliche Diskussionen über sein Fortbestehen selbst dann noch unterbunden, als man bereits begann, offener über den Holocaust zu sprechen. Damit sei nicht gesagt, dass es nach dem Zweiten Weltkrieg keinen Antisemitismus mehr gab.[29] Westdeutschland begann mit seiner Vergangenheitsbewältigung Ende der 1950er und in den 1960er Jahren, wozu die Strafverfolgung von nationalsozialistischen Kriegsverbrechern gehörte. Akademiker*innen und Nicht-Akademiker*innen schrieben über das Thema, und wenngleich einige ihrer Ansätze durchaus fragwürdig waren, stellte die Generation der Achtundsechziger Fragen zur nationalsozialistischen Vergangenheit des Landes. Als ideologische Neufassung des wissenschaftlichen oder biologischen Rassismus etablierte sich in Westdeutschland und Westeuropa ein kultureller oder neuer Rassismus, der sich auf kulturelle Unterschiede stützte und so festlegte, wer innerhalb oder außerhalb der nationalen Gemeinschaft stand. Dies hatte Folgen für die Wahrnehmung und Behandlung von »Gastarbeiter*innen«, Kolonialarbeiter*innen, ausländischen Studierenden und anderen Migrant*innen.[30] Verurteilten einige weiße Westdeutsche antisemitische Vorfälle, blieben ähnliche Reaktionen auf den Rassismus gegen Schwarze weitgehend aus. Dies war deshalb der Fall, weil in Nachkriegsdeutschland weder offene noch subtile Formen von Rassismus gegen Schwarze überwunden wurden, wie die Allgegenwart von Blackfacing, kolonialen Stereotypen und (Hyper)Sexualisierung nicht-weißer Körper in der populären Bildsprache zeigt. Westdeutsche Kinder- und Jugendbücher etwa stellten Menschen afrikanischer Herkunft als hässlich, ignorant, exotisch, wild und faul dar. Bekannte Beispiele wie Otfried Preußlers *Der kleine Wassermann* von 1956, seine *Kleine Hexe* von 1957 und *Das kleine Gespenst* von 1966 enthielten rassistische Sprache. Kinderspielzeug wie »Haut den ~~Bimbo~~« von 1950, Spiele wie »Wer hat Angst vorm schwarzen Mann?«, Lieder wie »Zehn kleine N...lein« oder Konsumartikel wie das Schokoladeneis »Eism...« und die für Coca-Cola verwendete Bezeichnung »N...schweiß« rassifizierten Menschen afrikanischer Herkunft auf extrem erniedrigende Weise und verorteten sie als minderwertige Menschen, die nie zu Deutschland gehört hatten.[31] Darüber hinaus bemühten deutsche (und europäische) Werbeagenturen zu gern das Bild von Personen afrikanischer Herkunft, um Konsumgüter wie Schokolade oder Kaffee zu bewerben. Europäer*innen stellten die Verbindung zwischen diesen Genussmitteln und Schwarzsein her, indem sie beide als »natürlich« markierten.[32] Als Ende des 19. und zu Beginn des 20. Jahrhunderts die Massenwerbung zu florieren begann, verbanden Agenturen in ihren Werbeprodukten die Konzepte von Modernität, Race, Nation und Geschlecht, um ihr imperiales Ansehen gegenüber ihren Konsument*innen zu erhöhen und Ideen von Zivilisiertheit, Fortschritt und Respekt zu vermitteln.[33] Schwarze Deutsche problematisierten die kolonialen Verstrickungen, in die die deutsche Kultur eingebunden war. Als Zeug*innen dieser

Formen des systematischen Alltagsrassismus in allen Bereichen der Gesellschaft verstanden sie, dass diese Beispiele ihre Unterdrückung in und ihren Ausschluss aus Deutschland rechtfertigen sollten. Statt stillzuhalten, gingen sie diese Probleme direkt an, indem sie Race und Rassismus benannten und in ihre alltäglichen Gespräche einflochten.

Rassismus war auch in der DDR ein Tabuthema. Der Begriff wurde im Allgemeinen nicht verwendet. Die DDR hatten ihn in der Verfassung von 1949 verboten und verband seine Praxis mit der faschistischen und kolonialen Vergangenheit sowie mit ihrem westdeutschen, kapitalistischen Gegenüber. DDR-Bürger*innen ignorierten und »vergaßen« zugleich ihre Kolonialgeschichte.[34] Im Vergleich zu Westdeutschland stellte die DDR mehr nationalsozialistische Kriegsverbrecher vor Gericht und konnte auf ein antifaschistisches Vermächtnis verweisen: Viele aus der Führungsriege waren im Widerstand, in Konzentrationslagern oder im Exil gewesen. Die Einstellung in der DDR zu Race und Rassismus orientierte sich nicht nur an den Entwicklungen in Moskau, sondern auch an anderen internationalen Tendenzen, insbesondere den von der UNESCO 1950, 1951, 1964 und 1967 veröffentlichten »Erklärungen zur Rassenfrage«.[35] Darüber hinaus verfolgte die DDR das von Quinn Slobodian »Racial Rainbow« genannte »egalitäre rassistische Motiv«, das ihre Medienberichte dominierte und ihren Bemühungen einen Anstrich von antikolonialistischer Solidarität verliehen. In den Nachrichten spiegelte sich die Solidaritätspolitik der SED, die andere sozialistische Befreiungsbewegungen unterstützte und sich ein internationales antirassistisches Image gab.[36] Sie feierte Ende der 1980er Jahre die Diversität ihrer »Vertragsarbeiter*innen« aus Angola, Kuba und anderen Ländern, während sie ihnen gleichzeitig gewisse Bürgerrechte vorenthielt. Obwohl die DDR-Regierung Rassismus anprangerte und behauptete, er existiere nicht, hieß dies nicht, dass die Behörden Race nicht als ideologisches Werkzeug einsetzten. Sowohl Race als auch Rassismus hatten für Schwarze Deutsche, Juden und Jüdinnen, »Vertragsarbeiter*innen« und andere Menschen of Color erhebliche Implikationen.[37]

Schwarze deutsche Frauen »doin' it for themselves«

In ihren Antworten auf unterschiedliche Formen von Unterdrückung in Deutschland (auf individueller, Länder- und Bundesebene) und die weltweite Ideologie weißer Überlegenheit setzten sich Schwarze deutsche Frauen konsequent für ihre Anerkennung als Schwarze Deutsche, ihre Gleichstellung als Bürgerinnen und Subjekte sowie für die Menschenrechte für alle unterdrückten Menschen ein.[38] Sie kritisierten die Unfähigkeit der Landesregierungen und der Bundesregierung, Minderheitenrechte anzuerkennen und zu schützen, ebenso wie die Existenz und die Folgen von Rassismus in und außerhalb Deutschlands und darüber hinaus. Ihre Entschlossenheit, eine affektive Community zu schmieden, ihre diasporische Identität zu finden und sich gegen Diskriminierung zu organisieren, gab ihnen nach Jahren der Unsichtbarkeit, Einsamkeit und Machtlosigkeit ihre Handlungsfähigkeit zurück. Ihre affektiven Verbindungen pflegten die Frauen mithilfe von Kulturdiplomatie, Workshops und anderen Veranstaltungsformen. Schwarze deutsche Aktivist*innen-Intellektuelle, unter ihnen auch Lesben, hielten sich nicht an heteronormative Geschlechterkonventionen und ließen eine Vielzahl queerer Identitäten, Praktiken, Projekte und Beziehungen zu. Sie engagierten sich jenseits einer weißgewaschenen queeren Politik. Diese feministischen Aktivist*innen-Intellektuellen setzten ihre Energie und Zeit dafür ein, ISD- und ADEFRA-Ortsgruppen zu gründen, und wurden in diesen Organisationen zu führenden Persönlichkeiten. Indem sie eine moderne Bewegung auf den Weg brachten, verfolgten sie eine Raumpolitik, die es ihnen erlaubte, öffentliche Räume zu schaffen, zu besetzen und sich innerhalb des Landes zu verorten.[39] Ihre Politik betrachtete Orte und Räume als entscheidende Werkzeuge des Aktivismus und veranlasste sie deshalb, ihre Umgebung zu verändern und Begriffen wie Staatsangehörigkeit, Identität und Solidarität neue Bedeutungen zu geben.

Obwohl der Fokus dieses Buches auf der Geschichte von ISD und ADEFRA liegt, heißt das nicht, dass sich alle Schwarzen Deutschen in diesen Organisationen oder in der größeren Schwarzen Bewegung in Deutschland engagierten. Diejenigen, die in der Bewegung aktiv waren, arbeiteten auch mit anderen rassifizierten Communitys, antirassistischen Aktivist*innen und Menschenrechtsorganisationen in Deutschland zusammen.[40] Einige von ihnen engagierten sich in Organisationen wie dem Antirassistisch-Interkulturellen Informationszentrum e.V. (ARiC) oder dem Projekt Nozizwe: Multikulturelle feministische Bildungsarbeit, beide mit Sitz in Berlin. Sie profitierten von der gemeinschaftlichen Arbeit und der transnationalen Solidarität mit Menschen in Afrika und den Vereinigten Staaten. Mehrere Schwarze Deutsche arbeiteten mit paneuropäischen Verbänden zusammen, etwa dem Black Women and Europe Network (BWEN), das sich in den 1990er Jahren auf geschlechtsspezifische Diskriminierung fokussiert hatte, der European Action for Racial Equality and Social Justice (EARESJ), einer antirassistischen Organisation der 1990er Jahre, die sich mit der Europäisierung rassistischer Politik auseinandersetzte, und dem European Network Against Racism (ENAR), einem antirassistischen Netzwerk, das für Race-Gleichheit kämpfte und sich Ende der 1990er und in den 2000er Jahren auf EU-Ebene für gesetzliche Veränderungen einsetzte.[41] Die Einbindung in diese Organisationen förderte den feministischen und antirassistischen Aktivismus Schwarzer Deutscher auf dem ganzen Kontinent. Auf diese Weise zeigte der Aktivismus Schwarzer Deutscher die Möglichkeit auf, im eigenen und in anderen Ländern etwas bewirken zu können.

Schwarzen Internationalismus, das Schwarze Europa und Schwarzen Intellektualismus neu denken

Black Germany ist Teil der Forschung über Schwarzen Internationalismus, die in den letzten Jahrzehnten stark zugenommen hat, und bietet nuancierte Interpretationen, die die Narrative verschiedener Akteur*innen der Schwarzen diasporischen Geschichte freilegen.

Mein Buch weicht insofern von der bestehenden Forschung ab, als es Deutschland als zentralen Standort des Schwarzen Internationalismus ausmacht und die Periodisierung der Forschung durch Konzentration auf Artikulationen des Schwarzen Internationalismus aus der Zeit nach 1970 ausweitet. Es verficht die These, dass zum Internationalismus Schwarzer deutscher Frauen von den 1980er bis in die 2000er Jahre die Basisarbeit von lokaler wie globaler Dimension gehörte, bei der sie Traditionen neu erfanden, feministische Diskurse anregten, Veranstaltungen und politische Kampagnen ins Leben riefen und mit Texten und Kunst versuchten, den Rassismus zu überwinden und die Gesellschaft zu erneuern. Mit diesen unterschiedlichen Mitteln schufen Schwarze Deutsche eine lebendige politische Kultur, die ihnen das Gefühl gab, repräsentiert und verstanden zu werden. Diese Art von Internationalismus überschnitt sich mit anderen Bewegungen, etwa dem Globaler-Süden- und/oder Women-of-Color-Feminismus und dem Anti-Apartheid-Aktivismus, und legte Wert auf die Zusammenarbeit mit anderen Schwarzen, Menschen of Color und weißen Verbündeten aus ganz Europa und der Welt. Der Feminismus Schwarzer deutscher Frauen blieb, anders als derjenige einiger ihrer weißen deutschen Gegenspielerinnen, expansiv. Der Aktivismus Schwarzer Deutscher reflektierte und überschnitt sich mit Bemühungen anderer Schwarzer Europäer*innen in den 1980er und 1990er Jahren, transnationale, antirassistische Netzwerke, Programme und Strategien zu etablieren.[42] Ihre internationalistische Praxis variierte zwar, blieb jedoch selbst dann noch lokal verortet, als ebenjene Praxis sie zuweilen über Deutschland hinaus bekannt machte.

Forschende wie Brent Hayes Edwards, Robin D. G. Kelley, William Martin, Tiffany Ruby Patterson, Michael O. West und Fanon Che Wilkins haben über eine Schwarze Internationale theoretisiert, in der verschiedene Aktivist*innen, Künstler*innen und Intellektuelle afrikanischer Herkunft aufgrund gemeinsamer Erfahrungen von Rassismus und Kolonialismus Netzwerke aufbauten, Verbindungen eingingen und ihre weltumspannende Solidarität mit anderen zum Ausdruck brachten.[43] Diese Arbeiten waren zwar kritisch, ignorierten oder unterschätzten jedoch oft die Rolle, die Frauen bei der Ausbildung eines Schwarzen Internationalismus spielten. *Black Germany* stellt hingegen Genderfragen in den Mittelpunkt, weil ich glaube, dass gerade ihre feministische und queere Politik Schwarze deutsche Frauen dazu brachte, eine Bewegung aufzubauen und ihre persönlichen wie kollektiven Identitäten, ihre Programme und ihre Praktiken zu überdenken.

Indem sie die Stimmen, den Aktivismus, das Geschlecht und die Sexualität von Frauen untersuchten, haben die Arbeiten von Keisha N. Blain, Carole Boyce Davies, Tanisha Ford, Cheryl Higashida, Marc Matera, Erik S. McDuffie, Barbara Ransby, Tracy Sharpley-Whiting, Quito Swan, Imaobong Umoren und anderen das Forschungsgebiet entscheidend vorangebracht.[44] Auch dieses Buch leistet hierzu einen Beitrag, indem es die bestimmende Rolle betont, die Schwarze deutsche Frauen bei der Ausgestaltung des Schwarzen Freiheitskampfs in Deutschland, Europa und darüber hinaus spielten. Es erforscht den intellektuellen Aktivismus Schwarzer deutscher Frauen und zeigt, wie ihr Schreiben die Community unterstützte und Race- wie Genderdiskurse in Deutschland veränderte. Diese Frauen waren nicht nur Intellektuelle und Kulturschaffende, sondern auch Akteurinnen des Wandels im Kampf gegen Rassismus, Sexismus, Kapitalismus, Neokolonialismus und Neofaschismus im In- und Ausland.[45]

Viele Arbeiten über Schwarzen Internationalismus beleuchten die Erfahrungen Schwarzer diasporischer Menschen in Europa und halten Zwiesprache mit Forschenden über das Schwarze Europa. Hier sind Tina M. Campt, Fatima El-Tayeb, Felix Germain, Paul Gilroy, Kennetta Hammond Perry und Michelle M. Wright zu nennen.[46] Mein Buch schlägt eine Brücke zwischen diesen beiden miteinander zusammenhängenden Forschungsbereichen und zeigt, dass die diasporische Identität Schwarzer Deutscher, anders als von Gilroy und anderen herausgestellt, nicht direkt mit der Verschleppung versklavter Menschen in der Zeit der Mittelpassage* zusammenhängt. *Black Germany* entkoppelt die Schwarze Diaspora von Erzählungen über die Mittelpassage oder davon, was Michelle M. Wright die »Erkenntnistheorie der Mittelpassage« nennt. Es bestätigt Wrights Interpretation von Schwarzsein nicht als Kategorie, die ein »was« benennt, sondern als Beziehung zu Zeit (wann) und Raum (wo) beziehungsweise zu Raumzeiten, insbesondere zur Nachkriegszeit.[47] *Black Germany* überdenkt die Raumzeiten von Schwarzsein, erkennt dessen diverse Ausformungen in Deutschland an und spürt ihnen nach. Dies ist insofern wichtig, da Deutschland aufgrund seiner relativ kurzen Kolonialzeit und frühen Erfahrungen von Dekolonisierung bis heute als dynamischer diasporischer Ort übersehen worden ist.[48] Gleichwohl haben Schwarze Communitys in Deutschland zu verschiedenen Raumzeiten existiert – ein Aspekt, den die Schwarze Bewegung im Land immer wieder betont hat. Erst als Schwarze deutsche Aktivist*innen-Intellektuelle in den 1980er Jahren Schwarzsein neu definierten, stießen sie auf Widerhall. Für sie symbolisierte Schwarzsein sowohl die eigene Ausgrenzung als auch die anderer, in Deutschland und darüber hinaus. Gleichzeitig stand Schwarzsein für eine strategische Identität und Form des Widerstands und der Solidarität gegen diese Unterdrückung. Es war also eine ontologische Erfahrung wie auch eine politische und intellektuelle Praxis über Zeit und Raum. Als Bewegung, die in deutschen Städten entstand, transformierte sie Vorstellungen von Staatsbürgerschaft, Diaspora, Europäisch- und sogar Deutschsein.

Dieses Buch zeigt, wie wichtig Deutschland als Schauplatz einer transnationalen politischen Kultur war, und lenkt unsere Aufmerksamkeit anhand der modernen Schwarzen Bewegung auf die

---

* Die Mittelpassage bezeichnet die Route des im 16. Jahrhundert einsetzenden transatlantischen Handels mit versklavten Menschen, als Afrikaner*innen aus West-, Zentral- und Südafrika nach Nord-, Mittel- und Südamerika verkauft wurden. (Anm. des Übersetzers)

Stärke des diasporischen Aktivismus und Internationalismus im späten Nachkriegsdeutschland, wo Schwarze Freiheitskämpfe über die 1970er Jahre hinaus ausgetragen wurden. Die Kämpfe Schwarzer deutscher Frauen für die Gleichstellung der Geschlechter und gegen Rassismus zeigen beispielhaft einen Typus von »Schwarzem linkem Feminismus«, der jenem in Großbritannien und den Vereinigten Staaten ähnelte.[49] Der feministische Aktivismus afrodeutscher Frauen überschnitt sich mit dem zeitgleichen Entstehen mehrerer Globaler-Süden- und/oder feministischer Women-of-Color-Initiativen. Schwarze deutsche Aktivist*innen-Intellektuelle verfolgten einen von der Basis ausgehenden Internationalismus und schufen damit Räume für sich und ihre Ideen. Diese nutzten sie, um ihrer Empörung über Rassismus, rassistische Gewalt, Anti-Migrationspolitik und das Wiedererstarken eines rechten Populismus Luft zu verschaffen. Sie lenkten die Aufmerksamkeit offen auf eine diskriminierende deutsche Medienlandschaft, auf Rechtsprechung und Politik, denn angesichts dieser Dynamik war es kein Wunder, dass der Alltagsrassismus weiterhin ein Problem darstellte. Indem sie sich zum Internationalismus bekannten, stärkten sie ihr politisches Bewusstsein und erkannten Ähnlichkeiten und Unterschiede zu anderen marginalisierten Gruppen weltweit an.

Black Germany unterstreicht die Notwendigkeit, die vielfältige kulturelle Arbeit ernst zu nehmen, die Schwarze deutsche Frauen ausführten, verbreiteten und normalisierten und mit der sie ihre Ideen, Schriften und Politiken des Schwarzseins förderten. In der Bewegung verbanden sie ihren Aktivismus mit ihrer Arbeit und ihrem Intellektualismus. Ihre Bemühungen bestärkten sie in einer mehrheitlich weißen Gesellschaft, die sie kontinuierlich zu Anderen und unhörbar machte.[50] Einige Schwarze deutsche Frauen fanden durch ihre Schriften im In- und Ausland Anerkennung. Anderen erlaubt ihr Schreiben, als Leserinnen, Denkerinnen und Künstlerinnen zu sich selbst zu finden sowie ein neues Selbstwertgefühl zu erlangen und Orientierung zu finden. In diesen Fällen verschafften ihnen ihre intellektuellen und künstlerischen Ambitionen ein empowerndes Fundament, das es ihnen ermöglichte zu experimentieren und auf die eigene Stimme zu hören, während andere damit begannen, sich mit ihren Arbeiten auseinanderzusetzen. Indem afrodeutsche Frauen über vielfältige diasporische Ideen und Bilder nachdachten und diese entwickelten, trugen sie zu einer Schwarzen intellektuellen Tradition bei, die oft mit Paulette und Jeanne »Jane« Nardal, Claudia Jones, Audre Lorde und anderen Schwarzen Ahninnen in Verbindung gebracht wurde. Ich vertrete den Standpunkt, dass afrodeutsche Frauen wie Ayim und Oguntoye ebenfalls als kritische Schwarze Denkerinnen anerkannt werden sollten, die von diesen Ahninnen und anderen geprägt wurden und alternative, von weißen Deutschen unabhängige Diskurse und Narrative entwickelten. Dennoch ignorierten Schwarze deutsche Frauen nicht die intellektuellen Traditionen im Nachkriegsdeutschland, die kulturelle Begriffe definierten und den Status quo in Frage stellten. Sie beanspruchten ihr kulturelles Erbe und betonten gleichzeitig ihre diasporischen deutschen und europäischen Identitäten. Ohne Zweifel leisteten Schwarze deutsche Frauen eine kulturelle wie intellektuelle Arbeit, die von Anfang an politisch war.

Ein Deutschland, in dem Schwarzsein existiert

Zwischen Deutschen und Menschen afrikanischer Abstammung gab es viele Jahrhunderte des Austauschs. Seit dem 13. Jahrhundert lebten, studierten, kämpften und arbeiteten Menschen afrikanischer Herkunft in Zentraleuropa.[51] Zu ihren bemerkenswerten Arbeiten zählen die Rechtsstudien des Philosophen Anton Wilhelm Amo an der Universität Halle und seine Doktorarbeit an der Universität Wittenberg, die Studien des Soziologen W.E.B. Du Bois an der Universität Berlin, die »Revue Nègre« der Tänzerin Josephine Baker im Berliner Theater des Westens, das Zwischenspiel des Panafrikanisten und Kommunisten George Padmore in Hamburg sowie die Forschungsarbeiten der

Aktivistin Angela Davis an der Universität Frankfurt am Main und an der Humboldt-Universität Berlin.[52] Diese Beispiele widerlegen die Behauptung, wonach es in Deutschland keine Schwarzen gegeben habe.[53] Einige Schwarze Deutsche kannten die Arbeiten der Genannten und ließen sich von ihnen und anderen inspirieren.

Afrodeutsche in der Bewegung folgten einer Schwarzen radikalen Tradition in den Kolonien und in der Metropole.[54] Nachdem Reichskanzler Otto von Bismarck die Berliner oder Kongo-Konferenz von 1884 und 1885 einberufen hatte, erwarb Deutschland die Kolonien Südwestafrika (heute Namibia), Ostafrika (heute Teile von Tansania, Ruanda und Burundi), Togo (heute Togo und Teile von Ghana) und Kamerun.[55] Diese Gebiete wurden zu Schauplätzen früher Formen von Schwarzer diasporischer Mobilisierung, an denen kolonialisierte Subjekte für mehr Gleichheit, ihre Rechte und politische Autonomie kämpften. Forschungen, die diese Beispiele von Aktivismus untersuchten, konzentrierten sich auf einen von Männern angeführten Widerstand.[56] So nahm etwa der Kameruner König und Aktivist Rudolf Duala Manga Bell, der in Afrika und Europa erzogen worden war, den antikolonialen Kampf in Kamerun und Deutschland auf. Deutsche Behörden ließen ihn im Jahr 1914 wegen Hochverrats hinrichten. In Berlin lebende Angehörige der Duala aus der Elite Kameruns – einige von ihnen waren in Ausbildung, andere traten in Shows auf oder arbeiteten in Missionswerken – bewegten ihre Landsleute in der Heimat, antikolonialen Widerstand zu leisten. Ihr politischer Widerstand führte in den Jahren von 1893 bis 1910 zu Deutschlands erster Migrationsbeschränkung aus den Kolonien. Während des Ersten Weltkriegs kam die Migration aus den Kolonien nach Deutschland vollständig zum Erliegen.[57]

Nach dem Ersten Weltkrieg, insbesondere nachdem sie ihren Protektoratsstatus verloren hatten, blieben einige Kameruner*innen in Deutschland. Mit dem Vertrag von Versailles von 1919 musste Deutschland seine kolonialen Besitzungen aufgeben, was bedeutete, dass Kamerun und andere Kolonien Mandatsgebiete wurden und zwischen Frankreich und Großbritannien aufgeteilt werden sollten. Trotz ihrer Randstellung meldeten frühere koloniale Untertanen »Ansprüche auf Staatsbürgerschaft und Anerkennung« an.[58] So reichte der Kameruner Martin Dibobe 1919 zusammen mit 17 weiteren Männern Petitionen an Deutschlands Kolonialministerium und die Nationalversammlung ein.[59] In diesen Petitionen formulierten sie 32 Forderungen, in denen sie für gleiche Rechte für Afrikaner*innen und Deutsche plädierten und die Probleme, die dem Kolonialismus geschuldet waren, hervorhoben. Zudem lehnten sie die aufgezwungene französische und englische Herrschaft ab und äußerten den Wunsch, Deutsche zu bleiben.

Als mit Ende des Ersten Weltkriegs französische Kolonialtruppen im Rheinland stationiert wurden, rief dies negative Reaktionen hervor. Die französische Besatzung wurde als »die Schwarze Schmach am Rhein« bezeichnet, wobei sich die Kampagne gegen sie auf rassistische Hysterie und die grassierende Angst vor einer vermeintlichen Hypersexualität in den Reihen der französischen Kolonialtruppen stützte, deren Soldaten angeblich weiße deutsche Frauen vergewaltigten.[60] Die »Schwarze Schmach«-Kampagne mobilisierte Aktivist*innen und erhielt nationale wie internationale Aufmerksamkeit. Bekannte Journalist*innen wie der Brite Edmund D. Morel und die Deutsch-Amerikanerin Ray Beveridge schrieben Essays und hielten Reden, die der »Schwarzen Schmach« zu beträchtlicher Aufmerksamkeit verhalfen.[61] Doch die afroamerikanische Feministin und Aktivistin Mary Church Terrell bezweifelte den Wahrheitsgehalt der Vergewaltigungsberichte und unterstrich den sexualisierten Rassismus der Kampagne. Terrells Engagement stand für eine neue Praxis des Internationalismus, die Menschen of Color in den Mittelpunkt stellte, indem sie Kampagnen gegen globalen Rassismus, Sexismus und Kolonialismus miteinander verband.[62] Die Kontroverse führte zu einer vermehrten Manifestation von Rassismus gegen Schwarze, die im Deutschland zwischen den Kriegen bei Schwarzen Deutschen und anderen Menschen afrikanischer Herkunft eine große Unsicherheit auslöste. Interessanterweise reisten damals auch afroamerikanische Journalisten wie Robert S. Abbott, Joel A. Rogers und Lewis K. McMillan nach Deutschland; allerdings neigten sie dazu, die rassistische Unterdrückung, die Schwarze Deutsche und andere Schwarze dort erlebten, zu bagatellisieren, und zeichneten von Deutschland im Kontrast zur harten Behandlung, die sie in den Vereinigten Staaten erlebt hatten, ein befreiendes und tolerantes Bild.[63]

Doch Schwarze Deutsche wie der Kameruner Schauspieler und Aktivist Louis Brody (geb. M'bebe Mpessa) verschafften sich Gehör. Er gründete mit anderen den Afrikanischen Hilfsverein, eine von 1918 bis 1925 bestehende Selbsthilfeorganisation für Männer afrikanischer Herkunft, die in Deutschland lebten.[64] Diese Männer betonten ihr diasporisches Bewusstsein und protestierten gegen die »Schwarze Schmach«-Kampagne. Sie bestanden auf ihren Rechten und widmeten sich der Zwischenkriegssituation von Schwarzen in Deutschland.[65] Es entstanden ähnliche Organisationen, darunter der Afrikanische Kameradschaftsverband und der Verband Deutscher N.... Darüber hinaus gab es in Hamburg und Berlin mehrere Organisationen, die der Kommunistischen Internationale nahestanden.[66]

Schwarze Deutsche engagierten sich das gesamte 20. Jahrhundert über für den Kampf gegen Ungleichheit und rassistische Diskriminierung. Emily Duala Manga Bell, eine antikolonialistische Aktivistin aus Kamerun, kämpfte für die Rechte ihrer Leute, insbesondere nach dem Tod ihres oben erwähnten Ehemanns Rudolf. Fasia Jansen, eine Schwarze deutsche Überlebende des Konzentrationslagers Neuengamme, war eine Liedermacherin, die in ihren Songs für Gleichberechtigung eintrat. Als Friedensaktivistin blieb sie in linken internationalistischen und antirassistischen Zirkeln bis in die 1960er Jahre aktiv.[67] Einige Schwarze deutsche Frauen, die später der Bewegung angehörten, wie Oguntoye, Ika Hügel-Marshall (geb. Erika Hügel) und andere engagierten sich in westdeutschen Frauen- und Lesbengruppen, wo sie sich gegen Frauenfeindlichkeit, Sexismus und Homophobie zur Wehr setzten.[68] In ihren 1998 veröffentlichten Memoiren *Daheim unterwegs* sprach Hügel-Marshall von den empowernden Erfahrungen in der Frauenbewegung. Mit ihrem Mantra »das Persönliche ist das Politische« gründete sie in Frankfurt am Main mit weiteren Feministinnen das erste Frauenhaus in Westdeutschland. Sie protestierte mit ihrer Teilnahme an einem längeren Autokorso unter dem Motto »Weg mit dem § 218« gegen die Kriminalisierung von Abtreibungen und begleitete Frauen zu Schwangerschaftsabbrüchen in die Niederlande.[69] Diese Ereignisse kennzeichneten den feministischen Aktivismus der 1960er und 1970er Jahre.

Doch selbst als sie sich auf Gendergleichheit konzentrierten, war es westdeutschen Feministinnen oft unmöglich, Rassismus in ihre Überlegungen mit einzubeziehen oder ethnische wie kulturelle Diversität innerhalb ihrer Bewegung zu integrieren. Hügel-Marshall bemerkte in ihren Erinnerungen: »Einzeln und gemeinsam kämpfen wir für Gleichberechtigung und gegen Unterdrückung. Nicht jedoch gegen Rassismus. Meine weißen Mitstreiterinnen, die gesamte weiße Frauenbewegung, hat kein Interesse daran, sich auch mit der Geschichte Schwarzer Frauen vertraut zu machen. Sie wollen sich nicht klarmachen, dass unsere Gesellschaft sowohl sexistisch als auch rassistisch ist.«[70]

Als einzige Schwarze Frau in einer feministischen Gruppe in Frankfurt am Main fiel es ihr schwer, Rassismus zu thematisieren. Immer, wenn sie es versuchte, würden ihre feministischen »Schwestern« sie zurückweisen. Sie blendeten Hügel-Marshalls Identität als Schwarze deutsche Frau aus und waren unfähig, die eigene Farbignoranz zu erkennen.

Oguntoye äußerte ähnliche Gedanken darüber, die einzige Schwarze Frau zu sein, die in den lesbischen und feministischen Bewegungen Berlins aktiv war: »Ich war ja eine ›alte Aktivistin‹ und ja schon länger in der Frauenbewegung unterwegs.«[71] Sie erklärte: »Das waren ja immer wir als Einzelne. Ich erinnere mich noch an Yara [-Colette Lemke Muniz de Faria]. Sie war eine der ersten Schwarzen Frauen, die ich im Sub [Kulturszene] kennengelernt habe. Was ich meine, ist, dass ich schon einige in anderen Zusammenhängen kannte, aber eben nicht in der politischen Bewegung.«[72] Oguntoye meinte darüber hinaus: »In der deutschen Frauenszene sind wir je Stadt nur eine Handvoll schwarzer Frauen, die auch als schwarze Frauen anerkannt werden. Wir sind in hoffnungsvoller Minderheit, so daß unseren Forderungen nach Anerkennung unserer Personen und der Aufhebung von Klischeevorstellungen über uns und über afrikanische Kulturen einfach nicht entsprochen wird.«[73]

May Ayim und Helga Emde fühlten sich sowohl auf einem feministischen Kongress von 1984 als auch auf einem Frauenkongress 1989 ausgegrenzt.[74] Nach Jahren der Isolation erwies sich die Schwarze Bewegung in Deutschland deshalb als so notwendig, weil sie diesen Frauen eine Möglichkeit bot, Schwarzen Feminismus in der deutschen Gesellschaft zu etablieren. Vor allem die Verbindungen dieser Frauen zu Audre Lorde zeigen, dass sie eine intersektionale feministische Theorie in die Praxis umsetzen konnten, die es ihnen ermöglichte, selbst zu bestimmen, wer sie waren, und ihr Potenzial neu zu entdecken.

Die Erfahrungen Schwarzer deutscher Frauen waren jenen Schwarzer Frauen und Frauen of Color in den britischen und US-amerikanischen Frauenbewegungen der 1960er bis 1980er Jahre nicht unähnlich. Sie wandten sich gegen eine Fokussierung auf Genderfragen, die auf Kosten von Race, Ethnizität, Sexualität und Klasse ging, und machten auf sich überschneidende Unterdrückungssysteme aufmerksam.[75] Schwarze deutsche Frauen engagierten sich zwar in unterschiedlichen Bewegungen, ihre Solidarität mit ihren weißen deutschen Mitbürgerinnen blieb jedoch aufgrund der Unfähigkeit und des Unwillens letzterer, intersektional und introspektiv zu denken, begrenzt. Dennoch flossen diese Erfahrungen in künftige Aktivitäten Afrodeutscher ein. Deshalb bot das Aufkommen der Schwarzen Bewegung in Deutschland Hügel-Marshall, Oguntoye und anderen die Möglichkeit, sie selbst zu sein und ihre gegenderten und rassifizierten Identitäten anzunehmen.

Die politische Kultur der 1960er und 1970er Jahre beeinflusste auch Schwarze Deutsche und ihre weißen Mitbürger*innen. Menschen in West- und Ostdeutschland interessierten sich wie die übrige Welt für die Bürgerrechtsbewegung in den Vereinigten Staaten. Zeitungen in beiden deutschen Staaten berichteten über die wichtigsten Ereignisse.[76] Die Präsenz von Bürgerrechts- und Black-Power-Anführer*innen und -Aktivist*innen, militanten afroamerikanischen GIs, Unterhaltungskünstler*innen und ausländischen Studierenden, die in Westdeutschland oder der DDR studierten, auftraten und andere Meinungen vertraten, veränderte das Nachkriegsklima.[77] So besuchte etwa der afroamerikanische Aktivist und Schriftsteller W.E.B. Du Bois 1958 mit seiner Frau, der Aktivistin Shirley Graham Du Bois, die DDR, um an der Humboldt-Universität die Ehrendoktorwürde der wirtschaftswissenschaftlichen Fakultät und die Deutsche Friedensmedaille des Friedensrats der DDR entgegenzunehmen.[78] Nachdem das US-Außenministerium dem afroamerikanischen Schauspieler und Kommunisten Paul Robeson einen neuen Pass ausgestellt hatte, ging dieser 1960 auf Europareise und machte mit seiner Frau Eslanda (Essie) in Ost-Berlin Station. Dort wurden auch ihm die Ehrendoktorwürde der Humboldt-Universität und die Deutsche Friedensmedaille verliehen. Walter Ulbricht, der Erste Sekretär des Zentralkomitees der SED, überreichte Robeson außerdem den Stern der Völkerfreundschaft. Darüber hinaus gab dieser mehrere Konzerte.[79] Als er und Essie 1963 erneut in die DDR reisten, erhielt Essie in Würdigung ihres wichtigen Aktivismus vom Ministerrat die Clara-Zetkin-Medaille.[80] In der offiziellen Rhetorik der SED wurde Robeson als Held verehrt und diente als Symbol der Unterdrückung, die »das andere Amerika« erdulden musste.[81]

Das Interesse am »anderen Amerika« erlahmte nicht. Ein Jahr nach dem Besuch von US-Präsident John F. Kennedy in Frankfurt am Main und West-Berlin reiste 1964 Martin Luther King Jr. in die beiden Berlins des Kalten Krieges. Der West-Berliner Bürgermeister Willy Brandt hatte seinen Besuch angeregt.[82] Auch der ehemalige

Pastor der Ost-Berliner St. Marienkirche, Probst Heinrich Grüber, hatte ihn eingeladen, und so reisten King und Reverend Ralph Abernathy nach Ost- und West-Berlin. Am 12. September 1964 kam King mit Grüber, Regierungsbeamten und Kirchenvertretern zusammen. Am folgenden Tag traf er Brandt. Er nahm an mehreren Veranstaltungen teil, sprach während der 14. Berliner Festwochen und trug sich im Rathaus Schöneberg in das Goldene Buch von Berlin ein. Vor 20 000 Berliner*innen hielt er eine Predigt und unterrichtete sein Publikum über den Bürgerrechtskampf in den Vereinigten Staaten. Danach verließ er am Checkpoint Charlie den Westteil der Stadt, predigte im kommunistischen Ost-Berlin in der St. Marienkirche und in der Sophienkirche und sprach zu ostdeutschen und afrikanischen Studierenden der Humboldt-Universität. Im Vergleich zu West-Deutschland fand sein Besuch in der DDR nur wenig Beachtung in der Presse, und King traf keine Regierungsvertreter, obwohl er eine symbolische Bedeutung für das Regime hatte.[83] Kings Besuch in beiden deutschen Nachkriegsstaaten hinterließ einen bleibenden Eindruck und wird bis heute gefeiert.[84]

Auch die Black-Power-Bewegung fand in beiden deutschen Staaten ein aufmerksames Publikum. In Westdeutschland gab es Solidaritätskomitees für die Black Panther, in denen weiße studierende Aktivist*innen zu Demonstrationen für Bobby Seale und andere aufriefen und diese organisierten. Jahrelang erschwerte die westdeutsche Regierung Black-Panther-Anführer*innen die Einreise, unter anderem Kathleen Cleaver, die schließlich 1971 an der Universität Frankfurt am Main eine Rede hielt. Außerdem verärgerte die Verhaftung der Aktivistin Angela Davis 1970 und ihre anschließende Verurteilung 1971 westdeutsche studierende Aktivist*innen. Im anderen Deutschland buhlte die SED um Angela Davis und benutzte ihren Fall als symbolisches und politisches Instrument der Solidarität. In beiden deutschen Staaten entstanden Solidaritätskomitees.[85] Angeführt von Fania Davis gab es weltweit Solidaritätskampagnen. Nach ihrer Freilassung im Juni 1972 hielt die »Angelamanie« in Deutschland weit über Davis' Besuche im September 1972 und Sommer 1973 an. Doch in vielerlei Hinsicht waren weiße Deutsche in Ost und West vor allem darauf bedacht, einzig die rassistischen Verhältnisse jenseits des Atlantiks anzuprangern. Sie litten insofern unter einer kognitiven Dissonanz, als gerade ihre Unterstützung des Antirassismus in den Vereinigten Staaten es ihnen ermöglichte, den heimischen Rassismus gegen die Schwarze Bevölkerung und andere Communitys of color zu ignorieren.

Ihre Solidarität mit Afroamerikaner*innen half der DDR-Regierung, politische Legitimität zu erlangen und sich international zu positionieren. Einige afroamerikanische Soldaten setzten sich sogar in die DDR ab. Konnten westdeutsche Regierungsbeamte ihre Verbündeten nicht allzu offen kritisieren, prangerten studierende Aktivist*innen die rassistische Ungleichheit in den Vereinigten Staaten und den amerikanischen Imperialismus in Vietnam umso vehementer an. Die liberale Jugendkultur im Nachkriegswesten und die Politik der internationalen Solidarität in der DDR waren Ausdruck eines Phänomens, das Moritz Ege und andere »Afroamerikanophilie« nannten. Afroamerikanophilie war unter weißen Deutschen eine gängige Praxis, die kulturelle Aneignung, Exotisierung und das Zelebrieren von Schwarzsein und afroamerikanischer Kultur beinhaltete.[86] Sie ermöglichte es einigen weißen Deutschen sogar, ihre Schwarzen Mitbürger*innen zu ignorieren oder rassistisch zu verfolgen.[87] Doch zeigen diese Geschehnisse, welche Auswirkungen Schwarze Freiheitskämpfe in beiden deutschen Staaten hatten. Afrodeutsche waren die historischen Erben dieser Schwarzen Bürgerrechtstradition und nutzten die vorangegangenen Ereignisse, um sich zu vereinigen, gegen Diskriminierung vorzugehen und damit zu zeigen, dass Deutschland kein rassismusfreier Raum war.

Vor der offiziellen Gründung von ISD und ADEFRA 1985 beziehungsweise 1986, die beide versuchten, unterschiedliche Manifestationen von deutschem Rassismus publik zu machen, blieben die Bemühungen Schwarzer Deutscher um einen Schwarzen diasporischen Aktivismus eher bescheiden. Im Jahr 1977 entstand zwar eine afrodeutsche lesbische Gruppe, doch wurde sie laut Oguntoye »unter den Augen der Berliner Frauenszene auf äußerst schmerzhafte Weise zerstört. Von den ca. 15 Frauen dieser Gruppe ist heute nur eine bereit gewesen, noch einmal in einer schwarzen Frauengruppe aktiv zu arbeiten.« Im Jahr 1982 begann sich eine Gruppe Schwarzer deutscher Jugendlicher in Düsseldorf zu treffen, sie löste sich jedoch nach kurzer Zeit auf. Für Oguntoye ist »die Auflösung einer Gruppe deshalb so traumatisch, weil die Angst, nie wieder eine Schwarze Community haben zu können, das Gefühl der Isolation nur verstärkt. Diese Art von Schmerz und die Gefahr einer anschließenden Verbitterung war allen Afrodeutschen bekannt. Ihn erfolgreich zu vermeiden oder sich zumindest davon zu erholen, ist unsere einzige Chance: Das ist unser Ziel.«[88] Darüber hinaus kamen in den 1980er Jahren Schriftsteller*innen, Künstler*innen, Agitator*innen, Schauspieler*innen und Filmemacher*innen aus der Schwarzen Diaspora nach Westdeutschland. Für viele Schwarze Deutsche waren es die Begegnungen mit Menschen, Ideen und Ereignissen, die den »fruchtbaren Boden für eine moderne Schwarze Bewegung in Deutschland« bereiteten.[89] In diesem Sinne stützten sich Schwarze Deutsche auf eine Vielzahl von Austauschmöglichkeiten, Verbindungen und auf das, was Jacqueline Nassy Brown »diasporische Ressourcen« nennt, zu denen neben Kulturproduktionen wie Kunst, Musik und Literatur auch Menschen, Orte, Ideen und Symbole gehören.[90] Schwarze Deutsche schufen sichtbare Räume für ihre Forderungen nach Repräsentation, Zugehörigkeit und Intellektualismus.

Der politische Hintergrund der Bewegung

Der Aktivismus Schwarzer Deutscher in seinen unterschiedlichen Ausprägungen hat von den 1980er Jahren bis in die 2000er Jahre zu einer Reihe nationaler wie internationaler Entwicklungen in den

Bereichen Race, Gender, Staatsangehörigkeit und Bürgerrechte geführt. Helmut Kohl verschärfte als Bundeskanzler die Einwanderungsgesetze. Er ignorierte Minderheitenrechte und versäumte es, geeignete Regelungen zur Bekämpfung von Rassismus zu erlassen. Westdeutschland hatte 1969 das Internationale Übereinkommen zur Beseitigung jeder Form von ~~Rassendiskriminierung~~ der Vereinten Nationen ratifiziert. Die Bundesrepublik unterzeichnete auf der Kopenhagener »Weltfrauenkonferenz zur Frauendekade der Vereinten Nationen für Gleichberechtigung, Entwicklung und Frieden« von 1980 die UN-Konvention zur Beseitigung jeder Form von Diskriminierung der Frau (CEDAW), ratifizierte sie jedoch erst 1985.[91] Auf diese Schritte folgten wenige konkrete antirassistische und gendergerechte Initiativen auf Bundes- oder Länderebene. Darüber hinaus wurden 1990 in der Neufassung des 1965 eingeführten Ausländergesetzes die Einreise nach Deutschland und der Aufenthaltsstatus von Ausländer*innen weiter reglementiert. Das Gesetz enthielt neue Bestimmungen zu Ehegatten- und Familienzusammenführung sowie zur Einbürgerung von Migrant*innen der zweiten Generation.[92] Hatte Deutschland bislang ein liberales Asylrecht, wurde dieses mit dem Asylkompromiss von 1993 deutlich restriktiver.[93] Außerdem war weiterhin das Staatsangehörigkeitsrecht von 1913 in Kraft. Es gründete auf dem Begriff des *jus sanguinis*, was die deutsche Staatsbürgerschaft mit genealogischer Abstammung verknüpfte.[94] Die Staatsbürgerschaft eines in Deutschland geborenen Kindes basierte auf jener des Vaters. Zwar erkannte ein Gesetz von 1975 Kinder deutscher Mütter und ausländischer Väter als Deutsche an, nur hielt sich jedes Bundesland weiter an seine eigenen Vorschriften. Aufgrund seiner föderalen Struktur zögerte Deutschland in den 1980er und 1990er Jahren jede Modernisierung seiner Einwanderungspolitik hinaus. Das Staatsbürgerschaftsrecht wurde erst 1999/2000 offiziell verändert.[95]

Dazu kam, dass nach dem Fall der Berliner Mauer am 9. November 1989 ein fremdenfeindliches nationalistisches Klima noch geschürt wurde. Zwar führten die Auflösung der DDR und das Ende des Kalten Krieges zur politischen Vereinigung der beiden deutschen Staaten am 3. Oktober 1990, doch Einheit und Solidarität im Land hielten nicht lange. Selbst als, oder vielleicht weil die offizielle Rhetorik vorsah, dass West- und Ostdeutsche »ein Volk« seien, obsiegten Bigotterie und Provinzialismus. Die Wiedervereinigung zwang Kohl, eine Vielzahl von Problemen in Ostdeutschland, darunter eine hohe Arbeitslosenquote, zu lösen. Der Zuwachs an Asylsuchenden und Migrant*innen von den späten 1980er Jahren bis 1992 führte zu kontrovers geführten öffentlichen Debatten über Multikulturalismus, Minderheitenrechte und Ausländerpolitik, wobei aus dem gesamten politischen Spektrum ethnonationale Kritik hörbar wurde. Mehrere Politiker*innen sowohl von der SPD als auch von CDU und CSU trugen mit dazu bei, dass sich in Diskursen oftmals die Meinung durchsetzte, Ausländer*innen und insbesondere Muslim*innen und Türk*innen seien unüberwindlich anders. Dies spiegelte die europaweite Gefühlslage wider.[96] Weiße Deutsche hegten weiterhin die Überzeugung, ihr Land sei ethnisch homogen, während sie zugleich glaubten, fremdenfeindliche Vorfälle seien kein Ausdruck von Rassismus, diesen habe das weiße Deutschland schließlich bereits mit Ende des Zweiten Weltkriegs überwunden.

Als Kohl im Jahr 1982 behauptete, Deutschland sei »kein Einwanderungsland«, verlieh er der weit verbreiteten Meinung Ausdruck, Deutschland sei ein weißes, jüdisch-christlich geprägtes Land. Diese Perspektive machte das Leben für Schwarze Deutsche sowie andere deutsche Minderheiten und Eingewanderte schwierig. Sie waren oft verbalen Angriffen und rassistischer Gewalt durch rechte Einzeltäter und Gruppen ausgesetzt.[97] So attackierten und töteten im Dezember 1990 Neonazis in Eberswalde den angolanischen Einwanderer Amadeu Antonio Kiowa. In Hoyerswerda kam es im September 1991 über mehrere Tage zu rassistischen Ausschreitungen mit Angriffen gegen vietnamesische und mosambikanische Migrant*innen, die erst endeten, als diese aus der Stadt evakuiert wurden. Im November 1992 führte im niedersächsischen Mölln ein rassistisch motivierter Brandanschlag auf zwei türkische Familien zum Tod von drei Menschen, weitere wurden zum Teil schwer verletzt. Zu ähnlichen Vorfällen kam es in Solingen, Rostock-Lichtenhagen, Frankfurt an der Oder und anderen Städten des wiedervereinten Deutschlands.[98] Diese Anschläge waren sehr besorgniserregend, und in Debatten wurde versucht, die Ursachen dieser rassistischen Gewalt zu erkunden. Für viele rassifizierte Communitys standen die Angriffe für Deutschlands Bemühungen, seine Illusionen von einer weißen und homogenen Gesellschaft um jeden noch so schrecklichen Preis aufrechtzuerhalten. Diese Vorfälle machten mehr als deutlich, dass es für ebenjene Communitys in Deutschland um das eigene Überleben ging.

Auf internationaler Ebene hatten die Mitgliedsstaaten der 1957 mit den Verträgen von Rom gegründeten Europäischen Wirtschaftsgemeinde (EWG) eine restriktive Asyl-, Einwanderungs- und Staatsbürgerschaftspolitik umgesetzt, die den Begriff der »Festung Europa« nach sich zog. Von Mitte der 1980er bis in die 1990er Jahre beschnitten die meisten westeuropäischen Staaten die Einwanderung aus Afrika, Asien, der Karibik, Lateinamerika und dem Nahen Osten, insbesondere aus Ländern des Globalen Südens. Europäische Länder verboten die Einwanderung von Wirtschaftsmigrant*innen, die sich den Einwanderungsbeschränkungen des Kontinents entzogen hatten. Diese Entwicklungen fielen mit einem signifikanten Anstieg Geflohener zusammen.[99] Zur Konsolidierung der Festung Europa gehörte es, die Grenzen für Menschen of Color zu schließen und es Nicht-EU-Bürger*innen zu erschweren, sich frei auf dem Kontinent zu bewegen. Die Rhetorik von der Festung Europa suggerierte, »Asylsuchende« seien »eine Unterkategorie von Geflohenen, deren Legitimität erst noch zu beweisen ist und deren Forderungen oft als verdächtig angesehen wurden«. Diesen Vorstellungen liegen rassistische, ethnisierende und religiöse Annahmen zugrunde, die mit den Überzeugungen und Ängsten zusammenfielen, wonach diese »Eindringlinge aus dem Globalen Süden« Einwanderungsbeschränkungen unterwandern würden.[100] Als Reaktion hierauf versuchten europäische Initiativen, nicht-weiße Menschen herabzuwürdigen, sie zu kontrollieren, zu überwachen und abzuschieben.

Diese Entwicklungen gingen einher mit dem Aufstieg paneuropäischer, migrationsfeindlicher Gefühle und einer rechten Mobilisierung.[101] Gleichzeitig sollte vor allem mit Ratifizierung der Einheitlichen Europäischen Akte (EEA) 1987 und dem Vertrag von Maastricht von 1993 ein gemeinsamer europäischer Markt geschaffen werden. Die EEA stärkte die politische Zusammenarbeit unter europäischen Staaten und unterstützte die Freizügigkeit von Kapital, Waren, Dienstleistungen und Menschen (Bürger*innen) aus den zwölf Mitgliedsstaaten. In der Akte wurden die Verträge von 1957 überarbeitet und ein gemeinsamer Markt propagiert, der am 31. Dezember 1992 eröffnet wurde. Der Vertrag von Maastricht führte zur Schaffung der Europäischen Union (EU), die europäische Staatsbürgerschaft, Integration und die zwischenstaatliche Zusammenarbeit formalisierte, was für Migrierte, Geflüchtete und nicht-weiße Europäer*innen erhebliche Nachteile mit sich brachte.[102]

Vor diesem Hintergrund schufen und unterstützten afrodeutsche Frauen und Männer eine diasporische Bewegung, die sich gegen den Rassismus in einer Gesellschaft zur Wehr setzte, die sie verbal, körperlich und diskursiv als Fremde und zugleich als unsichtbare Deutsche abstempelte. Sie versuchten, ihrer Diskriminierung durch die Organisation von Workshops, Protesten und Seminaren entgegenzutreten. Hierfür beteiligten sie sich an europäischen antidiskriminatorischen und feministischen Konferenzen und engagierten sich in Menschenrechtsorganisationen. Schwarze Deutsche fühlten sich verpflichtet, mit anderen Communitys of color und weißen Verbündeten zusammenzuarbeiten. Sie traten für unterschiedliche politische Anliegen in Europa und anderswo ein, drängten auf rechtliche Maßnahmen, die Rassismus auslöschen und Frauenrechte sicherstellen würden, und bekämpften gleichzeitig die ausgrenzende europäische Politik.

Die politische Arbeit Schwarzer deutscher Aktivist*innen-Intellektueller geht bis heute weiter.[103] Im Jahr 2001 etwa wiederholte ein konservativer CDU-Funktionär die These des ehemaligen Kanzlers Kohl und behauptete: »Deutschland ist kein klassisches Einwanderungsland, und aufgrund seiner Geschichte, Geografie und wirtschaftlichen Situation kann es dies auch gar nicht sein.«[104] Ähnlich erklärte Kanzlerin Angela Merkel im Oktober 2010 den Multikulturalismus für gescheitert und bemerkte, Migrant*innen müssten »mehr tun, um sich zu integrieren«.[105] Ihre Bemerkungen folgten auf Thilo Sarrazins rassistische Kommentare über Muslim*innen, Jüdinnen und Juden und Migrant*innen. Der ehemalige Bundesbankvorsitzende und SPD-Politiker sollte später einen Bestseller über das angebliche Scheitern der Einwanderungspolitik im Nachkriegsdeutschland und weitere hetzerische Vorstellungen über Muslim*innen veröffentlichen.[106] Der organisierte Widerstand gegen Deutschlands Polizeigewalt wurde stärker, insbesondere nach dem Tod des sierra-leonischen Asylbewerbers Oury Jalloh in einer Polizeizelle in Dessau.[107] Es verwundert kaum, dass der Aktivismus Schwarzer Deutscher bis heute Bestand hat.

Auf den Spuren der Schwarzen Bewegung in Deutschland
Kapitelübersicht

Dieses Buch bietet eine zeitliche und räumliche Neuausrichtung der Narrative über Schwarze Freiheitskämpfe vor allem in West- und später im wiedervereinten Deutschland. Hierfür historisiert es die Politik und Poetik der Repräsentation Schwarzer Deutscher in ihrer Bewegung. Es ist thematisch in sechs mehr oder weniger chronologisch geordnete Kapitel gegliedert, die in den 1980er Jahren beginnen und in den 2000ern enden. In jedem Kapitel untersuche ich unterschiedliche Aspekte der Bemühungen Schwarzer Deutscher um Anerkennung und ein Gefühl der Zugehörigkeit durch affektive Äußerungen, politische Mobilisierung, Kulturproduktionen, Veranstaltungen und internationalistische Aktivitäten. Ich zeige, wie Schwarze Deutsche dachten, definierten und zum Ausdruck brachten, wer sie waren und was Deutschland war, und wie sie dabei die lange Geschichte der Diskriminierung im Land aufdeckten. In den einzelnen Kapiteln zeige ich, dass Schwarze Deutsche verstanden haben, inwiefern Deutschlands gesellschaftliche Ordnung auf ihrer Ausgrenzung und Differenz beruhte. Sie nutzten Race- und ethnische Unterschiede, um gegen Diskriminierung und Unterdrückung mobil zu machen und gleichzeitig diese Unterschiede als konstitutive Elemente des Landes anzuerkennen. Ich schließe mit einer kurzen Betrachtung zeitgenössischer Formen Schwarzen Aktivismus, darunter der jüngsten Black-Lives-Matter-Bewegung in Berlin. Diese Bewegung lenkt weiterhin die Aufmerksamkeit auf fortbestehende rassifizierte Ungleichheiten und rassistische Gewalt, der Menschen mit afrikanischer Herkunft und Communitys of color ausgesetzt sind. Wenngleich es Fortschritte gab, sind die Anliegen, mit denen sich Schwarze Deutsche in den 1980er und 1990er Jahren beschäftigt haben, bis heute aktuell.

Das erste Kapitel untersucht die Briefwechsel und persönlichen Beziehungen Schwarzer deutscher Frauen mit der karibisch-amerikanischen Dichterin Audre Lorde, die ihnen als diasporische Ressource diente und sie ermutigte, herauszufinden, wie sie sich – individuell oder kollektiv – für den Wandel einsetzen könnten. Die Frauen gingen darüber hinaus alternative Verwandtschaftsbeziehungen zueinander ein, was zur Ausbildung einer affektiven diasporischen Community und Identität führte. In ihrer Community erhielten sie Anerkennung als Schwarze Deutsche und forderten antirassistische Reformen in Deutschland.

Die Kapitel zwei und drei zeigen, wie Schwarze Deutsche sich mobilisierten und dadurch neue Möglichkeiten für sich selbst erfanden. Hierfür griffen sie auf eine Vielzahl diasporischer Ressourcen, darunter Lorde, zurück und gründeten die beiden Graswurzelorganisationen ISD und ADEFRA. Sie experimentierten mit diesen kulturpolitischen Organisationen, indem sie etwa Traditionen neu erfanden und Schwarze Räume für sich und andere marginalisierte

Menschen in Deutschland schufen. Ich analysiere die nationalen und internationalen Bemühungen Schwarzer Deutscher um die Bewegung, ihre Forderungen und Koalitionen, und zeige damit, wie ihre intellektuelle Arbeit innerhalb dieser Organisationen und soziale Interaktionen im ganzen Land sie dazu brachten, zu theoretisieren, Wissen zu produzieren und Anerkennung einzufordern, während sie gleichzeitig dem täglichen Rassismus und ihrer Unterdrückung entgegentraten. Diese Kapitel verändern unsere Vorstellungen davon, wie Intellektualismus und Intellektuelle im deutschen Kontext auszusehen haben. Über ihre organisatorischen Aktivitäten und Veröffentlichungen, ihre intellektuelle Arbeit, kultivierten Schwarze deutsche Intellektuelle des Alltags einen Sinn für die Gemeinschaft mit ihren Schwarzen Mitbürger*innen und anderen. Darüber hinaus praktizierten die Feministinnen von ADEFRA einen gegenderten Aktivismus und stellten sich gegen den inhärenten Rassismus in der weißen Frauenbewegung Westdeutschlands. Sie verfolgten Schwarze queere Strategien, die ihre feministische Politik zur Entfaltung brachten und den Schwarzen Feminismus in Deutschland etablierten.

Nach detaillierten Analysen zu diesen Organisationen widmet sich Kapitel vier einzelnen Akteur*innen wie May Ayim und Katharina Oguntoye, die mit der Veröffentlichung ihres bahnbrechenden Buches *Farbe bekennen: Afro-deutsche Frauen auf den Spuren ihrer Geschichte* von 1986 eine intellektuelle und kulturelle Grundlage nicht nur für die moderne Schwarze Bewegung in Deutschland geschaffen haben, sondern auch für eine politische Bewegung, die intersektional und feministisch war.** Seit *Farbe bekennen* stützen sich Schwarze deutsche Frauen auf diasporische Ressourcen und produzieren diese selbst, um sich in überlappende öffentliche Kulturen einzuschreiben (die globale Schwarze Diaspora und das späte Nachkriegsdeutschland), die sie ignorierten und zurückwiesen. Ihre Ideen, ihre An-

---

** Zum Zeitpunkt der Veröffentlichung nannte sich May Ayim noch May Opitz.

schauungen und ihr Schreiben machten sie zu Intellektuellen des Alltags und ermächtigten sie, ihre politischen und kulturellen Ziele zu verfolgen. Die vielfältigen Kulturproduktionen dieser Frauen (etwa Lyrik, Prosa, Reden, Spoken-Word-Poetry) dienten als Formen der Verbindung und erwiesen sich als hilfreich, wenn es darum ging, ihre moderne Bewegung voranzubringen und Netzwerke zu etablieren, die sie oft über die Grenzen Deutschlands hinausbrachten. Vor allem Ayim war aufgrund ihrer Gedichte im In- und Ausland bekannt, was es ihr ermöglichte, eine prominente Anwältin für die Schwarze Community in Deutschland zu werden.

Die letzten beiden Kapitel kehren zurück zu ISD und ADEFRA und illustrieren anhand dreier wichtiger Ereignisse den diasporischen Graswurzelaktivismus, Intellektualismus und Internationalismus Schwarzer Deutscher. Kapitel fünf untersucht zwei jährlich stattfindende Traditionen: das Bundestreffen in unterschiedlichen deutschen Städten und die Feierlichkeiten zum Black History Month in Berlin. Indem sie ihren Schwarzen Internationalismus hervorhoben, kultivierten Schwarze Deutsche Verbindungen mit Personen innerhalb und außerhalb Deutschlands. Sie vertraten eine antirassistische Anschauung, die es ihnen ermöglichte, dem Rassismus und den Nachwirkungen des Kolonialismus im Land entgegenzutreten, die Stille bloßzulegen, die die Präsenz und Komplexität des Schwarzen Deutschlands umgab, und gegen Ausbrüche des kontinentalen und globalen Neofaschismus ebenso vorzugehen wie gegen weiße Überlegenheitsfantasien. Ich argumentiere, dass die Black History Months die Verbreitung von Wissen, den intellektuellen Austausch und die kulturelle Förderung ermutigten und somit bisherige intellektuelle Produktions- und ideologische Ausdrucksformen wesentlich veränderten. Hierfür errichteten und dekolonisierten Schwarze Deutsche und andere Menschen of Color Berliner Räume, deren traditionell weiße Konstruktion sie unterhöhlten und als Schwarz markierten.

Kapitel sechs dreht sich um die transnationale Schwarze feministische Solidarität von ADEFRA und analysiert dabei die Teilnahme

Schwarzer deutscher Frauen an interkulturellen Sommerseminaren für Black Women's Studies. Nachdem sie bereits mehrere dieser internationalen Seminare besucht hatten, brachten Schwarze Deutsche Frauen eine Ausgabe von 1991 ins wiedervereinte Deutschland. Dort äußerten sie ihre Besorgnis über Geschlechterungleichheit, Rassismus und rassistische Gewalt und machten ein internationales Publikum mit ihren gesellschaftlichen Realitäten bekannt. Die Beteiligung am Sommerseminar stand für ihr Engagement, eine globale feministische Solidarität mit Frauen of Color und anderen Verbündeten zu begründen, die eine bestimmte Art von politischem Schwarzsein vorantrieb und einen gesellschaftlichen Wandel einleitete. In diesem Sinne überließen sie dem Globaler-Süden-Feminismus ein wichtiges Forum in Deutschland.

Black Germany rekonstruiert ein Schwarzes Archiv voller Gedanken, Handlungen und Solidarität. Das Buch zeigt damit die ganze Vitalität Schwarzen deutschen Lebens. Indem es Ideen, Praktiken und Schriften Schwarzer Deutscher beleuchtet, unterstreicht es, wie sie unterschiedliche Formen von Verwandtschaftsbeziehungen, Intellektualismus und Internationalismus verfolgten, die ihre Bewegung gestärkt haben. Sie schufen eine affektive Schwarze wie deutsche Community und definierten so ihre Parameter neu. Mit ihrem »Schwarzen Comingout« formulierten Schwarze Deutsche im In- und Ausland ihre Forderungen nach Gleichheit und Repräsentation und verknüpften damit lokale und globale Anliegen. Schwarze deutsche Frauen waren integraler Bestandteil dieser Bewegung. Da diese Frauen sich mit den Überschneidungen von Gefühlen, Race, Gender, Klasse, Sexualität und Diskriminierung beschäftigten, betonten sie die Bedeutung einer Raumpolitik, die anerkannte, dass die Vergangenheit ihre Gegenwart und Zukunft beeinflusste. Indem wir von ihrem Überleben, Widerstand und Internationalismus erzählen, vertiefen wir unser Verständnis vom Potenzial der globalen Schwarzen Freiheitskämpfe. Diese Erzählungen erweisen sich insofern als sehr hellsichtig, als das gegenwärtige Europa jenem, in dem die Bewegung entstanden ist und sich entwickelt hat, auf unheimliche Weise ähnelt.

1
Schwarze deutsche Frauen und Audre Lorde

> Deine mächtige Stimme
> erhebt sich nicht mehr
> in Auditorien zu begierigen Ohren
> und doch klingen Deine Worte
> weiter laut und schwanger
> in Hörsälen, beim Abendessen, unter Freunden wie Feinden.
> Ich vermisse Dich. Du bist immer auf Drahtseilen gewankt
> die Dich aufzuschlitzen drohten.
> *Yvonne Kettels, »Audre«, September 1992*

Am 17. November 1992 starb die karibisch-amerikanische feministische Dichterin Audre Lorde an Leberkrebs. Seit 1984 hatte sie mit ihrer Partnerin Gloria Joseph auf Saint Croix gelebt und gearbeitet, von dort aus reiste sie für unterschiedliche Projekte in die Vereinigten Staaten und andere Länder. Nach ihrem Tod organisierten Lordes Kolleg*innen, Freund*innen und Liebsten weltweit Veranstaltungen, auf denen sie ihr die letzte Ehre erwiesen.[1] So richteten die Herausgeber*innen des Schwarzen lesbischen Magazins Aché am 29. November im Modern Times Bookstore in San Francisco eine Feier aus, auf der zwei afrodeutsche Frauen, Yvonne Kettels und Yara-Colette Lemke Muniz de Faria, eine Gedenkrede hielten.[2] Sie schwelgten in Erinnerungen an ihre persönlichen Begegnungen mit Lorde. Lemke Muniz de Faria erzählte: »Das erste Mal traf ich Audre vor einigen Jahren nach einer ihrer großartigen Reden in Berlin. Wir saßen uns in einem Restaurant gegenüber, teilten eine große Fischplatte und sprachen über Yemanha* und Kaurimuscheln. Damals erzählte sie mir von Aché und ihrem Traum, mit ihrem deutschen Sistah-Magazin *Afrekete* zusammenzuarbeiten, ihrem Traum, dass Schwarze Amerikanerinnen und [Schwarze] Deutsche zusammenkämen. Wenngleich ihr Traum bis heute nicht Wirklichkeit geworden ist, so wurde doch ein Anfang gemacht, sonst wären wir heute Abend nicht hier zusammengekommen, um sie zu ehren und zu feiern.«[3]

Auch Kettels erinnerte sich: »Das erste Mal traf ich Dich – vor etwa fünf Jahren – bei einem Frühstück für Schwestern und Brüder in Berlin. Wir waren so wenige. Damals war es mir unmöglich, mit Dir zu sprechen, mein Englisch war nicht gut genug. Ich glaube, ich war zu schüchtern. Wir unterhielten uns mit Händen und Füßen und kamen uns als Schwestern näher. Ich frage mich, wie viele von Euch in den Vereinigten Staaten begreifen, wie groß Audres Einfluss auf uns afrodeutsche Frauen/Lesben und Brüder war. Wusstet ihr von den starken Verbindungen, die es zwischen Audre und Deutschland gab? Sie war das Licht in unseren Augen, sie ging wie die Sonne auf und gab uns Wärme und Liebe, sie teilte mit uns ihre Welt, ihre Erfahrungen, ihr Wissen, unvergleichlich, unvergesslich, mächtig.«[4]

Lemke Muniz de Faria und Kettels kamen beide auf die transnationale Verwandtschaftsbeziehung von Schwarzen Deutschen und Lorde zu sprechen und betonten, wie letztere das Verhältnis zwischen einzelnen Menschen innerhalb der weltweiten Schwarzen Diaspora prägte. Die Begegnungen beider Frauen mit Lorde zeigen, wie sehr sie ihren gerade erst aufkeimenden Sinn für Gemeinschaft auf affektive und diasporische Praktiken gründeten.

In ihren Erinnerungen erklärten die beiden deutschen Frauen: »Ihr Tod hat uns schwer getroffen, obwohl wir um ihren Gesundheitszustand wussten. Was Audre uns Afro-Deutschen, Schwarzen

---

* Die Fischgöttin der Yoruba. Auch Yemayá. (Anm. des Übersetzers)

Frauen/Lesben bedeutete, ist mit Worten schwer zu beschreiben. [...] Und was sie für uns weit über ihren Tod hinaus bedeuten wird.« Durch die Bevorzugung weiblicher sozialer Bindungen machten die afrodeutschen Frauen Lorde zu ihrer »Schwester, Mutter, Kampfgefährtin«. Lorde war für viele Schwarze Deutsche die erste bekannte Schwarze Intellektuelle und Internationalistin, mit der sie anhaltenden Kontakt pflegten, und ihre Beziehungen zu Lorde waren für ihr Leben und ihren Aktivismus ein entscheidender Faktor. Sie erklärten: Lordes »inspirierende Kraft und Liebe [...] gab uns den Glauben und den Mut, aus unserer Isolation herauszutreten, zusammenzukommen und gegen Rassismus, Sexismus und Homophobie zu kämpfen«.[5] Darüber hinaus »gab [sie] uns Selbstvertrauen, lehrte uns, unsere eigenen Erfahrungen und Fertigkeiten einzusetzen, um Dinge ins Rollen zu bringen. Ihr Engagement für Schwarze Frauen weltweit und ihre Aufforderung, zu schreiben und ein Buch über uns selbst zu veröffentlichen, das schließlich *Farbe bekennen* heißen sollte, veränderte unsere Leben.« Lorde ermutigte die Frauen, »an ihre wachsende Macht [zu glauben], die Macht der vormals schweigenden afro-deutschen Frauen und Männer, junge wie alte, einen landesweiten Wandel herbeizuführen und sich ihm anzuschließen. An [ihre] Macht, mit anderen Afro-Europäer*innen, Afro-Asiat*innen und Afro-Amerikaner*innen einen Wandel über Landesgrenzen hinweg herbeizuführen«. Diese Frauen bekannten: »Ihr Lebenswerk ist uns Vermächtnis.« Von diesem starken Gefühl zeugt auch obige Strophe aus Kettels Gedicht »Audre«, das sie während der Gedenkfeier in Gänze vorgetragen hatte.[6] Die Frauen schlossen mit der Überzeugung, »weiter an der Seite all jener Menschen zu kämpfen, die für eine gemeinsame Zukunft einstehen wollen«, und mit einem Zitat aus Lordes Vorwort in *Farbe bekennen:* »Frauen der Minderheit, Kampfgefährtinnen, ich grüße euch.« Mehr als 30 Schwarze deutsche und schwarze Frauen unterzeichneten die Gedenkrede.[7]

Selbst wenn sie Lordes ganze Bedeutung erst nach ihrem Tod zu würdigen wussten, war Schwarzen deutschen Frauen durchaus klar, wie wichtig sie zu ihren Lebzeiten war; schließlich hatten sie ihre Anerkennung und Bewunderung für Lorde in Briefen und Handlungen immer wieder zum Ausdruck gebracht. Dieses Kapitel widmet sich den persönlichen Beziehungen dieser Frauen zu Lorde und zeigt, wie Gefühle der Community halfen, zusammenzustehen, sich als Schwarze Deutsche zu fühlen und ihre kollektiven Identitäten wiederherzustellen. Schwarze deutsche Frauen repräsentierten eine »affektive Community«, sie benutzten und schätzten eine ganze Reihe von Ausdrücken, mit denen sie ihr Leben, ihre Gefühle und Freundschaften mit Lorde und anderen beschrieben und so ihre Emotionen eindeutig innerhalb Deutschlands verorten konnten.[8] Zudem entwickelten sie ihre eigenen Normen und Praktiken und zeigten damit, wie Gefühle ihnen als Werkzeuge bei der Ausgestaltung neuer transnationaler diasporischer Identitäten und Verwandtschaftsbeziehungen dienen konnten. Den Frauen zufolge erwies sich Lorde als Katalysator sowohl für die Entstehung als auch für den Aufschwung und die Entwicklung der nachfolgenden Schwarzen deutschen Bewegung.

Angezogen von Lorde und ihrer Entschlossenheit, für den Fortschritt der feministischen und antirassistischen Solidarität einzutreten und verschiedene Formen der Unterdrückung zu bekämpfen, passten sie Lordes Ideen über Schreiben, Gefühle, die Diaspora und Community so an, dass sie ihren lokalen und überregionalen Bedingungen entsprachen. Schwarze deutsche Frauen sahen in Lorde eine diasporische Ressource – wenn auch nicht die einzige –, die es ihnen ermöglichte, ihre rassifizierte Identität umzugestalten, ihre Vorstellungen von Zugehörigkeit neu zu fassen und innerhalb einer mehrheitlich weißen deutschen Gesellschaft eine eigene Community aufzubauen. Afrodeutschen fehlte es an einer langjährigen Anerkennung als Schwarzes diasporisches Kollektiv, und sie unterschieden sich von anderen diasporischen Communitys in Europa und auf dem amerikanischen Kontinent.[9] Als Lorde in den 1980er Jahren nach Deutschland kam, ging die Regierung Helmut Kohls weiterhin unzureichend gegen Rassismus vor. Angesichts dieses Klimas sahen Schwarze deutsche Frauen in Lorde viel mehr als nur eine Verbündete. Sie diente als Bindeglied, durch das sie eine diasporische Gemeinschaft mit ihren Emotionen, Sympathien und Schriften aufbauten. Von ihr ermutigt, entwickelten die Frauen neue Schwarze diasporische Projekte. Sie bauten lokale, nationale und internationale Netzwerke auf und kultivierten affektive Familienbeziehungen, die ihre Forderung nach Zugehörigkeit und Repräsentation im In- und Ausland beeinflussten.

Lorde vor ihrer Berliner Zeit

Audre Lorde wurde am 18. Februar 1934 im New Yorker Viertel Harlem als Audrey Geraldine Lorde geboren. Sie war die jüngste Tochter der karibischen Eingewanderten Frederic Byron und Linda Gertrude Belmar Lorde. Ihre Schwestern Phyllis und Helen wurden 1929 und 1931 geboren.[10] Audres Eltern stammten aus der Arbeiterklasse. Sie führten einen strengen Haushalt, in dem es nicht üblich war, seine Gefühle offen zu zeigen, und versuchten, eine rassistische Gesellschaft auf Abstand zu halten. Aufgrund der strengen Erziehungsmethoden hatte Lorde Schwierigkeiten mit ihren Eltern.

Ohne Zweifel spendete das Schreiben Lorde Trost. Gleichzeitig diente es ihr als Selbstschutz, da sie sowohl mit schwierigen Familienkonstellationen als auch mit körperlichen Einschränkungen zu kämpfen hatte. Obwohl sie von Kind an so kurzsichtig war, dass sie offiziell als blind galt, lernte sie mit fünf, etwa ein Jahr bevor sie in die Schule kam, lesen und schreiben. Zudem stotterte sie.[11] Aufgrund ihrer Einschränkungen ging Lorde ein inniges und intensives Verhältnis mit Wörtern ein. Die »Fremdheit der Mutter« und das »Schweigen des Vaters« brachten sie der Lyrik näher.[12] Ihre innerfamiliären Beziehungen waren oft distanziert und aggressiv und offenbarten, wie verschieden von den anderen sie sich empfand. Später nutzte Lorde ihren Außenseiterstatus als Quelle der eigenen Stärke und des Empowerments und lernte, ihre multiplen Identitäten anzunehmen.

Als Lorde in ihrem näheren wie weiteren Umfeld neue Verbindungen knüpfte, festigte sich ihre Beziehung zum Schreiben. Sie fand ein »geistiges Zuhause« an der Hunter High School in New York. Obwohl die Schule keineswegs als racially divers galt, befreundete sie sich mit einer Gruppe junger weißer Mädchen, die sich später »The Branded«, die Gebrandmarkten, nennen sollten, obskure Gedichte schrieben und stolz auf ihre Maßlosigkeit waren. Zwar befriedigte Lordes Kontakt zu Dichterinnen ihr Bedürfnis nach Bestätigung, Liebe und »intellektueller Gleichberechtigung«, doch unterstützte diese Gemeinschaft sie nur in ihrer Weiblichkeit, nicht unbedingt in ihrem Schwarzsein, und mit der Zeit auf der Hunter High School endeten viele dieser Beziehungen.[13] In der New Yorker Frauenbewegung sollte Lorde Jahre später eine ähnliche Dynamik ausmachen. Trotz ihrer Entfremdung als Schwarze unter weißen Frauen wurde das »Schreiben von Gedichten [...] zu einem gewöhnlichen Unterfangen und war kein geheimes, rebellisches Laster mehr«.[14]

Neue Kontakte zu Frauen im Ausland halfen Lorde, ihr Handwerk zu perfektionieren, und vertieften ihre Leidenschaft für das Schreiben. Frauen, die sie 1953 und 1954 während ihres Studiums an der Nationalen Autonomen Universität von Mexiko kennenlernte, halfen ihr, »das Potenzial der Lyrik, Gefühle mit Worten zu verbinden«, zu entdecken. Mexiko inspirierte Lorde dazu, sich ihrer Identität als Dichterin zu versichern und ein »tieferes Gefühl von sich selbst als lesbischer Frau« zu gewinnen.[15] Als dynamischer Ort erlaubte dieses Land es Lorde, sich weiterzuentwickeln. Hier erkannte sie, wie wichtig es für sie war, Ideen jenseits der US-amerikanischen Grenzen auszutauschen und weiterzuentwickeln.

Auch die Harlem Writers Guild bot Lorde eine intellektuelle Heimat. Zwar beteiligte sie sich nur sporadisch an deren Aktivitäten, dennoch lernte sie dort Diskurse über Schwarzes Bewusstsein kennen und konnte ihre schriftstellerischen Fähigkeiten vor allem unter der Obhut von John Henrik Clarke, einem der Organisatoren der Guild, vertiefen. Lorde fand ein literarisches Zuhause, fühlte sich jedoch aufgrund der vorwiegend männlich-Schwarzen und heteronormativen Zusammensetzung der Gruppe weiterhin isoliert. Zudem besuchte Lorde Schwulenbars, wurde in der lesbischen Szene in Greenwich Village aktiv und ging der Bewegung des Schwarzen Nationalismus in Harlem aus dem Weg – Praktiken, die so manchem Mitglied der Guild nicht genehm waren.[16] Doch lernte sie über die Guild den berühmten afrikanisch-amerikanischen Dichter Langston Hughes kennen, der 1964 einige ihrer Gedichte veröffentlichte. Später, in einem Brief an den Bürgerrechtsaktivisten Julian Mayfield aus dem Jahr 1968, schrieb Lorde: »Die Menschen, die ich in der Gruppe und durch das CNA [Committee for the Negro in the Arts] kennenlernte, waren die ersten kreativen Schwarzen Menschen, deren konstruktive Aufmerksamkeit und Kritik mich davon überzeugten, dass ich mehr war als nur eine quijoteske Jugendliche.« Sie erklärte auch, dass sie »als Schwarze Frau und Schriftstellerin den Ermutigungen, der Stimulation und den Einsichten, die ich in diesen Jahren auf diesen Treffen erhalten habe, mehr verdanke, als ich hier sagen kann«.[17] Dieser Schwarze intellektuelle Raum ermöglichte es der jugendlichen Dichterin, ihren Stil, ihre Sprache und ihr Bewusstsein zu finden und zu verfeinern.

Nach dem College begann Lorde ein Studium an der Columbia University und machte 1961 ihren Master in Bibliothekswissenschaften. Sie glaubte, so hätte sie einen besseren Zugang zu Informationen, die sie wiederum verwenden könne, um den gesellschaftlichen Wandel voranzutreiben. In ihrer Zeit an der Columbia wurde Lorde politisch aktiver und engagierte sich vor allem gegen den Kalten Krieg und das nukleare Wettrüsten. Dennoch heiratete sie 1962 den weißen Anwalt Edwin »Ed« Rollins, den sie an der Columbia kennengelernt hatte, und bekam zwei Kinder, 1963 Elizabeth »Beth« Lorde-Rollins und 1964 Jonathan Rollins. Nach dem Studienabschluss arbeitete Lorde in der Mount Vernon Public Library. Sie schaffte es, weiterhin, ihre ehelichen und mütterlichen Pflichten zu erfüllen und gleichzeitig in die gesellschaftspolitische Atmosphäre der Zeit einzutauchen sowie Beziehungen zu verschiedenen Frauen einzugehen.[18]

Im Jahr 1968 erhielt Lorde vermehrt öffentliche Anerkennung. Sie brachte ihren ersten Gedichtband *The First Cities* bei Poets Press heraus, wo ihre »The Branded«-Freundin Diane di Prima Lektorin war.[19] Zunehmend verstand die Autorin Lyrik als subversive Form der Sprache, die es ihr ermöglichte, ihre Gefühle offenzulegen und anzuerkennen.[20] Im selben Jahr erhielt Lorde ein Stipendium der National Endowment for the Arts, um am Tougaloo College, einer historisch Schwarzen Universität (HBCU, Historically Black College and University) in Mississippi, ein sechswöchiges Seminar zu leiten. Sie unterrichtete erstmals kreatives Schreiben und entdeckte in den Diskussionen mit ihren Student*innen eine ihr bis dahin unbekannte Energie, die für die Entwicklung ihrer Theorie der Differenz eine entscheidende Rolle spielte.[21] In Tougaloo lernte sie eine ihrer Partnerinnen, Frances Clayton, kennen, eine weiße Gastprofessorin für Psychologie an der Brown University. Es war ihre Erfahrung in Mississippi, die Lorde darin bestärkte, in New York unterrichten zu wollen. Und tatsächlich bot ihr Mina Shaughnessy, die Direktorin von CUNYs SEEK-Programm (Search for Education, Elevation and Knowledge) nach ihrer Rückkehr eine Dozentinnenstelle an. Sie trat einer Gruppe »Lyrikerinnen – Schriftstellerinnen – Lehrerinnen« bei, der auch Toni Cade Bambara, Barbara Christian, Adrienne Rich und June Jordan angehörten, und freundete sich mit ihnen an.[22] Lorde entwickelte sich nicht nur als Lehrerin weiter, sondern wurde auch in afroamerikanischen Literaturzirkeln bekannt und veröffentliche im *Journal of Black Poetry* wie auch im *Negro Digest*. Obwohl Lordes Karriere gerade erst begonnen hatte, hatte sie bereits eine beeindruckende intellektuelle wie emotionale Wegstrecke hinter sich gebracht.

Gleichwohl waren es die 1970er Jahre, in denen Lorde eine tiefgreifende Transformation erlebte. Auf persönlicher Ebene zog sie nach Staten Island, wo sie sich 1971 mit Frances und ihren beiden Kindern ein neues Leben aufbaute. Im Jahr 1975 ließ sie sich endgültig von Ed scheiden. Zwar war Lorde mit Frances und ihren Kindern glücklich, doch hatte sie gesundheitliche Probleme, unter anderem wurde 1977 ein gutartiger Tumor in ihrer rechten Brust entdeckt. Ein Jahr später waren ihre Ängste zurück, als bei ihr Brustkrebs diagnostiziert wurde und sie sich einer Mastektomie unterziehen musste.[23] Infolge ihrer Krebsprognose begann Lorde, ihren Lebensmittelpunkt und ihre Werte neu zu definieren. Sie begann ihr »zweites Leben« als Dichterin, Schriftstellerin, Mutter, Lesbe und Krebsüberlebende, betonte darüber hinaus ihre Wurzeln in der afrikanischen Diaspora und besuchte die Karibik und Afrika. In einem Versuch, eine emotionale Beziehung zum Land ihres Vaters aufzubauen, besuchte Lorde 1973 Barbados, wo sie eine schöne Zeit verbrachte. Schon immer wollte sie Afrika besuchen und unternahm daher im Jahr darauf mit Frances und ihren Kindern eine fünfwöchige Reise durch Togo, Ghana und Dahomey (die spätere Volksrepublik Benin). Sie erfuhr viel über die dahomische Religion und Mythologie, was später in ihre literarische Arbeit und in ihre Korrespondenz einfließen sollte. Auf dieser Reise fand sie »eine spirituelle Verortung; das Wissen um die originalen Vorfahren; eine körperliche Realität, die einzigartig, zeitlos und komplex war; und die Lust, auf die Welt einzuwirken«.[24] Im Jahr 1978 besuchte sie zum ersten Mal Grenada, den Geburtsort ihrer Mutter. Ihre Reisen zeigen, wie sehr Lorde die »roots and routes«, die Wurzeln und Wege der Diaspora, verkörperte, und verweisen auf ihre spätere Absicht, in ihrem Schreiben und Aktivismus einen ausgeprägten Schwarzen kulturellen Internationalismus aufzugreifen.[25] Ihre Perspektiven und Praktiken überschritten Grenzen und bewegten sich gleichzeitig innerhalb des eigenen Landes.

Lorde erhielt berufliche Anerkennung und wurde außerordentliche Professorin für Englisch am John Jay College. Innerhalb des folgenden Jahrzehnts sollte sie sechs preisgekrönte Bücher veröffentlichen. Ihre Lyrik beschäftigte sich mit einer Vielzahl von Themen, darunter Rassismus, Gefühle, Lesbischsein, Macht und Eltern-Kind-Beziehungen. Zunehmend vermittelte sie in ihrem Schreiben neues Wissen und betrachtete ihr Werk als untrennbar von ihrem gesellschaftlichen Protest und ihrer politischen Haltung. Alles in allem spiegelten Lordes Veröffentlichungen ihre eigene Form von intellektuellem Aktivismus wider. Patricia Hill Collins argumentiert, dass »eine Form des ›intellektuellen Aktivismus‹ versucht, den Mächtigen die Wahrheit zu sagen. Diese Form des Die-Wahrheit-Sagens verfolgt das bestimmte Ziel, sich mit bestehenden Machtverhältnissen auseinanderzusetzen und bedient sich hierfür der Macht der Ideen« und »eine zweite Strategie des ›intellektuellen Aktivismus‹ zielt darauf ab, den Menschen die Wahrheit direkt mitzuteilen«.[26] Lorde verfolgte in ihrer Lehre, in ihren Veröffentlichungen und Vorträgen beide Strategien.

Die erste Hälfte der 1980er Jahre erwies sich für Lorde als arbeitsreich und vielversprechend. Weiterhin unterrichtete, schrieb und reiste sie, sie nahm an Konferenzen teil und praktizierte ihren intellektuellen Aktivismus. Ihre frühen Erfahrungen mit Krebs brachten sie dazu, darüber zu schreiben – sie veröffentlichte 1980 ihr erstes nicht-fiktionales Buch, *The Cancer Journals*.[27] Hieraus las Lorde auf der zweiten UN-Weltfrauenkonferenz in Kopenhagen 1980 und zeigte bei dieser Gelegenheit ihr anhaltendes Interesse an feministischen Themen und der Verwirklichung eines Internationalismus Schwarzer Frauen. Sie nutzte ihre Vorträge und andere Schriften, um einen gesellschaftlichen Wandel im In- und Ausland zu fördern.

Lorde schrieb nicht nur, sie versuchte sich auch als Verlegerin und sah darin eine Form emanzipatorischer Politik. Im Jahr 1980 erfanden Lorde, Barbara Smith, Cherríe Moraga und weitere Feministinnen und Lesben of Color den »Kitchen Table: Woman of Color Press«, einen Verlag, dessen Idee in einem Gespräch zwischen Smith und Lorde geboren wurde. Der 1981 bekanntgegebene offizielle Name verwies auf die »Küche als Zentrum des Zuhauses, den Ort, an dem insbesondere Frauen arbeiten und miteinander kommunizieren«.

Außerdem wollten sie mit diesem Namen auf »die Tatsache hinweisen, dass wir wie ein Küchentisch sind, ein Graswurzelbetrieb, der von Frauen initiiert und am Leben gehalten wurde, die sich nicht auf Erbschaften oder andere Vorteile von Klassenprivilegien verlassen können, um die Arbeit, die wir tun müssen, zu erledigen«.[28] Die Women of Color Press bot feministischen Schriftstellerinnen of Color in den Vereinigten Staaten eine sichtbare Plattform – die davor für sie nicht existiert hatte. Zugleich verwiesen die in ihren Veröffentlichungen behandelten Themen und die Absicht, »Verbindungen zur globalen Dritte-Welt-Frauen-Bewegung aufzubauen und von ihr inspiriert zu werden« auf die internationale Ausrichtung des Verlags.[29]

Lordes Produktivität ließ ebenso wenig nach wie ihr politisches Engagement und ihr Internationalismus. Im Jahr 1981 reiste sie nach Saint Croix, um an einem Schriftstellerinnensymposium teilzunehmen, das die feministische Professorin Gloria Joseph organisiert hatte und an dem unter anderem Adrienne Rich, Toni Cade Bambara und Michelle Cliff teilnahmen. Dort beleuchtete Lorde erneut ihre multiplen Positionalitäten, insbesondere ihre Identität als »African-Caribbean-american«-Woman.[30] Sie beteiligte sich an Maßnahmen zur Stärkung des Zugehörigkeitsgefühls und bewegte andere dazu, es ihr gleichzutun, wobei sie Verwandtschaftsbeziehungen zu Frauen of Color außerhalb der Vereinigten Staaten aufbaute, die ebenfalls mit Ausgrenzung zu kämpfen hatten und sich gegen Diskriminierung wehrten. Nach der Invasion Grenadas durch die Vereinigten Staaten im Jahr 1983 reiste Lorde dorthin und schrieb später über die Folgen des Imperialismus und der rassistischen Gewalt gegen Schwarze auf der Insel. Im selben Jahr wurde sie eingeladen, am 20. Jahrestag des Marsches auf Washington von 1963 zu sprechen, weil sie »die bekannteste Schwarze, lesbische, feministische Aktivistin« war – wenngleich ihre Teilnahme aufgrund ihrer sexuellen Orientierung kontrovers diskutiert wurde.[31] Darüber hinaus veröffentlichte sie mit ihrer Biomythografie *Zami: Eine neue Schreibweise meines Namens* (1982) und dem Essayband *Sister Outsider* (1984) zwei Werke, die sinnbildlich für ihren intellektuellen Aktivismus standen. In beiden Büchern brachte sie ihre Wahrheit zum Ausdruck und vermittelte ein Wissen, das zum Wandel aufrufen sollte.[32]

Lorde beschäftigte sich weiterhin mit Themen, die sie Jahre zuvor für sich entdeckt hatte. Ihr Leben lang hatte sie ein feines Gespür für die Art und Weise, wie Gender-, Klassen-, sexistische und rassistische Vorurteile sich gegenseitig verstärkten. Zugleich desillusioniert und hoffnungsfroh, verstand sie, wie Antirassist*innen dennoch Klassen- und Genderstereotypen verbreiten konnten und der Kampf gegen Gender- und Klassenvorurteile sich oft in Rassismus verstrickte. Dadurch wurde sie eine frühe Vertreterin von »intersektionalen« Analysen und eines Aktionismus, der sich verschiedenen, einander überschneidenden Formen der Diskriminierung widmete.[33] Lorde folgte hierin der Schwarzen radikalen und feministischen Tradition von Claudia Jones, Fasia Jansen und anderen. In den späteren Jahren ihrer Laufbahn, im Alter von 50 Jahren, sollte sie ihren Feminismus, ihren Schwarzen Internationalismus und ihr langjähriges Engagement für ein Schreiben, das zugleich Selbstdefinition, kulturelle Arbeit und Aktivismus war, mit nach Berlin nehmen, wo sie nach eigenen Angaben einige der anregendsten Jahre ihres Lebens verbrachte.

Lorde in Berlin

Lorde erfuhr in Berlin Hoffnung, Heilung, Energie und Wachstum. Diese kosmopolitische Stadt ermöglichte es ihr, Verbindungen zu unterschiedlichsten Menschen zu knüpfen, und beeinflusste ihre Ideen über Diaspora, Zugehörigkeit und Aktivismus.[34] Gloria Joseph, die nach Lordes Trennung von Frances Clayton ihre Partnerin wurde, erinnerte sich: »In Deutschland erlebte Audre eine Form der Freiheit, wie sie sie in den Staaten nie erfahren hatte. Hier konnte sie sich so anziehen wie es ihr gefiel, sich so verhalten wie sie wollte, ohne die Missbilligung ihrer Schwarzen Mitstreiterinnen,

Familienmitglieder, Kolleginnen oder des Schwarzen männlichen Establishments beachten und fürchten zu müssen. Damit ist zwar nicht gesagt, dass sie keinen Rassismus erlebte, dennoch konnte sie sich offen ausdrücken und musste keine Sorgen oder gar Angst vor den Konsequenzen ihrer Handlungen haben.«[35] Ähnlich äußerte sich die weiße deutsche Feministin Dagmar Schultz, die half, Lorde 1984 nach Deutschland zu holen: »Für Audre war Berlin ein Stück weit wie ein Spielplatz. Zwischen ihrer Arbeit und ihren Lesungen hatte sie einfach eine gute Zeit.«[36] Die Beziehungen, die sie zu Schwarzen Deutschen und anderen knüpfte, halfen ihr auch, als sie sich einer alternativen Krebsbehandlung unterzog – vor ihrer Reise nach Berlin war bei ihr Leberkrebs diagnostiziert worden. Doch obwohl Berlin für sie ein heilsamer und inspirierender Ort war, erkannte Lorde, dass die Stadt auch schwierig sein konnte – aufgrund der Unfähigkeit Deutschlands, sich lückenlos mit seiner eigenen rassistischen Vergangenheit und Gegenwart auseinanderzusetzen.

Lorde benutzte Berlin, Deutschland und Europa, um ihr Verständnis von Schwarzsein zu hinterfragen und ihm eine neue Bedeutung zu geben. Ihre »Einblicke, Gespräche und Erfahrungen« oder was Katherine McKittrick die »Geografien schwarzer Frauen« nennt, zeigen, wie Berlin als Raum es Lorde ermöglichte, sich selbst, ihre Community, ihr Schreiben und ihren Aktivismus neu zu erfinden.[37] Darüber hinaus ermutigte sie Schwarze Deutsche und andere Schwarze Europäer*innen, die Bedeutung ihres Schwarzseins und ihrer Verbindung zur Schwarzen Diaspora innerhalb mehrheitlich weißer Gesellschaften zu feiern und anzuerkennen. Sie unterstützte Schwarze deutsche Frauen, die ihre Stellung als Schwarze Subjekte einforderten und ihre Ideen, Identitäten und Kämpfe innerhalb Schwarzer und deutscher Kreise lesbar machten. Dies erreichte sie über so unterschiedliche Orte wie Klassenzimmer, Auditorien sowie feministische und/oder kulturelle Zentren. Vor und nach ihrer Ankunft in Deutschland nahmen Schwarze deutsche Frauen bereitwillig das Wissen auf, das sie in ihren bereits veröffentlichten Arbeiten vermittelte. Doch war es ihre *Präsenz* in Berlin und anderen deutschen Städten sowie ihre *Fähigkeit*, bewusst Allianzen zu schmieden und eine Community aufzubauen, die afrodeutsche Frauen aufsaugten, aus persönlichen Begegnungen mitnahmen und später in ihrem Leben und ihrer Bewegung in die Praxis umsetzten.

Schultz' frühe Begegnungen mit Lorde auf feministischen Konferenzen beiderseits des Atlantiks führten schließlich zu Lordes Besuch in Berlin. Die beiden trafen sich erstmals 1980 auf der zweiten UN-Weltfrauenkonferenz in Dänemark, wo Schultz Lorde einlud, am John-F.-Kennedy-Institut für Nordamerikastudien der Freien Universität Berlin (FU) zu lehren. Ein zweites Mal trafen sie sich auf der Konferenz der National Women's Studies Association (NWSA) von 1981 in Connecticut.[38] Nachdem sie die Grundsatzreden Lordes und Adrienne Richs gehört hatte, wusste Schultz, dass sie aktiv werden müsse. In einem Brief an Lorde aus dem Jahr 1981 fragte sie sie erneut, ob sie eine Dozentenstelle am JFK-Institut in Erwägung ziehen würde, und schrieb: »Ich möchte Ihnen mitteilen, wie tief bewegt ich von Ihrer Rede vor der NWSA war, von Ihrer Ehrlichkeit, Ihrer Bereitschaft zu Auseinandersetzung und Austausch, und natürlich von der Schönheit und Kraft Ihrer Sprache, Ihrer Stimme, Ihrer Präsenz.«[39] Lordes NWSA-Rede »The Uses of Anger: Women Responding to Racism« (»Vom Nutzen der Wut. Wie Frauen auf Rassismus reagieren«) regten Schultz zur Selbstreflexion an und ließen sie verstehen, wie sehr Rassismus noch in der deutschen Gesellschaft verankert war. Sie fragte, ob sie Lordes Rede und den Essay »The Uses of the Erotic: The Erotic as Power« (»Vom Nutzen der Erotik. Erotik als Macht«) übersetzen und in ihrem sub rosa Frauenverlag veröffentlichen dürfe.[40]

Hinter Schultz' antirassistischer Haltung standen ihre persönlichen Erfahrungen in den Vereinigten Staaten, die Bürgerrechts- und Frauenbewegungen von 1963 bis 1973, ein Verständnis des globalen Feminismus, verkörpert durch Lorde und ihre Texte, und das Bestreben, den Grundtenor der deutschen Frauenbewegung zu verändern. Schultz hatte Lorde in einem früheren Brief anvertraut, dass »einige von uns hoffen, diese Diskussionen werden zu einer breiteren Auseinandersetzung mit Rassismus und Antisemitismus führen«.[41] Ihr Verlag ließ Lordes und Richs NWSA-Reden übersetzen, die 1983 in dem Sammelband *Macht und Sinnlichkeit* erschienen; es war die erste Veröffentlichung von Lordes Werk in deutscher Sprache.[42] Einige Schwarze deutsche Frauen, die ebenfalls mit der amerikanischen Forschung über Feminismus vertraut waren, reagierten positiv.[43] Der Band löste zwar keinen Mainstream-Dialog über Race und Rassismus in Deutschland aus, doch nach Ansicht mehrerer Wissenschaftlerinnen initiierte Lordes Präsenz als karibisch-amerikanische Frau in Berlin Diskussionen über Rassismus, die es davor nicht gegeben hätte.[44]

Lorde ging unter anderem deshalb nach Deutschland, um Schwarze deutsche Frauen kennenzulernen. Sie hatte gehört, »dass es in Berlin einige gebe«.[45] Schwarze deutsche Frauen wiederum waren von der Tatsache angetan, dass eine bekannte Schwarze feministische Dichterin sich für sie interessierte und sich mit ihnen anfreunden wollte. Und so hinterließ Lorde als Gastprofessorin im Sommersemester 1984 am JFK-Institut bei den Schwarzen Deutschen, die sie innerhalb und außerhalb der Hörsäle kennenlernten, einen bleibenden Eindruck.[46]

Afrodeutsche Frauen wie May Ayim und Katharina Oguntoye verstanden erst in Lordes Seminaren, dass sie Teil der transnationalen Schwarzen Diaspora waren. Immer wieder wurden Schwarze Deutsche von ihren weißen Mitbürger*innen nach ihrer Herkunft gefragt und/oder mit beleidigenden Namen versehen, als wären Schwarz und deutsch nicht miteinander vereinbar. Vor Lordes Ankunft hatten sich einige Schwarze Deutsche dadurch ein Bewusstsein von Race erhalten, dass sie Texte der Diaspora lasen, Musik von Künstler*innen der Diaspora hörten und kulturelle Bezüge zu Freiheitsbewegungen entlang der Diaspora herstellten. Erst der Austausch Schwarzer deutscher Frauen mit Lorde und untereinander befähigte sie, ihr Bewusstsein deutlich weiterzuentwickeln. Oguntoye etwa berichtete, wie Lorde die wenigen Schwarzen Student*innen in ihren Seminaren aufforderte, anderen ihre Gedanken mitzuteilen. Sie nahm sich zudem die Zeit, Schwarze deutsche Frauen außerhalb ihrer Seminare zu treffen.[47] Angesichts dieses Wandels meinte Lorde: »Für mich bedeutet afro-deutsch die strahlenden Gesichter von Katharina und May im angeregten Gespräch über die Heimatländer ihrer Väter, über die Vergleiche, die Freuden und Enttäuschungen. Ich freue mich beim Anblick einer Schwarzen Frau, die in mein Seminar kommt, allmählich ihre Zurückhaltung aufgibt und ein neues Selbstbewusstsein entdeckt, eine neue Art der Selbstwahrnehmung in ihrer Beziehung zu anderen Schwarzen Frauen.«[48] Der Austausch Schwarzer deutscher Frauen untereinander führte zu einem neuen Verständnis ihrer diasporischen Identitäten und ihrer Community in Deutschland.

Trotz anfänglicher Vorbehalte, nach Deutschland zu kommen, »fand [Lorde] in den Frauen, die sie dort traf, etwas Verbindendes« und spürte, dass sie »im Leben der afrodeutschen Frauen, von denen viele ein neues Selbst- und Gemeinschaftsgefühl in Worte fassten, einen Unterschied machte«. Ihre Zeit in Deutschland »half ihr zu verstehen, was es heißt, ein Bewusstsein als Afroeuropäerin einzufordern, die in konzeptioneller Hinsicht weder ›Afrikanische Europäerin‹ war noch durch ein festgelegtes Schwarzsein definiert wurde«.[49] Während ihrer Zeit mit Afrodeutschen sah Lorde, wie mannigfaltig Schwarzsein war und würdigte seine vielfältigen Ausdrucksformen. Ihre Erfahrungen verdeutlichen, wie Deutschland als Raum der Entwicklung ihrer Ideen und ihres Schreibens zugutekam. Sie zeigen, wie zwischen Lorde und Schwarzen deutschen Frauen Beziehungen entstanden, die in unterschiedliche Richtungen wiesen.

Demzufolge suchten diese »deutschen Frauen der Diaspora« die Anerkennung in der Gesellschaft, indem sie die Begriffe »Afrodeutsche« und »Schwarze Deutsche« erfanden, die viele ermutigten, sich innerhalb der Gesellschaft zu positionieren und sich als Teil sowohl der Schwarzen Diaspora als auch Deutschlands zu fühlen.[50] Für die Schwarze deutsche feministische Aktivistin Judy Gummich war »Audres Einfluss entscheidend, damit wir uns in einem positiven Licht sehen konnten, als selbstbewusste und offene Schwarze Deutsche, die bereit waren, für ihre Rechte zu kämpfen«.⁵¹ Wie Wissenschaftler*innen gezeigt haben, inspirierte Lorde Schwarze deutsche Frauen dazu, ihr Wissen über ihre individuelle und kollektive HERstory zu dokumentieren und mitzuteilen.⁵² Lordes Intellektualismus und Internationalismus hatten einen nicht zu leugnenden Einfluss auf Schwarze deutsche Frauen. Ihr zufolge waren »dies [...] Frauen, die sie jetzt als real erachtete statt nur vorgestellt, Verbündete im globalen Kampf für einen gesellschaftlichen Wandel, und sie war begeistert, mit ihnen an ihrer Idee für ein Buch [*Farbe bekennen*] zu arbeiten«.⁵³

Die Verbindung zu Lorde war im Leben vieler Schwarzer deutscher Frauen ein Wendepunkt. Wo andere afrodiasporische Communitys von ihren Eltern ein klares Bewusstsein einer gemeinsamen Abstammung geerbt hatten, das sich oft um Geschichten von erzwungener, freiwilliger oder kollektiver Migration drehte, entwickelte die afrodeutsche Community ein anderes Vermächtnis, das »aus direkten und indirekten Wegen infolge des Kolonialismus« hervorging.⁵⁴ Dies war Deutschlands kurzlebigem Kolonialreich, der Zeit des Nationalsozialismus und dem Holocaust sowie der Nachkriegsbesatzung und Teilung Deutschlands geschuldet. Zudem verschärfte der eingeschränkte bis nicht existente Kontakt Schwarzer Deutscher zu ihren Verwandten afrikanischer Herkunft diese Dynamik. Tina M. Campt hat argumentiert, dass »Erinnerung die Ursache für die Spannung zwischen Diaspora und diasporischer Identität ist: das dynamische Spiel zwischen echter und eingebildeter Heimat und die komplexen Beziehungsnetzwerke, die über nationale, räumliche und zeitliche Grenzen hinweg geschmiedet wurden«. Aufgrund der Diversität Schwarzer Deutscher mussten sie auf die üblichen Narrative von Heimat, Teilhabe oder Gemeinschaft verzichten, die andere Schwarze Communitys mit Ressourcen ausstattete, auf die sie als Quelle ihrer Zugehörigkeit und Identität zurückgreifen konnten.⁵⁵ So gesehen bot

Audre Lorde im Park, Berlin, 1984

ihnen Lorde ein Modell für Verbundenheit, Selbstbenennung und intellektuellen Aktivismus.

Obwohl Lorde innerhalb der Schwarzen Bewegung in Deutschland eine Schlüsselfigur war, fanden einige Aktivist*innen und Wissenschaftler*innen, dass ihre Überhöhung die Rolle Schwarzer Deutscher mindere und gleichzeitig die Rolle von Afroamerikaner*innen für die Entstehung der Bewegung überbetone.[56] Während einige Schwarze Deutsche Lorde die symbolische Rolle einer Patin oder Mutter der Bewegung zugewiesen hatten, sahen andere sie als Verbündete, Mentorin oder Freundin, die die Bewegung unterstützte.[57] Die Überhöhung Lordes kann einschränkend sein, doch müssen wir die Stimmen Schwarzer deutscher Frauen anerkennen, die es zuließen, dass im selben Zeitraum scheinbar inkompatible Bilder von ihr existierten. Ihre unterschiedlichen Perspektiven verliehen der Geschichte der Beziehungen, die Schwarze deutsche Frauen mit Lorde eingingen und in denen sie sowohl *Patin/Mutter* als auch *Freundin* der Bewegung sein konnte, zusätzliche Komplexität. Tatsächlich ist es nicht nötig, von einer Entweder-oder-Dynamik zu sprechen, da beide Rollen nebeneinander existierten, wie die in diesem Kapitel analysierten Briefe belegen. Die unterschiedlichen Zuschreibungen spiegeln die Antworten Schwarzer deutscher Frauen auf Lorde und ihr Bedürfnis wider, Beziehungen zu anderen Schwarzen Frauen zu knüpfen, die ihnen vormals in ihren Familien und in feministischen Zirkeln verwehrt worden waren. Sie zeigen außerdem, dass Schwarze deutsche Frauen in der Bewegung keinen monolithischen Block darstellten, sondern unterschiedliche Vorstellungen von der Repräsentation prominenter Personen hatten, die ihrer Bewegung nahestanden.

Campt schlägt vor, dass Wissenschaftler*innen die Asymmetrien der Macht untersuchen, die in allen Schwarzen diasporischen Communitys existieren, um jene Hierarchien besser verstehen zu können, die bestimmte Communitys, insbesondere mit Blick auf Schwarze Europäer*innen, über andere stellen. Ähnlich fragt Nassy Brown: »Wie formen Machtbeziehungen innerhalb des diasporischen Raums bestimmter Schwarzer Communitys die Beteiligung am transnationalen Raum der Diaspora?«[58] Beide sprechen wichtige Punkte an, wenn sie dafür plädieren, dass die gegenwärtige Forschung davon absehen solle, afroamerikanische und heteronormative Narrative der Diaspora in einer Weise bevorzugt zu behandeln, die die Vielfalt der diasporischen Erfahrungen ignoriert und die Hierarchien innerhalb der Diaspora verfestigt.[59] Ich stimme ihrer Einschätzung zu und glaube, dass Schwarze Deutsche gemäß ihrer eigenen Bedingungen betrachtet werden müssen. An ihnen lassen sich auf überzeugende Weise sich überschneidende diasporische, affektive, räumliche und zeitliche Kontexte untersuchen, die in den alten oder neuen diasporischen Paradigmen vollständig reflektiert werden oder nicht. Viele in der Bewegung wurden in die Raumzeit nach 1945 geboren, und dies war der Grund, weshalb sie in anderen Schwarzen Subjektivitäten verankert waren als diejenigen, die in die Raumzeit der Mittelpassage geboren worden waren. Angesichts ihrer multiplen Hintergründe stehen sie beispielhaft für die Vielfalt der Diaspora. Zudem zerstörten die Existenz und der Aktivismus Schwarzer Deutscher, insbesondere nach dem Holocaust, den Mythos eines (post)rassistischen Deutschlands.

In vielerlei Hinsicht bestätigte und problematisierte Lordes Leben und Arbeit Michelle M. Wrights Erkenntnislehre der Mittelpassage, auf die ich in der Einleitung verwiesen habe. Lorde war karibische Amerikanerin, doch ihre Verbindung zu Afrodeutschen und anderen Schwarzen Europäer*innen entstand, weil sie sich in die entgegengesetzte Richtung bewegte und deren besondere Erfahrungen verstand, wozu gerade nicht die für Afroamerikaner*innen typische Überquerung des Atlantiks gehörte. Dass sie immer wieder von der Nützlichkeit des Schreibens und der Gefühle sprach, war für Schwarze deutsche Frauen und ihre größere Bewegung von besonderer Bedeutung. In ihren Veröffentlichungen und Seminaren sowie im Austausch mit diesen Frauen auf ihren Lesungen stellte sie klar, wie sehr Lyrik und Gefühle im Leben von Frauen miteinander verflochten sind. Für Lorde wohnte die Lyrik in jeder Frau: »Tief in sich verfügt jede von uns über unglaubliche Reserven von Kreativität und Kraft, von unbeachteten und unausgesprochenen Empfindungen und Gefühlen. Die weibliche Macht in uns allen ist weder *weiß noch oberflächlich, sondern dunkel, uralt und tief.*« Lorde unterstrich, wie wichtig es sei, ein Reservoir an Empfindungen anzuzapfen, das jede Frau in sich trage, und wie entscheidend es sei zu erkennen, dass diese Quelle kreativ eingesetzt werden könne, um sich gegen sexistische, rassistische, homophobe und patriarchalische Gesellschaften zur Wehr zu setzen. Sie sah in der Lyrik eine Form des Widerstands, Überlebens und Community Building. Vor allem half sie Frauen, ihre eigenen Ideen zu erfassen und diese anzuerkennen. Sie half ihnen, den Namenlosen eine Bühne zu geben, auf der sie gehört werden können. Lorde glaubte, der Dichtung wohne die Fähigkeit inne, »diese revolutionäre Forderung auszudrücken« und »unsere Hoffnungen und Ängste« in einen positiven Akt zu verwandeln, der die Materialität der Leben von Individuen widerspiegele und wiederherstelle.⁶⁰ Wie Gummich bemerkte: »Mit ihren Gedichten sang sie Gedanken in mein Herz. Sie bestärkte mich darin, zusammen mit anderen Schwarzen Frauen/Schwarzen Menschen auf der ganzen Welt für unsere Rechte zu kämpfen und von dieser Gesellschaft unsere Würde einzufordern.«⁶¹ Lordes Ideen halfen afrodeutschen Frauen, als diese ihre diasporische, affektive Community innerhalb einer Gesellschaft schufen, in der andere emotionale Ausdrucksformen im Vordergrund standen und in der ihr Recht auf Deutschsein fortwährend in Frage gestellt wurde.⁶²

Nicht nur positive Emotionen hatten für Lorde schöpferische Kraft. Sie machte deutlich, dass auch »Wut ein äußerst gesundes Gefühl [ist]. Sie hilft, uns selbst etwas mitzuteilen, sie bringt uns außerdem dazu, uns für den Wandel zu engagieren. Genauso setze ich meine Wut ein. Ich versuche die Dinge, die mich wütend machen, auf jede mir erdenkliche Weise zu verändern.«⁶³ Lorde empfand Wut als »befreiend, stärkend und klärend« und setzte sie ein, um ihre gesellschaftlichen Visionen zu beschreiben. »Jede Frau«, so ihre Meinung, »hat ein reiches Arsenal an Wut, damit kann sie gegen ebenjene individuelle und strukturelle Unterdrückung angehen, die die Wut hervorgerufen hat. Zielgerichtete Wut setzt Kraft und Energie frei, die dem Fortschritt und der Veränderung dienen.«⁶⁴ Ihre Wut zu bündeln half Lorde, sich überschneidende Machtbeziehungen zu hinterfragen und verschiedenen Formen der Unterdrückung entgegenzutreten. Sobald Menschen diese Probleme in Worte fassen würden, könnten sie sie lösen, sie könnten Dialog und Wandel dort herbeiführen, wo zuvor Schweigen und Untätigkeit vorherrschten. Lordes Nachdenken über Lyrik, Gefühle, das Erotische und Frauen steht beispielhaft für ihren intellektuellen Aktivismus, in dem sie anderen ihr Wissen mitteilte und den Mächtigen ihre persönliche Wahrheit entgegenhielt. Kein Wunder, dass Lordes Ideen bei vielen afrodeutschen Frauen auf Widerhall stießen.

Auf ihren Lesungen stellte Lorde sich oft als »Schwarze, Lesbe,

Feministin, Kriegerin, Dichterin, Mutter und afrikanische, karibische, amerikanische Frau« vor. Mit diesen Selbstzuschreibungen zeigte sie, wie untrennbar ihre Identitäten, ihr Schreiben und ihr Aktivismus in ihrem Leben miteinander verwoben waren.[65] Lorde erklärte: »Wenn ich sage, ich bin eine Schwarze Feministin, dann meine ich, ich habe verstanden, dass meine Macht und meine primäre Unterdrückung auf mein Schwarzsein und auf mein Frausein zurückzuführen sind: Und deshalb sind meine Kämpfe an diesen Fronten nicht voneinander zu trennen.« Und genauso bemerkte sie: »Wenn ich sage, ich bin eine schwarze Lesbe, dann meine ich, ich bin eine Frau, deren Fokus zu lieben, physisch wie emotional vorrangig auf Frauen gerichtet ist. Dies heißt nicht, dass ich Männer hasse.« Als Gastdozentin in Schultz' Seminar »Rassismus und Sexismus« von 1984 an der FU bemerkte Lorde: »Wenn ich als 49-jährige Schwarze, feministische, lesbische, sozialistische Mutter von zwei Kindern, von denen eines ein Junge ist, spreche, dann ist immer etwas an mir falsch, dann gibt es immer eine Gruppe von Menschen, die mich als falsch definiert. Das ist sehr ermutigend, ich lerne dadurch sehr viel über mich und meine Identitäten.«[66] Sie schätzte ihre multiplen Identitäten und die Fähigkeit, sich den eigenen Vorstellungen gemäß zu definieren. Afrodeutsche Frauen nahmen ihre Ideen auf und benutzten sie, um individuelle und kollektive Identitäten auszubilden und eigene Ziele zu formulieren.

Neben ihrer Präsenz vermittelten Lordes Lesungen Schwarzen deutschen Frauen erfahrbares Wissen und introspektive Praktiken über Schreiben, Gefühle und die Schwarze Diaspora. Lorde sah Lyrik nicht als Aufführung, denn sie »ist etwas, das wir zusammen schaffen und das uns alle empowert«. Sie »ist etwas, das wir teilen, und hoffentlich nehmen wir alle von diesem Ort etwas mit, das uns mehr zu der Person macht, die wir wirklich sein wollen«.[67] Und doch funktionierten ihre Lesungen in Deutschland sowie ihre Seminare an der FU als performative Akte. Wie Lordes Biografin Alexis de Veaux schreibt, waren ihre »Erzählungen [...] reflektierte literarische Darbietungen, eine Freilegung und Synthese von Erinnerung, Imagination und Wahrheit«.[68] Lordes Lesungen wurden zu Aufführungsformen, die Gefühle von Liebe, Wärme, Mut und Solidarität freilegten und den Geist ihres feministischen wie diasporischen Empfindungsvermögens atmeten. Ihre Auftritte waren öffentliche Ereignisse und literarische wie oratorische Praktiken, die Menschen über kulturelle und sprachliche Unterschiede hinweg zusammenbrachten. Sie dienten als »Akte des Transfers« und gaben Schwarzen Deutschen die Werkzeuge an die Hand, die sie benötigten, um Anerkennung einzufordern und sich diskriminierenden Praktiken in einer mehrheitlich weißen Gesellschaft entgegenzustellen.[69] Durch ihre Kontakte zu Lorde gewannen die afrodeutschen Frauen an Selbstbewusstsein, sie weckte ihren Enthusiasmus, und es war dieses Selbstvertrauen und Wissen, dass sie einsetzten, um ihre Bewegung zu mobilisieren.

Lorde stellte sich vor, dass ihre Schriften als Instrumente dienen könnten, denen sowohl affektive und heilende Qualitäten als auch eine ideologische Funktion zu eigen sein sollten. In erster Linie sollte Lyrik geschrieben, gelesen oder gesprochen werden, doch sie sollte auch gewürdigt, gefühlt und benutzt werden. Eine emotionale Sprache konnte Gefühle von Liebe, Respekt, Wärme oder Mut hervorrufen, und dies war genau jene Perspektive, aus der sich Lordes Schreiben speiste. Auf dem internationalen Schriftsteller*innensymposium, das 1988 unter dem Motto »Ein Traum von Europa« in Berlin stattfand, erklärte sie: »Ich bin eine afroamerikanische Dichterin und glaube an die Macht der Dichtung. Lyrik hat wie alle Kunstformen eine Funktion: Sie bringt uns der Person näher, die wir zu sein wünschen. Sie hilft uns, uns eine Zukunft auszumalen, die es noch nicht gegeben hat. Und sie hilft uns, das Fehlen dieser Zukunft zu überleben.«[70] In ihrem Vortrag versuchte sie, einen gesellschaftspolitischen Wandel anzuregen, indem sie durch poetische Worte die Gefühle der Menschen veränderte. Lorde glaubte, sobald Menschen für sich die Macht des Schreibens entdeckten, könnten sie insbesondere in Gemeinschaftsprojekten für den gesellschaftlichen Wandel ein alternatives emotionales Archiv erschließen, das ihnen dabei helfen würde, jegliche Form von Diskriminierung zu beseitigen.[71] Dieser Gedanke war vor allem deshalb so wichtig, weil die Organisator*innen der Konferenz es versäumt hatten, Schwarze europäische Schriftsteller*innen einzuladen.

Gefühle und die emotionale Arbeit, die die Dichtung verkörperte, prägten Lordes Schreiben und ihre diasporische wie feministische Politik – Aspekte, die mit ihrem Leben verwoben waren. So sagte sie etwa bei einer Lesung im Berliner Frauenzentrum Schokofabrik: »Ich glaube, wir müssen uns mit unseren Gefühlen auseinandersetzen und sie hier in Worte fassen, um sie zu schärfen, um ihnen Zähne und Hände zu geben, mit denen sie arbeiten können.« Während dieser Veranstaltung griff Lorde auf Bilder zurück, die Gefühle personifizierten, sie gab ihnen körperliche Qualitäten und verlieh ihnen so eine größere Dringlichkeit. Ebenso meinte sie 1988 bei einer Lesung in Hannover, dass es die Verantwortung des Einzelnen sei, »unsere Macht in den Dienst jener Sache zu stellen, an die wir glauben«, und jede gesellschaftliche Ungerechtigkeit zu bekämpfen.[72] Schwarze deutsche Frauen sollten diese Ideen später in der Korrespondenz mit ihr und in ihrem Aktivismus aufgreifen.

In ihren Lesungen und Texten hob Lorde die zentrale Bedeutung weiblicher Verwandtschaftsbeziehungen hervor. Bei einer Berliner Lesung aus *Zami* im Jahr 1987 erklärte sie: »Ich wollte in diesem Buch viele Verbindungen herstellen, Verbindungen unter Frauen, Verbindungen untereinander – es war die Liebe zu Frauen, die mich so lange am Leben gehalten hat.« Sie fuhr fort und sagte, »dass Liebe zwischen Frauen, sei sie auch bitter, sei sie auch flüchtig, sei sie auch schmerzhaft, egal, immer auch nährend und ermächtigend ist und eine Antwort auf die Verzweiflung, mit der wir die ganze Zeit umgehen müssen, wenn wir für den Rest unserer Leben mit den Realitäten klarkommen wollen. […] Wir brauchen einander, und mehr noch uns selbst«.[73] Sie bekannte, dass diese weiblichen Beziehungen, egal wie sie sich entwickelten, empowernde und positive Erfahrungen seien, die ihr helfen würden, die Wechselfälle des Lebens zu ertragen. Alle Formen von Beziehungen – platonische, queere oder familienorientierte – zu akzeptieren, stärke Frauen. Schwarze deutsche Frauen begrüßten und praktizierten diesen Ansatz.

In ihren Vorträgen betonte Lorde, wie wichtig es sei, die Verschiedenheit von Frauen zu respektieren. Sie war der Meinung, dass Frauen durch Race übergreifende Koalitionen und internationale Projekte gemeinsame Ziele erreichen könnten. Sie stellte klar: »Mir liegt daran, mit allen, die gemeinsame Ziele haben, Koalitionen einzugehen. Ich arbeite mit weißen Frauen und ich freue mich, mit weißen Frauen zusammenzuarbeiten, wenn wir als Gleichgestellte und Kolleginnen zu Bedingungen arbeiten können, unter denen wir uns auf ein gemeinsames Ziel zubewegen. Genauso begrüße ich es, mit Schwarzen Männern zusammenzuarbeiten. Wir teilen gemeinsame Schicksale, wir teilen gemeinsame Ziele. Wir sind sehr verschieden und wir müssen dazu in der Lage sein, diese Unterschiede auszusprechen und über sie hinweg zusammenzuarbeiten.«[74] Auf diese Weise könnten Frauen und Männer ihre Gemeinsamkeiten auf konstruktive Weise hervorheben. Einheit erfordere jedoch nicht, dass unterschiedliche Individuen miteinander identisch zu sein hätten. »Verbundenen Unterschieden« den Vorrang einzuräumen, führe zu fruchtbaren Begegnungen und Beziehungen und ermögliche die Förderung von Zielen, mit deren Hilfe diskriminierende Praktiken innerhalb der Gesellschaft bekämpft werden könnten.[75] Bei einer Lesung in der Schokofabrik forderte Lorde Aktivistinnen aus der weißen deutschen Frauenbewegung auf, »Antirassismus und Arbeit gegen Antisemitismus als zentralen Punkt der Frauenbewegung zu akzeptieren, oder sie wird sterben«. Und zwar nicht, »weil Rassismus und Antisemitismus außerhalb altruistischer Interessen stehen, sondern weil sie zentral sind, zentral für jede Form von Bewegung«.[76] Und auf einer Lesung im Jahr 1989 stellte sie klar: »Egal welche Unterschiede es zwischen uns als Frauen, Schwarze und weiße Frauen, gibt – wir teilen einige reale Kämpfe miteinander. [...] Wenn wir die entscheidenden Fra-

Audre Lorde in Köln, 1988

gen, die zwischen uns liegen, nicht beantworten, wenn wir die Unterschiede zwischen unseren Leben als Schwarze und weiße Frauen nicht erkennen, könnt ihr euch sicher sein, dass wir auch weiterhin ermordet werden.«[77] Wieder empfahl sie, alle deutschen Feministinnen sollten eine intersektionale Koalitionspolitik betreiben.

Lorde ermöglichte auch Verbindungen zwischen verschiedenen Frauengruppen innerhalb der Schwarzen Diaspora. Sie strebte nach »offenen Kommunikationskanälen etwa zwischen afroeuropäischen und afroamerikanischen Frauen, zwischen afroeuropäischen und afroamerikanischen Schriftstellerinnen«. Lorde betrachtete die Pflege von Verwandtschaftsbeziehungen und politischen Allianzen als genauso wichtig wie Schriftstellerinnen-Communitys, da sie glaubte, beides erfordere Hingabe und ein Bekenntnis zum Aktivismus. »Nun, ich hoffe auf ein wachsendes Netzwerk von Schriftstellerinnen of Color. Wenn ich irgendetwas beitragen kann, dann diese Form von Netzwerk, und es wird größer werden. Ich glaube, es ist absolut notwendig, dass wir miteinander über nationale Grenzen hinweg in Kontakt treten und auch hier erkennen, dass es Ähnlichkeiten, aber auch Unterschiede gibt.«[78] Schwarze deutsche Frauen haben diese Ideen ihren eigenen Umständen entsprechend angepasst und trotz ihrer Unterschiede eine Community mit Schwarzen Mitbürger*innen aufgebaut. Bei einer Lesung in Stuttgart im Jahr 1990 etwa bat Lorde weiße deutsche Frauen, den Raum zu verlassen, und forderte alle Schwarzen Frauen auf zu bleiben, um mit ihr und untereinander ins Gespräch zu kommen.[79] Darüber hinaus bekannte sie in *Ein Strahlendes Licht*, wie gut sie sich fühle aufgrund ihrer beglückenden, wenngleich anstrengenden Arbeit in Berlin sowie der Verbindungen, die afrodeutsche Frauen geknüpft hatten: »Ich bin begeistert von diesen Frauen, von ihrem zunehmenden Identitätsgefühl, wenn sie – so oder ähnlich – sagen: ›Lasst uns so sein, wie wir uns definieren. Wir sind kein Hirngespinst eurer Phantasie oder die exotische Antwort auf euer Begehren. Wir sind nicht die Verkörperung eurer Sehnsucht.‹ Ich sehe diese Frauen als eine wachsende Macht im Kampf für internationale Veränderungen, gemeinsam mit anderen Afro-Europäer*innen, Afro-Asiat*innen, Afro-Amerikaner*innen.«[80] In Dresden, wo sie sechs Monate nach dem Fall der Mauer erstmals Schwarzen Deutschen aus der DDR begegnete, bemerkte Lorde: »Genauer, oder kontinentaler, müsst Ihr wissen, dass Ihr Teil einer internationalen Community seid […] und dies ist eine [afroeuropäische] Community, von der die Welt bislang nicht gehört hat.«[81] Sie sah die Möglichkeiten Schwarzer deutscher Frauen und schätzte ihre Fähigkeit, zu einer politischen Kraft zu werden. Tatsächlich praktizierte Lorde das, was sie predigte, wenn sie willentlich den Kontakt zu afrodeutschen oder anderen Schwarzen europäischen Frauen suchte. Die Frauen nutzten die Korrespondenz mit ihr als Form der Zugehörigkeit und emotionales Ventil und entwickelten dabei neue Ideen und Normen.

Die Verbindungen Schwarzer deutscher und Schwarzer europäischer Frauen zu Lorde

Schwarze deutsche Frauen, die über ihre Korrespondenz eine Gemeinschaft bildeten, erkannten die Bedeutung weiblicher Verbindungen mit Lorde und anderen Frauen of Color. Sie halfen ihnen, in einer deutschen Gesellschaft zu überleben, die sich fälschlicherweise einbildete, weiß zu sein. Angesichts der Heterogenität von Afrodeutschen dienten Lordes Vorstellungen von Diaspora und Verwandtschaftsbeziehungen den Mitgliedern der Schwarzen Bewegung in Deutschland als Vorbild: Sie hieß Unterschiede willkommen und erkannte gleichzeitig Gemeinsamkeiten, die sich aus Marginalisierungserfahrungen ergaben. Sie suchte Verbindungen mit Communitys of color, die Ähnliches erdulden mussten. Ihre Korrespondenz mit Lorde stand beispielhaft für einen »verbindenden Pakt unter Frauen«. Für Lisa McGill inszenierte Lorde »*Zamis* Gemeinschaft von Frauen, indem sie zunächst die Art und Weise aufdeckte, wie sie, ihre Geliebten, Freundinnen, Ahninnen und Afrekete einen Pakt unter Frauen schmiedeten.«[82] Lorde förderte bewusst weibliche Verwandtschaftsbeziehungen, und genau das taten auch Schwarze Deutsche. Durch ihre Korrespondenzen und Praktiken verbanden sich die Frauen zu einer affektiven Community.[83]

Ob mit Schreibmaschine oder auf Tinte, Schwarze deutsche Frauen schrieben Briefe, in denen sie ihre Liebe, ihren Respekt und ihre Bewunderung für Lorde zum Ausdruck brachten. Die zwischen Mitte der 1980er Jahre und Lordes Tod geschriebenen Texte zeigen, wie wichtig die Autorin noch lange nach ihren öffentlichen Auftritten und ihrer Gastprofessur an der FU blieb. Lorde war in feministischen, lesbischen, schwulen und Schwarzen diasporischen Kreisen berühmt. Es erforderte Mut, sich an sie zu wenden, zumal sie Deutsch weder lesen noch fließend sprechen konnte. Indem sie auf Englisch schrieben, schlossen sich diese Frauen einer internationalen Gemeinschaft an, auch wenn unklar ist, wie oft Lorde ihnen antwortete. Mehrere von ihnen, darunter Ayim, Oguntoye, Marion Kraft und Ika Hügel-Marshall, unterhielten einen regen Schriftverkehr mit Lorde und suchten den persönlichen Austausch. Auch Schultz schrieb ihr oft und pflegte zusammen mit ihrer Partnerin Hügel-Marshall sowie Ayim eine enge Freundschaft mit Lorde und deren Partnerin Gloria Joseph. Ayim, Hügel-Marshall und Schultz besuchten Joseph und Lorde. Während ihrer Aufenthalte in Berlin wohnten die beiden oft bei Schultz und Hügel-Marshall.[84] Schultz, Kraft und Oguntoye korrespondierten auch mit Joseph, die für Schwarze deutsche Frauen aus der Bewegung ebenfalls zu einer prägenden Figur wurde. Schultz, Hügel-Marshall und Ayim waren bis zuletzt mit Lorde befreundet und befanden sich in Saint Croix, als sie ihrer Krebserkrankung erlag.[85]

Schwarze deutsche Frauen brachten ihre Verbindung mit Lorde in mütterlichen und schwesterlichen Metaphern zum Ausdruck, die charakteristisch für den damals vorherrschenden Schreibstil Schwarzer und euro-amerikanischer Feminist*innen waren. Ihre wachsende Verbundenheit überschritt kulturelle, sprachliche und nationale Grenzen. Die Schwarze Deutsche Nicola Lauré al-Samarai, die palästinensischer und ostdeutscher Herkunft ist, sprach von Lorde als »meine liebste und mir so nahe Audre« und schrieb, »an Dich, an Dein warmes Lächeln zu denken, gibt mir die Stärke und Kraft, die ich brauche, um meine Zweifel zu überwinden. So, meine Mutterschwesterfreundin, ich sende Dir viele Grüße und beste Wünsche auf Deine hoffentlich friedliche Insel und ich hoffe, dass es Dir gutgeht, dass Deine Arbeit voranschreitet und alle Deine Unternehmungen erfolgreich sind«.[86] Lorde faszinierte Lauré al-Samarai als warmherzige »Mutterschwesterfreundin« und ermöglichte ihr eine familiäre Verbindung. Die afroamerikanisch-deutsche Autorin Marion Kraft schreibt in einem Brief: »Du bist die ›große Schwester‹, nach der ich mich immer gesehnt habe, und jenseits aller möglichen Unterschiede, mit denen zu leben und die zu akzeptieren wir beide lernen müssen, ist diese Schwesternschaft real.«[87] In einem anderen Brief schrieb die ghanaisch-deutsche Dichterin Ayim, eine der bekanntesten literarischen Stimmen der Bewegung: »Auf den Demonstrationen am 9. November 1989 las ich drei meiner Gedichte. Ich war in Deine warme Jacke gehüllt[,] Audre[,] und fühlte mich wie eine Deiner Töchter.« Diese Massenproteste vom 9. November, die in Ost- und West-Berlin wie auch in anderen deutschen Städten stattfanden, waren friedliche zivile Akte, die mit dazu beitrugen, die Berliner Mauer zum Einsturz zu bringen. Unter Lordes Einfluss präsentierte sich Ayim bei einer Veranstaltung in Berlin, wo sie sich zum ersten Mal als Dichterin vorstellte und bekannte: »Lyrik wird ein immer stärker werdender Teil meines Lebens.«[88] Diese Beispiele illustrieren, wie Schwarze deutsche Frauen eine symbolische Eltern-Kind-Beziehung zu Lorde aufbauten. Sie fanden Zugang zu einer starken Schwarzen weiblichen Figur – einer Patin/Mutter, einer Schwester, einer Freundin und einer Mentorin –, der ihnen zuvor in ihren weißen Familien verwehrt geblieben war. Doch über die Biologie hinaus bot ihnen die Verbindung zu Lorde neue familiäre Bindungen und ein Gefühl der Akzeptanz. Sie bevorzugten radikale Verwandtschaftsbeziehungen.

In ihren Korrespondenzen erforschten Schwarze deutsche Frauen alternative Formen der Intimität, die ihre Identitäten und Praktiken diasporischer Zugehörigkeit prägen. In persönlichen Skizzen und Gedichten sowie einer Vielzahl von liebevollen Wendungen brachten sie ihre emotionale Verbundenheit mit Lorde zum Ausdruck. In einem Brief, den sie mit »Liebste Audre« begann, überbrachte Ayim auch »ihre Liebe und Küsse und ich wünschte, Du könntest sie so sehr spüren wie ich Dich in schweren Zeiten«, und »Audre, ich umarme Dich und küsse Dich überall«.[89] Lorde gab Schwarzen deutschen Frauen unabhängig von ihrer sexuellen Identität das Gefühl einer affektiven Verwandtschaftsbeziehung. Diese Frauen gewährten ihr Einblick in ihre Gefühlswelt und beendeten ihre Briefe oft mit »Ich schicke Dir meine Liebe«, »In schwesterlicher Verbundenheit«, »Voller Liebe«, »Liebe, Deine Schwester« oder »Du bist bei uns, Audre, ich umarme Dich, Liebe«.[90] Kraft schloss einen Brief mit »Bevor ich diesen Brief für heute beende, möchte noch einmal darauf hinweisen, wie froh ich bin, Dich kennengelernt zu haben, und wie wichtig Deine Arbeit für mich ist. Mit Liebe und Respekt, Marion.«[91] Mit diesen Worten brachten die Frauen ihre Liebe zu Lorde zum Ausdruck. Sie betrieben eine Politik der Zugehörigkeit und bildeten durch ihre Beziehungen zu ihr und untereinander neue Verhaltensweisen aus. Die emotionalen Ausdrucksformen Schwarzer deutscher Frauen zeigten ihre Bemühungen, Liebe zuzulassen oder das zu verkörpern, was bell hooks als eine »Ethik der Liebe« bezeichnete, beziehungsweise Liebe als befreienden Akt zu begreifen. Sie setzten diese »Ethik der Liebe« in die Tat um, indem sie eine eigene affektive diasporische Community gründeten und sich für positive Veränderungen und mehr Gerechtigkeit in Deutschland starkmachten. Ihre Briefe an Lorde boten ihnen Gelegenheit, »Liebe als die Praxis der Freiheit« sowohl im eigenen Leben als auch innerhalb der Bewegung zu verankern.[92] Lordes Einfluss blieb auch nach ihrem Abschied aus Deutschland ungebrochen. Dies geht aus Äußerungen Schwarzer deutscher Frauen hervor, wonach diese ihre früheren Begegnungen und Beziehungen mit Lorde als ermutigend erlebt hätten. Kraft schrieb in einem Brief: »Ich danke Dir sehr für Deinen Brief! Am Tag, an dem er mich erreichte, ging es mir besonders schlecht, doch hat er mich wirklich aufgemuntert. Ich hätte Dir schon viel früher geschrieben, aber wie gesagt fühlte ich mich zuletzt nicht gut. Nach der Rückkehr aus einem entzückenden und friedlichen Urlaub in Frankreich sah ich mich mit denselben alten ermüdenden Dummheiten konfrontiert, mit denen man in diesem Land zu tun hat, wenn man Schwarz *und* deutsch ist. Ich war in einer Art depressiver Stimmung. […] Ich habe auch sehr oft an Dich und Deine Arbeit gedacht. Deine Erfahrungen, Deine Stärke und Deine Freundschaft bedeuten mir unendlich viel!«[93]

Und Ayim vertraute ihr an: »In Deinen Gedichten gibt es immer eine Zeile, die mich begleitet und die mir dabei hilft, durchzukommen. […] Du bist sehr wichtig für mich, Audre[,] und Du wirst es immer bleiben!«[94] Lauré al-Samarai schrieb: »Liebe Audre, wir alle vermissen Dich, und immer, wenn wir uns sehen, erinnern wir uns an Dich«.[95] Die aus Nigeria und der DDR stammende Oguntoye bekannte: »Ich habe das Abendessen mit Dir bei Dagmar sehr genossen. Dich wiederzusehen, fühlte sich so warm und ermutigend an.«[96] Wieder mit Betonung auf Lordes Einfluss schrieb Kraft: »Dein Engagement für die Sache afro-deutscher Frauen war wirklich sehr wichtig, und mir persönlich bedeutet es so viel, mich mit Deinen Schriften auseinandergesetzt und Dich kennengelernt zu haben!«[97] Lorde war eine wertvolle Ressource, die den Frauen dabei half, ihren Platz in der Diaspora und innerhalb eines weiß dominierten deutschen Kontexts zu finden.

Schwarze deutsche Frauen sahen in Lordes Persönlichkeit, Schriften und Lesungen lebensnotwendige Geschenke der Liebe. Auch die Schwarze Deutsche Hella Schultheiß schätzte Lorde und bemerkte: »Ich bin sehr froh, dass Du hier warst – ein Herzenswunsch hat sich erfüllt. Du weißt, dass Du mir durch Deine Bücher, Deine Art zu lesen und Deine Art und Weise, Da zu sein, vieles beigebracht hast, und ich bin Dir sehr dankbar, weil es keine Selbstverständlichkeit ist. Es ist ein Geschenk, es ist Liebe. […] Ich schreibe Dir und sehe mir Deine Fotos an und bin sehr froh, dass ich Dich kennenlernen durfte, und ich wünschte, dass auch Du von mir, unserer Gruppe und Stuttgart etwas Gutes mitnehmen konntest.«[98] Ähnlich schrieb Ayim: »Wir/ich vermissen [Dich], doch hast Du hier bei mir/uns viel Wärme und Stärke zurückgelassen. Du hast mir in den letzten Jahren so viel Mut gemacht.«[99] In einem weiteren Brief insistierte Kraft: »Audre, Du bist eine der wenigen Personen/Frauen in meinem Leben, die einen tiefen Eindruck hinterlassen haben. Du hast mir die Kraft gegeben, mein Leben zu ändern und weiterzumachen! Ja, Du und ich, wir sind auch verschieden, doch teilen wir unsere Geschichte als Schwarze Frauen, Frauen der afrikanischen Diaspora, ein Token, einen Mythos, ein Werkzeug, eine Hoffnung sowie eine Vision und eine Notwendigkeit – zu überleben.«[100] Diese affektiven

Verbindungen waren diasporische Verwandtschaftsbeziehungen, die den Schwarzen deutschen Frauen Halt gaben. Durch ihre Verbundenheit mit Lorde fanden sie ein positives Vorbild, das Resilienz, Mut und Stärke vorlebte. Die Frauen wurden von Lorde emotional getröstet und schufen ihre affektive Community, indem sie gemeinsame Interessen und Ziele teilten und ein positives Selbstbild entwickelten.

Hügel-Marshall, die afroamerikanisch-deutscher Herkunft war, schrieb zudem in einem Geburtstagsfax: »Mein ganzes Wissen aus Deinem Werk [ist] in mir und kam aus mir. Audre, Du kannst sehr stolz sein. Ich bin traurig, weil ich nicht gut genug Englisch schreibe, um Dir in diesem Brief alle meine Gedanken und Gefühle mitzuteilen. Ich wünsche Dir einen schönen Geburtstag!«[101] Sie zog aus Lorde und deren Arbeit eine Entschlossenheit, die ihre literarischen und künstlerischen Unternehmungen formte. In einem Brief fragte die aus Indien und Westdeutschland stammende Sheila Mysorekar: »Wie schaffst Du es, Deine Energie so effizient einzusetzen? Ich wünsche Dir das Beste in der Liebe und im Leben, mit Deiner Gesundheit und bei Deinem Schreiben, und HAPPY BIRTHDAY (da ich das genaue Datum nicht weiß, kommen die Glückwünsche jetzt).«[102] Die Briefe zeigen, wie Schwarze deutsche Frauen sich an Lorde »orientierten«, zumal ihr noch lange nach dem Abschied viele Frauen ihre Liebe entgegenbrachten. Wie Sara Ahmed bemerkt: »Zu den Gefühlen gehören solche affektiven Formen der (Re)Orientierung. Es ist nicht so, dass Körper ausschließlich durch die Orientierung bewegt werden, die sie von sich selbst haben, vielmehr werden die Konturen des Raums durch die Orientierung hin zu anderen, durch Beziehungen von Nähe und Distanz zwischen Körpern geformt. […] Orientierungen prägen nicht nur die Art und Weise, wie wir den Raum bewohnen, sondern wie wir diese gemeinsam bewohnte Welt begreifen und wie wir auf ›wen‹ oder ›was‹ unsere Energie und Aufmerksamkeit lenken.«[103] Zu den emotionalen Ausdrucksformen Schwarzer Deutscher gehörten auch Akte des Transfers, die ihnen Unterstützung und Selbstvertrauen verliehen, um ihre eigenen Projekte zu verfolgen,

*May Ayim, Rakibe Tolgay, Ariane Mondon, Audre Lorde,
Katharina Oguntoye, Ika Hügel-Marshall und Dagmar Schultz (v. l.)
in einem Café in Berlin-Kreuzberg, April 1990*

neue Ideen zu entwickeln und die Praxis einer Ethik der Liebe weiter auszuüben.

Oguntoye betonte, dass sich Lorde für den Internationalismus Schwarzer Frauen einsetzte und damit sehr viele Frauen erreichte. Sie kam auf ihre Erfahrungen bei der Konferenz »I am Your Sister: Forging Global Connections Across Differences« von 1990 zu sprechen, die in Boston stattgefunden hatte. Mehr als 1000 Teilnehmerinnen aus 22 Ländern waren gekommen, um Lordes Leben und Werk zu würdigen.[104] Oguntoye schrieb: »Ich denke, es war großartig! Es war so aufregend, all die Frauen zu sehen, die über ihr Leben sprachen, und wie Du und Deine Arbeit sie ermutigt haben. Auch mir bist Du sehr teuer, und ich danke Dir für alles, was Du für mich und die Afro-Deutschen [und] Schwarzen Menschen in Deutschland und für die deutsche Frauenbewegung getan hast.«

Sie war begeistert darüber, an der Konferenz teilgenommen, die Zeugnisse verschiedener Frauen gehört und sich mit Frauen of Color ausgetauscht zu haben. Die Konferenz bot Oguntoye Trost und half ihr, den internationalistischen Feminismus Schwarzer Frauen zu praktizieren, der globale Formen der Unterdrückung anprangerte. Sie würdigte Lordes Einsatz für die Menschenrechte in und über Deutschland hinaus und gab ihrer Hoffnung Ausdruck, sich einen ähnlichen Elan zu bewahren. In ihrem Brief betonte sie ferner, wie sehr es sie gefreut habe, mit Lorde Zeit in Boston verbracht zu haben, wie stolz sie sei, »helfen zu können« und wie sehr sie ihren Aufenthalt genossen habe.[105]

Schwarze deutsche Frauen zeigten auch die Macht von Bindungen sowie den Internationalismus Schwarzer Frauen auf – auf der ganzen Welt knüpften sie festere diasporische Bande zu Frauen, die unter Diskriminierungen litten. Wie Oguntoye in einem Brief beobachtete: »Dass ich Jean und andere Schwarze Frauen in Amerika und [Großbritannien] wiedersehen kann, motiviert mich sehr, mich ein wenig zu beeilen. Es gibt so viele Frauen, die ich treffen möchte. […] Mein Gefühl sagt mir auch, dass [diese] Verbindungen für mich dringend notwendig sind, um meine Arbeit in Deutschland gut zu machen und mein Leben zu leben.«[106]

Treffen mit anderen Schwarzen Frauen und Frauen of Color motivierten Oguntoye, sich weiter zu engagieren. Marion Kraft betonte die Bedeutung von Verwandtschaftsbeziehungen zwischen Schwarzen Frauen und schrieb: »Für mich und Helga [Emde] war es ein großes Vergnügen, unsere Ideen und Gefühle mit so vielen Frauen aus der ganzen Welt zu teilen! Helga und ich sind sehr enge Freundinnen geworden (smile), and ich denke, wir haben gerade erst begonnen zu begreifen, wie sehr wir einander brauchen.«[107]

Kraft schätzte es, ihre Gedanken mit anderen Frauen zu teilen und Freundschaften sowie Netzwerke mit ihnen zu knüpfen. Insbesondere ihre Freundschaft mit Emde gab ihr ein Gefühl der Gemeinschaft. Mysorekar sprach nicht nur von der Verbindung zu ihren

Schwarzen deutschen Schwestern, sondern auch zu ihren Schwarzen deutschen Brüdern. Sie schrieb: »Ja, es gibt Schwarze Deutsche in der DDR. Sie sind organisiert und sehr aktiv. Nicht nur für sie, sondern auch für uns hat sich eine völlig neue Welt eröffnet. All diesem Vereinigungsgerede und ›Deutschland-den-Deutschen‹-Gebrüll zum Trotz bin ich hoffnungsfroh und begeistert von der Verbindung zu unseren ›Brüdern und Schwestern aus dem Osten‹ – unseren *Schwarzen Brüdern und Schwestern!*«[108] Mysorekar unterstrich die Verbindungen, die sie mit Schwarzen Deutschen in Ostdeutschland einging – Beziehungen, die umso wichtiger wurden, als nach der Wiedervereinigung ein gewaltbereiter Ethnonationalismus erstarkte und Fremdenfeindlichkeit um sich griff.[109] In einem weiteren Brief an Lorde erklärte Kraft: »Und ich will, dass Du Deine eigene Stärke entdeckst, sie für Dich wiederentdeckst, denn Du hast uns Frauen auf der ganzen Welt, Frauen der afrikanischen Diaspora so viel gegeben, dass Worte es nicht beschreiben können.«[110] Über ihre Verbindung zu Lorde und zur globalen Diaspora entdeckte Kraft ein Gefühl der Zugehörigkeit und behauptete sich in einer weißen deutschen Gesellschaft, von der sie sich ausgegrenzt wähnte.

Die Briefe ließen allerdings auch Ambivalenzen und Probleme aufscheinen, die aus der Verbindung mit anderen Gruppen hervorgegangen waren. Oguntoye etwa schrieb:»May [Ayim] und ich lasen aus *Farbe bekennen,* und eine Gruppe jüdischer und nicht-jüdischer Frauen [der Lesbisch-Feministische Schabbeskreis] ließ uns an ihren Schlussfolgerungen und Gedanken teilhaben. Es war eine lange [...] aber gute Diskussion über Anti-Semitismus und Rassismus. Verständigungs- und Verständnisprobleme wurden [sichtbar]. [...] Ich fand es schwierig, weiterzukommen und nicht in diese endlosen Kämpfe, zu denen auch Vorwürfe und die Verteidigung der eigenen Position gehörten, verwickelt zu werden.«[111] Sie machte deutlich, wie interne Grabenkämpfe, Desinteresse und die Unfähigkeit, einander in einem praktischen Sinn zu verstehen, die Zusammenarbeit unter Frauen oft erschwerte. Ähnliches berichtete Kraft: »Leider gab es bei den letzten Treffen Schwarzer Frauen einige Missverständnisse. Und wieder denke ich, wir müssen lernen, Unterschiede zu verstehen und zu akzeptieren. Wir müssen begreifen, dass wir einander brauchen.«[112] Als sie über die Spannungen innerhalb der Schwarzen deutschen Community schrieb, stellte Oguntoye klar: »Ich hatte einige Kämpfe innerhalb der afro-deutschen Frauengruppe. Der Konflikt mit Helga [Emde] und mit Marion [Kraft] ist eskaliert. Doch wirklich leid tut mir der Streit, den ich mit Domenica [Grotke] (eine der Zwillinge) hatte, weil ich sie sehr mag. Gehört das zum Erwachsenwerden, die Kämpfe mit Menschen, die man liebt, durchzustehen?«[113] Der Austausch unter Schwarzen deutschen Frauen sowie die Verbindungen zu anderen Frauen of Color und untereinander umfasste eine Reihe von Gefühlen und Erfahrungen, die in ihren Augen sich gegenseitig konstituierende Elemente blieben. Und so bauten Schwarze deutsche Frauen weiterhin und allen Spannungen zum Trotz ihre affektive Community auf.

Interessanterweise gingen Kraft and Oguntoye auf einige der Feindseligkeiten, die auf den ersten Versammlungen der feministischen Organisation ADEFRA (siehe Kapitel drei) zu Tage traten, genauer ein. Lorde war maßgeblich an der Mobilisierung der Gruppe beteiligt. Zwar half ADEFRA Frauen, ein Mindestmaß an gesellschaftlichem Zusammenhalt zu finden, gleichzeitig schützte ihre ausschließlich weibliche Mitgliederstruktur sie nicht vor internen Konflikten. Eine Reihe der Bedenken hatten mit homosexuellen wie heterosexuellen Bündnissen, Generationsunterschieden in Fragen der Sexualität und den kollektiven Zielen einer Reihe von Frauen zu tun. Ironischerweise erwies sich die Hautfarbe als Problem, obwohl doch viele Schwarze Menschen auf Grundlage physischer Unterschiede diskriminiert wurden.[114] Einige zeigten sich ihren light skinned Mitbürger*innen gegenüber misstrauisch, insbesondere jenen, die aussahen, als könnten sie auch als Weiße durchgehen. Kraft sah in diesen Auseinandersetzungen innerhalb von ADEFRA eine Gelegenheit, »sich verstehen und Unterschiede akzeptieren zu lernen«, die es

Schwarzen deutschen Frauen erlauben würde, miteinander zu wachsen.[115] Trotz aller Meinungsverschiedenheiten unterstützten ADEFRA und andere von Lorde geförderte Schwarze deutsche Gruppierungen weiterhin die Community und ihre aufblühende Bewegung.

Später sollte Oguntoye präzise beschreiben, was Lordes Einfluss auf Schwarze Deutsche ausmachte: »Ein Mensch mit der Liebe als Kraftquelle kann alles erreichen. Dieses als Widerstandsarbeit, nämlich den schweren Weg zu der Fähigkeit, sich mit den süßen auch der ungeliebten Seiten anzunehmen, das ist die Anregung, die Audre Lordes Arbeit anbietet.«[116] Indem sie Zeugnis ablegte, ermutigte Lorde Schwarze Deutsche zu lernen und möglichst viel aufzusaugen, um ihren Communitys zu helfen. Auf einer Gedenkfeier für Lorde, die 1993 in Berlin stattfand, äußerte sich Kraft ähnlich und betonte: »Ihr Anliegen war Global Sisterhood, und dass wir beginnen, einander zu sehen, sobald wir wagen, uns selbst zu sehen. Selbstdefinition und die Wahrnehmung anderer liegt dem Werk Audre Lordes zugrunde. Vor allem uns afro-deutschen Frauen – und Männern – hat sie damit einen Weg aus unserer gesellschaftlich bedingten persönlichen und politischen Isolation gewiesen. Wir sollten alles tun, diesen Weg in ihrem Sinne weiter [zu] gehen.«[117] Beide Frauen schrieben Lorde eine maßgebliche Rolle in der Entwicklung der Schwarzen deutschen Bewegung zu.

Lordes Verwandtschaftsbeziehungen zu anderen Schwarzen europäischen Frauen waren Ausdruck ihrer Praxis eines Schwarzen weiblichen Internationalismus. Die Frauen orientierten sich an ihr, und dies half ihnen, affektive Gemeinschaften aufzubauen. Ein wichtiger Baustein hierfür waren eigene Texte, in denen sie Lorde für ihre Unterstützung dankten, sich um ihre Gesundheit sorgten und darauf hinwiesen, welch großen Einfluss sie auf ihr Leben hatte. In einem undatierten Brief schrieb die in Amsterdam lebende südafrikanische Aktivistin Tania Leon (geb. Ruth Naomi Leon): »Du wirst nie begreifen, was mir Deine Besuche in Amsterdam bedeuteten. Du trägst dazu bei, dass ich mich wichtig fühle«.[118] Monique Ngozi Nri, eine nigerianisch-britische Dichterin, schrieb: »Es tat mir so leid zu hören, dass Du krank bist. Unsere Gedanken sind bei Dir und wir hoffen, sie geben Dir jetzt, da Du sie brauchst, ein wenig Kraft«.[119] Auch die afroschottische Schriftstellerin Jackie Kay schrieb: »Ich wollte Dir danken, Audre, für all Deine Unterstützung und Leidenschaft. Du warst eine sehr gute Freundin. [...] Eigentlich haben wir es seit 1984 ziemlich gut hingekriegt, ich habe Dich mindestens einmal im Jahr gesehen. Das erfüllt mich mit großer Freude und Dankbarkeit.«[120]

Lordes Freundschaft trug zu Kays Wohlbefinden bei, da sie ihr Trost und Gemeinschaft schenkte. Genauso äußerte sich Gloria Wekker, eine afroniederländische Aktivistin und spätere Professorin für Anthropologie und Gender Studies an der Universität Utrecht: »Ich danke Dir für Deine Geschenke, die ich mein Leben lang bewahren werde, dafür, dass Du Dir aus mir ein Zuhause gemacht hast, dafür, dass Du mit mir die Schönheit und die Freuden teilen wolltest, die die Göttinnen uns schenkten«.[121] Ihre Nähe zu Lorde gab Wekker ein Gefühl von Zuhause, das es ihr erlaubte, Schwarze Freude zu erfahren und ihren Platz in der Welt schätzen zu lernen.

Lorde unterstütze Wekker, Leon und andere afroniederländische Frauen wie Tieneke Sumter und José Maas auch in ihren Bemühungen, eine in Amsterdam angesiedelte feministische Organisation für Schwarze und migrantische Frauen zu gründen, die sie nach Lordes Essaysammlung Sister Outsider nannten. In einem Interview aus dem Jahr 2015 erinnerte sich Wekker, dass Lorde »voller Leben und Freude [war]« und »eine unglaubliche Intensität und Konzentration [besaß]. Mit ihr zu sein fühlte sich an, als würde man in ihrem Licht baden, und sie gab mir das Gefühl schön und klug zu sein«.[122] Dank Lordes Ermutigung leistete Wekker mit Sister Outsider antirassistische Arbeit und mobilisierte in Amsterdam Beamt*innen of Color. Lorde beeinflusste auch Dekkers Entscheidung, eine Promotion in Anthropologie an der UCLA anzustreben. Die Frauen praktizierten die Ethik der Liebe und nutzten den Zuspruch, den sie von Lorde erhielten, um sich Mut zu machen – was sich angesichts der konservativen Wende in der europäischen Politik der 1980er Jahre als äußerst wichtig erweisen sollte.

Darüber hinaus lässt sich aus Lordes Schriftwechsel ihre Fähigkeit erahnen, viele verschiedene Beziehungen zu Frauen einzugehen, von denen einige platonischer, andere erotischer Natur waren. Aus einigen Briefen geht hervor, dass in mehreren dieser Beziehungen eine Schwarze lesbische Sexualität eine wichtige Rolle spielte. So schrieb etwa Wekker: »Wie mich dieses Gefühl der Erfüllung [sic] überkommt, wenn ich an den 23.6. denke. Allein beim Gedanken an Dich, will ich [unbedingt] auf einer Wolke schweben und nur noch lächeln, den Kopf schütteln, weil Du so ungezogen warst«. Ihre Nacht zusammen in Amsterdam hatte Wekker tief beeindruckt. Lorde war nicht nur ihre Mentorin und Freundin, sondern auch ihre Geliebte, die ihr dabei half, den eigenen Begierden nachzuspüren und Lust zu empfinden. Sie schwärmte von Lorde: »Du bist eine ziemlich liebenswerte Lady. Ich habe alles an Dir genossen, alle Deine Dus [sic], vor allem Deine starken Beine und Deinen Hintern«.[123] In einem weiteren Brief gestand Wekker: »Ich hoffe, dass ich es schaffe zu kommen und Dich zu sehen. Ich fürchte, ich würde am liebsten mehr als das tun. Aber das bleibt unter uns.«[124] Diese wenigen Beispiele offenbaren, dass das Intellektuelle und das Erotische auf eine Art und Weise miteinander verknüpft waren, die ein Doppelgefühl lustbetonter Verwandtschaftsbeziehungen vermittelten, das denjenigen vorbehalten war, die mit Lorde eine intime – wissenschaftliche oder sinnliche – Beziehung eingingen.

Die Frauen versicherten Lorde nicht nur ihre Zuneigung, sie schrieben ihr auch, um intellektuelle Unterstützung für ihre literarische Arbeit zu erhalten. So erinnerte sich Nri: »Ich habe das letzte Jahr oft an Dich gedacht und heute, nachdem ich meine Gedichte ausgegraben habe, knapp 35 [Seiten] in 5 Jahren, begann ich *Sister Outsider* und *The Chosen Poems* wiederzulesen, zur Inspiration und um den Mut aufzubringen, jemandem meine zu zeigen.«

Demselben Brief legte Nri auch vier Seiten mit Gedichten bei, die Lorde prüfen sollte.[125] Philomena Essed, eine afroniederländische Aktivistin und Wissenschaftlerin, schickte Lorde ihren »ersten Artikel auf Englisch« mit dem Titel »Racism in Everyday Experiences of Black Women« (»Rassismus im Alltag Schwarzer Frauen«) und meinte: »Deine Kommentare sind herzlich willkommen!«[126] Auch Wekker zählte auf Lordes Feedback und schrieb: »Ich schicke Dir hier die Zusammenfassung meines Artikels. […] Würdest Du mir mitteilen, welches US-Frauenmagazin interessiert sein könnte, ihn zu veröffentlichen[?]«[127] Die Frauen vertrauten Lorde, die sie in ihren kreativen und intellektuellen Bestrebungen unterstützte. Alle diese Schwarzen europäischen Frauen verkörperten durch eine bestimmte Konstellation von Aussagen und Praktiken, die ähnliche Gefühle zum Vorschein brachten und sich überlappende Bedeutungen enthielten, eine affektive Gemeinschaft.

* * *

Audre Lordes Œuvre, ihre Persönlichkeit und Präsenz erfüllten im Leben Schwarzer deutscher Frauen sowohl in individueller als auch kollektiver Hinsicht viele wichtige Funktionen. Ihre Ideen und Praktiken prägten die Perspektiven Schwarzer deutscher Frauen im Hinblick auf ihre Identität, ihre Verwandtschaftsbeziehungen und ihren Aktivismus. Sie schärfte diesen Frauen ein, ihre Gefühle zu erforschen und sich dem Schreiben als konkrete Quelle für Wachstum, Selbstdefinition und Aktivismus zuzuwenden. Auf Grundlage ihres Austauschs und ihrer Begegnungen gewannen Schwarze deutsche Frauen ein größeres Selbstvertrauen. Sie entwickelten ein positives Verständnis ihrer diasporischen Identität und lernten, sich als Schwarze Deutsche und damit auch als Schwarze Europäer*innen zu fühlen. Die Frauen bildeten eine affektive Gemeinschaft und nutzten ihre Gefühle, um sich selbst zu ermächtigen und neue Verwandtschaftsbeziehungen einzugehen. Auch die Lyrik und die für Lorde damit verbundenen Emotionen erwiesen sich als Werkzeuge zum

Aufbau neuer diasporischer Verbindungen. Ihre Beziehungen untereinander und zu anderen Frauen of Color gaben Schwarzen deutschen Frauen ein Gefühl der Zugehörigkeit. Sie zeigten eine Vielzahl von Gefühlen und Verbindungen – familiäre, affektive und diasporische – zu Lorde und untereinander. Genauso bewegte oder erregte Lorde afroniederländische, afroschottische und Schwarze britische Frauen. Sie formte ihre Überzeugungen, gab ihnen Selbstvertrauen und prägte ihr Intimleben. Sie unterstützte sie dabei, ihre literarischen Ziele zu verfolgen und gab ihnen das Gefühl, dass sie und ihre Arbeit wichtig waren.

Ihre Korrespondenzen und Beziehungen mit Lorde halfen Schwarzen deutschen Frauen auch, ihrer Zugehörigkeit zur Schwarzen Diaspora Ausdruck zu verleihen. Lordes Mantra der verbundenen Unterschiede erwies sich für sie in den frühen Phasen der Bewegung als wichtig. Aufgrund ihres Zuspruchs und Engagements entwickelten afrodeutsche Frauen Fähigkeiten, die sie zu Agentinnen ihres Schicksals werden ließen. Sie pochten auf Anerkennung und gingen gegen Rassismus und Diskriminierung in Deutschland und anderswo auf die Straße. Unter Lordes Einfluss gründeten sie kulturelle und politische Initiativen, die ihren Bedürfnissen in Westdeutschland und im wiedervereinten Deutschland, das sie weiterhin ausschloss und diskriminierte, entsprachen. Lordes Präsenz und ihre Fähigkeit, in Deutschland Beziehungen zu knüpfen, gab Schwarzen deutschen Frauen Orientierung und half ihnen, sich zu selbstermächtigten Schwarzen Subjekten weiterzuentwickeln, denen es möglich war, über eigene Erlebnisse Wissen zu generieren und weiterzugeben sowie gleichzeitig kreative diasporische, sie sichtbar machende Räume zu schaffen. Dies wurde in dem bahnbrechenden Buch *Farbe bekennen. Afro-deutsche Frauen auf den Spuren ihrer Geschichte* aus dem Jahr 1986, das ich in Kapitel vier untersuchen werde, deutlich. Schwarze deutsche Frauen nutzten ihren neu entdeckten Elan und ihre Begeisterung, um sich kollektiv zusammenzuschließen. Sie gründeten zwei Schwarze deutsche Organisationen – ADEFRA und ISD –, die ihnen ein Gefühl der Solidarität vermittelten und sie aus der Isolation befreiten.

Schwarze deutsche Frauen schufen über ihre diasporische Community, die auf Schreiben, Gefühlen, einer »Ethik der Liebe« und Verwandtschaftsbeziehungen beruhte, ein neues Sozialgefüge, innerhalb dessen sie Anerkennung erhielten sowie solidarische Netzwerke und Orte des Wandels aufbauten. Schwarze Deutsche hatten Lorde viel zu verdanken, insbesondere beeinflussten ihre Präsenz und ihr Einsatz die Entstehung der Schwarzen deutschen Bewegung in den 1980er Jahren. Lordes Bereitschaft, sich um diese Frauen und andere zu kümmern, sie zu unterstützen und sich mit ihnen zu verbinden, ermutigte sie, sich zu organisieren, eine Community aufzubauen, eigene Narrative zu entwerfen sowie einen intellektuellen und diasporischen Aktivismus zu verfolgen. Doch Lorde war nicht ihre einzige diasporische Ressource. Wie das folgende Kapitel über die ISD zeigen wird, suchten diese Frauen und Männer den Austausch und die Verbindung mit vielen Menschen aus der Schwarzen Diaspora in Deutschland. Auch das prägte ihre Bewegung.

2
Die Entstehung einer modernen Schwarzen Bewegung in Deutschland

Wie ihre Beziehungen zu Lorde bewiesen, knüpften Schwarze Deutsche bereitwillig neue Verbindungen und arbeiteten mit anderen Schwarzen diasporischen Communitys in Deutschland zusammen. Diese Tendenz spiegelte sich in einem Interview wider, das die African Writers Association (AWA) für ihre Literatur- und Kulturzeitschrift *AWA-FINNABA* 1987 mit den Schwarzen deutschen Aktivist*innen May Ayim und John Kantara (geb. John Amoateng) geführt hatte.[1] Dort erklärte Ayim: »Wir nennen uns ›Initiative Schwarze in Berlin‹ und sind Schwarze Deutsche, die sich ihrer Isolation bewusst sind und zusammenkommen wollen. […] Unsere Gruppe besteht aus Afro-Deutschen (in der Mehrheit), Afro-Briten und sogar Afro-Russen.«

Kantara gab zu bedenken: »In meinen Augen ist der Beweggrund für viele, unserer Gruppe beizutreten, ein emotionaler, nämlich das Bedürfnis, andere Schwarze Deutsche kennenzulernen. Bis jetzt lebten die meisten von uns in der Isolation. Uns fehlte eine diszipliniert arbeitende und engagierte Gruppe, die uns zusammenbringen konnte. Als Gruppe können wir dem Rassismus viel besser entgegentreten und uns schützen.«[2] Ayim fuhr fort: »In dieser Gesellschaft sind wir von Marginalisierung betroffen. Ich weiß nicht, ob dies alle als Rassismus bezeichnen würden. Aber wir wollen etwas dagegen unternehmen. Wir haben es satt, immer die oder der Einzige unter Weißen zu sein und unsere Gefühle ständig erklären zu müssen. Hier in Deutschland findet nämlich keine wirkliche Diskussion über Rassismus statt. Es wird von ›Ausländerfeindlichkeit‹ gesprochen, selten von Rassismus. […] Gerne würden sie [weiße Deutsche] uns als Problem betrachten, nach dem Motto: Diese armen Afro-Deutschen. Sie sind ›Mischlinge‹, also haben sie Probleme. Wir haben aber mit unserer Hautfarbe gar kein Problem, erst die Gesellschaft macht es uns damit so schwer.« Und Kantara bemerkte: »Es gibt ein bestimmtes Bild, ein falsches Bild, das sich die Gesellschaft von uns macht. Historisch betrachtet entstand dieses Bild, als es noch deutsche Kolonien in Afrika gab. Damals wurden Schwarze als koloniale Untertanen gesehen, und so werden sie in der heutigen Gesellschaft noch immer wahrgenommen. Wir versuchen, die bestehenden Bilder zu verändern.«[3]

Wie sie in dem Interview hervorhoben, setzte sich die diasporische Organisation mit dem Rassismus in einem Land auseinander, das sich für ausschließlich weiß hielt und auf einer »Ideologie der ›Rassenlosig= keit‹« gründete, ein immer noch vorherrschender öffentlicher Diskurs, der bewusst das Fortbestehen rassistischen Denkens und rassistischer Praktiken in Europa verdunkelt.[4] Im Ergebnis machten viele weiße Deutsche ihre Schwarzen Mitbürger*innen als Deutsche unsichtbar oder zu »Anderen von außen«. Sie hielten sie für »primitive Wilde« oder immer erst Angekommene, die außerhalb der nationalen Gemeinschaft existieren.[5] Diese Vorstellung schloss sie aus der deutschen Gesellschaft aus.

Ayim und Kantara unterstrichen die Notwendigkeit, affektive und diasporische Verbindungen zu ihren Schwarzen deutschen Mitbürger*innen und anderen rassifizierten Minoritäten in Deutschland zu pflegen. Zusammen mit anderen Schwarzen Deutschen eröffneten die beiden die Berliner Ortsgruppe der ISD und gründeten damit eine moderne Bewegung.[6] Bald öffneten auch in anderen Städten ISD-Büros. Im Kollektiv bildeten Schwarze Deutsche Koalitionen, in denen sie für Gleichheit, Menschenrechte und soziale Gerechtigkeit in Deutschland eintraten. Neben Schwarzen deutschen Feministinnen und Lesben, die oft als Vorreiterinnen galten, wurden auch Schwarze deutsche Männer wie Kantara zu wichtigen Akteuren der Bewegung.

In diesem Kapitel wird die erste ausführliche Geschichte der ISD und einiger ihrer Ortsgruppen erzählt. Es zeigt sich, wie afrodeutsche

Aktivist*innen-Intellektuelle für ihre Politik und Poetik der Repräsentation warben. Sie untermauerten ihre Positionen als Deutsche und zugleich diasporische Bürger*innen und machten sich umgekehrt als Schwarze Deutsche kenntlich. Schwarze Deutsche, die sich über vielfältige Lebensläufe hinweg zusammenschlossen, entwickelten ein neues Selbstverständnis, das zunehmend in einem Schwarzen diasporischen Bewusstsein gründete. Die Initiative trug zusammen mit ihrer Schwesterorganisation ADEFRA, auf die ich im dritten Kapitel eingehen werde, zur Entstehung der modernen Schwarzen Bewegung Mitte der 1980er Jahre bei. Diese mitgliedergeführten Organisationen hofften, durch Destabilisierung der herrschenden Verhältnisse in Deutschland – lange genug hatte man sie ausgegrenzt und zum Schweigen gebracht – einen Wandel in Gang setzen zu können. Zu diesem Zweck erfanden sie neue diasporische Traditionen, sich wiederholende symbolische Rituale oder Praktiken zur Vermittlung von Werten und Normen, in denen sie sich überschneidende diasporische Vergangenheiten mit der Gegenwart verbanden.[7] Mit ihren lokalen Organisationen, Treffen und Veranstaltungen erfanden Schwarze Deutsche neue Traditionen, die sich um Schwarzsein über verschiedene Raumzeiten hinweg drehten.[8] So schrieb die Schwarze deutsche Aktivistin und Journalistin Sheila Mysorekar: »Als Schwarze Menschen mussten wir uns selbst erschaffen; es gab niemanden, der uns das beibrachte, und keinen Ort, wo wir hingehen konnten.«[9] Vermutlich gaben ihnen ihre neuen Traditionen, zu denen etwa bewusstseinsbildende Workshops and antirassistische Protestaktionen gehörten, ein neues Gefühl von Sinn und Identität.

Mit zunehmender Handlungsfähigkeit schufen Schwarze Deutsche für sich, ihre Community und ihre Verbündeten symbolische wie geografische Schwarze Räume und bewiesen damit, dass sie und andere Menschen of Color Teil des Landes waren. Sie betrieben eine Raumpolitik, durch die sie ihre Gruppen und Veranstaltungen zu festen Bestandteilen der Gesellschaft machten, und nutzten unterschiedliche Orte in den Großstädten, die sie zu Räumen des kulturellen Wandels, der Zugehörigkeit und Gerechtigkeit umgestalteten und so Widerstands- und Überlebensformen ausbildeten. Ihre Raumpolitik bediente sich diasporischer Ressourcen aus aller Welt, um die Vielfalt Schwarzer Kultur und Geschichte aufzuzeigen und sie mit öffentlichen Räumen in Deutschland zu verbinden. Indem sie im ganzen Land Räume für sich einforderten, bildeten Schwarze Deutsche intellektuelle Communitys. Sie wurden Intellektuelle des Alltags, die auf nicht-standardisierte Formen auswichen, um alternative Diskurse über Kolonialismus, Rassismus und Identität anzustoßen sowie traditionelle deutsche Normen und ausgrenzende Praktiken zu diskreditieren. Diese Formen von intellektuellem Aktivismus bestimmten ihre Raumpolitik. Die Organisationen dienten nicht nur als kulturelle wie intellektuelle Orte, sondern auch als politische Gruppen und Interessenvertretungen, die Schwarzen Deutschen und anderen aus der Diaspora unterschiedliche Formen der Unterstützung zukommen ließen. Wenngleich die Zahl der Personen, die sich offiziell an der Bewegung beteiligten, in die Hunderte ging, bildeten die Bemühungen Schwarzer Deutscher um Mobilisierung der Basis dennoch eine Bewegung, da es sich um eine generationenübergreifende Gruppe von Menschen handelte, die zusammenarbeiteten, um ihre Ziele durchzusetzen und einen Wandel in Deutschland und darüber hinaus herbeizuführen.

Will man diese neue Welle Schwarzen deutschen Aktivismus von den 1980er Jahren bis in die 2000er erforschen, gilt es nicht nur zu sehen, wie sich die ISD in organisatorischer Hinsicht entwickelte, sondern auch wie ihre Mitglieder Traditionen erfanden und Räume schufen, die beispielhaft für Schwarzes Denken und Schwarzes Handeln in Deutschland standen. Ihre (für einen Teil der weißen Deutschen besorgniserregende) Anwesenheit und der Aufbau der Bewegung sind Teil einer langen Tradition von Schwarzem Radikalismus. Wie ihre Vorläufer*innen innerhalb der Schwarzen Diaspora machten auch Schwarze Deutsche ihr Menschsein und politische Rechte geltend. Sie definierten ihre Standpunkte neu und widersetzten sich gleichzeitig unterschiedlichen Manifestationen »weißer Überlegenheit« im

In- und Ausland.[10] Spiegelte der Aktivismus Schwarzer Deutscher durchaus andere diasporische Bewegungen weltweit, so unterschied er sich aufgrund der Alltagsrealität in vorwiegend weißen deutschen Nachkriegsstädten, die von Isolation und Ausgrenzung geprägt war. Und doch fanden sie über die Verbindungen, die sie in ihrer Bewegung knüpften, Akzeptanz.

»Wo ist deine Heimat – ich meine, deine richtige?«[11] Die Ursprünge der Initiative

In der Einladung zum ersten bundesweiten Treffen Schwarzer Deutscher in Wiesbaden am 2. November 1985 stellten Christiana Ampedu, Helga Emde und Eleonore Wiedenroth-Coulibaly (geb. Eleonore Wiedenroth) Schwarzen Deutschen die allzu bekannte und durchaus sarkastisch gemeinte Frage: »Wo ist Deine Heimat – ich meine, die richtige?« Schwarze Deutsche hatten genug von der gängigen Meinung, wonach »deutsch zu sein, weiß zu sein« hieß, und den täglichen Begegnungen mit ihren weißen deutschen Mitbürger*innen, deren aufdringliche persönliche Fragen sie beantworten und denen sie erklären sollten, dass sie in Deutschland geboren und/oder aufgewachsen seien.[12] Mit ihren Fragen appellierten die Initiatorinnen an das allgemein verbreitete Gefühl der Marginalisierung, das ihre Schwarzen Mitbürger*innen in einer mehrheitlich weißen Gesellschaft ertragen mussten. Das Treffen in Wiesbaden stand zum Teil unter dem Eindruck von Christel Priemers Dokumentarfilm *Deutsche sind weiß, N... können keine Deutschen sein*. Der Titel bezog sich auf eine Postkarte, die die Frauen erreichte, nachdem sie das Wiesbadener Treffen angekündigt hatten.[13] Vor dem Treffen im November kamen Wiedenroth-Coulibaly, Emde, Marie Theres Aden und andere Schwarze deutsche Frauen bei sich zu Hause zusammen, womit sie die Bedeutung der Salonpolitik in Deutschland widerspiegelten und anschaulich machten, wie eine Reihe von Ereignissen zum Entstehen der Bewegung führte.[14] Doch war es das erste öffentliche Treffen in Wiesbaden, das Afrodeutschen aus dem ganzen Land die Gelegenheit bot, sich zusammenzuschließen, Kontakte zu knüpfen und miteinander die jeweiligen Erfahrungen von Entfremdung, Ausgrenzung und Frustration zu teilen.

Im selben Zeitraum trafen sich May Ayim, Katharina Oguntoye und Dagmar Schultz, um für *Farbe bekennen* zu recherchieren und erste Interviews zu führen. Dieser Austausch inspirierte Afrodeutsche dazu, neue zwischenmenschliche Kontakte zu suchen. Für viele Schwarze deutsche Frauen wurde dieses Buch, das im Juni 1986 erschien, zu einem Medium, das ihnen neue Beziehungen und eine gesellschaftliche Vernetzung ermöglichte. Wie Oguntoye später andeutete: »Aber alles fing eigentlich erst richtig mit *Farbe bekennen* an«, das Buch »wurde zum Auslöser, Katalysator und zur Inspiration für diese Generation«.[15] In den Broschüren der ISD und ADEFRA wurde immer wieder auf die Bedeutung des Sammelbands hingewiesen.[16] Wie ich im vierten Kapitel erörtern werde, diente dieses bahnbrechende Buch als erkenntnistheoretischer Akt, der Schwarze deutsche Frauen befähigte, ihre Wahrheiten zu erzählen, die Geschichte Schwarzer Deutscher zu bergen und Wissen über die geschlechterspezifischen und rassistischen Benachteiligungen zu erwerben, mit denen sie konfrontiert wurden.

Das erste bundesweite Treffen in Wiesbaden war der Anstoß für eine moderne Bewegung. Es verlieh den Teilnehmer*innen das Gefühl, Schwarze Deutsche zu sein. Wiedenroth-Coulibaly, Emde und Ampedu bewarben die Veranstaltung in regionalen Zeitungen, Fernseh- und Radiosendern und nutzten sie, um später eine Gruppe für Schwarze Deutsche in den Regionen Hessen und Rheinland-Pfalz zu gründen.[17] In einem Folgeschreiben an die Teilnehmer*innen vom 26. November brachten die Organisatorinnen ihre Begeisterung über die große Anzahl anwesender Afrodeutscher zum Ausdruck, die teilweise weite Wege auf sich genommen hatten. Ihre Teilnahme an dem Treffen bewies, »dass die Idee für ein solches Treffen gar nicht so verkehrt war«.[18]

Hinsichtlich der Teilnehmer*innenzahl gibt es Unstimmigkeiten. Einige behaupten, dass um die 100 Schwarze Deutsche, die jüngsten Teenager, die älteren um die 40, gekommen waren. Andere wiederum nehmen an, dass es nur etwa 30 waren.[19] Doch unabhängig davon veranlasste das Treffen viele Teilnehmer*innen dazu, ihr Leben neu zu bewerten. Das Treffen, erinnert sich Emde, »war überwältigend. Etwa 100 Schwarze Menschen aller Schattierungen, Größen und Alter. Und am verwirrendsten war für mich der Augenblick, als ich hörte, welche Sprache sie sprachen, Deutsch und nicht Englisch. Und nur Schwarze Menschen.«[20]

Emdes Erinnerung verortete Schwarzsein in Deutschland, was es ihr erlaubte, sich als Schwarze Deutsche zu akzeptieren und ein positives Selbstwertgefühl zu entwickeln. Mehrere Teilnehmer*innen waren sich zum ersten Mal persönlich begegnet. Dies bestätigte die Schwarze deutsche Aktivistin, Autorin und Künstlerin Ika Hügel-Marshall. Sie war bereits 39 Jahre alt, als sie auf dem ersten Treffen von 1985 erstmals andere Afrodeutsche und Schwarze Menschen kennenlernte.[21] Ihre Ideen und der Austausch halfen Schwarzen Deutschen, Verwandtschaftsbeziehungen zu knüpfen. Sie sprachen von ihren persönlichen Erfahrungen und zeigten damit, dass sie sich alle in einer ähnlich schwierigen Lage befanden. Einige konnten den Erzählungen ihrer Mitbürger*innen kaum zuhören, insbesondere als in den Diskussionen schmerzhafte Erinnerungen an die eigene Vergangenheit hochkamen. Dennoch eröffnete das Treffen Schwarzen Deutschen neue Möglichkeiten, und die Organisatorinnen forderten die Teilnehmer*innen dazu auf, ihnen zu schreiben, sie anzurufen oder zu besuchen, um ihre Erlebnisse während der Konferenz mitzuteilen und Ideen für künftige Projekte einzubringen.[22]

Darüber, dass die Initiative zwischen den Jahren 1985 bis 1986 gegründet wurde, herrscht weitgehend Einigkeit. Doch sowohl in den Primär- wie Sekundärquellen existieren widersprüchliche Angaben über das Gründungsjahr der ISD-Ortsgruppen. Oguntoye zufolge »war [Eleonore Wiedenroth-Coulibaly] auch eine der Initiatorinnen des ersten afro-deutschen Gruppentreffens im Raum Wiesbaden/ Frankfurt am Main, das 1985 stattfand und 1986 zur Gründung der Berliner ISD führte«, und »dann fand 1986 das erste Treffen der ISD statt und das Buch *Farbe bekennen* wurde veröffentlicht.«[23] Auch Emde war der Ansicht, das Wiesbadener Treffen im November 1985 habe zur Gründung der Initiative geführt.[24] Jeannine Kantara, eine Aktivistin der ISD Berlin und spätere Journalistin bei der renommierten Wochenzeitschrift *Die Zeit*, meinte in Bezug auf die Frühphase der Gruppe: »Einige Wochen nach dem Erscheinen von *Farbe bekennen* reisten Berliner Afrodeutsche nach Wiesbaden zum Bundestreffen der Initiative Schwarzer Deutscher (ISD), die sich kurz zuvor in Hessen gegründet hatte. Inspiriert von diesem Treffen wurde im Frühjahr 1987 die Berliner Initiative Schwarze Deutsche e.V. gegründet.«

Vor der Gründung der ISD Berlin, insbesondere »[a]ls der Saarländische Rundfunk im Frühjahr 1986 die Dokumentation ›Deutsche sind weiß, N... können keine Deutschen sein‹ ausstrahlte«, so Kantara, »saßen ca. 20 junge [Afro-Deutsche] in einer Berliner Hinterhofwohnung beisammen, um sich den Film gemeinsam anzuschauen und darüber zu diskutieren.«[25] Einige dieser Unstimmigkeiten haben mit den Erinnerungen der einzelnen Mitglieder an die Frühphase der Bewegung und ihr Engagement in den Ortsgruppen zu tun. Sie zeigen darüber hinaus, dass es umso dringender wird, diese Geschichten zu dokumentieren, je älter die Gründungsmitglieder werden. Fragen zu Vergangenheit und Erinnerung müssen bei der Untersuchung der Bewegung in die Betrachtung mit einbezogen werden. Erinnerungen und Gedächtnisakte könnten die Bemühungen anderer Deutscher spiegeln, ihre Vergangenheit zu verarbeiten und zu würdigen.[26]

Die ISD bot Schwarzen Deutschen die Möglichkeit, sich zu organisieren, darüber »unsere eigene Geschichte [zu] finden« und Ziele und Erkenntnisse zu verschiedenen Themen zu teilen.[27] Auf Basisebene diente ihr Aktivismus als Korrektiv in der deutschen Gesellschaft. Sie machten sich bemerkbar und drängten auf konkrete antirassistische Veränderungen in Sprache, Rechtsprechung und Repräsentation. Mit dem Aufblühen des diasporischen Aktivismus Schwarzer Deutscher in der ISD verbesserten sich ihre Perspektiven und wurden ihre Veranstaltungen größer.

Die Initiative verstehen

Landesweit bemühten sich Ortsgruppen der ISD, der Marginalisierung, Diskriminierung und Isolation entgegenzutreten, die Afrodeutsche in einer mehrheitlich weißen, immer noch von Alltagsrassismus durchdrungenen Umwelt zu ertragen hatten.[28] Mehrere Schwarze deutsche Aktivist*innen haben bemerkt: »Mit ihrer Entstehung 1985/1986 begegnete die (damals noch) Initiative Schwarze Deutsche, kurz ISD, gleich zwei zentralen Lebenslügen der Bundesrepublik. Eine dieser Lebenslügen lautete: ›Deutschland ist kein Einwanderungsland‹, die andere: ›Es gibt keinen Rassismus in Deutschland‹.«[29]

Aktivist*innen-Intellektuelle versuchten, rassistische Praktiken und Glaubensvorstellungen zu überwinden. Sie forderten ihre Inklusion als Schwarze Deutsche und unterstützten andere Menschen afrikanischer Herkunft in Deutschland. Dies spiegelt sich im früheren Namen der Berliner Gruppe wider, der Initiative Schwarzer in Berlin. Neben Ayim, Kantara und Oguntoye gehörten unter anderem David Nii Addy, Obi Addy, Abenaa Adomako, Angela Alagiyawanna, Daniel Alagiyawanna, Natalie Asfaha, Patricia Elcock, Danny Hafke, Jeannine Kantara, Katja Kinder, Nikolai Kinder und Mike Reichel der Ortsgruppe an. Die Mitglieder waren zwischen 14 und 30 Jahre alt. Im März 1987 standen 52 Menschen auf der Mitgliederliste der ISD Berlin, eine zweite vom April desselben Jahres verzeichnete 64. Auf einer Liste vom September 1988 waren 95 Mitglieder eingetragen, doch womöglich waren weitere Personen mit der Initiative verbunden, die Interesse bekundeten und an Veranstaltungen in der Stadt teilnahmen.[30]

Schwarze deutsche Intellektuelle des Alltags unterminierten die herrschende Repräsentation von Deutschsein und wirkten der eigenen Unsichtbarkeit entgegen, indem sie weitere ISD-Ortsgruppen gründeten, die sie direkt im Land verorteten. Der 1986 gegründeten ISD-Ortsgruppe im Rhein-Main-Gebiet gehörten Magdy Abu-Gindy, Peter Croll, Helga Emde, Vera Holzhauser, Daniella Reichert, Eleonore Wiedenroth-Coulibaly, Susan Wright und Gisela Wright an. Die Ortsgruppe Köln/Düsseldorf bildete sich in den Jahren 1986/87. In ihr waren unter anderem Rita Amoateng, Detlef Brimah, Carla de Andrade Hurst, Themba Kadalie, Theodor Michael, Sheila Mysorekar, Jacqueline Nkobi und Anita Zwanbun aktiv. Auch die Geschwister Christina, Domenica und Fidelis Grotke waren dort Mitglieder.[31] Zwischen 1988 und 1991 eröffneten in zehn westdeutschen Städten, darunter Kiel, Duisburg, Bielefeld, Mainz, Heilbronn, Stuttgart und Hamburg/Nord, neue Ortsgruppen. Jede Gruppe war unabhängig und wurde den eigenen Bedürfnissen entsprechend organisiert, doch alle Gruppen nannten sich ISD. Tatsächlich etablierte Marie Theres Aden zusammen mit Kwesi Anan Odum, Michael Botsio und Thomas Hall auch die ISD-Nord-Gruppe.[32] Bis 1992 blieben die Ortsgruppen in Berlin, Hamburg und im Rhein-Main-Gebiet aktiv, zusätzlich entstanden die ISD Nordrhein-Westfalen sowie BLACK (Badische Liga für Afrikanische Connection und Kommunikation) Freiburg. Darüber hinaus gründeten Schwarze Deutsche in den Jahren 1992 und 1993 als weiteren Hinweis auf ihre diasporische Orientierung die Gruppen BLACK Heidelberg, BLACK Karlsruhe, die ISD Bochum und eine Young-Black-Soul-Gruppe in Frankfurt am Main, in der sich ab 1994 junge Schwarze Deutsche trafen.[33]

Ihre Bemühungen, eine Community aufzubauen, schloss Verbindungen nach Ostdeutschland nicht aus. Nach dem Fall der Mauer bildeten sich auch in der ehemaligen DDR Gruppen, etwa in Ost-Berlin, Dresden und Leipzig, wobei diese mit eingeschränkten Ressourcen und organisatorischen Schwierigkeiten zu kämpfen hatten. Die Ortsgruppen aus Ost- und West-Berlin hatten bereits vor dem Mauerfall zusammengearbeitet. Im Jahr 1992 entstand die Nogoma-Leipzig-Gruppe. Die Gruppe, die sich ursprünglich IG Farbig genannt hatte,

May Ayim (Mitte) mit Mitgliedern der Initiative Schwarze Menschen in Deutschland (ISD), 1986

änderte angesichts der negativen Konnotation von »Farbig« ihren Namen. Im Jahr 1994 erhielt die ISD Berlin vom Weltkirchenrat in Genf (dem Ökumenischen Rat der Kirchen, ÖRK) Fördermittel zur Unterstützung der Gruppen aus der ehemaligen DDR. Die Ortsgruppe glaubte, dies sei angesichts der zunehmenden öffentlichen Zurschaustellung von Rassismus und zur Stärkung von Unterstützungs- wie Solidaritätsnetzwerken dringend notwendig.[34] Über die Jahre baten ISD-Mitglieder den ÖRK und das von diesem 1970 ins Leben gerufene Programm zur Bekämpfung des Rassismus (PCR) um finanzielle Unterstützung. Je mehr ISD-Gruppen entstanden, desto deutlicher zeigte sich, wie die Idee einer inklusiven Schwarzen diasporischen Community bei anderen in Deutschland aufgenommen wurde. Die ISD entwickelte sich zu einem Netzwerk aus Community- und Kulturzentren, die sich auf Schwarze deutsche und Schwarze diasporische Erfahrungen und Erzählungen beriefen. Ähnlich wie andere soziale

Bewegungen wuchsen diese Gruppen und schrumpften auch wieder. Mitglieder kamen und gingen aufgrund sich verändernder Interessen oder neuer beruflicher wie familiärer Verpflichtungen. Und dennoch erhielten sie von ihren Schwarzen Mitbürger*innen und anderen Verbündeten die oft vermisste Anerkennung für ihr Engagement. Für viele war diese neu gefundene Anerkennung »eine Form von symbolischer Abhängigkeit«, die ihr diasporisches Selbst- und Politikverständnis formte.[35]

Viele der ISD-Ortsgruppen wurden von Frauen geleitet, von denen einige lesbische Feministinnen waren, die ihren Kampf gegen Rassismus untrennbar mit ihren geschlechtlichen und queeren Identitäten verknüpft sahen. Zur Münchner Ortsgruppe, die sich nach einer Lesung aus *Farbe bekennen* gründete, gehörten unter anderem Jasmin Eding und Judy Gummich; später kamen Ria Cheatom und Mary-Ann Powell dazu. Sie suchten aktiv auch nach männlichen Mitgliedern, und schließlich engagierten sich Schwarze deutsche Männer wie Tahir Della (geb. Thomas Della), Marc Reis und andere.[36] Mitglieder der ISD München brachten ihre eigenen Interessen zum Ausdruck, die ihre individuellen Erfahrungen widerspiegelten und sie persönliche Beziehungen mit anderen eingehen ließen. Zudem pflegten sie enge Verbindungen zu feministischen Organisationen in München. In Bielefeld gründeten zwei Frauen, darunter Marion Kraft, eine Gruppe, weil sie die Notwendigkeit politischer Arbeit sowie der Verarbeitung persönlicher Erfahrungen erkannten.[37] Auch in Frankfurt am Main und Köln standen meist Frauen der Ortsgruppe vor, mehrere von ihnen waren lesbisch. Einige dieser Frauen waren auch in Ortsgruppen von ADEFRA aktiv. Diese von Frauen geführten ISD-Gruppen gaben einer Schwarzen feministischen Perspektive und Politik den Vorzug.

Während der ersten Arbeitsgruppentreffen nutzten die Mitglieder ihre lokalen Gruppen, um Projekte zu entwickeln, die Fortschritte einzuschätzen und ihre kulturelle Autonomie aufzubauen. Bei einem Treffen im Dezember 1987 in Berlin schickten ISD-Ortsgruppen Repräsentant*innen, die von ihren Schwierigkeiten und Errungenschaften berichteten. Die ISD Berlin gab es bereits seit eineinhalb Jahren; sie stützte sich auf bestehende Freundschaften, persönliche Netzwerke und Werbemaßnahmen, um die Mitgliederbasis zu verbreitern.[38] Mitglieder der ISD Berlin gaben bekannt, dass sie fünf Arbeitsgruppen mit unterschiedlichen Schwerpunkten, eine Kinder- und Jugendgruppe, eine Frauen-, eine Theater-, eine Kultur- und eine politische Gruppe gebildet hätten. Jede Arbeitsgruppe arbeite Pläne aus, die im Anschluss umgesetzt würden. Tatsächlich entstand die Idee für den jährlich stattfindenden Berliner Black History Month und die Schwarze deutsche Zeitschrift *afro look* (siehe später in diesem Kapitel) innerhalb der Kulturgruppe. Die ISD Frankfurt am Main/ Wiesbaden, die auch ISD Rhein-Main genannt wurde und die es 1987 bereits etwa zwei Jahre gab, hatte monatlich stattfindende Treffen und soziale Aktivitäten organisiert.[39] Doch Mitglieder dieser Ortsgruppe, die zwischen 30 und 40 Jahre alt waren, machten sich zum Vorwurf, dass organisatorische Dinge die Oberhand gewannen, insbesondere als einige der persönlichen Begegnungen und Veranstaltungen weniger wurden. Sie beschlossen, aufgrund von Problemen mit der Lokalpresse ihre Treffen und Aktivitäten dort nicht länger zu bewerben.[40] Während die ISD Frankfurt am Main/Wiesbaden die lokale Presse von nun an mied, wuchs das Interesse an der ISD Köln/Düsseldorf aufgrund der Verteilung und des Umlaufs von Flyern und der Werbung in lokalen Blättern. Obwohl man zunächst monatlich abwechselnd in Köln und Düsseldorf zusammenkam, erwies sich die Anreise für einige als ein Problem. Trotzdem pflegten die Ortsgruppen weiterhin enge persönliche Kontakte. Sie organisierten soziale Aktivitäten und Zusammenkünfte, die je nach Gruppe und deren Unternehmungen wöchentlich oder monatlich stattfanden.[41] Diese ISD-Gruppen waren für Schwarze Deutsche eine Möglichkeit der Sozialisierung, durch die sie ihrer Isolation entkamen. Diejenigen, die keine Schwarzen Eltern oder Geschwister hatten, trafen in ihrer Alltagsrealität (Familie, Arbeit, Freizeit) häufig auf keine weiteren Schwarzen Personen. Darüber hinaus nutzten sie diasporische Ressourcen aus Afrika, den

Vereinigten Staaten und anderen Regionen und schufen eine diasporische Ikonografie, die kulturelle Bedeutung transportierte und ihre Ortsgruppen und Veranstaltungen in Deutschland repräsentierte.[42] Es kam zu Debatten über regionale wie überregionale offizielle Logos sowie die Gestaltung von Broschüren und Postkarten. Diese Beispiele zeigen, welche unterschiedlichen Strategien Schwarze Deutsche auf lokaler Ebene einsetzten, um die Bewegung aufzubauen und zu erhalten.

Während sich innerhalb der Ortsgruppen die Organisationsdynamik unterschied, bewahrte sich jede Gruppe eine beachtliche Autonomie und verfolgte weiter die übergeordneten Ziele antirassistischer Arbeit, des Aufbaus der Community und der Selbstermächtigung. Ihre Mitglieder schufen eine Verfassung, die über die Jahre kontinuierlich überarbeitet wurde. Als Organisation hatte die Initiative keine strenge hierarchische Struktur mit Vorsitzenden oder Ko-Vorsitzenden. Allerdings hatte jede Ortsgruppe eine Finanzgruppe, die Beiträge einzog und Treffen veranstaltete, um Transparenz zu gewährleisten und ihrer Rechenschaftspflicht nachzukommen. Zusätzlich erhielten sie finanzielle Unterstützung vom Staat. Eine Finanzgruppe bestand aus mindestens zwei Personen: eine, die das Bankkonto überwachte, und eine, die alle Finanzunterlagen prüfte, wobei die Aufgaben bevorzugt von einer afrodeutschen Frau und einem afrodeutschen Mann geteilt wurden.[43] Man versuchte, eine Geschlechtergleichheit zu wahren, wenngleich einige männliche ISD-Mitglieder misogyne, sexistische und homophobe Ansichten vertraten. Personen, die Aufgaben in der Finanzgruppe übernahmen, mussten Mitglieder ihrer Ortsgruppe sein. Diese Gruppen trugen die Kosten für lokale Veranstaltungen und Projekte.

Ein Schlüssel zum Erfolg der ISD waren die Koordinationstreffen (KT), die von 1988 bis in die 2000er Jahre in unterschiedlichen Städten stattfanden.[44] Erste Ideen für ein KT entstanden 1987 in einer Berliner Arbeitsgruppe. Es ging darum, dass Vertreter*innen der lokalen Ortsgruppen zusammenkamen, um Aktivitäten miteinander abzustimmen, nachfolgende Treffen zu planen und ihre Fortschritte zu dokumentieren. Im Vorfeld wurden die Mitglieder der Finanzgruppe gebeten, für das KT Berichte mit den entsprechenden Unterlagen vorzubereiten. Neben der Budgetverwaltung sprachen die lokalen ISD-Gruppen über ihre interne Gruppendynamik und langfristige Ziele. So diskutierten beim KT 1991 in Berlin ISD-Ortsgruppen über die Einrichtung eines Sprecherrats und eines KT-Sekretariats. Sie stellten sich einen Rat vor, der »von der Vollversammlung für ein Jahr gewählt« werden, »die Funktion eines Vorstandes« haben, »über außerordentliche Koordinationstreffen« entscheiden und »die ISD nach außen« vertreten sollte. Außerdem würden ihm »drei Mitglieder« angehören und »mindestens ein Mann oder eine Frau vertreten sein«. Der Sprecherrat sollte offizielle Erklärungen der ISD abgeben und im September einen Haushaltsplan mit Informationen zu den ISD-Gruppenprojekten des Folgejahres erstellen, die auf dem Koordinationstreffen zu genehmigen wären.[45] Dessen Sekretariat sollte in beratender Funktion statt als Entscheidungsorgan auftreten und sowohl den Informationsfluss innerhalb der Gruppen als auch die Dokumentation der Veranstaltungen innerhalb der größeren Bewegung koordinieren. Die Stelle wurde Anfang 1993 genehmigt.[46] Diese Diskussionen zeigen, dass es der Basisbewegung Schwarzer Deutscher darauf ankam, effektiv und effizient zu sein und gleichzeitig eine politische Plattform bieten zu können. Das KT und die zusätzlichen Stellen illustrieren die Bemühungen der ISD-Mitglieder, für mehr Struktur, Stabilität und Transparenz zu sorgen. Es spiegelt wider, wie die Ortsgruppen eine interne Verwaltungsstruktur schufen und ihre Ziele und Vorgehensweise weitaus systematischer verfolgten. In den frühen 1990er Jahren gab es Diskussionen darüber, ob man die ISD zu einem eingetragenen Verein machen sollte, der als Dachverband alle Gruppen vereint, oder ob weiterhin die getrennten autonomen Organisationen bestehen bleiben sollten. Man entschied sich für eine Mischung aus beiden Ansätzen.[47] Als Ort diasporischer Bildung war die alltägliche Organisationsarbeit der ISD auf nationaler und regionaler Ebene abhängig von der wichtigen gemeinschaftlichen Arbeit, die bei diesen Treffen hinter den Kulissen geleistet wurde.

Als in urbanen, translokalen Städten neue Ortsgruppen entstanden, setzten sich Schwarze Deutsche bewusst in Cafés, Restaurants und andere Einrichtungen, rückten schwarze Geografien in den Mittelpunkt und dokumentierten damit ihr »Recht auf die Stadt«.[48] Diese translokalen Städte blieben zumeist inklusiv und Orte der Interkonnektivität und Solidarität. In ihnen befanden sich viele Universitäten und Kultureinrichtungen, weshalb es nahelag, dass die Schwarzen deutschen und diasporischen Mitglieder der Initiative zum Teil aus berufstätigen und studentischen Kreisen stammten. Doch waren sie stolz darauf, mehr zu sein als ein »Club Intellektueller«.[49] In vielerlei Hinsicht waren sie eine generationenübergreifende Gruppe von Intellektuellen, Aktivist*innen, Agitator*innen und Künstler*innen, die Theorien aufstellten und Botschaften verbreiteten, die den deutschen Mythos vom Weißsein und der Rassismuslosigkeit in Frage stellten. Viele dieser deutschen Städte wie Berlin und München hatten schon lange intellektuelle Communitys ermöglicht und seit dem 18. Jahrhundert eine öffentliche Kultur hervorgebracht. Schwarze Deutsche haben sich auf diese Kultur und Geschichte gestützt und sie erweitert. Zusätzlich hingen sie von diasporischen Ressourcen aus Südafrika, Nigeria, Großbritannien und den Vereinigten Staaten ab, die ihnen dabei halfen, ihre Schwarze intellektuelle Autorität anzunehmen und ihre Ideen wertzuschätzen.

Die Ortsvereine repräsentierten eine räumliche Form der Handlungsfähigkeit Schwarzer Deutscher, in denen diese sich ihrer »doppelten Verdrängung« und gesellschaftlichen Unsichtbarmachung widersetzten.[50] In ihrem Kampf spiegelten sich die geografischen Auseinandersetzungen um die diskursiven Ansprüche von Schwarzen auf Anerkennung und Eigentum in der Gesellschaft wider. Schwarze Deutsche setzten sich in ihren Ortsvereinen mit den unterschiedlichen Ebenen der Verleugnung auseinander und verorteten sich innerhalb des Landes.[51] Die sozialen Räume, die sie für ihre Ortsvereine und Veranstaltungen aufbauten, beeinflussten ihre rassifizierte und diasporische (Re)Formation. Ihre Stärke und Widerstandskraft ermöglichten es ihnen, alternative Ansprüche auf Orte und Räume zu erheben und sich gegen eine mehrheitlich weiße deutsche Gesellschaft zur Wehr zu setzen. Indem ISD-Gruppen eine Vielzahl von Räumen besetzten und Schwarzsein in den Mittelpunkt stellten, erlaubten sie es deutschem Rassismus nicht mehr, sie zu verdrängen oder zum Schweigen zu bringen. Diese Positionierung ähnelte derjenigen anderer minorisierter Communitys in Europa und Kanada, die in nationalen Erzählungen oft falsch dargestellt oder ignoriert wurden.

Die Widerstandsbestrebungen Schwarzer Deutscher ermöglichten es ihnen, sich in einem Deutschland zurechtzufinden, das essenzialistische Ideen von Staatsbürgerschaft hegte und einem unausgesprochenen Weißsein sowohl legislativ als auch kulturell das Wort redete. Schwarze Deutsche widersetzten sich dieser Dynamik, indem sie sich mit der kolonialen Amnesie und dem Vergessen des Landes auseinandersetzten und auf die rassistischen Grundlagen des weiterhin gültigen Staatsangehörigkeitsgesetzes von 1913 hinwiesen, dem sie ihre eigene Vorstellung von Staatsbürgerschaft entgegenhielten, die weit über den Begriff der Nation hinausging. Ihre räumlichen Akte waren insofern signifikant, als sie andauernd als Schwarze Subjekte behandelt wurden, die sichtbar nicht-deutsch oder »Andere von außen« waren. ISD-Ortsgruppen ermutigten Schwarze Deutsche auch, über das Kollektiv ein Selbstwertgefühl zu entwickeln und zu pflegen. Dies geschah über eine Kritik am Gebrauch verletzender Sprache und Stereotypen, das Aufbrechen früherer negativer Konnotationen von Schwarzsein und die Rückeroberung der eigenen Handlungsfähigkeit. Diese räumlichen Akte waren Praktiken des Selbststylings, das die Manifestation Schwarzer deutscher Identität ermöglichte und verschiedene Typen Schwarzer Subjektivitäten favorisierte, die politisch und nicht allein an den Phänotyp geknüpft sein konnten.[52] Wie die ISD Karlsruhe es in ihrer Broschüre formulierte: »Mit Begriffen wie ›Schwarze Deutsche‹ und ›Afro-Deutsche‹ (in Anlehnung an afroamerikanisch), als Ausdruck unserer kulturellen Herkunft, kann und soll es nicht um Abgrenzung nach Herkunft oder Hautfarbe gehen. Vielmehr wollen wir Afros den herkömmlich negativen Schritt, uns selbst zu bestimmen statt bestimmt zu werden.« – ein Thema, das von der ISD Rhein-Main aufgegriffen wurde.[53] Sie erkannten auch die Notlage anderer marginalisierter Menschen of Color in Deutschland. Schwarze Deutsche nutzten ihre Ortsgruppen nicht nur, um soziale Räume neu zu gestalten, sondern sie fungierten auch als Orte, an denen sie ihre Politik und Poetik der Repräsentation verfolgen und ihre Ideen als Intellektuelle des Alltags vorantreiben konnten.

Als Intellektuelle des Alltags fanden und teilten sie Schwarze diasporische Erzählungen, was in Deutschland erkenntnisbezogene Interventionen zur Folge hatte. Im oben erwähnten Interview mit AWA-FIN-NABA meinte Kantara: »Marcus Garvey hat einmal gesagt: ›Ein Volk, das von seiner Geschichte nichts weiß, ist wie ein Baum ohne Wurzeln‹.«[54] In den Gründungsjahren pflegte die ISD ihre Wurzeln durch mehrere Kernziele, zu denen die Sammlung persönlicher und kollektiver Geschichten Schwarzer Deutscher sowie die Umsetzung dieser Funde in konkrete Maßnahmen gehörte. Sie stellte zudem Kontakte zu anderen Schwarzen Mitbürger*innen her, gab ihnen selbstermächtigende Botschaften mit auf den Weg, entwickelte Selbsthilfeprogramme und initiierte auf deutscher wie internationaler Ebene antirassistische Projekte.[55] Ihre Mitglieder machten sich ihre Schwarze deutsche Geschichte sowie ihr kollektives Gedächtnis über unterschiedliche Raumzeiten zu eigen, was sie enger an das Land band. Die ISD fokussierte sich auf die Weiterverbreitung von Geschichte und spiegelte damit den Willen ihrer Mitglieder, einen Raum für intellektuelle Nachforschungen, Austausch und Gemeinschaft zu schaffen und zugleich auf Konferenzen und öffentlichen Veranstaltungen Schwarzes deutsches Wissen zu generieren. Diese Praktiken stellten formal und inhaltlich das Alltägliche her und erklärten den deutschen Rassismus. Und obwohl dieses intellektuelle Projekt wichtig war, wussten sie nur zu gut, dass es nicht ausreichen würde, um den Status quo zu verändern.

In Fortschreibung dieses Intellektualismus gründeten Mitglieder der ISD eine kleine Bibliothek Schwarzer Autor*innen, deren Bandbreite die Werke des nigerianischen Autors Chinua Achebe ebenso umfasste wie diejenigen des afroamerikanischen Autors Frank Yerby.[56] So ermutigten Schwarze Deutsche ihre Mitbürger*innen, mehr über die Geschichte Schwarzer zu lesen und zu lernen, um ihr diasporisches Denken zu vertiefen. Darin ähnelten sie ihren britischen Schwestern und Brüdern, die ähnliche Praktiken pflegten.[57] Sie dachten nicht isoliert, ihre alten und neuen Verbindungen zur Community beeinflussten sie. Die Broschüre der ISD Rhein-Main von 1989 bestätigt diese Einschätzung: »Uns als Schwarze Deutsche/Afro-Deutsche zu begegnen, uns auszutauschen und aufeinander einzulassen war für viele ein neues Erlebnis. Gemeinsam ist uns meist die Isolation, das Eingebundensein in vorwiegend weiße Bezüge, ohne Rückenstärkung einer schwarzen Gemeinschaft. Ansonsten sind wir sehr verschieden, durch unsere Sozialisation, unser Alter, unsere Charaktere, unsere Interessen, unsere Erfahrungen in Familie und Beruf, als hetero- oder homosexuelle Frauen oder Männer und in unseren Bezügen zum schwarzen und/oder weißen Teil unserer Herkunft.«[58]

Die Mitglieder der ISD erkannten die affektive, politische und intellektuelle Funktion und Bedeutung ihrer Gruppe. Diese akzeptierte die Unterschiede ihrer Mitglieder untereinander und teilte ihre gemeinsamen Erfahrungen von Ausgrenzung und Isolation. Die Bewegung Schwarzer Deutscher legte Wert auf ihre Vielfalt, um Einigkeit herzustellen, und förderte den Intellektualismus und die Verbreitung relevanter Materialien ihrer diasporischen Geschichte ebenso wie organisatorische Projekte und Veranstaltungen. Alle diese Maßnahmen hatten eine Formalisierung und damit den Aufbau des Studienfachs Black German Studies zur Folge.

Im Unterschied zu den Protagonist*innen der deutschen Studenten- und gegenkulturellen Bewegungen der 1960er und 1970er Jahre kümmerten sich Afrodeutsche wenig um theoretische Annahmen zum Klassenbewusstsein.[59] Obwohl auch sie Kritik am kapitalistischen System übten, strebten sie anders als einige Ortgruppen der Black Panther und andere linke Gruppierungen in Deutschland, Großbritannien und den USA keine marxistisch-leninistische Revolution an. Eher suchten sie nach einer inklusiven, auf Unterschieden beruhenden radikalen Identität und wollten mithilfe von Schreiben und diasporischer Politik verschiedenen Formen der Diskriminierung in Deutschland entgegentreten.

Ihre Bewegung entstand im Kontext eines alternativen und neuen sozialen Klimas im Deutschland der 1980er Jahre, zu dem auch Spontis, Grüne, Hausbesetzer*innen, die Frauenbewegung und landwirtschaftlich Kooperativen gehörten. Diese Gruppen verfolgten, nicht unähnlich zum Engagement Schwarzer Deutscher, eine andere Politik. Sie pflegten alternative Lebensstile, führten neue literarische und künstlerische Praktiken ein und schufen eine alternative Öffentlichkeit.[60] Deshalb repräsentiert die moderne Schwarze Bewegung ein lange vernachlässigtes Kapitel in der Geschichte sowohl der deutschen als auch der Schwarzen Linken.

In gewisser Hinsicht ähnelte die Initiative anderen Schwarzen europäischen Organisationen, die sich für die Einführung antirassistischer wie antidiskriminierender Gesetze einsetzten und kulturelle Aktivitäten anboten, um das Race-Bewusstsein ihrer Community zu schärfen. Zu diesen Organisationen gehören unter anderem die Coloured People's Progressive Association (1958), das Committee of African Organizations (1959), die British Black Panthers (1967), Diaspora Africaine (1985), das Collectif Égalité (1998), Africagora (1999) und die Alliance Noire Citoyenne (2007).[61] Ursprünglich war die Initiative keine Lobbygruppe wie etwa das Inter-Racial Friendship Coordinating Council (1959) oder die Campaign Against Racial Discrimination (1964), die versuchten, britische Nachkriegs-Politiker*innen zur Rechenschaft zu ziehen, oder das bekannte Conseil Représentatif des Associations Noires (2005) in Frankreich, das als Reaktion auf die Unruhen in den Pariser Vororten von 2005 gegründet wurde.[62] Aber die Ortsgruppen entwickelten sich weiter und versuchten, das strikte deutsche Staatsangehörigkeitsgesetz und die Einwanderungspolitik einschließlich der Asylgesetze zu reformieren. Sie forderten Antidiskriminierungsgesetze sowie eine tolerantere Sprache in Schulbüchern, Lehrplänen, Medien, Museen und im alltäglichen Sprachgebrauch, was sich auf allen (individuellen, gesellschaftlichen, landes- und bundesweiten) Ebenen niederschlagen sollte.[63] Darüber hinaus zeigten sie auf, wie diese Dynamik mit strukturellem Rassismus in Deutschland zusammenhing. Aufgrund ihrer radikal diasporischen politischen und intellektuellen Tradition stellten sie ihre persönlichen Erfahrungen in den Mittelpunkt.

Die Intellektuellen des Alltags der Initiative arbeiteten mit Schwarzen Diaspora-Communitys mit unterschiedlichen sozialen Hintergründen zusammen und versuchten, die Bedürfnisse und Interessen sowohl afrikanisch- und asiatisch-deutscher Communitys als auch anderer in Deutschland lebender rassifizierter Minderheiten zu berücksichtigen.[64] Mithilfe von Bündnissen und Koalitionen glaubten sie, Diskriminierung bekämpfen und Reformen vorantreiben zu können.[65] So heißt es in einer weiteren Broschüre bekannter Mitglieder der ISD Stuttgart: »Wir sind der Meinung, dass gemeinsame Aktivitäten unsere Solidarität nach innen wie nach außen stärken und festigen und uns Kraft geben, dem alltäglichen Rassismus besser entgegenzutreten.«[66] Außerdem engagierte sich die ISD »für die Sensibilisierung der weißen Deutschen im Hinblick auf alle Minderheiten in diesem Land. Das heißt, dass das Selbstbild der Deutschen hinterfragt und korrigiert werden muss und endlich erkannt werden muss, dass wir in einer multinationalen Gesellschaft leben«.[67]

In diesem Zusammenhang sei die Kollaboration mit dem Black Unity Committee (BUC) erwähnt, einer antirassistischen Vereinigung aus Berlin, die im Verlauf des ersten Black History Month (BHM) im Februar 1990 gegründet wurde. Ihr gehörten die ISD Berlin, Black Media Access (BMA), Black Arts Movement (BAM), das Institute for Black Research (IBR), Black Liberation Sounds (BLS), die Afrikanische Studenten Union (ASU) sowie weitere Organisationen und einzelne Aktivist*innen an. Viele dieser Gruppen entstanden parallel zur Schwarzen deutschen Bewegung.

Das BUC bildete sich, um die nach der deutschen Wiedervereinigung zunehmende Gewalt gegen – im In- und Ausland geborene – rassifizierte Andere zu bekämpfen. Insbesondere nach der Ausbreitung ethnonationalistischer Tendenzen trug Berlin als urbaner Raum zu einer translokalen Solidarität bei und stand sinnbildlich für die Dynamik des Schwarzen Aktivismus. Die Gruppe organisierte lokale Aktivitäten und entwickelte politische Strategien, die vom Senat, der Stadt Berlin und der Polizei »wirksame Maßnahmen gegen den täglichen rassistischen Terror an Schwarzen« forderten.[68] Hierzu gehörten Beschimpfungen, brutale Mob-Angriffe, »Lynchmorde« und Morde an Haltestellen, öffentlichen Einrichtungen, Straßenecken und Sportveranstaltungen durch junge deutsche Rassisten, die an die Überlegenheit Weißer glaubten und »alle nicht-Deutschen physisch vernichten« wollten. Diese Feindseligkeiten verschärften sich mit dem Fall der Mauer.[69] Das BUC erstellte auch die erste Dokumentation über rassistische Gewalt in Berlin und dessen Umland im Zeitraum von Januar bis September 1990. Der Bericht enthielt Zeitungsausschnitte und schriftliche Aussagen zu Minoritäten, die von Neonazis angegriffen oder getötet worden waren, und deckte damit auf, dass es sowohl in Ost- als auch West-Berlin regelmäßig zu derartigen Vorfällen kam. Damit schuf das BUC eine der Öffentlichkeit zugängliche kollektive Erinnerung an die rassistischen Vorfälle und unterstrich die kritische Rolle eines intellektuellen Aktivismus.[70]

Die ISD arbeitete auch mit dem Fountainhead Tanz Théâtre zusammen, einer Produktions-, Aufführungs-, Distributions- und Lehreinheit, die von den afrikanisch-amerikanischen Professor*innen Donald Muldrow Griffith und Gayle McKinney Griffith sowie drei weiteren Künstler*innen 1980 in Berlin gegründet worden war. Fountainhead lud zu Veranstaltungen ein, an denen in den 1980er und 1990er Jahren auch ISD-Mitglieder teilnahmen.[71] Ein weiterer Kollaborationspartner der ISD wurde nach seiner Gründung 1993 das

Antirassistisch-Interkulturelle Informationszentrum Berlin (ARiC), in dessen Räumen man Workshops und andere Veranstaltungen durchführte, bei denen das Problem der Diskriminierung im Lichte deutscher Gesetze angesprochen und für Toleranz geworben wurde.

Außerdem koordinierte und veranstaltete die ISD im Jahr 2002 mit ADEFRA und in Kooperation mit der African Refugee Association (ARA), Black Student Organisation (BSO), Struggle of Students (SOS e.V.) und der Somali Women's Association (SOMFV) eine »Community-Tagung«. Sie ermöglichte es Frauen und Männern aus der Schwarzen Community, zusammenzukommen und an Workshops teilzunehmen, die sich unter anderem mit Themen wie dem Umgang mit den Gesetzen der Europäischen Union, bewährten Praktiken gegen Rassismus sowie dem Umgang mit Menschen und mit ideologischen Differenzen innerhalb der Schwarzen Community befassten.[72] Eine weitere Tagung fand 2003 statt.

Der Aufbau von Allianzen blieb bei vielen Veranstaltungen der Initiative, die im nächsten Abschnitt kurz behandelt werden, darunter der Berliner Black History Month, ein Schlüsselelement. Dieses Ethos lokaler Zusammenarbeit gilt bis heute. Zusammen mit anderen Organisationen von Schwarzen und Menschen of Color haben sich ISD-Mitglieder von Beginn an in der Kampagne für Opfer rassistischer Polizeigewalt (KOP) engagiert, ebenso für die seit 2012 existierende »Stop Racial Profiling«-Kampagne. Auslöser für Letztere war ein Vorfall im Jahr 2010, als ein junger Schwarzer deutscher Student in einem Zug von Kassel nach Frankfurt am Main von Beamten der Bundespolizei kontrolliert wurde. In der Absicht, illegal Eingewanderte zu ergreifen, fragten sie nach seinem Ausweis. Als er sich weigerte, diesen vorzuzeigen, verhafteten sie ihn. Später verklagte er die Polizisten und gewann den Prozess im Jahr 2012. Beide Kampagnen lösten umfassendere Diskussionen über Rassismus und Weißsein aus. Sie haben die Öffentlichkeit für diese Thematik sensibilisiert und rassistische Praktiken der Polizei und in Gerichtsverfahren demaskiert. Zu den Aktionen im Rahmen dieser Kampagnen gehörten die Organisation von Flashmobs, die Anfertigung von Petitionen, die Unterstützung von Gewaltopfern sowie die Dokumentation und Veröffentlichung von Berichten über die Anzahl rassistischer Übergriffe. Darauf aufbauend richtete die ISD Frankfurt am Main im Frühjahr 2018 einen Protestmarsch zum »internationalen Tag gegen Polizeigewalt« aus.[73] Die ISD hat mit vielen Organisationen in Deutschland zusammengearbeitet.

Seit ihrer Gründung dachten ISD-Mitglieder über Schwarzen Internationalismus nach und praktizierten ihn, indem sie Verbindungen zu Einzelpersonen innerhalb der gesamten Schwarzen Diaspora und zu anderen Menschen of Color knüpften, um Rassismus und andere Formen der Diskriminierung zu bekämpfen. Für die ISD war es wichtig, »das Selbstwertgefühl ihrer Mitglieder zu stärken und sich für die Rechte von Schwarzen in der deutschen Gesellschaft einzusetzen, doch [die ISD] wollte auch Kontakte zu Schwarzen Bewegungen in anderen Ländern aufbauen.« Ihre Kulturdiplomatie wurde gleichermaßen von regionalen und internationalen Perspektiven geleitet. Aus beiden entwickelte sich ihre diasporische Graswurzelpolitik, beide überlappten sich innerhalb der Bewegung.[74] Schwarze deutsche Aktivist*innen-Intellektuelle engagierten sich auch verstärkt für Anti-Apartheid- und antifaschistische Projekte in Deutschland und organisierten Demonstrationen und Vorlesungen. Sie knüpften Kontakte mit Colours, einer Berner Gruppe, deren Mitglieder biracial und Menschen of Color waren, und mit Mitgliedern von Pamoja, einer Schwarzen diasporischen Organisation aus Wien.[75] Im Jahr 1997 initiierten Mitglieder von ISD und ADEFRA sowie anderer Gruppen in Deutschland und den Vereinigten Staaten einen Kulturaustausch für Schwarze Deutsche und Afroamerikaner*innen, wozu auch ein Auftaktkongress an der Howard University in Washington, D.C. mit dem Titel »Showing our Colors« gehörte. Mit diesem Austausch ging Lordes Traum einer Allianz zwischen Schwarzen Deutschen und Afroamerikaner*innen in Erfüllung.[76] Schwarze Deutsche verschlossen sich auch nicht, mit weißen Verbündeten zusammenzuarbeiten.

ISD-Mitglieder haben mit dem Europäischen Netzwerk gegen Rassismus (ENAR) kooperiert, das 1998, nach dem Europäischen Jahr gegen Rassismus der EU von 1997, von Bürgerrechtsaktivist*innen gegründet worden war. ENAR hat versucht, den strukturellen Rassismus in der EU zu beenden. Diese Bemühungen zeigen, dass Schwarze Deutsche selbst dann ihre nationalen oder globalen Anliegen weder vernachlässigten noch verdrängten, wenn sie sich auf europäische Entwicklungen fokussierten.

Es überrascht nicht, dass der Wille zur Zusammenarbeit bis heute fortbesteht. Erst kürzlich haben sich Schwarze Deutsche dem 2014 gegründeten Europäischen Netzwerk für Menschen afrikanischer Herkunft ENPAD angeschlossen, das das Bewusstsein für einen gegen Schwarze gerichteten Rassismus schärfen will. ENPAD versucht, die Ziele der UN-Dekade für Menschen afrikanischer Herkunft (2015–2024) umzusetzen; der offizielle Start der Dekade in Deutschland war 2016.[77] Schwarze Deutsche haben auch versucht, Reparationszahlungen für die Nachkommen jener Herero und Nama zu sichern, die während des Genozids von 1904 bis 1908 getötet worden waren, und setzten sich für die Rückführung ihrer in Berlin aufbewahrten menschlichen Überreste nach Namibia ein. Sie kooperierten mit den Vereinten Nationen unter anderem bei der Erstellung von Parallelberichten für den UN-Ausschuss für die Beseitigung von ~~Rassendiskriminierung~~ 2015. Zudem unterstützten sie UN-Experten, die sich 2017 im Land aufhielten, um den Rassismus gegen Menschen afrikanischer Herkunft in Deutschland zu untersuchen.[78] Der Schwarze deutsche Graswurzelaktivismus und Internationalismus hat obsiegt.

Die von Schwarzen Deutschen erfundenen Traditionen in der Praxis

Schwarze Deutsche entwickelten mit ihren Ortgruppen neue diasporische Traditionen, die ein Gefühl von Kontinuität, Geselligkeit und Verwandtschaft vermittelten. Diese alternativen Sitten passten zu den jeweiligen lokalen Bedingungen und halfen ihnen, die Community neu zu betrachten. Die Schaffung dieser Rituale hatte eine symbolische und praktische Funktion und war mit ihrer Raumpolitik verbunden. Sie unterschieden sich jedoch von denjenigen anderer westdeutscher politischer Gruppen, die die Anliegen Schwarzer Deutscher in Bezug auf Intersektionalität und Alltagsrassismus oft verdrängten oder ignorierten. Mithilfe ihres Alltagsintellektualismus und Graswurzelaktivismus bildeten Schwarze Deutsche ihre neuen diasporischen Traditionen auf vierfache Weise aus.

Zum Ersten begann mit dem Treffen Schwarzer Deutscher 1985 in Wiesbaden die jährliche Tradition eines Bundestreffens (BT) in verschiedenen deutschen Städten.[79] Wie ich im fünften Kapitel zeigen werde, veranschaulichten die Bundestreffen, wie wichtig der Aufbau und die Pflege Schwarzer Geografien waren, die sich einem bis dahin aufrechterhaltenen weißen Blick entzogen. Obwohl sie in der Öffentlichkeit stattfanden, waren diese Veranstaltungen nur für Schwarze Deutsche oder andere Menschen afrikanischer Herkunft bestimmt. Die Bundestreffen ermöglichten es, sich zusammenzuschließen, über Identitäten zu verhandeln, diasporisches Bewusstsein auszubilden und eine Stellung innerhalb des Landes einzufordern. Durch die BT knüpften und pflegten Schwarze Deutsche Freundschaften untereinander, die die Organisation stärkten und den Interessen der Mitglieder sowie anderer Menschen der Schwarzen Diaspora in Deutschland dienten.

Zum Zweiten führte die ISD Berlin im Februar 1990 im Anschluss an die Bundestreffen die Feierlichkeiten zum Black History Month (BHM) ein. Diese Veranstaltungen zeigten die fortwährenden Bemühungen, sich öffentlich im Land einzubringen. Ich behaupte im

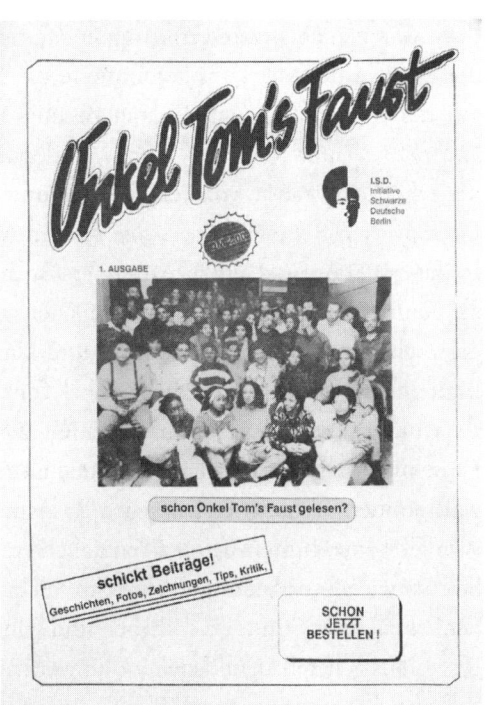

Cover von
Onkel Tom's Faust,
Nr. 1, 1988

fünften Kapitel, dass erst der BHM es Schwarzen deutschen Intellektuellen des Alltags ermöglichte, Orte zu besetzen, in denen Weißsein dekolonisiert, ihr Schwarzsein sowie die Schwarze Diaspora im Land in den Mittelpunkt gerückt, gleichzeitig aber ihre internationalistische Solidarität mit Menschen of Color innerhalb und außerhalb der Diaspora unterstrichen wurde. Indem sie Zugehörigkeit und Schwarzsein mit neuen Bedeutungen belegten, wurden diese jährlichen Veranstaltungen zu Orten eines Intellektualismus im Alltag.

Zum Dritten brachte die ISD Berlin im Jahr 1988 das Magazin *Onkel Tom's Faust* heraus, das Schwarze deutsche Intellektuelle des Alltags in Aktion zeigte. Es wurde zum »Sprachrohr der ISD Berlin« sowie anderer Ortsgruppen und repräsentierte bald schon die breitere Schwarze deutsche Community.[80] Zwar entstand die Idee zu dem Magazin im Sommer 1987 in der Kulturgruppe der ISD Berlin, doch waren auch andere Ortsgruppen an der Mitarbeit beteiligt. Für den Namen des Magazins kombinierte das Herausgeberteam die Figur des »Onkel Tom« aus Harriet Beecher Stowes Roman von 1852, *Onkel Toms Hütte,* mit dem empowernden Symbol der Faust, die an die erhobenen Fäuste von John Carlos und Tommie Smith bei den Olympischen Sommerspielen von 1968 in Mexiko-Stadt erinnerte.[81] In der ersten Ausgabe erklärte das Herausgeberteam: »Der Name *Onkel Tom's Faust* ist eine Metapher, mit der wir symbolisieren wollen, dass Schwarze von heute Rassismus und Unterdrückung nicht mehr hinnehmen werden! Wir haben Onkel Tom eine Faust gegeben, um zu symbolisieren, dass wir uns wehren wollen. Wir begreifen die Faust nicht, wie man vielleicht meinen könnte, als Zeichen der Gewalt, sondern als Zeichen der gegen Rassismus gerichteten Aktion.«[82] »Onkel Tom«, fuhren sie fort, »war auch Angehöriger einer Minderheit, so wie wir es heute sind. Er hatte nicht die Kraft und die Möglichkeiten, seine Stimme zu erheben und seine Sklavenhalter oder den Rassismus generell anzuklagen.« Und weiter: »Wir wollen mit unserer Zeitung die Stimme Onkel Tom's sein und Rassismus überall dort, wo er auftaucht, anklagen.«[83] Damit positionierten sich die Herausgeber*innen als explizit transnational und gingen über die Grenzen des deutschen Nationalstaats hinaus, um zu zeigen, inwiefern der afroamerikanische Freiheitskampf mit den Erfahrungen Schwarzer Deutscher zusammenhing. Ihnen ging es darum, diese transnationalen Verbindungen hervorzuheben und auf ihnen aufzubauen. Doch war der Name für einige Mitglieder zu kontrovers und militant. Bevor es zu weiteren Streitigkeiten kam, änderten die Herausgeber*innen im selben Jahr den Magazintitel in *afro look. eine Zeitschrift von schwarzen deutschen.*[84]

Die *afro look* kombinierte multikulturelle Traditionen und bewahrte sich antirassistische sowie internationalistische Perspektiven, indem sie unterschiedlichste Themen zu Schwarzen Deutschen und der Schwarzen Diaspora aufgriff.[85] Die Zeitschrift spiegelte Lordes Einfluss wider, da Schwarze Deutsche Schreiben und Kunst kreativ

Cover von afro look, *Nr. 10, 1993*

einsetzten, um ihre Erfahrungen festzuhalten und Ungerechtigkeit anzuprangern. In den ersten Jahren wurde *afro look* mindestens einmal im Jahr herausgegeben, von 1993 an vierteljährlich. Nach 1997 erschienen bis zum Ende der Zeitschrift nur noch sporadisch neue Ausgaben. Für die ersten Ausgaben der *afro look* druckte das Berliner Herausgeberteam 15 000 Exemplare. Später sank die Zahl aufgrund von Absprachen mit dem AStA der Freien Universität Berlin, wo mehrere ISD-Mitglieder studierten, von 1000 auf 500 Exemplare. Verkauft wurden damals etwa 300 Exemplare.[86]

Afrodeutsche nutzten die Zeitschrift als Plattform für Wissensproduktion, soziale Gerechtigkeit und Unterhaltung. Sie versorgten ihre Leser*innen mit Informationen, boten politische Perspektiven, entwickelten ihre literarischen Fähigkeiten und bewerteten sowohl die eigenen als auch die Unterdrückungserfahrungen anderer. Sie setzten sich für ihre Interessen ein, verbanden regionale, bundesweite und weltweite Entwicklungen miteinander und betonten die Bedeutung des Schreibens für die Politisierung der Bewegung und den Aufbau von Kontakten innerhalb der Diaspora. Afrodeutsche Frauen wie Ayim, Asfaha, Oguntoye, Ricky Reiser und Regina Stein steuerten zusammen mit Männern wie Kingsley Addy, Daniel Alagiyawanna, John Kantara, Mike Reichel und Roy Wichert grafische Entwürfe, Gedichte, Interviews, Tagungsberichte und Essays über eine aufblühende afrodeutsche Literaturszene bei.[87] Ursprünglich waren Kantara, Asfaha und Wichert die Herausgeber*innen, und über einige Ausgaben hinweg war Wichert der alleinige Herausgeber, auch wenn er von anderen Unterstützung erhielt. Für die Ausgabe 1992/1993 kamen Reiser, Stein, Alagiyawanna und Adel Oworu in die Redaktion.[88] Über die Jahre wechselte die redaktionelle Zusammensetzung mehrmals, doch Reiser, Elizabeth Abraham und einige weitere blieben. Die Zeitschrift war von 1988 bis 1997 eng mit der ISD verbunden und teilte bis 1993 Büroräume mit der ISD Berlin. Von 1997 bis 1999 veröffentlichten Reiser und andere die Zeitschrift ohne institutionelle oder finanzielle Unterstützung der ISD, obwohl einzelne Mitglieder weiterhin an ihr beteiligt waren. Unter Reisers Amtszeit erreichte die *afro look* mehr Abonnent*innen und verkaufte mehr Exemplare. Doch die Frage der finanziellen wie institutionellen Unterstützung blieb für die Zeitschrift immer akut und war bei den vierteljährlichen Treffen der ISD ein wiederkehrender Diskussionspunkt.[89]

Neben der *afro look* erschienen auch andere Schwarze diasporische Literaturproduktionen in Deutschland. Von 1999 bis 2002 veröffentlichten Mitglieder der ISD Berlin für die »Jugend« zwischen 14 und 20 die Zeitschrift *Blite*. Im Jahr 1994 brachten Mitglieder der ISD Düsseldorf ein monatlich erscheinendes Magazin mit dem Titel *Strangers* heraus.[90] Die ISD München schuf einen regionalen Rundbrief namens *Subculture,* der erstmals im Frühjahr 1990 versendet wurde, und auch die ISD Berlin schickte ihren Mitgliedern Briefe, in denen sie sie über Veranstaltungen auf dem Laufenden hielt.[91] Diese hybriden Kulturerzeugnisse dienten als alternative intellektuelle Orte, die es afrodeutschen Intellektuellen des Alltags erlaubte, ihre Gefühle auszudrücken, Neuigkeiten mit anderen zu teilen und Anerkennung in der Gesellschaft zu finden, indem sie die Grenzen deutscher Identität und literarischer Tradition neu zogen. Schwarze Deutsche nutzten diese Publikationen, um ihr diasporisches Selbst zu pflegen, und fanden durch ihr Engagement ein Gefühl der Freundschaft und Einheit. Die *afro look* wurde für ihre Schwarzen deutschen Mitbürger*innen zu einer wahrnehmbaren diasporischen Ressource, die es ihnen ermöglichte, in Deutschland zu überleben und Widerstand zu leisten.

Das abschließende Beispiel für eine von Schwarzen Deutschen erfundene Tradition beleuchtet, wie die lokalen Gruppen Aktivitäten organisierten, die bislang übersehene Geschichten des Schwarzen Deutschlands, des Schwarzen Widerstands und der Schwarzen Diaspora in den Mittelpunkt rückten. Auf vielfältigen Veranstaltungen zeigten sie, wie sehr lokale, bundesweite und globale Elemente im Graswurzelaktivismus Schwarzer deutscher Communitys miteinander verflochten waren. Die Organisator*innen knüpften an eine Schwarze deutsche Tradition an, die Tabuthemen wie Rassismus oder dem Aufkommen von Ethnonationalismus nicht aus dem Weg ging, und nutzten ihre Veranstaltungen als Formen des antirassistischen Engagements. Schwarze Deutsche erfanden ihre Geschichte und Identität innerhalb des Landes neu, indem sie ihre Verbindungen mit Regionen außerhalb Deutschlands wie Burkina Faso oder Südafrika betonten. Sie kultivierten ein Gefühl von Heimat (oder Standort) und damit von Zugehörigkeit, das nicht allein durch eine nach innen gerichtete Geschichte erzeugt werden musste. Die ISD-Ortsgruppe Rhein-Main etwa lud zu einer Konferenz über »Schwarzes Bewusstsein – Schwarze Politik«, die die Regierungsarbeit Thomas Sankaras, des Präsidenten von Burkina Faso in den Jahren von 1983 bis 1987 untersuchte.[92] In Vorträgen und Podiumsdiskussionen ging es um die Politik Sankaras, die Geschichte Burkina Fasos sowie seines Nachbarn Mali, und es wurde über afrikanische Politik in größeren Zusammenhängen diskutiert. Die Konferenz endete mit einer Debatte zur »gegenwärtigen Perspektive Schwarzer Menschen in einer von Weißen dominierten Welt«.[93] Die Vermittlung von nicht-stereotypem Wissen über Afrika konterkarierte deutsche rassistische Konstrukte. Auf dieser Veranstaltung praktizierte die ISD-Ortsgruppe Rhein-Main einen diasporischen Aktivismus, der sich mit aktuellen afrikanischen Ereignissen beschäftigte und die wichtige Rolle aufzeigte, die der Intellektualismus in der Community einnahm.

Darüber hinaus boten Schwarze Deutsche Südafrikaner*innen über Jahre ihre Hilfe an. Einige taten sich 1988 in Berlin mit einer Anti-Apartheid-Gruppe zusammen.[94] Anlässlich ihres dreijährigen Bestehens richtete die ISD Berlin im Juli 1989 eine Veranstaltungswoche aus, in der die Gruppe zu einem Südafrika-Tag einlud. Hierfür hatten die Mitglieder eine Lesung mit südafrikanischen Autor*innen vorbereitet. Sie zeigten eine Ausstellung und ein Video über das Land und luden zu einem Vortrag mit Diskussionsrunde.[95] »Gerade auch für uns Deutsche«, schrieb Mike Reichel, ein Aktivist der ISD Berlin und später einer der ersten Schwarzen deutschen Polizeibeamten, »egal ob schwarz oder weiß, ist es wichtig, sich über die Geschehnisse in Südafrika zu informieren, denn die Bundesrepublik gehört zu den wichtigsten Handelspartnern und Förderern des Apartheidsregimes.«[96] Schwarze Deutsche erklärten sich wie andere Schwarze diasporische Gruppen weltweit solidarisch mit südafrikanischen Anti-Apartheid-Aktivist*innen. Auch ihre Fähigkeit zu kritischer Reflexion war entscheidend.

Die Initiative zog die Grenzen von Kultur und intellektuellem Schaffen in Deutschland neu, indem sie Veranstaltungen unterstützte, in denen Literatur, Musik und Kunst Schwarzer Deutscher und anderer Menschen of Color sichtbar wurden. Die ISD München etwa organisierte eine Lesung mit Schwarzen deutschen Autor*innen, darunter Angela Alagiyawanna-Kadalie aus Dortmund, Nisma Bux aus München, Michael Küppers-Adebisi (geb. Michael Küppers) aus Düsseldorf, Modupe Laja aus Gießen, Sheila Mysorekar aus Köln und Magali Schmidt aus München.[97] Indem die Autor*innen einander ihre Werke zeigten, erhielten sie Unterstützung und Sichtbarkeit innerhalb der Community und nutzten die Gelegenheit, neue Beziehungen zu anderen Personen einzugehen. Sie schufen zudem ein Gesamtwerk, das sie mit einer Schwarzen europäischen intellektuellen Tradition verband und zugleich einen Schwarzen deutschen Literaturkanon begründete.

ISD-Aktivist*innen befassten sich auch mit rassistischen Vorfällen in Deutschland. Im Frühjahr 1991 etwa nahm eine weiße deutsche Elektropopgruppe mit Namen Time to Time aus einer Kleinstadt bei Frankfurt am Main den alten Kinderreim »Zehn kleine N…lein« neu auf.[98] In dem rassistischen Lied verschwinden die »N…lein« eines nach dem anderen, was die Gruppe weiter ausschmückte, indem sie die Kinder noch grausamere Tode auf dem für Gewalt und Verbrechen berüchtigten Bahnhof Zoo sterben ließ. Das Lied erreichte im Mai 1991 Platz eins der deutschen Hitparade.[99] In einem Brief schrieb Pastor Austen Brandt, Mitglied der ISD Duisburg, einem Anwalt, indem er alle Strophen des Liedes analysierte und ihre breiteren rassistischen Implikationen für die Schwarze Community erläuterte.[100] Er erklärte, dass der Liedtext nahelege, Schwarze würden nicht als Menschen angesehen, dass sie kulturell, ethnisch, moralisch und intellektuell unterlegen oder gar »seelenlose Dinge« seien, mit denen man alles Mögliche tun könne und werde, Objekte, die mit abwertenden Bezeichnungen belegt würden, und dass sie weder zur internationalen Gemeinschaft gehören noch je Deutsche sein könnten.[101] Brandt stellte fest, dass das Lied ein rassistisches Bild Schwarzer Menschen zeichne, in dem ausschließlich Schwarzenfeindlichkeit und Nicht-Zugehörigkeit propagiert würden. Die Schwarzenfeindlichkeit in dem Lied und seine gleichzeitige Beliebtheit zeigten, wie durchlässig diese Bilder für den Mainstream waren. Aktivist*innen der ISD Duisburg wehrten sich und schrieben Briefe an die in Köln sitzende Plattenfirma EMI Electrola sowie an Lokalzeitungen und organisierten Straßenproteste gegen den im Lied zum Ausdruck gebrachten Rassismus.

Mitglieder der Ortsgruppe leiteten rechtliche Schritte gegen die Plattenfirma ein.[102] Die Kampagne war insofern von Erfolg gekrönt, als EMI Electrola das Lied nicht weiter veröffentlichte, doch blieb es als Teil einer Kompilation weiter auf dem Markt.[103]

Zusätzlich bekämpften Ortsgruppen der ISD Rassismus, indem sie Artikel und Briefe schrieben, Dokumente zur Verfügung stellten und Proteste organisierten, darunter die »Es-ist-Zeit«-Demonstration vom 14. November 1992.[104] Andere Ortsgruppen veranstalteten antirassistische Workshops, und die ISD Frankfurt am Main initiierte mit Unterstützung des Programms zur Bekämpfung des Rassismus des Weltkirchenrats ein »Anti-Rassismus-Training«, das weißen Deutschen dabei half, »ihre tief sitzenden psychologischen und gesellschaftlichen« rassistischen Vorurteile« zu verstehen. Wieder andere überprüften Enzyklopädien, Kinderbücher und Schulbücher und drängten Verlagshäuser dazu, rassistische Sprache und Inhalte aus ihren Veröffentlichungen zu entfernen.[105] Diese Praxis hat sich bis heute bewährt, insbesondere nach den in jüngster Vergangenheit geäußerten Forderungen, rassistische Sprache aus beliebten Kinderbüchern wie *Pippi Langstrumpf* und *Die kleine Hexe* zu entfernen – was wiederum etliche Politiker*innen und Akademiker*innen kritisierten.[106] Diese Praktiken waren Teil der progressiven Schwarzen Traditionen in Deutschland und blieben für die Bewegung politisch, intellektuell und emotional von entscheidender Bedeutung, da sie jede Form des Rassismus, ob im eigenen Land oder darüber hinaus, anprangerten.

* * *

Mit den Worten von Katharina Oguntoye nahm die Schwarze deutsche Bewegung ihren »Mut zusammen (wenn auch aus Verzweiflung) und bewies ihre Fähigkeit, offen und ehrlich zu sein, wenigstens zu sich selbst«. Sie fügte hinzu: »Ich glaube nicht, dass es ein Zufall ist, dass dieser Aspekt für die afro-deutsche Bewegung zuerst von den Frauen getragen und vor allem auch weiter erhalten wird. Womit ich keineswegs den Einsatz und die Entwicklung der Männer in der ISD schmälern möchte. Im Gegenteil, ich bin sehr stolz auf sie und ihre Offenheit für den Versuch, in der ISD verschiedene Pole zu verbinden.«[107] Ihre Worte spiegeln das mächtige »Schwarze Comingout« wider, das Schwarze deutsche Frauen und Männer in der Frühphase der Bewegung auf den Weg gebracht haben. Sie vereinigten sich, arbeiteten zusammen, um Ortsgruppen der ISD zu gründen und knüpften Beziehungen, die ihnen nach Jahren der Isolation neue Kraft gaben. Diese Freundschaften nahmen auf den BT-, KT- und BHM-Feierlichkeiten sowie anderen Aktivitäten und Projekten Gestalt an. Das Planen und die Redaktion von Schwarzen deutschen Literaturmagazinen wie *afro look* hatten nicht nur den Zweck, neue Verwandtschaftsbeziehungen einzugehen und eine intellektuelle Community zu bilden, sie halfen auch, Wissen zu generieren und weiterzugeben, das hybride Medienkonzepte propagierte und weiße Rahmenbedingungen und Diskurse ablehnte. Ortsgruppen der ISD zeigten, inwiefern Schwarze deutsche Männer und Frauen Intellektuelle des Alltags und politische Aktivist*innen waren, die für ihre Community intellektuellen Aktivismus betrieben.

Indem sie diasporische Traditionen erfanden, nutzten die Ortsgruppen Texte, Treffen, Initiativen und Veranstaltungen, um Räume für Aktivismus und Solidarität zu schaffen, politische Lobbyarbeit zu betreiben, ihrer Verdrängung und ihrem Zu-Anderen-gemacht-Werden entgegenzutreten und Ansprüche sowohl auf den deutschen Staat als auch auf die Schwarze Diaspora zu erheben. Außerdem schufen sie mit ihren Texten, Aktivitäten und Organisationen im übertragenen wie wörtlichen Sinn Räume, die ihre Handlungsfähigkeit und kulturelle Autonomie repräsentierten. Wie Ayim klarstellte: »Die Schwarze deutsche [Erfahrung] [...] spiegelt eine fortwährende Widerstandsbewegung und den Mut einer noch nicht starken und sichtbaren, aber ständig wachsenden Bewegung wider.«[108] Für viele war die Community eine neue Quelle, die sie zugleich als ermächtigend und bereichernd empfanden, doch barg sie auch gewisse Spannungen und persönliche Konflikte. Schwarze Deutsche netzwerkten weiter und zeigten sich unermüdlich in ihren Bemühungen um Gleichheit und eine größere Repräsentation in Deutschland.

Afrodeutsche setzten ihre Erlebnisse als Instrumente für Lobbyarbeit und Aktivismus ein. Sie engagierten sich in einer Reihe von Kampagnen, in denen sie ihre rassistisch motivierte Ausgrenzung aus der deutschen Gesellschaft anprangerten. Sie bezogen Stellung gegen den fortwährenden Rassismus und halfen beim Versuch, einige der exotisierenden und herablassenden Bilder und Diskurse von und über Schwarze(n) Menschen in der deutschen Kultur zu unterbinden, wenngleich sich die Ergebnisse in diesem Bereich mit Blick auf einige Charaktere, Konflikte und institutionelle Lösungsansätze eher bescheiden ausnehmen. Doch zu den wichtigsten Veränderungen zählte die allererste Aufnahme von »die/der Afrodeutsche« in den Duden im Jahr 2006. Zwar sind die Bezeichnungen Afrodeutsche und Schwarze Deutsche mittlerweile allgegenwärtig, doch akzeptieren weiße Deutsche teilweise diese Community bis heute nicht. Während die Bewegung die Schwarze deutsche Geschichte beleuchtete, vertiefte sie das Bewusstsein von sich selbst. Die Intellektuellen des Alltags schufen auf kreative Weise alternative Traditionen, die ihnen als Formen gesellschaftlichen Zusammenhalts dienten, eine öffentliche Plattform boten und so ihre Unsichtbarkeit beseitigten. Als Schwarze deutsche lesbische Intellektuelle des Alltags feststellen mussten, wie festgezurrt ihre rassifizierten, gegenderten und sexuellen Identitäten weiterhin waren, begannen sie, ebenfalls nach mehr Repräsentation und Akzeptanz innerhalb der größeren Bewegung zu streben. Hierfür gründeten sie eine Schwarze queere feministische Organisation, die jene entscheidende Rolle betonte, die Intersektionalität sowohl in ihrem Leben und als auch in ihrem Aktionismus einnahm. In gewisser Hinsicht spiegelte sich in ihrem kritischen Schwarzen feministischen Engagement der Ansatz Audre Lordes wider.

3
ADEFRA, *Afrekete* und die Verwandtschaftsbeziehungen Schwarzer deutscher Frauen

Genauso wie Schwarze deutsche Frauen, ob hetero oder queer, die ISD mitaufbauten, schlossen sie sich zusammen, um mit ADEFRA eine neue Frauenorganisation zu gründen.[1] Unter der Schirmherrschaft von ADEFRA schufen sie diasporische, feministische und intellektuelle Räume und Communitys, während sie sich gleichzeitig zu ihrer Sexualität und Identität bekannten. Sie erdachten neue politische Möglichkeiten für sich und die Community und verfolgten eine Raumpolitik, die Gender, Sexualität und Race in den Mittelpunkt stellte. Diese Schwarzen deutschen Feministinnen waren Globaler-Süden- und/oder Women-of-Color-Feministinnen wie Audre Lorde und Gloria Joseph sowie der weltweiten sexuellen Revolution der späten 1960er und der 1970er Jahre verpflichtet. Sie verfolgten eine intersektionale Politik und bestanden auf einem Raum innerhalb weißer deutscher feministischer und queerer Diskurse. Sie knüpften bei weißen deutschen Mainstream-Feministinnen an, die die Auswirkungen sich überschneidender Unterdrückungssysteme auf Schwarze Frauen und Frauen of Color im Land immer noch ignorierten, reagierten auf sie und forderten sie heraus. So entstand ADEFRA als Schwarzes queeres feministisches Projekt, das unterschiedliche politische Aktionsformen hervorbrachte und einem Schwarzen Feminismus den Raum gab, der nötig war, um in der Gesellschaft zu wachsen und zu gedeihen.[2] Afrodeutsche Frauen begannen eine politische Intervention, die anderen Schwarzen Frauen den Zugang zu einem diasporischen feministischen Aktivismus ermöglichte.

Dieses Kapitel zeigt, dass ADEFRA eine neue Schwarze deutsche

Frauenbewegung auf den Weg brachte, die ihre Politik und Poetik der Repräsentation über geschlechtsspezifische Grenzen hinweg verkörperte. Die Aktivistinnen-Intellektuellen von ADEFRA begriffen queer als Forderung und fortlaufende Praxis der Dekonstruktion von Identität, des Community Building und des Widerstands, die auf ihren geteilten Erfahrungen von Zu-Anderen-Gemacht-Werden und Ausgrenzung basierte.[3] Für sie war queer eine vielschichtige Positionalität, die nicht nur Sexualität einschloss, sondern auch ihre rassifizierte (Schwarze) Identität, die beide angebliche Abweichungen von der deutschen Norm darstellten. Bei ADEFRA erfanden auch sie neue diasporische Traditionen. Mit dem Aufkommen von Ortsgruppen gewannen Schwarze deutsche Frauen an Repräsentation. Sie wehrten sich gegen das ihnen auferlegte Zu-Anderen-gemacht-Werden und bekämpften vielfältige Formen der Unterdrückung in Deutschland und anderswo. Sie wurden Intellektuelle des Alltags. Die Frauen lösten diese Aufgaben, indem sie Räume, Diskurse und Narrative kreierten und »queere Strategien« anwendeten, die es ihnen ermöglichten, die heteronormative Ordnung der Dinge in Deutschland zu überwinden.[4] Sie produzierten Wissen über eigene und anderer Menschen of Color Erfahrungen mit Sexismus, Rassismus und Homophobie in Deutschland. Dabei erreichten Schwarze deutsche Feministinnen in den Städten und im ganzen Land eine stärkere Präsenz und brachten sich in physische wie metaphorische Räume ein, die ihnen zuvor verwehrt geblieben waren.

Darüber hinaus dienten ADEFRA und ihre von 1988 bis 1990 herausgegebene Literaturzeitschrift *Afrekete: Zeitung für afro-deutsche und schwarze Frauen* als alternative Formen von Verwandtschaftsbeziehungen, die solche Verbindungen unter Frauen entstehen ließen und bevorzugten, die nicht auf traditioneller Genealogie beruhten.[5] Afrodeutsche Frauen pflegten affektive Bindungen, die ihr Verständnis von Zugehörigkeit erweiterten und ihre Sehnsucht nach Akzeptanz widerspiegelten. Die miteinander verbundenen Unterschiede stärkten ihre verwandtschaftsbildenden Praktiken. Nach Jahren der

Isolation in einer vorherrschend weißen deutschen Gesellschaft öffneten ADEFRA und *Afrekete* Räume für einen gesellschaftlichen Zusammenhalt und ermöglichten Formen der Zusammenarbeit, nach der sich Schwarze Frauen gesehnt hatten. *Afrekete* ermöglichte afrodeutschen Frauen politische, kulturelle und intellektuelle Verbindungen untereinander und, aufgrund ihrer Verbreitung innerhalb einer größeren Community, zu anderen Frauen der Diaspora. Neue soziale Bindungen zu anderen halfen ihnen, ihre gegenderten und rassifizierten Erfahrungen zu verarbeiten.

Die Gründung von ADEFRA, eines Schwarzen queeren feministischen Projekts durch Afrodeutsche Frauen war ein radikaler Akt, der an die Arbeiten der 1973 beziehungsweise 1978 in Großbritannien gegründeten Brixton Black Women's Group (BBWG) und der Organisation for Women of African and Asian Descent (OWAAD) sowie des 1974 in den Vereinigten Staaten entstandenen Combahee River Collective (CRC) erinnerte.[6] Doch anders als diese feministischen Gruppen in Großbritannien und den Vereinigten Staaten standen bei den Diskussionen über Unterdrückung weniger die Klassenfrage, sondern vor allem Race und Gender im Mittelpunkt. Die Schwarze deutsche Frauenbewegung erkannte, dass alle Dimensionen der Unterdrückung von Frauen ihre Erfahrungen formten und eine robuste Schwarze feministische Kultur in Deutschland konstituierten. Die Aktivistinnen-Intellektuellen von ADEFRA benutzten Schwarzen Feminismus, um gegen ungerechte Immigrations- und Asylpolitik zu mobilisieren, Antidiskriminierungsgesetze zu fordern und Workshops zur Verbesserung der Situation Schwarzer deutscher Frauen, anderer Schwarzer Frauen, Frauen of Color und die größere Schwarze Community zu organisieren. Wie in Kapitel zwei gezeigt, setzten sie sich für gemeinsame Aktionen mit ihren Schwarzen deutschen Brüdern ein.

Mit der Entwicklung ADEFRAs und *Afreketes* zu bedeutenden Orten innerhalb der Bewegung verfolgten diese Frauen einen Schwarzen Intellektualismus und Internationalismus, der sie befähigte, weißgewaschene, normative Perspektiven und Praktiken hinter sich zu lassen. Als Intellektuelle des Alltags ließen sie ihre Praxis eines intellektuellen Aktivismus in Veranstaltungen und Kollaborationen einfließen, wobei sie ihren täglichen Kämpfen und der Schaffung neuer intellektueller sowie diasporischer Netzwerke den Vorrang gaben. Wenn man bedenkt, dass die Ausgaben von *Afrekete* keiner linearen Erzählung oder Form folgten, dann repräsentierte die Zeitschrift in vielerlei Hinsicht die queeren Strategien Schwarzer deutscher Frauen in der Praxis. *Afrekete* mischte Genres und Schreibstile, sie enthielt Gedichte, autobiografische Erzählungen, historische Artikel, diasporische Kunst sowie Berichte über Projekte und internationale feministische Konferenzen. Die Zeitung stelle Schwarzweißfotos neben diasporische Symbole und Zeichnungen. Indem sie Beiträge ihrer Mitglieder und anderer Schwarzer Deutscher oder Frauen of Color veröffentlichte, stärkte sie die Idee, dass es wichtig war, ihre HERstorys zu dokumentieren und zu verbreiten sowie Texte und Kunst unabhängig von deren Form zu veröffentlichen. *Afrekete* steht sowohl in der Nachfolge der weißen deutschen feministischen und lesbischen als auch der transnationalen Schwarzen feministischen und/ oder lesbischen Printkultur. Tatsächlich ähnelt *Afrekete* in Form und Inhalt *Aché*, dem in Kapitel eins erwähnten afroamerikanischen lesbischen Magazin.[7] Die literarischen und diasporischen Bemühungen von ADEFRA-Feministinnen um *Afrekete* erinnern uns an das, was der karibische Denker Édouard Glissant über karibische Diskurse geschrieben hat. In diesem Fall umfasste die »geografische Reiseroute« Schwarzer deutscher Frauen eine neue Kartografie des Schwarzen deutschen Intellektualismus, die alle seine Nuancen und seine Komplexität offenlegte.[8] Die Aktivistinnen-Intellektuellen von ADEFRA nutzten *Afrekete* auch, um sich in Diskurse über Deutschland und die Schwarze Diaspora einzuschreiben und das Verständnis zu überdenken, wer zu beiden gehörte. Jede Ausgabe der Zeitung stellte die Frauen als Denkerinnen, Produzentinnen und Künstlerinnen in den Mittelpunkt, die die Schwarze deutsche Identität neu definierten.

Ihr Bewusstsein von der Kraft der diasporischen feministischen Mobilisierung gegen ein weißes Überlegenheitsdenken und Patriarchat unterfütterte den Schwarzen Internationalismus und motivierte die Frauen, an internationalen antirassistischen und feministischen Veranstaltungen teilzunehmen und nach ihrer Rückkehr ähnliche Ereignisse zu planen. Die Teilnahme ermöglichte ihnen den wichtigen Austausch mit weißen Verbündeten und Menschen innerhalb der globalen Schwarzen Diaspora, die sie im Anschluss als diasporische Ressourcen nutzten. Die Fähigkeit Schwarzer deutscher Frauen, über ihre Organisation, ihren Internationalismus und ihre Zeitung alternative Verwandtschaftsbeziehungen einzugehen, repräsentierte queere Strategien, die normalisierte deutsche Ideen und Praktiken unterminierten.

Die Ursprünge der Schwarzen deutschen feministischen Mobilisierung

In der 2006 zu ADEFRAs 20. Jubiläum erschienenen Broschüre und auf der hierfür anberaumten Feier bestätigten Aktivistinnen-Intellektuelle, dass die anfänglichen Treffen mit Audre Lorde, ihre hierauf folgenden Besuche in Deutschland und *Farbe bekennen* die Auslöser für ihre Bewegung gewesen seien.[9] Für viele Schwarze deutsche Frauen war Lorde das Rollenmodell einer Schwarzen lesbischen und feministischen intellektuellen Aktivistin.[10] Während die ISD zwar gegen alle Formen von Diskriminierung mobil machte und zu einer Schwarzen deutschen Solidarität zwischen Frauen und Männern aufrief, war ihr Engagement nicht unumstritten. Bei den ersten Treffen vertraten mehrere ISD-Mitglieder frauenfeindliche, sexistische und homophobe Positionen, was einige weibliche Mitglieder verprellte.[11] Derartiges war auch in anderen linken gesellschaftlichen Gruppen der 1960er und 1970er Jahre, darunter im Sozialistischen Deutschen Studentenbund (SDS) und der Black Panther Party in Oakland, Kalifornien, vorgekommen.[12]

Zwischen 1985 und 1987, als diese Missstimmung in der ISD entstand, organisierten Schwarze deutsche Frauen eine Reihe von Treffen, die ihnen den Mut gaben, eine eigene feministische und diasporische Organisation zu gründen. Die Frauengruppe der ISD Berlin um Katharina Oguntoye spielte dabei eine entscheidende Rolle. Durch ihre Arbeit an *Farbe bekennen* traf diese zahlreiche Schwarze Frauen in ganz Deutschland, was sie auf eine neue Art und Weise politisierte.[13] Für Jasmin Eding und andere war die Lektüre von *Farbe bekennen* inspirierend und lebensverändernd. Das Buch verschaffte Eding zudem die Möglichkeit, Verbindung zu Oguntoye, einer stolzen Schwarzen Lesbe, aufzunehmen. Eding kontaktierte sie über den Orlanda Frauenverlag.[14] Als besonders wichtig erwies sich für Oguntoye, Eding, Katja Kinder, Elke Jank (Ja-El), Eva von Pirch, Daniela Tourkarzi, die Schwestern Christina und Domenica Grotke und andere ein Treffen im Dezember 1986 in Köln. An diesem Tag wurde ADEFRA geboren, dort entschieden die Anwesenden, dass mehrere Frauen, darunter Oguntoye und Eding, nach Utrecht zu einer internationalen Frauenkonferenz reisen sollten. Eine Schwarze Frauentheatergruppe hatte die Konferenz aus Protest gegen die Figur des Zwarte Piet, einer niederländischen Variante von Knecht Ruprecht, organisiert. In Utrecht trafen sich die Schwarzen deutschen Frauen mit Schwarzen Feministinnen aus London und Amsterdam. Sie besuchten gemeinsam Theater- und Schreibwerkstätten, wohnten Kunstperformances bei und hatten einen persönlichen und intellektuellen Austausch über die Lebensbedingungen Schwarzer Frauen.[15] In Utrecht andere Schwarze Frauen kennenzulernen, inspirierte sie und half ihnen, die nächsten Schritte zur Gründung ihrer Organisation festzulegen. Es sollte nicht der letzte Kontakt zu Schwarzen europäischen Aktivistinnen bleiben.

Afrodeutsche Frauen, darunter Oguntoye, Eding, Ja-El, von Pirch, Kinder, Ika Hügel-Marshall und Eleonore Wiedenroth-Coulibaly, brachten eine neue Schwarze diasporische feministische Sensibilität in die größere Schwarze Bewegung in Deutschland. Ihre

Wertschätzung für die afrikanische Kultur wird aus den ersten Diskussionen über den Namen der Organisation ersichtlich. Zunächst spielten die Frauen mit dem Gedanken, ihre Organisation Afrodeutsche Lesben (ADELE) zu nennen, fanden jedoch, dass der Name zu Deutsch klinge. Sie einigten sich auf ADEFRA, was auf Amharisch »die Frau, die Mut zeigt« bedeutet.[16] Damit gründeten sie eine »imaginäre Community« für sich, afrikanische Frauen und andere Schwarze Frauen aus dem In- und Ausland. Die politische Erfahrung der Aktivistinnen, ihre Spontaneität und Improvisationskunst zeichneten die ersten Jahre von ADEFRA aus.

Wie ISD hatte ADEFRA eine nicht-hierarchische Struktur. Die Organisation betrieb politische Lobbyarbeit und ging Kooperationen mit Schwarzen Mitbürger*innen ein. Ortsgruppen schickten Vertreterinnen zu den Koordinationstreffen (KT) der ISD, und zwei- bis dreimal im Jahr luden sie zu sich ein. Sie organisierten neben den Jahrestreffen der ISD ein eigenes Frauen-Bundestreffen. Mehrere Ortsgruppen beteiligten sich an der Organisation von ISD-Veranstaltungen (wie BT, KT oder BHM), finanzierten ein Jugendaustauschprogramm und planten viele andere Aktivitäten.[17] Trotz früherer sexistisch motivierter Spannungen, die sich nicht endgültig auflösen ließen, arbeiteten Mitglieder von ADEFRA- und ISD-Ortsgruppen etwa in Berlin und München zusammen und teilten sich Bankkonten. Obwohl ADEFRA eine Organisation von und für Frauen war, arbeiteten ihre Mitglieder gern mit Schwarzen deutschen Männern aus der ISD zusammen und zeigten sich ihnen gegenüber solidarisch. Dies brachte viele der Männer dazu, sich mit den Themen Sexismus, Homophobie und Feminismus auseinanderzusetzen.[18] Damit unterschieden sich Schwarze deutsche Frauen von weißen deutschen Feministinnen, die es oft vermieden, mit weißen deutschen Männern zu kooperieren.[19] Einige dieser weißen Feministinnen kritisierten Schwarze deutsche Frauen, weil sie sich weigerten, sich von Männern zu distanzieren. In diesem Sinne glichen Schwarze deutsche Frauen ihren Schwestern in Großbritannien und den Vereinigten Staaten. Auch Schwarze britische Frauen kooperierten über ihre Community-Arbeit mit Schwarzen Männern. Ihr Fokus lag auf den Überschneidungen von race-, klassen- und genderspezifischen Unterdrückungsformen. In den 1970er bildeten sich in »British Black Power«-Organisationen die ersten Frauenausschüsse, womit vor allem nach Gründung der Londoner Gruppierungen BBWG und der OWAAD der Grundstein für die Schwarze britische Frauenbewegung gelegt war.[20] Die in Jamaica geborene Olive Morris war Gründungsmitglied der BBWG und rief später zusammen mit den Schwarzen britischen Aktivistinnen Stella Dadzie und Gail Lewis OWAAD ins Leben. Die BBWG konzentrierte sich auf Frauenthemen und produzierte den Newsletter *Speak Out*. OWAAD unterstützte eine afrikanisch-asiatische Vereinigung, die gegen Imperialismus, Rassismus und Sexismus kämpfte. Sie publizierten darüber hinaus den Newsletter *FOWAAD!* und richteten in den Jahren von 1979 bis 1982 vier feministische Konferenzen aus.[21] Auch afroamerikanische sozialistische Feministinnen wie Beverly Smith, Barbara Smith und Demita Frazier, die im Combahee River Collective organisiert waren, hielten Kontakt zu Schwarzen Männern. Sie veranstalteten sieben feministische Retreats, an denen bisweilen auch Lorde teilnahm, und bezogen in Boston zu verschiedenen Themen Stellung.[22] Die CRC-Feministinnen erkannten, dass »Schwarze Männer und Frauen Rassismus in der Welt zwar unterschiedlich erleben können, jedoch Interessen, ihn zu überwinden, teilen – Interessen, die sich nicht durchsetzen lassen, solange ihre Kämpfe von Geschlechtergrenzen bestimmt werden«.[23] Das CRC lehnte lesbischen Separatismus ab.[24] ADEFRA-Aktivistinnen vertraten einen ähnlichen Standpunkt und arbeiteten konsequent mit Schwarzen deutschen Männern zusammen. Die Feministinnen von ADEFRA arbeiteten mit homosexuellen, heterosexuellen, Cisgender und/oder genderfluiden Männern und Frauen zusammen und vertraten eine ganzheitliche Auffassung von Solidarität.

BBWG, OWAAD und CRC verstanden die zentrale Rolle der Klassenzugehörigkeit im Leben Schwarzer Frauen und erweiterten die marxistische Analyse, um die Unterdrückung Schwarzer Frauen und ihre politischen Bedürfnisse mit einzubeziehen. Wenngleich ihren Mitgliedern die Klassenfrage im Privatleben und bei der Planung von Aktivitäten bewusst war, war der marxistische Ansatz bei ADEFRA nicht die Regel. Afrodeutsche setzten sich in ihrem Land nicht mit der krassen rassifizierten Klassentrennung auseinander, der ihre Schwestern und Brüder in Großbritannien und den Vereinigten Staaten ausgesetzt waren.[25] Dies hatte zum einen mit Deutschlands sozialreformatorischer Politik und seinem Sozialversicherungssystem zu tun. Zwar hatte die Regierung noch vor Kohls neokonservativer Amtszeit als Bundeskanzler von 1982 bis 1998 die Sozialleistungen gekürzt, wozu eine globale Rezession nach der Ölpreiskrise von 1973 und weitere politische Herausforderungen geführt hatten. Doch wurden neue Leistungen und soziale Grundrechte geschaffen, Schlüsselelemente des Systems blieben erhalten, und später wurden als Antwort auf die Wiedervereinigung die Sozialausgaben erhöht.[26] Deshalb war es Schwarzen Deutschen und anderen möglich, besser zu verdienen als ihre Schwestern und Brüder in anderen Ländern. Infolgedessen gehörten Schwarze Deutsche, von wenigen Ausnahmen abgesehen, der Mittelklasse an und/oder waren gebildet. Aufgrund ihres gesellschaftlichen Rangs erkannten sie, dass ihre Situation in Deutschland sich von derjenigen anderer in der Schwarzen Diaspora unterschied.

ADEFRAs Intellektuelle des Alltags vertieften sich in radikale Schwarze feministische Politik mit dem Ziel, alle Formen der Diskriminierung zu bekämpfen und die Sozialisation ihrer Mitglieder in einem neuen Wertesystem zu garantieren. Die Frauen wollten »zeigen, dass die Schwarze Frauenbewegung eigene Erfahrungen, Wertvorstellungen und Zielvorstellung hat, die auf der Notwendigkeit eigener Überlebensstrategien basieren«. Sie sahen ihre Organisation als »Forum für Afro-deutsche/Schwarze Frauen, in dem wir uns mit Schwarzer Geschichte und Kultur auseinandersetzen, gemeinsam Stärke entwickeln für unseren Schwarzen feministischen Kampf, unser Schwarzes Bewusstsein und unsere Identität entwickeln und stärken in dieser weißen Gesellschaft, uns mit unseren Unterschieden auseinandersetzen: Alter, Sozialisation, Herkunft, Lebensform, Lesben, Interessen, Beruf etc.«.[27] Im Mittelpunkt der politischen Arbeit stand ein queerer Feminismus. Dies machte die Organisation zu einem inklusiven Schwarzen Raum, von dem alle Einzelpersonen der Diaspora in Deutschland profitieren konnten. Mit ihren feministischen Projekten verfolgten die Frauen queere Strategien der Zugehörigkeit, der Solidarität und des Aktivismus.

Schwarz, queer, feministisch – Projekt und Community

Von Anfang an war ADEFRA ein Schwarzes queeres feministisches Projekt, das unterschiedlichen afrodeutschen und anderen Schwarzen Frauen erlaubte, ihre Identitäten zu definieren, eine intersektionale und nicht-heteronormative Politik zu verfolgen und eine dynamische Community mit aufzubauen, die nicht auf Deutschland beschränkt war. Wie im Programmheft zum 20. Jahrestag von ADEFRA nachzulesen, seien es vor allem Lesben gewesen, »die die Schwarze Bewegung in Deutschland in Gang brachten«, und ADEFRA »bekam [in der Schwarzen Community] schnell den Ruf, ein Sammelbecken für Schwarze Lesben zu sein«.[28] Der ADEFRA-Aktivistin Ekpenyong Ani zufolge gab es immer Bedenken bezüglich der Rolle der Sexualität innerhalb der Organisation. In einem Gespräch mit Lauré al-Samarai sagte sie: »Das Thema der sexuellen Orientierung bzw. ob ADEFRA ein Frauen- oder Lesbenverein sei, war seit jeher eine große Frage. Ich kann nur sagen, dass die Lesben bei ADEFRA immer die Aktiveren waren, denn in gewisser Weise war der Fokus ja klar: Wenn Du Dich auf Frauen konzentrierst und mit ihnen zusammenarbeiten willst, dann wirst Du natürlich viele Lesben finden.«[29] Trotz dieser Bedenken halfen ADEFRA-Ortsgruppen mit ihren Aktionen einer heterogenen Gruppe von Frauen, ihren Anspruch auf Zugehörigkeit geltend zu machen, ein neues Selbst und eine neue Identität zu entwickeln sowie diskriminierenden Unterstellungen und Praktiken entgegenzutreten. Mit ADEFRA zeigten Schwarze deutsche Frauen, wie die Verflechtung von Schwarzer Diaspora, Feminismus und Queersein zu Selbstbewusstsein, Selbstbestimmung und Selbstorganisation ermutigte. Mithilfe von ADEFRA zeigten Schwarze deutsche Frauen, wie die Verflechtung von Schwarzer Diaspora, Feminismus und Queersein dazu beitragen könnte, »Selbstbewusstsein, Selbstbestimmung und Selbstorganisation Schwarzer Frauen zu stärken und zu unterstützen«.[30]

»Die Gründerinnen von ADEFRA einte die Überzeugung, dass Schwarzen Frauen ein eigener Raum zusteht.«[31] Sie schufen physische und symbolische Räume für nicht-normative und gender-nonkonforme Körper und begrüßten verschiedene Verkörperungen von Weiblichkeit, die auch »Heteras« oder »Hetera-Frauen« nicht ausschlossen.[32] Interessanterweise wurden »viele Schwarze Frauen [...] über ihre Einbindung bei ADEFRA zu *transitory lesbians;* einige für die Dauer eines Projekts, einige für die Dauer einer Beziehung, einige immer wiederkehrend, einige, wie so schön gesagt werden kann, ›für immer‹«.[33] Die Organisation erkannte die Fluidität und Flexibilität im Sexualleben von Frauen an, die eine Form von »situativer Homosexualität« war. Infolgedessen ermutigte sie eine Vielfalt queerer Identitäten, darunter bisexuell und transgender, Gestalt anzunehmen.[34] ADEFRA spiegelte jene Dynamiken wider, die in queerer Politik üblich sind. Cathy Cohen hat bemerkt: »In der queeren Politik ist der sexuelle Ausdruck etwas, das immer die Möglichkeit des Wandels, der Bewegung, der Neudefinition und der subversiven Performance mit sich bringt – von Jahr zu Jahr, von Partner*in zu Partner*in, von Tag zu Tag, ja sogar von Akt zu Akt«.[35] ADEFRA symbolisierte diese Typen fließender Identitäten und Bindungen und verlieh den Mitgliedern die Fähigkeit, sich selbst, ihre Begierden und Motivationen nach je eigener Manier zu akzeptieren. Schwarze deutsche Frauen wollten »als Teil der bundesrepublikanischen Gesellschaft wahrgenommen und anerkannt werden«.[36] Zusammen gaben sie dem Schwarzen deutschen Feminismus ein öffentliches Gesicht und interpretierten sein politisches Potenzial neu. Diese selbstermächtigenden Akte befreien verschiedene Formen Schwarzen Queerseins von ihrer Randständigkeit.

Auch die lokalen Communitys, die von ADEFRA aufgebaut wurden, boten einen affektiven Raum, der die Steuerung komplexer, auf Ausgrenzung beruhender Emotionen erleichterte und zu unterschiedlichen Reaktionen auf andere führte, die emotionaler oder sexueller Natur sein konnten.[37] Ihr Umgang miteinander eröffnete ihnen die Gelegenheit, etwas zu entwickeln, das ein Mitglied als »psychosoziale Bewusstseinsarbeit« bezeichnet hatte, die ihre Positionen und Identitäten definierte.[38] Afrodeutsche Frauen mussten mit einer Aneinanderreihung von Wut und Schmerz umgehen, die ihre Erfahrungen in Deutschland mit sich brachten. Die emotionale Arbeit umfasste unterschiedliche Facetten ihres Lebens. In ADEFRA nutzten die Frauen die affektiven Räume und Orientierungen aufeinander, um das Durcheinander ihrer Gefühle, Identitäten und Praktiken zu akzeptieren und traditionelle und essenzialistische Normen zu überwinden. Wenngleich nicht frei von Spannungen, waren ihnen die Ortsgruppen heilende und erholsame Räume von Inklusion und Möglichkeiten.

Wie bei anderen gesellschaftlichen Gruppen traten Probleme auf, vor allem, nachdem die unterschiedlichen und sich widerstreitenden Ansichten einer Vielzahl von Frauen das kollektive Gefühl einer Schwarzen deutschen Einheit und Identität verkompliziert hatten. So meinte Kinder in einem Interview: »Obwohl es doch immer schon ganz offen und bekannt war. Wir waren alle out. Das war ein wichtiger Schritt – uns sichtbar zu machen – in der Community. Die Heterafrauen, die sich ADEFRA zugewandt fühlten, haben auch schon mal blöde Sprüche und Blicke bekommen [weil man mutmaßte, sie seien lesbisch]. Aber trotzdem haben wir immer ein starkes Standing in der Community gehabt. Das ist auch weiterhin so.«[39] Allerdings stellte Oguntoye in demselben Interview von 2012 fest: »ADEFRA als Afro-deutsche Frauengruppe hat uns als Lesben erst mal nicht ganz so sichtbar gemacht.«[40] Jede dieser Aktivistinnen betonte die Gender- und Sexualpolitik, die der ADEFRA (und ISD) innewohnte, und schlug vor, multiple, sich überschneidende Verhandlungen zuzulassen. Während queere Frauen in ADEFRA repräsentiert und einige ihrer Gründerinnen Lesben waren, trug die Anwesenheit heterosexueller Frauen zu fließenden Machtdynamiken bei, die die feministische Bewegung in Deutschland widerspiegelte, und beeinflusste, wie die Organisation gesehen und nach außen präsentiert wurde.

In *Afrekete* beschrieb von Pirch diese Unterströmungen, die bei den frühen Treffen spürbar waren. Bei einem Organisationstreffen 1987 in Bremen etwa kam es zu heftigen Debatten unter den Schwarzen deutschen Frauen. Sie stritten um die allgemeinen Ziele der Vereinigung: Ob es besser sei, Frauenthemen innerhalb der ISD zu bearbeiten, ob es zu einer Aufsplitterung der Gruppe kommen werde, wer die Verantwortung für die Vereinigung übernehme, wer zur Vereinigung gehöre und wer nicht. Bedenken wurden außerdem zu den Themen Colorism, Homophobie und Sexualität geäußert.[41] Von Pirch bemerkte, dass auf dem ersten bundesweiten afrodeutschen Frauentreffen im Januar 1988, das von ADEFRA München mitfinanziert worden war, mehrere Aktivistinnen der Ansicht gewesen seien, die Frauen kämen aus unterschiedlichen Verhältnissen, die die Entwicklung des Vereins beeinflussen würden. Auf der einen Seite hätten die Erfahrungen von ADEFRA-Aktivistinnen in der Frauenbewegung, von denen einige seit mehr als 15 Jahren aktiv seien, gezeigt, dass heterosexuelle Frauen oft andere Ziele verfolgten als Lesben. (Leider erwähnt von Pirch nicht, wer das gesagt hat.) Einige Frauen glaubten, »[e]ine heterosexuelle afro-deutsche Frau ist männerdominiert, spiegelt in ihrem Verhalten und Leben patriarchalische Strukturen wider und dies erschwert eine Zusammenarbeit«, andere wiederum meinten, dass »diese ganze Einteilung Mist wäre und dass die Diskussion ermüdend, da nicht zum Ergebnis führend, sei«. Dieses

Argument führte von Pirch weiter aus und betonte: »Angesichts der verschiedenen Persönlichkeiten von Frauen müsse jede für sich selbst entscheiden wie sie lebt und diese Entscheidung sollte jedoch nicht unsere gemeinsamen Anstrengungen Diskriminierung, Rassismus und Sexismus offenzulegen und anzuprangern, verhindern.«[42]

Trotz mehrerer Versuche, alle einzuschließen, forderten dominante Positionalitäten ihren Tribut. Unabhängig von diesen Spannungen haben Schwarze deutsche Frauen mit der Gründung von ADEFRA dennoch einen kritischen Beitrag geleistet. Auch sie hingen von diasporischen Ressourcen ab, um einem normativen Verständnis von Identität und Sexualität entgegenzuwirken, die eigene Verdrängung und Marginalisierung abzulehnen und sich an anderen Schwarzen Deutschen oder Schwarzen Frauen neu auszurichten.[43]

In ganz Deutschland stellten Mitglieder von ADEFRA aktiv Workshops, Konferenzen und andere Aktivitäten zusammen, die einen Teil ihres kollektiven feministischen Aktivismus und ihrer Raumpolitik ausmachten. Die Bemühungen um räumliche Rückgewinnung konzentrierten sich auf multiple, sich überlappende Unterdrückungssysteme in mehreren deutschen Städten. Gleichzeitig schufen sie, innerhalb eines größeren deutschen imaginären Raumes, Schwarze intersektionale Räume. Einige Ortsgruppen, insbesondere ADEFRA München, waren aktiver als andere. Im Jahre 1987 hatten Eding, Gummich, Ria Cheatom, Manu Jaromin und Buwo (geb. Gloria Mauermeier) die Ortsgruppe ADEFRA München mit eigenem Büro gegründet. Auch Tanya Cora, Cassandra Ellerbe-Drück und Mary-Ann Powell waren in dieser Ortsgruppe, der Frauen im Alter von 17 und 40 Jahren angehörten, aktiv.[44] Sie gab sich eine Verfassung, die sich andere ADEFRA-(und ISD-)Gruppen zum Vorbild nahmen. Über all die Jahre initiierte ADEFRA München zahlreiche Projekte, darunter 1988 eine Veranstaltung mit Lorde, 1992 einen Selbstverteidigungsworkshop, 1993 eine Konferenz mit dem Titel »Rassismus«, ebenfalls 1993 einen »Back to Roots«-Haar-Workshop und vieles mehr.[45] Diese und andere Aktivitäten fanden in ganz

München statt und stellten die politischen und kulturellen Belange Schwarzer Frauen in den Mittelpunkt.

Weitere Gruppen entstanden um Oguntoye und andere in Berlin, um Wiedenroth-Coulibaly, Hügel-Marshall und Emde in Frankfurt am Main/Wiesbaden sowie in Köln, unter anderen um die Grotke-Schwestern. Schwarze deutsche Frauen mobilisierten und zeigten ihre Präsenz auch in Kassel, Gießen, Bielefeld und Bremen. Viele dieser Ortsgruppen arbeiteten mit örtlichen feministischen oder migrantischen Organisationen sowie Frauen-of-Color-Aktivistinnen zusammen. Im Jahr 1991 läutete ADEFRA Hamburg mit der Arbeit von Arfasse Gamada, Katja Kinder, Netsanet Reinsberg, Abigail van Royen und anderen eine neue Phase ein. Sie erhielten Fördergelder von örtlichen und regionalen interkulturellen und feministischen Organisationen. Später stießen Ani, Maisha-Maureen Auma (geb. Maureen Maisha Eggers), Jelka Lehmann und andere Frauen dazu.[46] Zur Unterstützung von Schwarzen Frauen und Frauen of Color organisierten ADEFRAs Intellektuelle des Alltags Seminare und Konferenzen, veranstalteten Podiumsdiskussionen, führten direkte Aktionen gegen die deutsche Asylpolitik durch und kämpften gegen rassistische und sexistische Werbung, wie sie etwa für die Brauerei Spaten produziert wurde. Aus monatlichen Zusammenkünften wurden wöchentliche Treffen zur Vorbereitung dieser und anderer Veranstaltungen. Mitglieder der Berliner und Münchner Ortsgruppen arbeiteten zudem für Black Butterfly, eine mobile Computerschule, die Schwarze Frauen, insbesondere Migrantinnen die Möglichkeit gab, ihre EDV-Kenntnisse zu verbessern.[47] »Die wesentlichen Ziele« der ADEFRA-Feministinnen waren der »Abbau von Rassismus und Sexismus – zwei ›ismen‹, die eng verknüpft sind – und die Anerkennung als gesellschaftliche Gruppe, auch innerhalb der Frauenbewegung«.[48] Neben der Herausgabe von *Afrekete* produzierten Ja-El und von Pirch von ADEFRA Bremen Filme über das Leben von Afrodeutschen. ADEFRA-Ortsgruppen verloren Mitglieder, die wegzogen, familiäre Verpflichtungen hatten oder neuen Interessen nachgingen.

Für einige erwies es sich auch deshalb als schwierig, innerhalb der Gruppe weiterzumachen, weil die Arbeit auf einige wenige Frauen zurückfiel, die zunehmend erschöpft waren. Dennoch blieb der Aktivismus Schwarzer deutscher Frauen mit der Community verbunden, und die Community stand im Zentrum ihrer Arbeit.

Unter Federführung der Münchner Ortsgruppe wurde ADEFRA 1996 bundesweit ein eingetragener gemeinnütziger Verein.[49] Im Jahr 1998 schloss ADEFRA München sein Büro, wenngleich Eding weiterhin Aktivitäten organisierte. Im Jahr 2000 verlegte ADEFRA seinen offiziellen Sitz nach Berlin, da viele Schwarze deutsche Frauen in die Hauptstadt gezogen waren. Alle Verwaltungsaufgaben wurden dort erledigt, auch die Vorstandssitzungen und größeren Veranstaltungen fanden dort statt, darunter 2001 das queere, mit dem BT vergleichbare »Sister's Pride«.[50] Zu dieser Zeit organisierten auch die Schwarzen deutschen Feministinnen Ani und Regina Stein regelmäßige Treffen in Berlin. Dies hieß zwar nicht, dass Aktivistinnen aus anderen Regionen keine Veranstaltungen mehr planten. Doch wie schon in den Anfangsjahren der Bewegung blieb Berlin die Drehscheibe der Schwarzen diasporischen Mobilisierung.

Sobald ADEFRA-Feministinnen neue Räume und Orte ihrer Mobilisierung und ihres Widerstands eröffneten, begannen sie, die Begriffe von Heimat und Zugehörigkeit neu zu definieren.[51] Kinder hat beobachtet, dass in den frühen 1980er Jahren »Schwarze Aktivistinnen [...] im Mainstream nicht existent [sind] und genau dieser Umstand eröffnet die Chance, den Raum neu zu besetzen und die viel zitierte symbolische Ordnung Stück für Stück zu zersetzen.«[52] Auch Eding sagte mit Blick auf ihr Engagement für ADEFRA: »Ich hatte eine Heimat gefunden, oder vielmehr wir haben uns eine Heimat geschaffen.«[53] Aus Heimat wurde ein formbarer und dynamischer Raum, der von den Beziehungen und Verbindungen der Frauen zu anderen Schwarzen Menschen abhängig war. Die beiden Aktivistinnen beschrieben die Bedeutung von ADEFRA als neu geschaffene physische und symbolische Orte, die es ihnen zusammen mit anderen aus der Gruppe ermöglichten, ihre Identitäten und Interessen auszuhandeln und für sie einzutreten.

ADEFRAs Intellektuelle des Alltags – Eding, Kinder, Ani, Auma und Peggy Piesche – waren sich darin einig, dass die Organisation deshalb ein Schwarzes queeres feministisches Projekt war, weil sie Themen verhandelte, die alle Frauen betrafen. Sie unterstrichen, dass ADEFRA zur lesbischen Tradition in Deutschland gehöre – eine Tatsache, die in der Geschichtsforschung zum lesbischen und schwulen Aktivismus in Deutschland oft übersehen wird. Darüber hinaus repräsentierten sie, von Kinder und Eding einmal abgesehen, eine neue Kohorte von ADEFRA-Feministinnen. Nach einer Lesung, die Lorde 1990 in Stuttgart veranstaltet hatte, begann Ani, die in der DDR geboren worden, aber auch in Westdeutschland, Jamaika und Nigeria aufgewachsen war, sich in der ADEFRA Hamburg zu engagieren.[54] Auma, die in Kenia geboren worden und in Deutschland aufgewachsen war, zog es in die ADEFRA Hamburg, nachdem sie 1993 im Umland den Workshop »Schwarze Frauen und Macht« mitgemacht hatte. Dort traf sie auf etwa 50 Schwarze Aktivistinnen aus Deutschland und den Niederlanden.[55] »An diesem Tag«, erklärte Auma, endete für sie »eine ganz bestimmte Suche« nach einer Community.[56] Peggy Piesche, die aus Arnstadt in der DDR stammte, nahm 1990 am ersten internationalen Symposium der ADEFRA in München teil. Nach der Veranstaltung war ihre Welt eine andere. »ADEFRA«, erklärte sie, »hat mir eine neue Welt eröffnet, in der ich all das sein kann, was ich bin: Schwarz, lesbisch, unbequem«.[57] Sie alle machten deutlich, dass sich Schwarze Frauen in ihren Beziehungen untereinander gegenseitig unterstützten und formten. Diese Beziehungen waren die Basis ihres feministischen Aktivismus. Wie Lorde schrieb: »Gegenseitige Unterstützung eröffnet Frauen die Möglichkeit, frei zu leben und zu *sein* – nicht um benutzt zu werden, sondern um zu gestalten. Dies ist der Unterschied zwischen passiver *Existenz* und aktivem *Leben*.«[58] Für Lorde schuf die weibliche Gemeinschaft neue Räume für Frauen, in denen sie ihr schöpferisches Potenzial annehmen und sich selbst neu gestalten konnten. Ihre Beziehungen zu Frauen formten ihre Identität, ihre Arbeit und ihren Aktivismus. Interaktionen wie die oben hervorgehobenen und neue Beziehungen hatten auf Schwarze deutsche Frauen, die zur Dynamik der Bewegung beigetragen haben, eine ähnliche Wirkung.

Ihr Schwarzes queeres feministisches Gemeinschaftsprojekt war im In- und Ausland aktiv. Mithilfe eines Graswurzelaktivismus konnten afrodeutsche Frauen ihr Schwarzes Deutsch- und Queersein behaupten und dominante Hegemonien aufbrechen. Sie knüpften auf feministischen Konferenzen in den Vereinigten Staaten, Kanada, Europa, Lateinamerika und Afrika neue Kontakte, standen mit anderen Schwarzen europäischen Gruppen im Austausch und leisteten mit ihnen gemeinsame politische Arbeit. Erwähnt seien hier das Angelou Center, eine von Schwarzen Frauen geführte Organisation in Großbritannien, Sister Outsider, eine afroniederländische Frauengruppe, und SISTERS – Sisters in Struggle to Eliminate Racism and Sexism, ein dem Weltkirchenrat in Genf angeschlossenes Frauennetzwerk.[59]

Diese queere Strategie wurde auch während der Durchführung internationaler feministischer Konferenzen deutlich, vor allem jener im November 1990 in München. Die Veranstaltung zeigte, wie Internationalismus und Solidarität die Bemühungen widerspiegelten, für alternative Verwandtschaftsbeziehungen mit verschiedenen Menschen einzutreten und Kulturdiplomatie zu betreiben. Das Internationale Treffen Schwarzer Frauen der ADEFRA München, das von feministischen Einrichtungen in der Stadt mitfinanziert wurde, war gleichzeitig das fünfte Frauen-BT. Cheatom, Eding, Gummich, Cora, Powell, Manu Jarolim, Magali Schmid und Beate Steil hatten die Veranstaltung organisiert. Das viertägige Symposium mit dem Motto »Wage Dein Leben und verlasse Dein Haus« nach einem afrikanischen Sprichwort stand Schwarzen und weißen Deutschen ebenso offen wie Frauen aus der ganzen Welt.

Die Konferenz unterstützte die Diversität weiblicher Erfahrungen, prangerte Diskriminierungspraktiken an und bot Schwarzen

Frauen und Frauen of Color die Möglichkeit, sich zu vernetzen, ihre Gefühle zu teilen sowie Ideen und Strategien auszutauschen. Auf dem Symposium luden Schwarze deutsche Intellektuelle des Alltags zu Kunstausstellungen, Lesungen und Seminaren zu den Themen Rassismus, Sexismus, afroamerikanische Geschichte und Schwarze Frauenliteratur. Sie forderten weiterhin die weiße feministische Mainstream-Politik in Deutschland heraus. Die Organisatorinnen der Konferenz, die sich der Klassen- und Familiendynamik bewusst waren, boten gemeinsame Gruppenmahlzeiten und Kinderbetreuung an. Es gab unter anderem Vorträge zu den Themen »Weiße Mutter, Schwarzes Kind«, »Lesbenpolitik – Frauenpolitik« und »Unterschiede zwischen Frauen. Ein kritischer Blick auf den Umgang mit anderen«. Darüber hinaus wurden Veranstaltungen ausschließlich für Schwarze Frauen finanziert, in denen diese ihre persönlichen Anliegen bearbeiten konnten. Zu diesen Workshops gehörten unter anderem »Wiedervereinigung! Vereinter Rassismus?« sowie »Die Geschichte der Sklaverei und ihre heutige Bedeutung«.[60] Die Seminare zeigten die breit gestreuten Interessen Schwarzer deutscher Frauen, aber auch ihre Fähigkeit, Wissen zu Gender- und Race-Themen selbst zu produzieren und an andere weiterzugeben – Themen, die sich in ihren Leben als miteinander verflochten erwiesen und in ihrer Bewegung bereits gängige Praxis waren.

Auf dieser und anderen Veranstaltungen legten ADEFRA-Feministinnen Wert auf die Bildung von Allianzen mit anderen Frauen. Sie finanzierten die Vorträge weißer und Schwarzer Feministinnen, darunter von Oguntoye, Hügel-Marshall, Dagmar Schultz und der afroniederländischen Aktivistin José Maas. Ihre Bereitschaft zur gemeinsamen Arbeit blieb von Bedeutung, und in den Broschüren der Organisation wurde immer wieder auf die Zusammenarbeit hingewiesen.[61] Die ADEFRA-Feministinnen erkannten: »Wir als Schwarze Frauen haben die Verantwortung, uns zu vereinigen und zu verändern, in der Familie, in der näheren Umgebung, regional und global. Wir haben die Verantwortung, politisch, kulturell und ökonomisch zu überleben. Als Frauen können wir uns nicht nur um unseren eigenen kleinen Raum Gedanken machen, sondern müssen uns um den globalen Raum unserer Gemeinschaft kümmern. Unser Engagement muß 100 sein im Umgang mit den Männern, mit denen wir leben, den Vätern, den Brüdern, den Söhnen, im Umgang mit Sexismus und Rassismus.«[62]

Für die Teilnehmerinnen und Organisatorinnen war dieses Symposium eine Gelegenheit, andere Schwarze Frauen insbesondere aus der ehemaligen DDR kennenzulernen und mehr über die unterschiedlichen Lebensbedingungen und Überlebensstrategien von Frauen zu erfahren. Dies war nicht die erste Konferenz, die organisiert wurde, um Frauen aus dem Osten und Westen zusammenzubringen. So veranstaltete die Grüne Partei in Bayern im Juli 1990 einen Frauenkongress.[63] Doch war es diese Münchner Konferenz, auf der Schwarze Deutsche aus der DDR, darunter Piesche, Carmen Oliver Stanley, Aminata Cissé Schleicher und Ina Röder, durch ihre neuen Kontakte eine »Diaspora schmiedeten«.

Die Aktivistinnen der ADEFRA München Cheatom, Eding und Powell betonten die Anziehungskraft der Konferenz und bemerkten: »Für die meisten der Schwarzen Frauen (viele kamen aus der ehemaligen DDR und dem europäischen Ausland) war dies das erste Mal, dass sie an einem Treffen ausschließlich für Frauen teilnahmen. Trotz unserer sehr unterschiedlichen Lebensformen und auch zum Teil unseres unterschiedlichen Selbstverständnisses (so erzeugte z.B. die Benennung afro-deutsch bei unseren schwarzen afrikanischen, arabischen, französischen, holländischen [...] Schwestern Verwirrung bis Unverständnis[)], war die Resonanz auf das Treffen durchweg positiv.«[64]

Dass die ADEFRA-Aktivistinnen ihre Unterschiede und Gemeinsamkeiten in den Vordergrund stellten, half ihnen, Solidaritätsnetzwerke mit Schwarzen Frauen aus Ostdeutschland und anderen europäischen Ländern zu errichten und ihre expansive feministische Politik voranzubringen.

Schwarze deutsche Frauen brachten sich auch in anderen deutschen Städten ein, insbesondere mit ihrer feministischen Tagung 1994 in der Nähe von Hamburg. Gummich, Eding und Jeanine Kantara hielten neben anderen Frauen-of-Color-Intellektuellen des Alltags Vorträge zum Thema »Selbstermächtigung Schwarzer Frauen/Women of Color in Deutschland«.[65] Diese Konferenz stellte ebenfalls den Feminismus Schwarzer Frauen und von Frauen of Color in Deutschland in den Mittelpunkt. Im Jahr 1995 planten ADEFRAs Intellektuelle des Alltags zusammen mit weiteren Aktivistinnen und Organisationen die »Dritte Bundestagung« von und für Schwarze/im Exil lebende Frauen, Migrantinnen und Jüdinnen als Antwort auf die Hamburger Konferenz von 1994, die »Wege zu Bündnissen«-Tagung von 1990 und den Zweiten bundesweiten Kongress für Immigranten, jüdische und Schwarze Frauen von 1991 in Berlin.[66] Sie vermittelten spezifisches Wissen über die Situation und den Widerstand von Frauen und drängten den Mainstream-Feminismus in Diskursen dazu, Intersektionalität und rassifizierten Sexismus als Realitäten anzuerkennen. In der Tradition des globalen feministischen Aktivismus des 20. Jahrhunderts eröffneten diese Veranstaltungen afrodeutschen, Schwarzen und anderen Frauen of Color die Möglichkeit, nicht länger unsichtbar zu bleiben und sich durch eine intersektionale Brille für einen sinnvollen politischen Aktivismus einzusetzen. Sie ebneten den Weg für diese Form des Feminismus in Deutschland und unterstützten die nachfolgende Generation Schwarzer Aktivist*innen. Diese Veranstaltungen und andere befähigten sie, Verbindungen zu knüpfen, die für sie zu Ressourcen wurden. Doch dies war nicht der einzige Weg, den sie einschlugen.

Verwandtschaftsbeziehungen
in *Afrekete*

Mit der Gründung von *Afrekete* verließen sich Ja-El und von Pirch auf eine Vielzahl von diasporischen Ressourcen, um ihr Schwarzes queeres feministisches Projekt voranzubringen. Die neue Zeitschrift erschien vierteljährlich in Schwarzweißdruck und hatte einen Umfang von etwa 30 Seiten; einige Ausgaben erreichten zwischen 45 und 60 Seiten. Die Konzeption als Vierteljahrsschrift wurde geändert, als es zunehmend schwierig wurde, Beiträge und Unterstützung zu erhalten.

Die Herausgeberinnen schalteten Anzeigen in großen deutschen lesbischen und Frauenmagazinen, darunter im erstmals 1980 erschienenen *LesbenStich*.[67] Von *Afrekete* erschienen insgesamt sechs Ausgaben, und jede stellte ein Thema in den Mittelpunkt, das die Bedeutung intersektionaler und internationaler Politik hervorhob.[68] Bei dem Namen Afrekete handelte es sich um ein Motiv, auf das einige afroamerikanische und afrokaribische Autor*innen in ihren literarischen Werken zurückgriffen. Henry Louis Gates Jr. zufolge wurde Afrekete zu einem Schlüsselsymbol der Diaspora, »ein Zeichen für die zerstörte Ganzheit eines afrikanischen Bedeutungs- und Glaubenssystems«.[69] Die Tatsache, dass der Name der Zeitschrift von Lorde inspiriert war, verband die Frauen mit ihr und einer afrikanischen indigenen Spiritualität. Lorde hatte afrikanische religiöse Wesen schon lange in ihr Schreiben integriert. Sie beschwor Afrekete in ihren Werken und unterschrieb einige ihrer Briefe mit »in Afreketes Hand«.[70] Sie sah in Afrekete eine Quelle weiblicher Stärke und behauptete, der traditionelle Charakter der weiblichen Macht in Afrika könne das Bewusstsein und den Aktivismus Schwarzer Frauen prägen.[71] Schwarze deutsche Frauen, die sich auf Afrekete bezogen, verbanden sich mit einem Netzwerk Schwarzer Frauen. Sie integrierten verschiedene Schwarze diasporische Stile, Symbole und Geschichten und feierten Schwarzes Queersein in all seinen Varianten und Tiefen.

Cover von Afrekete, *5. Ausgabe, 4. Quartal 1989*

Mit der Erfindung neuer Traditionen eröffnete *Afrekete* afrodeutschen Feministinnen die Möglichkeit, eine intellektuelle Community zu gründen, eigene literarische Stimmen auszubilden, ihre Arbeiten zu veröffentlichen und die Schwarze deutsche Literatur zu beeinflussen. Ja-El und von Pirch, beide Feministinnen und Intellektuelle des Alltags, sahen im Schreiben eine Form des intellektuellen Aktivismus und betrachteten es als überlebenswichtiges Medium. Sie setzten die intellektuelle Tradition fort, die ihren Ursprung in *Farbe bekennen* hatte. Sie wollten eine Diaspora schaffen und einen kulturellen Wandel anregen. Mit *Afrekete* als vielschichtiger Plattform drückten Schwarze deutsche Frauen ihre Gefühle aus, informierten über Schwarze feministische Initiativen und andere Veranstaltungen und machten ihre Leser*innen mit Autorinnen of Color wie Donna Davis und Rosa-Lubia Falk Garcia bekannt.[72] *Afrekete* zeigte, wie

Schwarze deutsche Frauen das Lokale mit dem Nationalen und Internationalen verflochten. Die Zeitschrift fand auch in den Vereinigten Staaten und Afrika Beachtung.[73] In *Afrekete* stellten Intellektuelle des Alltags den deutschen Status quo in Frage und leisteten einen erkenntnisbezogenen Beitrag, indem sie ein diasporisches Kollektiv für afrodeutsche und Schwarze Deutsche aufbauten.

In der ersten Ausgabe entwickelten die Herausgeberinnen einen heiteren und einladenden Ton. Sie luden ihre »Schwarzen, afro-deutschen Schwestern« mit Nachdruck dazu ein, an der Zeitschrift mitzuarbeiten, ihre Richtung mitzubestimmen und sie finanziell zu unterstützen.[74] Die Herausgeberinnen baten scherzhaft um Geld und schrieben »Bei der *Afrekete* fehlt es uns an Knete, auch bei der ›Firma‹ ADEFRA ist Cash und Money äußerst rar daher«.[75] Neben finanzieller Unterstützung wollten sie, dass die Zeitschrift auch in kultureller Hinsicht lebensfähig sei. Sie bemerkten: »Deshalb rufen wir jede von Euch auf, diese Seiten für Euch selbst und andere Frauen zu nutzen, indem Ihr zahlreiche Beiträge zu dem, was Euch auf Herz, Seele, Magen (und wo frau auch immer Auf-Begehren fühlt und zum Ausdruck bringen möchte) liegt, zu uns schickt bzw. zu den überregionalen Redaktionstreffen mitbringt.«

Mit ihrem Aufruf wollten Ja-El und von Pirch erreichen, dass *Afrekete* in ihren Leserinnen den Wunsch nach stetiger Beteiligung, Unterstützung und kreativer Mitarbeit weckte. Die Bedeutung von Beiträgen und lebendiger Verbindungen zur Community blieben für die Entwicklung von ADEFRA und *Afrekete* sowie die persönliche Entfaltung Schwarzer Deutscher essenziell. Ja-El und von Pirch betonten: »Selbstverständlich ist ein solches Vorhaben nicht von zwei Frauen allein realisierbar. Diese Zeitschrift wird nur so attraktiv für uns selbst und andere Frauen sein, wie wir gemeinsam und individuell unseren jeweiligen Platz in dieser Gesellschaft immer wieder neu überprüfen und definieren: als Frauen, als Afro-Deutsche, als Schwarze Internationalistinnen.«[76]

Sie sahen sich als Teil einer internationalen Community, und ihre

Bemühungen um »Desidentifikation« waren kulturelle, intellektuelle und politische Akte, die Schwarz- und Queersein in den Mittelpunkt stellten und neue Überlebensstrategien boten.[77] Der Internationalismus beruhte auf alternativen Bindungen, die über heteronormative und nationale Formen hinausging. Die beiden Herausgeberinnen wollten mit ihrer Zeitschrift zudem kulturelle Praktiken vermitteln und Ratschläge geben, wie mit den alltäglichen Erfahrungen von Rassismus, Sexismus und Homophobie in Deutschland umzugehen sei. Sie betonten die Bedeutung gesellschaftlicher Bande unter Frauen und sahen diese als wichtigen Aspekt für die Lebendigkeit der Zeitschrift.[78]

Afrodeutsche schufen alternative Diskurse, in denen sie das essenzialistische Verständnis, wonach Deutschsein monokulturell weiß sei, in Frage stellten und ihr Wissen über Schwarzes Deutschsein in der Vergangenheit, Gegenwart und Zukunft teilten. Damit ermächtigten und verstärkten sie die Stimmen Schwarzer deutscher Frauen und etablierten für ihre Community neue Werte und Gewohnheiten. Als kreatives und kollektives Ventil war *Afrekete* nicht allein ein Raum des Widerstands gegen tradierte deutsche Formen der Anders- und Unsichtbarmachung. Sie fungierte gleichzeitig als alternativer Raum, in dem kulturelle Symbole neu interpretiert, übersetzt, rehistorisiert und neu gelesen werden konnten. Dadurch wurde Schwarzsein über verschiedene Raumzeiten hinweg sichtbar und veränderte die Art und Weise, wie es in deutschen und diasporischen Kontexten verstanden wurde.

In mehreren Ausgaben erforschten Schwarze deutsche Mitwirkende ihr Archiv der Gefühle und das Dilemma des Zu-Anderengemacht-Werdens in der Gesellschaft. In diesem Sinn schilderte etwa eine anonyme Autorin in dem Gedicht »weiß, schwarz – oder sind es nur Farben?«, wie sie sich durch die vorurteilsbeladenen und harten Straßen Deutschlands schlug.[79] Sie brachte ihren Ärger darüber zum Ausdruck, dass sie beide Enden des emotionalen Spektrums bedienen musste: Etwas zu sein, das sie nicht war – und sich entsprechend der Wahrnehmung anderer zu verteidigen und zu definieren. Dieses andauernde Theater-spielen-Müssen auf den Straßen mit Menschen, die sie kannte oder auch nicht, hatte ihr Selbstwertgefühl beschädigt. Ähnlich sprach Hügel-Marshall in einem Artikel von der Notwendigkeit, alle möglichen Arten von Gefühlen zu verarbeiten. Zwar empfand sie es als bereichernd, Teil der ISD und von ADEFRA zu sein und sich so mit anderen Afrodeutschen und Menschen of Color verbinden zu können, dennoch brauchte sie lange Zeit, bis sie verstand, dass sie sich sowohl innerhalb der größeren deutschen Gesellschaft Sichtbarkeit verschaffen musste als auch in der afrodeutschen Community. Dazu gehörte, den Schmerz und die Wut, die sie über die Jahre niedergedrückt hatten, zu akzeptieren und zu respektieren sowie ehrlich zu sich und zur Community zu sein.[80] Über die Beschäftigung mit ihren positiven wie negativen Gefühlen lernten afrodeutsche Frauen, intime Geschichten zu erzählen, die viele von ihnen kollektiv auffassten und in denen deshalb ihre eigenen gelebten Erfahrungen bestärkt wurden.

Über ihre Zeitschrift reflektierten Schwarze deutsche Intellektuelle des Alltags über ihren immerwährenden Zustand der Ausgrenzung. Sie entlarvten die Misshandlungen und den Rassismus, die ihnen weiße Deutsche in archetypischen alltäglichen Begegnungen entgegenbrachten. In dem Gedicht »Was habe ich mit Afrika zu tun?« erweckt von Pirch eine Szene zum Leben, in der eine weiße deutsche Frau jene Fragen stellt, die Afrodeutsche nur allzu gut kennen: »Woher kommen Sie?«, »Stammen Sie aus Afrika?« oder »Wann werden Sie in Ihr Land zurückkehren?« In diesen scheinbar unverfänglichen und dennoch unangebrachten Fragen kam die Annahme zum Ausdruck, dass Schwarze Deutsche nicht zur Nation gehörten. Diese aufdringlichen Fragen waren oft emotional aufwühlend und schmerzhaft. Alltägliche Interaktionen Schwarzer Deutscher mit weißen Mitbürger*innen erinnerten oft an rassistische deutsche Kinderlieder wie »Zehn kleine N…lein«, in denen Menschen afrikanischer Herkunft erniedrigt und zu Anderen gemacht wurden.

Schwarze Deutsche wurden als Ausländer*innen angesehen: »[Du] erwartest einen dieser für Dich exotisch klingenden Namen Afrikas, Lateinamerikas, der Karibik oder auch der, hier in der BRD so geliebten, USA.«[81] Die Skepsis der weißen deutschen Frau, als die Schwarze deutsche Frau behauptete, sie komme aus Berlin, bewies, dass Erstere sich eine deutsche Identität nur als weiße vorstellen konnte.[82] Von Pirchs Gedicht beleuchtete die alltäglichen Erfahrungen der Ausgrenzung, die afrodeutsche Frauen in doppelter Hinsicht marginalisierten. Zunächst, als die weiße deutsche Frau sie fragte, wo sie herkomme, wurde die Schwarze deutsche Frau zu einer anderen gemacht. In diesem Szenario, das Deutschland als weißes Land voraussetzte, konnte sie nicht in Deutschland geboren sein. Doch unterband die weiße deutsche Frau nicht nur eine mögliche Verbindung mit der Schwarzen deutschen Frau – indem sie ihre Enttäuschung zum Ausdruck brachte, dass letztere aus Berlin kam, verweigerte sie ihr darüber hinaus ihren Raum innerhalb der Nation. Dass diese Frau der Schwarzen Mitbürgerin nicht glauben wollte, zeigt, dass rassifizierte Unterschiede in Deutschland auch nach dem Holocaust noch eine Rolle spielten. Die weiße Deutsche verdinglichte die Kategorien nationaler Zugehörigkeit und Staatsbürgerschaft, indem sie die Afrodeutsche aus der imaginären Gemeinschaft ausschloss. Hier offenbart sich jene Raumpolitik, durch die weiße Deutsche ihre Schwarzen Mitbürger*innen in Begegnungen wie dieser aus dem Gemeinwesen ausschlossen. Demgemäß diente ein Austausch von Angesicht zu Angesicht mit Afrodeutschen als intellektuelle Intervention und als Akt der Reklamation. Er zwang weiße Deutsche, Kenntnis von ihrer Existenz zu nehmen und zeigte ihnen, dass Deutschland (Berlin) ein diasporischer Raum war. Doch wie Emde in der *taz* bemerkte: »Für das Stöhnen der Entrechteten gibt es nur Pflaster, keine Heilung.«[83] Wenngleich Schwarze deutsche Frauen die Befreiung aus ihrer kulturellen Misere nur vorrübergehend erfuhren, so brachte die Zeitschrift sie über ihre herausfordernden Erfahrungen und gegenseitige Verdrängung doch zusammen.

Im selben Gedicht erweiterte von Pirch ihre Anklage auf weiße deutsche Linke und warf ihnen Gleichgültigkeit und Gefühlskälte vor. Sie untersuchte, wie diese zwar ihre Besorgnis über die Notlage von Menschen in Afrika zum Ausdruck brachten, gleichzeitig aber die Anwesenheit und die Schwierigkeiten von Menschen afrikanischer Herkunft in Deutschland ignorierten. Immer wieder übten Schwarze Deutsche in *Afrekete* genau diese Kritik und zeigten sich angesichts der Doppelmoral selbst progressiverer Strömungen in der deutschen Politik frustriert.[84] Statt zusammen mit ihren Schwarzen deutschen Mitbürgerinnen für die Überwindung von Rassismus zu kämpfen oder sich über deren Erfahrungen als Schwarze Frauen in Deutschland zu unterrichten, konzentrierten sich weiße deutsche Frauen auf stereotype Bilder von afrikanischen Frauen, auf ihre farbenfrohen Kleider oder ihre grazilen Bewegungen beim Tragen von Wasserkrügen. Oder sie erinnerten, wie von Pirch in dem Gedicht bemerkt, an Nachrichten von Hungersnöten, die afrikanische Frauen und Kinder trafen, an polygame Praktiken oder die Praxis weiblicher Genitalverstümmelung.[85] Die beiden letzten Beispiele in ihrem Gedicht drehten sich um die eingeschränkten Rechte und die Unterdrückung afrikanischer Frauen in von Armut versehrten, patriarchalischen Gesellschaften und gingen auf essenzialistische Vorstellungen von einem andersartigen Kontinent und seinen Menschen ein. Damit kritisierte von Pirch die fehlgeleiteten Diskurse weißer deutscher Frauen über Afrika und gegendertes Schwarzsein. Obwohl weiße Deutsche die Bedeutung sozialer Gleichheit in Afrika oder allgemeiner die Missstände des Kolonialismus in der Dritten Welt anerkannten, nahmen sie das koloniale Erbe im eigenen Land nie kritisch unter die Lupe.[86]

Afrodeutsche brachten ferner ihre Enttäuschung über den deutschen liberalen Aktivismus zum Ausdruck. Als Emde schrieb, »[i]ch scheiße auf eure Liberalität. Ich bin ein Mensch«, fand sie bei anderen Afrodeutschen Gehör, die in ihrer Heimat nicht ständig diskriminiert werden wollten.[87] Obwohl die weiße Deutsche in dem Gedicht einen wohlwollenden Blick auf den afrikanischen Kontinent geworfen hatte, übersah sie die Tatsache, dass viele Schwarze Frauen in Deutschland litten.[88] Von Pirch warf weißen deutschen Frauen vor, prominente Aktivistinnen und Musikerinnen wie Winnie Mandela, Angela Davis oder Joan Armatrading zu bewundern, sich gleichzeitig aber für die Menschen afrikanischer Herkunft in Deutschland nur bedingt oder oberflächlich zu interessieren. Die weißen deutschen Linken gaben sich oft als Spezialistinnen für Afrika und afrikanische Frauen zu erkennen, verstanden jedoch nie, dass in der Bundesrepublik ein »deutsches Afrika« existierte.[89] Die Linken ignorierten die Tatsache, dass Deutschland ein physischer Ort der Schwarzen Diaspora war.

In ihrem Beitrag für *Afrekete* räumte von Pirch die Möglichkeit eines Race übergreifenden Dialogs und einer Beziehung zu ihrer »weißen Schwester« ein. Ein enges Verhältnis zu ihrer weißen Schwester herzustellen, könne zu überzeugenden Ergebnissen führen und es beiden gestatten, etwas über ihre jeweiligen Erfahrungen als deutsche Frauen herauszufinden. Könnte die weiße deutsche Frau ihre Voreingenommenheit und Faszination gegenüber Menschen aus Afrika ablegen und ihre afrodeutschen Mitbürger*innen als solche anerkennen, könnte womöglich eine wertvolle Beziehung entstehen. Ein tiefergehender, Race überschreitender Umgang mit Rassismus und Deutschsein könnte sich als gewinnbringende Maßnahme erweisen, um eine multiracial und multikulturelle feministische Solidarität in Deutschland zu schaffen. Schwarze deutsche Frauen glaubten, dass weiße deutsche Frauen ihre Konstruktion und ihren Essenzialismus gegenüber Afrika überdenken und sich mehr für die Bekämpfung ähnlicher Ungerechtigkeiten gegen in Deutschland lebende Afrodeutsche und Menschen of Color einsetzen müssten. Nur durch das Bewusstsein und die Akzeptanz von Unterschieden könnten spürbare Erfolge erzielt werden.

Die Herausgeberinnen und Mitwirkenden betonten die Notwendigkeit von Bindungen, um das Überleben von afrodeutschen und Schwarzen Frauen in der Gesellschaft zu ermöglichen. In dem Gedicht »Invisible Woman« erkannte Mary-Ann Powell, dass Zahlen eine Kraft innewohnt und kollektive Anstrengungen und Aktivitäten Schwarzer Deutscher ihre Sichtbarkeit und Diversität symbolisierten.[90] Powell machte deutlich, dass afrodeutsche Frauen in ihrer Marginalität nicht länger allein waren und sie nun einander hatten, wenn es um ihren Lebensunterhalt, ihr Wohlergehen und ihre Community ging. »Sieh Deine Schwestern«, schrieb sie, »Du bist nicht allein!« und »Du bist nicht unsichtbar.«[91] Die Existenz starker Schwarzer Bindungen wurde für Afrodeutsche zur Voraussetzung, um untereinander kollektive Beziehungen zu etablieren. Sie unterstützte die Frauen auch dabei, zusammen gegen ausschließende Praktiken vorzugehen. Ähnlich äußerte sich von Pirch in »Was habe ich mit Afrika zu tun?« über das Treffen und die Vernetzung mit ihren afrodeutschen Schwestern. Sie schrieb: »Ich treffe eine schwarze Schwester, ich frage sie: / ›Wo kommst Du her?‹ Sie antwortet: ›Ich bin Afro-Deutsch.‹« Obwohl von Pirch fragte: »Wo kommst Du her?«, war die Dynamik in diesem Fall eine ganz andere, da beide Afrodeutsche waren. Die Schwarze deutsche Mitbürgerin gab ihre Geschichte preis, nicht jedoch von Pirch, weil die Geschichte ihrer Schwarzen deutschen Schwester ihre eigene war, auch wenn die beiden verschieden waren.[92] Von Pirch baute trotz aller Unterschiede eine emotionale Beziehung zu ihrer Schwarzen Schwester auf. Indem beide ein Gefühl der Verwandtschaft entwickelten, schufen sie Verbindungen zueinander, die auf ähnlichen Erfahrungen der Unterdrückung und ihrer bewussten Identifizierung als Afrodeutsche gründeten. Aus der Beziehung zu ihrer afrodeutschen Schwester entstanden Freundschaft und Unterstützung. In diesem Fall verlieh von Pirch einer Schwarzen deutschen Schwesternbeziehung eine starke Bedeutung und stellte die negativen Konnotationen und Wahrnehmungen von Schwarzsein (dass es in der Gesellschaft nur selten positiv besetzt war, wurde in *Afrekete* wiederholt thematisiert) in Frage.[93] Nach Jahren der Selbstverleugnung und des Selbsthasses aufgrund ihres Schwarzseins erlaubte *Afrekete* es Schwarzen deutschen Frauen, positive und ermächtigende

Bilder von Schwarzen diasporischen Menschen zu zeichnen, die traditionelle deutsche Ansichten veränderten und ihnen auf psychologischer Ebene weiterhalfen. Mit dem von ihr in diesem Zusammenhang verwendeten Wort »Geschichte« machte von Pirch deutlich, wie eng miteinander verflochten die persönlichen und kollektiven Geschichten Afrodeutscher sind. Diese aufzuschreiben, ermöglichte es ihnen, ihre deutsche und diasporische Vergangenheit freizulegen und radikale Verwandtschaftsbeziehungen zu fördern, die als queere Strategien der Zugehörigkeit fungierten. Sie untermauerte darüber hinaus, dass individuelle Erfahrungen nicht von kollektiven entkoppelt werden konnten, da sie sich gegenseitig bedingten.

Affektive Bindungen in ADEFRA und *Afrekete* ermöglichten es Schwarzen deutschen Frauen, Grenzen zu überschreiten, Rahmen zu sprengen und eine Gemeinschaft aufzubauen, in der sie sich neue Verwandte erfanden. Sisterhood etwa wurde als liebevoll, intim, queer und potenziell erotisch betrachtet – ein Thema, das auch Lorde in ihrem Werk aufgriff. Der Literaturtheoretikerin Sharon Marcus zufolge können sich »das Erotische und das Sexuelle überschneiden, und sie tun dies auch tatsächlich, doch nur das Sexuelle bezieht sich auf Akte, die genitale Erregung involvieren. Sexuelle Begierden sind Wünsche, solche Akte zu vollziehen, oder Fantasien, uns an ihnen zu beteiligen.«[94] Marcus behauptete weiterhin, »das Erotische ist nicht unbedingt mit Sexualakten verbunden. Um eine Dynamik oder eine Beziehung als erotisch zu beschreiben, ist kein Hinweis auf Sex nötig«.[95] In einem unbetitelten, abwechselnd in monologischer und dialogischer Form geschriebenen Gedicht zeigte Ja-El – ähnlich von Pirchs zuvor erwähntem Gedicht –, dass liebevolle Beziehungen ins Erotische hinübergleiten können.[96] Diese Beziehungen vermittelten Frauen Einsichten und Energie, sie beeinflussten ihr Leben. Sie schreibt: »ist es nicht schön dass wir geschwister sind / ist es nicht schön dass wir potenziell liebende ...«[97] Die Verbindung zu einer Schwarzen deutschen Schwester ermöglichte es ihr, Zuneigung zu schenken, da alle Schaltkreise der Liebe akzeptiert und begrüßt wurden. Gesunde, liebevolle Beziehungen zwischen Frauen blieben eine wichtige Ressource der Ermutigung in einer oft rassistischen, homophoben und patriarchalischen Gesellschaft. Aus dem Versprechen auf derart tiefe emotionale Beziehungen zu anderen afrodeutschen Frauen entstand neuer Mut. Tatsächlich sollte die erotische Verbindung zwischen Frauen immer ausgedrückt und nie unterdrückt werden, da sie eine »Quelle erfüllender und kämpferischer Kraft« sein könne, die afrodeutschen Frauen Befriedigung, Freude und Motivation verleiht.[98] Diese engen Bindungen erlaubten es afrodeutschen Frauen, Einsicht in die eigene Subjektivität zu gewinnen und dieses Wissen selbst zu produzieren. Organisation und Zeitschrift stellten die Macht des Schwarzen Feminismus als liebevoll, intellektuell, kreativ, politisch und spirituell dar.

Doch auch Ja-Els Gedicht war nicht frei von Spannungen, da unklar bleibt, ob die andere Schwester/Partnerin ihre Gefühle erwidert. Die Stimme der anderen Schwarzen deutschen Schwester ist nicht anwesend. Innerhalb des Monologs fleht die Autorin ihre Schwester/Partnerin an, die Verbindung zwischen ihnen nicht zu leugnen, da sie ihr Potenzial erkennt und möchte, dass sie gedeiht.[99] Sie will die liebevolle und/oder erotische Bindung nicht verlieren und nicht zurückgewiesen werden. In diesem Fall wäre die Unfähigkeit, von weißen Deutschen akzeptiert zu werden, und das im Anschluss nicht gewährte Mitgefühl ihrer afrodeutschen Schwester demütigend, enttäuschend und niederschmetternd. Das Gedicht zeigte, dass der Aufbau afrodeutscher Netzwerke zwischen Frauen nicht unbedingt gleichbedeutend mit Harmonie sein würde.

Afrekete betonte auch die Bedeutung gesellschaftlich wertvoller Beziehungen zwischen Frauen, in denen es nicht um erotische oder queere Liaisons ging. Einige afrodeutsche Frauen informierten sich in *Afrekete* über gemeinsame Freizeit- oder Fitnessprogramme wie Volleyball, Fußball und Basketball.[100] Die Zeitschrift ermöglichte es ADEFRA-Feministinnen, ihre Interessen an gesellschaftlichen Zusammenkünften zu bekunden und den allgemeinen Rahmen der

Community zu erweitern. In Düsseldorf etwa gab es einen deutschafrikanischen Kreis, der sich jeden dritten Sonntag im Monat traf, und in München wurden Konzerte von Nina Simone und Miriam Makeba beworben, die dort im Juni 1991 auftraten.[101] Mitwirkende von *Afrekete* unterstrichen, wie wichtig es war, mit ihren weißen feministischen Gegenspielerinnen Kontakte zu pflegen und einen intellektuellen Aktivismus zu betreiben, in dessen Mittelpunkt intersektionale und antirassistische Themen standen. Hierfür wollten Afrodeutsche in Dialog treten und sich über ihre Unterschiede hinweg verbinden. Bei der Veranstaltung »Workshop im Schulz« luden ADEFRA-Aktivistinnen weiße Frauen zu einem antirassistischen Workshop ein, um Koalitionen zu schmieden und Diskussionen über Rassismus und Diskriminierungen in der deutschen Gesellschaft zu führen. Diese Race übergreifende Gruppe deutscher Frauen diskutierte über Entfremdung, Unterdrückung und Identität, und afrodeutsche Teilnehmerinnen schilderten ihre individuellen Erfahrungen mit Rassismus sowohl im Alltag als auch in der größeren deutschen Feministinnen- und Frauenbewegung. Es kam zu Konflikten, da weiße deutsche Teilnehmerinnen das Problem des Rassismus ignorierten und behaupteten, dies sei in Deutschland kein Thema.[102]

In der *Afrekete* griff May Ayims »Schwarz-weiss-Monolog« oder »Schwarz-ich-weiß-Monolog« die Idee auf, Bindungen seien nicht immer positiv, und die Solidarität mit Frauen führe nicht notwendigerweise zu einem Gefühl der Geborgenheit.[103] Ayims Gedicht, das der Trickster-Göttin Afrekete nachspürte, war ein linguistisches Spiel mit ihrer deutschen Muttersprache, insbesondere, da ihre Verwendung von Schwarz-weiß sich gleichzeitig auf Schwarz-weiß und Schwarz-Wissen bezog.[104] Wie von Pirch in »Was habe ich mit Afrika zu tun?« griff Ayim die Idee von Afrika als Konstrukt und die Engstirnigkeit weißer Deutscher an. Die weiße Frau in ihrem Gedicht wollte Ayim nach einem Urlaub in Westafrika über das Volk der Massai belehren und gab dabei eine Idealvorstellung von Afrika zum Besten. Sie bürdete Ayim ganz bewusst ihre Sicht von Afrikanischsein auf – sie wollte, dass sie tanzte, damit die deutsche Frau/Reisende sich an ihre Erlebnisse unterwegs erinnern könnte. Trotz einer jahrelangen Freundschaft zwang diese Interaktion Ayim, ihre Beziehung in Frage zu stellen.[105] Diese Freundschaft und schwesterliche Bindung konnte aufgrund des zwischen ihnen stehenden Mangels an Offenheit, Empathie und Verständnis nicht mehr funktionieren. Als Ergänzung zu Ayims Gedicht betonte Emdes »Unsichtbar« die Schwierigkeiten, Beziehungen mit weißen Frauen aufrechtzuhalten.[106] Emde beschrieb die Spannung und das Schweigen, die unter deutschen Frauen existierten, und wie verstörend sie sein konnten. Sobald Beziehungen zwischen Frauen von Feigheit, Angst, Boshaftigkeit und Schweigen beherrscht würden, komme es zu Disharmonien. Dies werde für afrodeutsche Frauen vor allem dann beunruhigend, wenn es um eine problematische weiße deutsche Solidarität und die Unfähigkeit weißer Deutscher gehe, ihre eigenen diskriminierenden Glaubenssätze zu hinterfragen. Die Illusion von Solidarität wandle sich in die Realität von Differenz und Rassismus, die nicht zu akzeptieren seien.

Darüber hinaus befasste sich die Zeitschrift mit der Praxis des Schreibens und der Pflege intellektueller Praktiken in Race übergreifenden Kreisen. In ihrem Aufsatz »Erste Gemeinsame Schreibwerkstatt Schwarzer und Weißer Frauen« beschrieb die Erzieherin, Schriftstellerin und *Afrekete*-Autorin Marion Kraft, wie elf afrodeutsche und 17 weiße deutsche Frauen sich in Anwesenheit von Audre Lorde im Juni 1988 in Bielefeld trafen.[107] Die diverse Gruppe, darunter mehrere Intellektuelle des Alltags der ADEFRA, nahm an kleinen Seminaren teil und tauschte Schreibtechniken und -strategien aus.[108] Die Werkstatt befähigte die Teilnehmerinnen, neue, den Schreibprozess betreffende Ideen und Praktiken zu entdecken und zu erlernen und gleichzeitig ein intellektuelles Netzwerk zu gründen. In dieser »Schreibklinik« leiteten Frauen Schreibübungen an und halfen einander, Tinte aufs Papier zu bringen. Die Schwarzen und weißen deutschen Frauen, die sich an diesem kreativen Prozess beteiligten, schufen mobile Sinnzusammenhänge, die ihre Identitäten und ihren Gemeinschaftssinn betrafen. Der aufrüttelnde und emotionale Charakter einiger dieser Texte half den Frauen, die lähmende Stille zu durchbrechen und über das Schreiben Verwandtschaftsbeziehungen einzugehen. Mit Verwendung von Fotomaterialien in der Zeitschrift bekräftigten ADEFRA-Redakteurinnen die Bedeutung alternativfamiliärer Beziehungen. Sie schufen ein visuelles Archiv der Freundschaften und Bindungen zwischen Schwarzen Frauen. Diese Frauen brachten einen visuellen Prozess der Erinnerung und des Gedenkens auf den Weg, da viele der Fotos zeigen, wie sie sich auf ADEFRA-Veranstaltungen oder anderen nationalen wie internationalen feministischen Tagungen zusammenschließen. In diesen Fällen blieben Schwarze Frauen aus dem In- und Ausland wichtige diasporische Ressourcen.

Transnationale diasporische Roots und Routes[109]

Ähnlich wie die Intellektuellen des Alltags der ISD hielten es auch afrodeutsche Frauen, die sich bei *Afrekete* engagierten, für notwendig, Verbindungen zu Communitys innerhalb der gesamten Schwarzen Diaspora zu knüpfen.[110] Die Idee der Diaspora hatte lokale Communitys auf der ganzen Welt befähigt, ein Gefühl der Verbundenheit herzustellen. Sie verlieh ihnen Race-Bewusstsein, sie gab ihnen ein Gefühl der Solidarität und Zugehörigkeit. Wie für afroamerikanische Frauen war Race für Schwarze diasporische Communitys in Europa »ein Zeichen sichtbarer verwandtschaftlicher Beziehungen zwischen Schwarzen in Afrika und innerhalb der gesamten Diaspora«.[111] *Afrekete* nutzte verschiedene diasporische Ressourcen und Traditionen, die das Bewusstsein und die Subjektivität Schwarzer Deutscher formten. Dies widerlegt Jennifer Michaels' Behauptung, wonach »afrodeutsche Schriftstellerinnen sich in ihren Texten nur selten auf afrikanische Mythen und Geschichte berufen«. Sie hatte behauptet, es sei Lorde gewesen, die in ihren Arbeiten durch Referenzen zu mythischen Frauen, Göttinnen, Königinnen und Kriegerinnen Verbindungen zur westafrikanischen Genealogie herstellte. Michaels erklärte ferner, dass afrikanische Symbole und Metaphern »kaum Einfluss auf afrodeutsche Autorinnen hatten, die losgelöst von den mündlichen Erzähltraditionen Afrikas und Afroamerikas waren und denen deshalb die Verbindung zu afrikanischer Geschichte und afrikanischen Mythen fehlte.«[112] Doch im Gegenteil positionierten sich ADEFRA Intellektuelle des Alltags in *Afrekete* innerhalb transnationaler diasporischer Communitys und nutzten diese und ihre HERstorys als Medium des eigenen Schreibens, der Selbstbeschreibung und Selbststilisierung. Insbesondere durch die Verwendung der Namen Afrekete und ADEFRA verliehen sie ihrer Nähe zum afrikanischen Kontinent – in diesem Fall zu Benin und Äthiopien – Nachdruck.

Auch mit dem Layout ihrer Zeitschrift wiesen von Pirch und Ja-El auf ihre Verbindung mit Afrika und der Diaspora hin. Die Titelseite jeder Ausgabe zeigte das Bild einer oder mehrerer Frauen afrikanischer Herkunft. Das »A« in *Afrekete* betteten sie in eine Karte des Kontinents ein. Jede Ausgabe enthielt Fotografien, afrozentrische Bilder sowie diasporische Symbole und Metaphern. Einige der Bilder stellten Schwarze Menschen dar, die afrikanische oder afrozentrische Trachten trugen. Stehende oder trommelnde Figuren wurden oft neben Gedichte gestellt.[113] Die Herausgeberinnen betonten ihre Verbundenheit mit Afrika, sei sie nun echt oder vorgestellt, und bildeten Figuren und Tiere ab, die auf afrikanischen Symbolen und Kosmologien beruhten. Mehrere dieser Bilder zeigten eine imaginäre Darstellung Afrikas, die bisweilen die verschiedenen Länder des Kontinents essenzialisierte. Doch offenbaren sie auch die Bereitschaft afrodeutscher Frauen, sich mit gegenderten Themen der Schwarzen Diaspora auseinanderzusetzen.

Alle Ausgaben enthielten jeweils einen mit »Göttinnen, Symbole, Mythen und Magie« überschriebenen informativen Artikel, der sich mit traditionell mächtigen Frauen in verschiedenen Raumzeiten beschäftigte – ein Motiv, das auch in der euroamerikanischen Tradition der 1970er und 1980er Jahre üblich war. Die von Ja-El geschriebenen Artikel befassten sich mit unterschiedlichen religiösen Figuren und Kosmologien in Afrika und Europa.[114] Schwarze Deutsche beleuchteten die matriarchale Tradition weiblicher Macht und Spiritualität in der afrikanischen Geschichte und inwiefern diese Matriarchinnen ihr Schicksal aktiv mitgestalteten. Afrikanische Göttinnen waren aufgrund der Verschiedenheit afrikanischer Länder Trägerinnen vielschichtiger Bedeutungen, und Ja-El nutzte diese Vielfalt, um mit dem Mythos, wonach der Kontinent immer schon patriarchal war und seine Frauen unterdrückte, abzurechnen. Sie zeigte auf, wie afrikanische Frauen Macht ausübten, ihren Beitrag für die Gesellschaft leisteten und in ganz Afrika Präsenz zeigten. Ja-El erkannte, dass die vergangenen Taten ihrer afrikanischen »Vor-Mütter« für ihre Gegenwart und Zukunft von entscheidender Bedeutung waren. Für mehrere afrodeutsche *Afrekete*-Autorinnen wurden diese afrikanischen Vorfahrinnen zu notwendigen und nützlichen diasporischen Ressourcen. In diesem Sinne beteiligten sich afrodeutsche Frauen an einer im 20. Jahrhundert verbreiteten diasporischen Kultur der Selbststilisierung. Die Schaffung Schwarzer diasporischer Wurzeln war unter Menschen afrikanischer Herkunft nicht unüblich, wobei einige diasporische Literatur lasen, während andere wie Angela Davis und weitere Vertreter*innen der »Black is beautiful«-Bewegung afrozentrische Kleidung trugen und sich ihre Haare wachsen ließen. Schwarze deutsche Frauen bewahrten sich Aspekte afrikanischer und diasporischer Kultur, machten diese bekannt und begrüßten eine frauenbewegte Politik, die ihnen ein Gefühl von Handlungsfähigkeit verlieh.

Darüber hinaus unterstrichen die Herausgeberinnen von *Afrekete* die kritische Rolle afrikanisch-diasporischer Weiblichkeit und schufen in ihren Gedichten und Prosatexten eine Genealogie Schwarzer Frauen. In der ersten Ausgabe beklagten sie den Tod der 45-jährigen

Dulcie September, einer Anti-Apartheid-Aktivistin, die am 19. März 1988 in Paris ermordet worden war. September, Leiterin des ANC-Büros in Frankreich, war die Chefrepräsentantin des ANC in der Schweiz und Luxemburg.[115] Sie wurde vor ihrem Pariser Büro mit einem schallgedämpften Gewehr erschossen. Marion Kraft widmete ihr ein zweiseitiges Gedicht mit dem Titel »Für Dulcie September«.[116] Darin beschrieb Kraft sie als »Botschafterin der Freiheit in der Stadt der Freiheit«, deren Worte »Waffen waren […] scharf und gefährlich für das Regime in Pretoria«.[117] Sie nannte September ihre Schwester und brachte damit ihre familiären und affektiven Bindungen zu September zum Ausdruck. Indem sie eine Verbindung zu anderen Frauen der Diaspora wie Mmanthatisi, Zora Neale Hurston und Rosa Parks herstellte, verortete Kraft September innerhalb der Tradition starker Schwarzer Frauen. Sie hob die Besonderheiten diasporischer Wurzeln und Wege hervor und erkannte Schwarze Frauen als mächtige historische Akteurinnen. Neben oben genannten Frauen bezog sich Kraft auf den Song »Nomzamo«. Nomzamo war eine kleine Schwarze Township am westlichen Kap von Südafrika und Winnie Mandelas Vorname. Zuletzt verwies sie auf Lordes Gedicht »Es gibt keine ehrlichen Gedichte über tote Frauen«.[118] Krafts Gedicht hatte die Funktion einer Intervention, die versuchte, das allgemeine Bewusstsein über Schwarze Frauen zu verändern. Es sollte sicherstellen, dass ihre Errungenschaften in Erinnerung gehalten und dokumentiert werden. Sie und andere ADEFRA-Feministinnen verbanden sich immer wieder mit Frauen aus Südafrika und anderen afrikanischen Ländern.[119]

Autorinnen von *Afrekete* beklagten auch den Tod anderer Schwarzer Frauen, die, wenngleich weniger bekannt als September, ihre Erfahrungen weitergegeben und sich für soziale Gerechtigkeit eingesetzt hatten. Sie enthüllten, wie Frauen ausgelöscht wurden. *Afreketes* Ausgabe *schwarzer Feminismus* enthielt eine Gedenkschrift für ihre afrodeutsche Schwester Claudia. Die Autorinnen empfanden es als großes Unglück, dass »wieder einmal eine schwarze Frau es nicht geschafft hat zu überleben«.[120] Obwohl Claudia Selbstmord begangen habe, sei die breitere rassistische deutsche Gesellschaft mit Schuld an ihrem Tod. Neben einem Schwarzweißbild von Claudia widmeten sie ihr die Übersetzung eines Liedes der afroamerikanischen Sängerin Tracy Chapman, »She's Got Her Ticket«. Chapmans Song handelt vom Wunsch einer Frau, den Härten einer Gesellschaft zu entkommen, in der Unterwerfung und Hass allgegenwärtig waren. Wieder stellten afrodeutsche Frauen eine Verwandtschaftsbeziehung, diesmal zwischen sich, Claudia und Chapman, her. Sie alle waren Frauen der Diaspora mit sich überschneidenden Unterdrückungserfahrungen. Angesichts ihres Ausgeschlossenseins in Deutschland war dies eine wichtige antirassistische und queere Strategie.

Autorinnen von *Afrekete* haben sich auch mit versklavten Frauen in Beziehung gesetzt und das historische Erbe der Versklavung untersucht. Die Symbole des Kolonialismus und der Versklavung (Schiffe, Märkte und der Verkauf von Menschen, als seien sie Vieh) ließen sich mit umfassenderen Themen wie Vertreibung, Entmenschlichung, Entfremdung und rassistischer Verfolgung verknüpfen, die Menschen innerhalb der gesamten Diaspora zu ertragen hatten.[121] Wenngleich die Mittelpassage für die Schwarze deutsche Community nicht die zentrale Erzählung und Überlieferung darstellte, positionierten sich die Frauen dennoch innerhalb dieser globalen Geschichte und wiesen nach, wie die Vergangenheit ihre Gegenwart prägt. Die Tatsache, dass sie in der Zeitschrift ihre Verbindung zu ihren diasporischen »Vor-Müttern« und Schwestern (Verwandten) aufbauten, stärkte die Bindungen Schwarzer Deutscher untereinander und unterstrich die Bedeutung, die das Aufschreiben dieser Erzählungen hatte. Ähnlich beschäftigte sich Kraft in dem Beitrag »Schwarze Vor-Mütter I« mit dem reichen Erbe der Schwarzen diasporischen Vorfahrinnen und dem Intellektualismus Schwarzer Frauen.[122] Sie diskutierte den Gedichtband *Poems on Various Subjects, Religious, and Moral* (1773) von Phillis Wheatley, die vielen Schwarzen Schriftsteller*innen jenseits des Atlantiks, darunter Ralph Ellison, Toni Morrison und Alice

Walker als Vorbild diente.[123] Wheatleys Sprachbeherrschung und Fähigkeit, einen literarischen Raum zu schaffen, standen beispielhaft für den Intellektualismus Schwarzer Frauen. Sie hatte erreicht, was afrodeutsche Schriftstellerinnen in *Afrekete* und anderen Kulturzeitschriften vorhatten. Kraft beschrieb, welche Umstellung es damals für weiße Männer bedeutete, eine afrikanische Frau zu sehen, deren intellektuelle Fähigkeiten es mit den ihren aufnehmen konnten, ohne dass diese »ihre Stimmen hörbar machen konnten«.[124] Sie gab einen Überblick über Wheatleys Leben und schilderte, wie diese dafür kritisiert wurde, dass sie sich wenig für ihren afrikanischen Hintergrund, die Schwarze Race und amerikanische Versklavungspolitik interessierte.

Doch Kraft hatte kaum die Absicht, Wheatleys Wert für Schwarze Deutsche und die Schwarze Diaspora im weiteren Sinne zu schmälern. Wheatley ging in ihren Gedichten zwar nicht auf Afrika oder ihr Erbe ein, dennoch beanspruchte sie eine afrikanische Identität, die nicht an eine spezielle Region oder Gruppe wie die Igbo, Kongo oder Yoruba gebunden war. James Sidbury zufolge »half [Wheatley], den mit Konnotationen von Primitivismus und Wildheit aufgeladenen Begriff [afrikanisch] in eine Quelle des Stolzes zu verwandeln, [wofür] sie die üblichen, von Denkern der Aufklärung geprägten Darstellungen des Ortes – oder Nicht-Ortes – Afrika innerhalb der fortschreitenden Universalgeschichte der Menschheit in Frage stellen musste«.[125] Wheatley hatte zusammen mit anderen Autor*innen afrikanischer Herkunft einen positiven Diskurs über afrikanische Identität angestoßen. Und nun setzten sich Schwarze Deutsche mit dem Erbe der Aufklärung auseinander und benutzten die »Werkzeuge der Herrschenden«, um Vorstellungen von Deutschsein zu transformieren: Mithilfe von Sprache verflochten sie unterschiedliche kulturelle Wurzeln miteinander und schufen neue Bedeutungen. Kraft zeigte, dass Afrodeutsche Teil dieser fruchtbaren diasporischen Geschichte waren. Ihr Artikel hatte insofern didaktische Funktion, als er Schwarze deutsche Frauen mit Schwarzen Autor*innen der Diaspora bekanntmachte und die kulturelle Vormacht der weißen Deutschen infrage stellte.

Afrekete ermöglichte es afrodeutschen Schriftstellerinnen, Literatur als Ort eines Race überschreitenden, interkulturellen Dialogs und der Freundschaft unter Frauen zu nutzen. Diese Beziehungen waren untrennbar von ihren neu gestalteten Identitäten. Mit dem Schreiben ergriffen sie die Chance, Jahre der Traumata und Verluste, der Demütigungen und Traurigkeit psychologisch zu verarbeiten. In diesem Sinne erlaubte es *Afrekete,* dass eine kollektive Reinigung stattfand, die diesen minorisierten Frauen das Überleben sicherte. Nachdem sie das Schreiben als kollektives antirassistisches Projekt entdeckt hatten, konnten sie ihre Isolation überwinden und sowohl Trost als auch eine Community für sich entdecken. Wie die türkisch-deutsche *taz*-Autorin Gülbahar Kültür in einem Artikel über Schwarze deutsche Schriftsteller*innen bemerkte, war »Schreiben [für sie] Alltagsbewältigung, Identitätsfindung und Einbruch in eine geschlossene Gesellschaft: Bissige, direkte und sprachlich unkomplizierte Texte, in denen Mut, Wut, Lebensfreude und Kampf spürbar sind. Ein neuer Aspekt in der gegenwärtigen deutschen Frauenliteratur.«[126] Schreiben war eine affektive Praxis, die Schwarze deutsche Frauen befähigte, Verwandtschaftsbeziehungen einzugehen und neue belebende Räume zu schaffen, die sich mit ihrer Vertreibung und Unsichtbarmachung befassten. Schreiben konnte aber auch eine Quelle der Freude sein. Die Frauen begrüßten Lordes Idee, wonach Schreiben »[f]ür uns [...] überlebensnotwendig« sei.[127] Afrodeutsche Frauen warteten nicht mehr länger stumm auf Anerkennung. Sie forderten sie ein.

* * *

Ortsgruppen von ADEFRA und die Zeitschrift *Afrekete* repräsentierten ein kritisches Schwarzes queeres feministisches Projekt, das als Instrument des Widerstands gegen Unterdrückung und Ausschluss fungierte und alternative Verwandtschaftsbeziehungen beförderte. Dieses Projekt regte unterschiedliche Diskurse und Narrative an, die sich um Schwarzsein, Frausein, Queersein sowie Schwarzen Internationalismus drehten und den Status quo hinterfragten. Die kulturellen Praktiken und Produktionen Schwarzer Deutscher schufen Räume für eine Reihe von Frauen, die zu Akteurinnen wurden und ihren Ort innerhalb des Landes sowie der weltweiten Schwarzen Diaspora einforderten. Sie nahmen die neu geschaffenen Räume als Chance an, sich selbst zu erhalten und ihre kollektiven Ziele durchzusetzen. Insbesondere ADEFRA und *Afrekete* entwickelten sich zu inklusiven Räumen, die es afrodeutschen Frauen ermöglichten, ihre Identitäten neu zu verhandeln, an kollektiven Aktionen teilzuhaben und ihre Bindungen zu anderen afrodeutschen Frauen und Frauen of Color zu festigen. Diese Feministinnen und Intellektuellen des Alltags arbeiteten miteinander, um die gegenderten und rassifizierten Kämpfe, unter denen sie litten, anzugehen. Die Allianzen bargen auch die Gefahr persönlicher Konflikte und interner Unruhen.

Afrekete trug die Handschrift Lordes und stieß bei afrodeutschen Frauen und anderen Frauen of Color auf Widerhall, weil die Zeitschrift ihnen half, eine neue, von Texten getragene Community aufzubauen, der es vor allem um eine frauenzentrierte Schwarze Diaspora ging. Diese neue literarische Entwicklung ermöglichte die Schaffung neuer sozialer Bindungen, die afrodeutsche Frauen mit einem tiefen Gefühl der gegenseitigen Verpflichtung erfüllte. Im Zentrum der alternativen Verwandtschaftsbeziehungen zwischen ihnen standen affektive Verbindungen, die zu einer Praxis neuer Zugehörigkeitsformen führten. Indem die Frauen sich auf gegenseitige Abhängigkeiten und Freundschaften verließen, interagierten sie miteinander und vertrauten einander. Hatte die Unterdrückung, die afrodeutsche Frauen erdulden mussten, sie an die Ränder der Gesellschaft gedrängt, waren sie nun vereint. Sie machten ihr Schwarzes Deutschsein publik und führten so vor Augen, dass ihre Marginalität nicht länger negativ besetzt oder bedeutungslos war. Ihre Beziehungen untereinander symbolisierten die Stärke, die diese Schwarzen Frauen besaßen. Sie verfolgten unterschiedliche Formen eines diasporischen Aktivismus, der auf das Zusammenspiel zwischen dem Lokalen, Nationalen und Internationalen fokussiert war. Unabhängig von den regionalen Unterschieden zwischen ADEFRA München, Hamburg und Bremen (zwischen Norden und Süden) begannen diese Gruppen zusammenzuarbeiten und formulierten gemeinsame organisatorische Ziele, die in ganz Deutschland Widerhall fanden. ADEFRA-Feministinnen erkannten, dass ihre Beziehungen und ihre Freundschaft als Werkzeuge der Koalitionsbildung und Wissensproduktion dienten. Sie schufen Allianzen und Netzwerke, die für ihren Aktivismus notwendig waren.

Schwarze deutsche Frauen nutzten ihren intellektuellen Aktivismus auch dazu, den hartnäckigen, wenngleich oft unausgesprochenen Glauben zu destabilisieren, wonach die deutsche Identität ausschließlich weiß und heteronormativ sei, und lenkten die Aufmerksamkeit auf ihre persönlichen und kollektiven HERstorys im Hier und Jetzt. Durch die Kraft des Schreibens und des intellektuellen Aktivismus ließen Schwarze deutsche Intellektuelle des Alltags, darunter Oguntoye und Ayim, die Geschichten Schwarzer Deutscher wieder aufleben, indem sie mit *Farbe bekennen* das Erbe von Schwarzsein und der Diaspora in Deutschland offenlegten und bewahrten. *Farbe bekennen* und andere Kulturproduktionen Schwarzer Deutscher brachten Schwarze Deutsche auf die gesellschaftliche Landkarte und drängten Menschen von nah und fern, Zeug*innen der Lebendigkeit und Handlungsfähigkeit dieser diasporischen Community zu werden.

4
Intellektueller Aktivismus und transnationale Überquerungen Schwarzer deutscher Frauen

May Ayim und Katharina Oguntoye hatten sich bereits vor der Gründung von ISD und ADEFRA getroffen und tauschten untereinander und mit anderen Schwarzen Deutschen im Land ihre Geschichten aus. Dieser Austausch fand sich zusammen mit Essays und Gedichten in dem bahnbrechenden Buch *Farbe bekennen* wieder, das 1986 erschien. Darin schrieben Ayim, Oguntoye, Helga Emde, Eleonore Wiedenroth-Coulibaly und andere Frauen über ihre Erfahrungen als Schwarze Deutsche (und Schwarze Europäerinnen) und erzeugten eine Instanz von Schwarzem Deutschsein, die überkommene Vorstellungen von Identität und Kultur transformierte. Das Buch rehabilitierte darüber hinaus für mehrere Generationen Schwarzer Deutscher ihre Weiblichkeit, indem es kontrollierende Bilder außer Kraft setzte.[1] Die Texte afrodeutscher Frauen in *Farbe bekennen* stellten für ihre weißen deutschen Mitbürgerinnen eine zwingende Aufforderung dar, sich mit der eigenen Gleichgültigkeit, ihrer Ignoranz und ihren Vorurteilen zu befassen. Afrodeutsche Frauen nutzten Erfahrungen und Erinnerungen als diskursive und affektive Instrumente, um Verbindungen zueinander zu knüpfen und ihr Wissen über Schwarze deutsche Geschichten aus der Zeit vor und nach 1945 zu verbreiten. In *Farbe bekennen* und anderen afrodeutschen Veröffentlichungen sagten Schwarze deutsche Frauen ihre Wahrheiten, sie gruben ihre unterdrückten Geschichten aus und machten ihr Wissen öffentlich. Diese Frauen verstanden Schreiben als Akt der Selbstverwirklichung und Katalysator des Wandels.

Dieses Kapitel legt dar, dass Schwarze deutsche Frauen – darunter ihre sichtbarste Repräsentantin May Ayim – mit der Veröffentlichung von *Farbe bekennen* zu Intellektuellen des Alltags wurden. Diesen Sammelband zeichnete eine vernakulare Literatursprache aus, deren Form und Inhalt queere Elemente enthielten und die auf einem fundierten Schwarzen Wissen basierte. Die Frauen rüttelten an deutscher Identität und normativer Staatsbürgerschaft; sie normalisierten ihr Schwarzes Deutschsein und positionierten sich innerhalb und gegen deutsche Diskurse. Dabei transformierten sie Ideen, Bedeutungen und Symbole rund um das Weißsein und die nationale Identität. Mit ihrem Schreiben bildeten Schwarze deutsche Frauen neue intellektuelle Praktiken aus und verfolgten einen intellektuellen Aktivismus, der ihre Erfahrungen dokumentierte und bewertete. Als Produzentinnen von Schwarzem Wissen entwarfen sie Diskurse und Narrative, die sie ermächtigten. Die Literatur diente als Bühne für ihren basispolitischen Aktivismus. Im In- und Ausland setzten sie sich für soziale Gerechtigkeit ein, wehrten sich gegen Diskriminierung und riefen zu antirassistischer Aktion auf.

Ihr intellektueller Aktivismus positionierte afrodeutsche Frauen innerhalb der komplexen Öffentlichkeit im Deutschland der späten Nachkriegszeit.[2] Doch durch ihre Literatur schufen Schwarze deutsche Intellektuelle des Alltags eine frauenzentrierte Schwarze öffentliche Kultur und besetzten neue Räume für ihre Identität und Bewegung innerhalb einer mehrheitlich weißen Gesellschaft, die ihre Existenz sowohl ignorierte als auch auslöschte.[3] *Farbe bekennen* und andere Schriften öffneten Räume für Schwarze Literatur und Schwarze Geschichte (von Frauen) und zeigten, wie verwoben das Persönliche, Affektive, Öffentliche und Politische in den täglichen Kämpfen waren. Ihre Strategien waren darauf ausgerichtet, das Gesicht des Landes zu verändern. Sie symbolisierten die Annäherung von Schwarzen und feministische Themen, die in Deutschland Aufmerksamkeit forderten. Schwarze deutsche Frauen entwickelten eine intellektuelle Tradition, die sich bei Schwarzen diasporischen, deutschen und anderen multikulturellen Gebräuchen bediente und so die breit gefächerten Interessen und Praktiken ihrer Community widerspiegelten. Mit ihren literarischen Interventionen vermittelten sie zwischen sich überlappenden öffentlichen Kulturen und zeigten, inwiefern ihre Literatur diasporisch und gleichzeitig deutsch war. Indem ich die Herstellung von alternativen Diskursen und Narrativen durch Schwarze Deutsche untersuche, möchte ich ein Korrektiv zu dem sich in der deutschen Geschichte beharrlich haltenden Irrtum schaffen, wonach ihre geringe Zahl gleichbedeutend sei mit dem Fehlen ernstzunehmender intellektueller Beiträge. *Farbe bekennen* hob die Bedeutung dieser Intellektuellen des Alltags hervor, indem es ihre Erzählungen und Erfahrungen begreiflich machte.

Die Literatur Schwarzer deutscher Frauen schuf die Gelegenheit für eine Reihe von Übergängen, die den Frauen eine Überschreitung unterschiedlicher geografischer, kultureller und nationaler Grenzen ermöglichte und ihnen half, sich die Diaspora, ihr Schwarzsein und ihre Marginalität neu vorzustellen. Damit ähnelten sie anderen Schwarzen Schriftstellerinnen, die sich in multiplen Räumen positionierten, um sich mit Frauen auf der ganzen Welt zu verbinden, die zuvor »von Zeit und Raum ent-koppelt« waren.[4] Schwarze deutsche Frauen wie Ayim, Oguntoye, Emde und Wiedenroth-Coulibaly verkörperten diese Idee von Grenzüberschreitung. Doch ragt Ayim im Vergleich zu den anderen heraus, da sie mit ihrem schriftstellerischen Werk internationale Bekanntheit erlangte. Für viele wurde sie zum Gesicht und zur Stimme der Schwarzen deutschen Community. In ihrem Schreiben versuchte sie, die gesellschaftlich, kulturell und politisch konstruierten Grenzen aufzulösen, die Schwarze Deutsche, türkische Deutsche sowie andere Minderheiten und migrantische Communitys in Deutschland marginalisierten. Zunächst 1986 mit *Farbe bekennen* und später im Kontext der Nachwendejahre zeigen Ayims Texte, wie sie sich als Intellektuelle des Alltags weiterentwickelt hat. Fraglos brachte sie Alltagserfahrungen mit Rassismus prägnanter auf den Punkt als dies in anderen deutschen Diskursen der Fall war, weil sie das Akademische mit dem Alltäglichen zusammenbrachte.

Sie stieß Diskussionen an, die die Komplexität der Dritten Welt sowie die Fortdauer von Race und Rassismus hervorhoben. Und sie machte auf die rassistischen Folgen des Mauerfalls für Schwarze und Menschen of Color aufmerksam. All das zusammen formte ihren Schwarzen Internationalismus.

Frauen erheben in *Farbe bekennen* ihre Stimme

Von und für Afrodeutsche geschrieben, war *Farbe bekennen* eine feministische und diasporische Intervention, mit der die Autorinnen ihrer Politik und Poetik der Repräsentation Ausdruck verliehen. Da sie zwischen 16 und 70 Jahre alt waren, konnte das Buch die Parameter von Schwarzsein, Weiblichkeit, Wissen und Queersein über unterschiedliche Raumzeiten neu definieren und zu neuen Seins-, Wissens- und Denkformen anregen. Das in diesem Buch geschaffene Wissen über Gender und Race konstituierte Schwarze deutsche Identitäten und Erfahrungen, offenbarte jedoch zugleich die Prozesse deutscher Diskriminierung, die negative Vorstellungen von Schwarzsein und/oder Anderssein zur Norm erklärten. Ayim und Oguntoye benötigten zwei Jahre (1984–1986), um das Buch zu schreiben, zu recherchieren und Interviews zu führen. Veröffentlicht wurde es im Orlanda Frauenverlag, dessen Verlegerin Dagmar Schultz als Mitherausgeberin fungierte.

In *Farbe bekennen* beriefen sich Ayim und Oguntoye auf intellektuelle Strategien, die traditionelle Ansätze und lineare Erzählformen mieden und stattdessen Gedichte, autobiografische Texte, historische Aufsätze, Interviews und Ayims Recherchen für ihre Magisterarbeit einfließen ließen.[5] Die epistemischen Akte der beiden Frauen erwiesen sich als entscheidend und machten Schwarzes Wissen erfahrbar. Ayims Vertrautheit mit europäischen Schwarzen und anderen Intellektuellen war beeindruckend. Sie verschaffte ihrer analytischen

Cover von Farbe bekennen. Afro-deutsche Frauen auf den Spuren ihrer Geschichte, *1986*

Stimme Gehör und stützte ihre Behauptungen auf Angela Davis, Simone de Beauvoir, Frantz Fanon, Walter Rodney, Jean Paul Sartre und andere. Als Intellektuelle des Alltags stellte Ayim den europäischen Kanon in Frage, vermittelte und dekolonisierte deutsches Wissen. Das Buch würdigt die Rolle aller Mitwirkenden als Schwarze deutsche Subjekte und Produzentinnen von Wissen. Dies wird bereits auf dem Buchcover sichtbar, auf dem unterschiedliche Generationen afrodeutscher Frauen zusammen als Akteurinnen abgebildet sind. Der Titel »Farbe bekennen« bedeutet, die eigene Hautfarbe anzuerkennen: »zu dem stehen, was man ist/glaubt«.[6] Die Frauen glaubten an sich und ihr Projekt, sie bewarben ihre »texturierten Identitäten« und begrüßten Alterität und Diversität. Dies eröffnete ihnen flexible Verhandlungspositionen und mannigfache Möglichkeiten innerhalb des deutschen Gemeinwesens.[7]

Vor *Farbe bekennen* war im Deutschland der 1970er und 1980er Jahre eine Vielzahl von Autobiografien erschienen, die nicht länger vom »Selfmademan« handelten, sondern die Dokumentation und Artikulation persönlicher Erfahrungen durch das weibliche Subjekt in den Mittelpunkt rückten. Deutsche Autorinnen strebten nach Anerkennung, vertraten die Formel »das Persönliche ist politisch« und nutzten ihre Texte als eine Art der Bewusstseinssteigerung.[8] Die Autorinnen brachten statische Vorstellungen des Selbst ins Wanken und praktizierten unterschiedliche Formen der Selbstdarstellung. *Farbe bekennen* glich dieser Form von Literatur und stimulierte eine neue Schwarze deutsche Schreibkultur, die die deutsche Literatur verändern sollte. Wie andere Nachkriegsintellektuelle betonten Schwarze deutsche Frauen in ihren Texten den öffentlichen Gehalt und Charakter von Ideen. Sie glichen auch ihren Schwarzen Schwestern wie der in London lebenden und aus Trinidad stammenden Aktivistin Claudia Jones oder der Schwarzen britischen Feministin Stella Dadzie, die mit ihren Texten gegen europäischen Imperialismus, weißes Überlegenheitsdenken und Klassenunterdrückung anschrieben. *Farbe bekennen* war Teil einer breiteren kulturellen Entwicklung, deren Ziel es war, »weibliche Subjekte in literarische Identität einzuschreiben« und den ungehörten Schwarzen deutschen Frauen eine Stimme und Plattform zu geben.[9]

Wie im ersten Kapitel gezeigt, war Audre Lorde eine selbstermächtigende Figur, die Schwarze deutsche Frauen ermutigte, ihre eigenen Erzählungen zu verfassen. Einmal sagte sie sogar, solange sie nicht ihre HERstorys gehört habe, werde sie kein weiteres Wort schreiben. Als Oguntoye 20 Jahre später über Lordes Einfluss nachdachte, schrieb sie: »[Audre Lorde] forderte uns auf, unsere Existenz und Erlebnisse einander und der Welt bekannt zu machen«.[10] Ähnlich erklärte die Schwarze deutsche Aktivistin Peggy Piesche 2012: »Diese Schwarzen Frauen und Lesben traten aus gesellschaftlicher Isolation und Verleugnung heraus, wurden buchstäblich sichtbar und schrieben sich damit ein in eine Geschichte, deren Bedeutung sie im Kontakt mit Audre Lorde erkannten.«[11] In einem Interview aus dem Jahr 2007 bemerkte die Schwarze deutsche Aktivistin Ekpenyong Ani: »Ich glaube, dass Audre von Anfang an sehr klar erkannte, wie wichtig der Impuls oder die Herausforderung des Schreibens für Schwarze Menschen in Deutschland war. Es bot die Möglichkeit, in eine Existenz, in eine Sichtbarkeit zu kommen, so dass überhaupt jemand merkte, dass es uns gab.«[12] Schwarze deutsche Frauen sahen, wie Lorde sie dazu drängte, sich die Anerkennung zu sichern, die sie nötig hatten und verdienten. Sie begannen, sich öffentlich auszudrücken und den Ton der Bewegung zu bestimmen.[13]

Afrodeutsche Frauen verbanden ihre persönliche Situation mit derjenigen der transnationalen Schwarzen Diaspora. Ayim und Oguntoye bestätigten dieses Gefühl in der Einleitung von *Farbe bekennen*: »Indem wir unsere Spuren in der Geschichte Afrikas und Deutschland entziffern und mit unseren subjektiven Erfahrungen verbinden, werden wir uns unserer Identität sicherer und können sie nach außen offensiver vertreten. Vielleicht werden wir dann von der mit Unwissenheit und Vorurteilen durchdrungenen Öffentlichkeit nicht mehr einfach übersehen.«[14] Einige Afrodeutsche, das sei hier angemerkt, verbanden ihre Identität nicht mit Afrika.[15] Nichtsdestotrotz machte das Buch die persönlichen Erfahrungen seiner Autorinnen und Leser*innen deutlich und stellte einen Versuch dar, eine Verbindung zur Diaspora und zu anderen unterdrückten Communitys in Deutschland und weltweit herzustellen.

Angesichts der Tatsache, dass es in Deutschland damals keine verbundene Schwarze Community gab, ermöglichte ihnen die Schwarze Literatur, die sie lasen, eine »spirituelle Verbindung« zu anderen Menschen der Diaspora aufzubauen. Sheila Mysorekar sagte, »jetzt, da wir damit angefangen haben, selbst zu schreiben, müssen wir uns nicht mehr nur von den Büchern ernähren, die uns erreichen. Wir können eigene Botschaften verschicken. Jetzt ist es an uns, [das Wort] zu verbreiten.« Und weiter: »[Schwarze Deutsche] verdanken der Schwarzen Literatur – afroamerikanischen oder asiatisch-amerikanischen, karibischen, afrikanischen und asiatischen Romanen, Essays, Theaterstücken, Gedichten – sehr viel. Und es waren Schwarze Schriftstellerinnen, die uns beigebracht haben, uns selbst als Schwarze deutsche Frauen zu behaupten.«

Sie zitierte Autorinnen wie Alice Walker, Toni Morrison, Maya Angelou, Paule Marshall und Ntzoke Shange, aber auch asiatischamerikanische Autorinnen wie Bharati Mukherjee and Amy Tan, die sie als Schwarz bezeichnete, und betrachtete sie alle als inspirierende Vorbilder für den Schwarzen deutschen Intellektualismus. Ihre »Bücher verbanden uns weniger mit unseren Wurzeln in Afrika oder Asien, sondern führten uns in die internationale Community der Schwarzen Diaspora ein«.[16] Schwarze deutsche Frauen sahen in den älteren Schwarzen Schriftstellerinnen ihre intellektuellen Vorläuferinnen. Als diasporische Ressourcen halfen diese Schwarzen Autorinnen Schwarzen deutschen Frauen, Akte der Selbststilisierung und Selbstbestätigung zu vollziehen, während sie sich mit »den gesellschaftlichen Zusammenhängen von Rassismus« in Deutschland auseinandersetzten.[17] Sie machten sich Ressourcen zu eigen, die sie von ihren weißen Verwandten nicht bekommen konnten.

Verweise auf diasporische Ressourcen gab es in *Farbe bekennen* im Überfluss. Raja Lubinetzki etwa unterstrich die Bedeutung afrikanischer und afroamerikanischer Literatur für ihre Entwicklung als Lyrikerin. Sie war in der DDR aufgewachsen, begann mit 14 Jahren zu schreiben und machte sich mit Richard Wrights *Native Son* (dt. *Sohn dieses Landes*), den Schriften James Baldwins und anderer aus der »Black is beautiful«-Bewegung vertraut.[18] »Durch die afroamerikanische und afrikanische Literatur konnte ich mich wenigstens definieren«, so Lubinetzki. Dichtung wurde zu einer gewohnten und expressiven Form, durch die sie ihr Selbstwertgefühl entwickelte.[19] Schreiben war für sie auch Katharsis und half ihr, die Wechselfälle ihres Alltags in der DDR zu verarbeiten. Dort lautete die offizielle Parole, dass im Kampf gegen den westlichen Kapitalismus alle Kameraden seien. Die Behörden etablierten eine Politik der Geschlechtergleichheit am Arbeitsplatz, wenngleich Frauen weiterhin Härten zu ertragen hatten, insbesondere wenn es darum ging, die Anforderungen von Haushalt und Arbeit in Einklang zu bringen.[20] Die Behörden begrüßten zudem die Rekrutierung von Afrikaner*innen als Teil ihrer internationalen Solidarität. Doch entsprach die propagierte Gleichberechtigung von Race für diese Afrikaner*innen, Schwarze Deutsche und Menschen of Color, die täglich mit Vorurteilen zu kämpfen hatten, kaum der Realität.[21] Weiße DDR-Bürger*innen sagten: »Wir diskriminieren Dich nicht. Wenn Du von Farbe sprichst, ist das Dein Problem«.[22] Es war klar, dass Menschen in Ost und West, unabhängig von ihrer politischen Ideologie, ähnliche Einstellungen zu Race vertraten und damit ihre Schwarzen deutschen Mitbürger*innen zum Schweigen brachten.

Eleonore »Ellen« Wiedenroth-Coulibaly, die afroamerikanisch-deutscher Herkunft war, sah Afrika als kulturellen Bezugspunkt. Ihr Wunsch, Verbindungen nach Afrika herzustellen, beruhte auf dem, was sie später einmal als »Mythos der internationalen Schwarzen Solidarität« bezeichnen sollte.[23] In »Was macht mich so anders in den Augen der anderen?« erklärte sie, dass sie oft den Kontakt zu Menschen afrikanischer Herkunft suchte. Wiedenroth-Coulibaly schrieb: »Schwarzsein eröffnete mir eine neue Ebene von Gemeinsamkeiten mit Menschen. Ich erlebte Offenheit, Freundlichkeit, selbstverständliches Aktzeptiertwerden. Ich war ›sister‹, ich gehörte dazu.« Schwarzsein und der afrikanische Kontinent im erweiterten Sinn boten ihr Schutz vor einem schwierigen und deprimierenden Leben in Deutschland und erlaubten ihr, ihre Identität neu zu definieren. Auf den Rat ihrer afrikanischen Freund*innen und Kolleg*innen hin und motiviert von dem Glauben, »da gibt es keinen Rassismus«, beschloss sie, in Afrika leben zu wollen.[24] Sie stellte sich den Kontinent als idealen Raum vor, wo Afrodeutsche, anders als in ihrer rassistischen deutschen Heimat, nicht länger unter Diskriminierung zu leiden hätten. Doch nach dem Umzug in ihre liberianische Heimat stellte sich bei Wiedenroth-Coulibaly kein Gefühl des Willkommenseins ein. Liberianische Kinder und Erwachsene nannten sie »Weiße, Weiße« oder Europäerin und unterwarfen sie so einer anderen Form von Ausschluss. Ihre schwierigen Erlebnisse in mehreren afrikanischen Ländern weckten in ihr den Drang, nach Deutschland zurückzukehren und dort zu überleben.[25] Aus diesem Entschluss erwuchs schließlich ihr Aktivismus in der afrodeutschen Bewegung, insbesondere nachdem sie akzeptiert hatte, dass Deutschland ihr Land war. Ähnlich sagte auch Julia Berger, deren Vater Italiener und deren Mutter Afrodeutsche ist, »in Afrika war es schlimm für mich«. Bergers Erfahrungen waren deshalb so unangenehm, weil Afrikaner*innen sie als Weiße ansprachen.[26] Diese Beispiele zeigen, dass Afrika für diese Frauen keine Tabula Rasa darstellte. Einige Afrikaner*innen nahmen Schwarze Deutsche als Weiße/Europäer*innen wahr. Sie wurden auch dort aufgrund ihrer Hautfarbe ausgeschlossen. In ihren Essays und Grenzüberschreitungen produzierten Schwarze deutsche Frauen Wissen über die Komplexität ihrer Identitäten in Bezug auf den afrikanischen Kontinent.

Farbe bekennen spiegelte den Wunsch, über persönliche Erfahrungen von rassistischen und frauenfeindlichen Demütigungen im privaten und öffentlichen Raum zu sprechen. Julias Mutter Astrid Berger, deren Eltern deutscher und Kameruner Herkunft waren, erinnerte sich: »Die Klassenlehrerin guckte mich an und sagte laut ›Das ist ja ein hochinteressanter Fall!‹ Ich war ein ›Fall‹, kein Mensch – wie sollte ich damit umgehen?«[27] Berger wurden oft »Fragen [...] gestellt wie: ›Sind Sie nicht froh, dass Sie immer hier bleiben dürfen?‹« Es fiel ihr schwer, »den Fragenden zu erklären, dass ich eine Deutsche bin und nirgends anders hingehen kann. Durch meine schwarze Haut befinde ich mich so oft in der Position der Erklärenden und der sich Verteidigenden, und das ist schon so, solange ich denken kann«. Auch in ihrem Beruf als Krankenschwester musste sie Diskriminierungen und rassistische Beleidigungen ihrer Patient*innen hinnehmen.[28] Angelika Eisenbrandt, deren Vater Afroamerikaner und deren Mutter Deutsche war, musste ähnlich beleidigende Begegnungen hinnehmen. Sie legte offen, wie ihr weißer Ehemann sie exotisierte und essenzialisierte, indem er etwa zu ihr sagte: »Mach doch mal Deine Haare anders. So wie bei den Schwarzen, die so richtig Wolle haben.« Er wollte, dass sie »afrikanisch aussah«.[29] An der Schule ihrer Tochter hatte es Eisenbrandt mit Leuten zu tun, die sagten, »dass es außergewöhnlich ist, wie ich aussehe«, und die »[meine Tochter] ganz erstaunt [fragen]: ›Was, das ist deine Mutter? Die sieht aber ganz anders aus.‹«[30] Diese Erzählungen zeigen, von welcher Art der alltägliche Rassismus in Deutschland war und wogegen die Bewegung anschrieb und kämpfte.

Für mehrere afrodeutsche Frauen, die in dem Buch zu Wort kommen, hatte Schwarzsein eine negative Konnotation, die sie dazu brachte, diesen Teil ihrer Identität abzulehnen. In ihrem Beitrag »Als ›Besatzungskind‹ im Nachkriegsdeutschland« sprach Helga Emde über ihre Kindheit, als Alltagsbegegnungen noch vom Erbe des Nationalsozialismus geprägt waren. Nicht nur war sie die einzige Schwarze Person in ihrer erweiterten Familie, sie musste sich auch mit dem Glauben der Deutschen auseinandersetzen, wonach Schwarz und schön sich gegenseitig ausschließen würden. Emde schrieb: »Schwarz gleich nicht existenzberechtigt. Und genauso fühlte ich mich. Immer stand ich in der hintersten Ecke, war scheu und schüchtern und glücklich, wenn ich gefragt wurde, ob ich mitspielen wollte. Aber ja, und wie gerne. Nicht existenzberechtigt. Ich durfte nirgends auffallen, sonst wäre ich nicht als kleines freches Mädchen aufgefallen, sondern als ›N…‹, ›M…kopf‹, ›Sarottim…‹.«[31] Damals waren »M…kopf«, »N…kuss« und »Sarottim…« die offen rassistischen Benennungen beliebter Süßigkeiten. Klangen sie in den Ohren weißer Deutscher scheinbar harmlos, so waren diese häufig verwendeten Begriffe für Afrodeutsche äußerst schmerzvoll. Emde versuchte sich aufgrund ihres Schwarzseins zu verstecken. Doch gleichzeitig war sie aufgrund ihres rassifizierten Körpers besonders auffällig. In Emdes Fall existierte eine Spannung zwischen ihrem Wunsch nach Unsichtbarkeit und der Abneigung gegen ihre sichtbare Differenz.

Diesem Dilemma ging sie in ihrem Gedicht »Der Schrei«, das im Anschluss an ihren Essay abgedruckt war, weiter nach. Auch darin schrieb Emde über ihre frühen Erinnerungen an weiße deutsche Kinder und Erwachsene, die sie aufgrund ihrer physischen Erscheinung ausgeschlossen hatten. Sie sahen in ihr ein monolithisches »N... kind«, das sich sowohl aufgrund seines Geschlechts als auch seiner Race zu benehmen hatte.[32] Ihr autobiografischer Bericht und ihre Gedichte waren für sie eine Form der Therapie, mit der sie jahrelang angestaute Frustrationen abbauen konnte. Diese ergreifenden Erzählungen standen für unterschiedliche Formen affektiven Wissens. Auch Ayims Essay »Aufbruch« und Oguntoyes Gedicht »Spiegel« vermittelten ähnliche Ansichten über Schwarzsein und verweigerte Teilhabe.[33] Infolge ihrer Erziehung versorgten *Farbe bekennen* und die Bewegung im weiteren Sinne Schwarze deutsche Frauen mit einem bitter benötigten Raum, in dem sie sein und ihre negativen Erlebnisse und Gefühle verarbeiten konnten. Im Verbund dienten die Beiträge als diasporische Ressourcen für sie und ihre Schwarzen Mitbürger*innen.

Farbe bekennen initiierte nicht nur das, was zum zentralen intellektuellen Projekt der Bewegung werden sollte – die Wiederherstellung der kollektiven Geschichten Schwarzer Deutscher –, sondern erregte einen hohen Grad an Aufmerksamkeit, was zeigt, welche kulturelle Schlagkraft von dem Buch ausging. Die Mitwirkenden bewarben es mit Lesungen in ganz Deutschland, in denen sie ihr Publikum informierten und Verbindungen zu ihren anwesenden afrodeutschen Mitbürger*innen aufbauten.[34] Wie andere Schwarze Deutsche erhielt Ayim zahlreiche Anfragen für Vorträge und begann sich so zu etablieren. Als Intellektuelle des Alltags besetzten diese Frauen unterschiedliche Räume, in denen sie ihr Wissen weitergaben, gesellschaftliche Dynamiken veränderten und kulturelle Normen und Standpunkte hinterfragten. Von 1986 bis 1987 besprachen so bekannte regionale und überregionale Zeitungen und Zeitschriften wie die *taz,* die *Frankfurter Rundschau,* der *Stern,* die *Emma, Zitty, Der Tagesspiegel,* die *Tarantel, LesbenStich* und die *Kieler Rundschau* den Band.[35] Dies waren nach Reichweite, Qualität, politischer Ausrichtung und Zielpublikum sehr unterschiedliche Publikationen. Darüber hinaus strahlten landesweit mehrere Fernsehsender Dokumentationen über Schwarze Deutsche aus und lösten damit Diskussionen über die Existenz und Vielfalt Schwarzer Deutscher sowie über ihre marginalisierte Stellung in der Gesellschaft aus.[36]

Im Jahr 1992 erreichte das Buch als englischsprachige, bei der University of Massachusetts Press erschienene Ausgabe mit dem Titel *Showing our Colors. Afro German Women Speak out* jenseits des Atlantiks eine noch breitere Leserschaft. Es wurde in den Vereinigten Staaten und in Kanada besprochen.[37] Die Schwarze britische Feministin und Soziologin Gail Lewis, langjähriges Mitglied der Black British Women's Group, schrieb für die britische, bei Open Letter Press in London erschienene Ausgabe von 1992 das Vorwort.[38] Leroy Hopkins hat argumentiert, deutsche Kritiker*innen würden die literarische Produktion von Afrodeutschen entweder ignorieren oder als soziologisch oder ausländisch ansehen, doch die vorangegangenen Beispiele legen angesichts der zu *Farbe bekennen* organisierten Veranstaltungen und erschienenen Besprechungen nahe, dass afrodeutsche Literatur in Deutschland und anderswo eine größere kulturelle Bedeutung hatte als gedacht.[39]

Auch nach Erscheinen von *Farbe bekennen* blieben afrodeutsche Frauen Intellektuelle des Alltags und verbreiteten ihr Wissen auf unterschiedlichen Bühnen, wo sie Diskurse über Race und Rassismus in den Mittelpunkt stellten und aufzeigten, wie wichtig die feministische Theorie *und* Praxis ist. Sie veranstalteten Lesegruppen zu unterschiedlichen wissenschaftlichen Texten. Emde publizierte in mehreren feministischen und frauenbezogenen Zeitschriften, darunter in *Afrekete* und den *Beiträgen zur feministischen Theorie und Praxis,* in letzterer vor allem für die Ausgabe von 1988 und die Sonderausgabe von 1990 zum Thema »Geteilter Feminismus: Rassismus, Antisemitismus, Fremdenhass«. Die Sonderausgabe enthielt Essays von

Ika Hügel-Marshall, Marion Kraft, Sheila Mysorekar und anderen Feministinnen beiderseits des Atlantiks, darunter bell hooks. Indem sie ihre Bereitschaft zur Zusammenarbeit mit anderen Feministinnen in Deutschland demonstrierten, bewiesen Schwarze deutsche Frauen ihr intellektuelles und akademisches Engagement und verhandelten Sexismus, Rassismus und Schwarzsein über Raumzeiten hinweg. Dabei gelang es ihnen, die Diskurse der Mainstream-Frauenbewegung zu verändern.[40] Ayim und Oguntoye beteiligten sich mit Beiträgen an dem Band *Schwarzafrika der Frauen* von 1989, in denen sie von den Gefühlen berichteten, die sie bei Reisen in die Heimatländer ihrer Väter begleiteten.[41] Für einige wuchs der Intellektualismus innerhalb der Schwarzen Community in Deutschland und darüber hinaus. So erschien etwa Emdes intellektuelle Arbeit über Schwarze Deutsche in einem englischsprachigen Band für das American Institute for Contemporary German Studies. Mysorekar veröffentlichte einen Essay in Carole Boyce Davies Sammelband über Schwarze Schriftstellerinnen.[42] Ihr gemeinsamer Intellektualismus blieb eine wichtige und nachhaltige Praxis.

Oguntoyes und Ayims Recherchen zu *Farbe bekennen* hatten entscheidenden Einfluss auf ihre künftige akademische und intellektuelle Arbeit. Oguntoye machte ihren Abschluss in Geschichte und veröffentlichte 1997 ihre Magisterarbeit unter dem Titel *Eine afrodeutsche Geschichte: Lebenssituation von Afrikanern und Afro-Deutschen in Deutschland von 1884 bis 1950*.[43] Die Arbeit enthielt eine historische Erzählung über das politische Engagement Schwarzer Deutscher in den Kolonien und in der Metropole. Mit ihrer Pionierarbeit hat sie Forscher*innen bis in die Gegenwart beeinflusst; noch heute verfolgt Oguntoye historische Projekte über Schwarze Deutsche. Ayim machte einen Abschluss als Sprachtherapeutin und promovierte später in Erziehungswissenschaften zum Thema »Ethnozentrismus und Geschlechterrollen-Stereotype in der Logopädie« zu machen.[44] Sie lehrte später an mehreren Berliner Universitäten und war weiterhin darauf bedacht, ihr Wissen weiterzugeben. Auf unterschiedlichen literarischen Bühnen bewiesen Ayim, Emde, Oguntoye und andere mit ihren Texten eine intellektuelle Autorität, die vor allem um die Themen Rassismus, Eurozentrismus, diasporische Geschichte und vergleichende Literaturwissenschaft kreiste. Sie verkörperten eine dynamische, intellektuelle, von Schwarzen deutschen Frauen geschaffene Kultur, in der sie sich als Theoretikerinnen, Leserinnen und Schriftstellerinnen behaupten konnten. *Farbe bekennen* war ein Anstoß und eine konkrete Möglichkeit für Schwarze deutsche Frauen, die eigene Identität zu festigen, eigene Ideen zu formulieren und Räume im öffentlichen Raum einzufordern.

In *Farbe bekennen* begründete Ayim mit anderen eine Schwarze deutsche intellektuelle Tradition, die auf verschiedenen deutschen und diasporischen Gepflogenheiten beruhte und in eine neue Generation Schwarzer intellektueller Gedanken einführte. In ihren Beiträgen zu dem Buch entpuppte sich Ayim als eine der wichtigsten Figuren der afrodeutschen Community. Sie wurde zu einer bekannten Intellektuellen des Alltags und Wortführerin gegen Ungerechtigkeit. Während ihrer gesamten Karriere kehrte sie zu *Farbe bekennen* zurück und gründete ihre Arbeit hierauf. Wie im nächsten Abschnitt gezeigt wird, prägten Ayims frühe Erlebnisse in Nachkriegsdeutschland ihre Praktiken als intellektuelle Aktivistin und Schwarze Internationalistin.

May Ayims frühe Jahre

Brigitte Sylvia Gertrud, Spitzname May, wurde am 3. Mai 1960 in Hamburg als Tochter der jungen Deutschen Ursula Andler und des ghanaischen Medizinstudenten Emmanuel Ayim geboren. Ayim wollte May für seine kinderlose Schwester mit zurück nach Ghana nehmen, doch an seiner außerehelichen Tochter hatte er in Deutschland keine Rechte.[45] Ihre weiße Mutter gab sie, wie auch andere deutsche Mütter von Mixed-Race-Kindern, in ein Kinderheim, wo sie zwei Jahre blieb, bis ein weißes Paar aus Münster sie in Pflege nahm. Sie kam in die Familie Opitz, die bereits Kinder hatte.

Die öffentlichen Diskurse über Gender, Race und Klassenzugehörigkeit in Nachkriegsdeutschland prägen auch die privaten Gewohnheiten der Familie. Während ihrer Kindheit fühlte sich Ayim von den leiblichen Eltern verlassen und in einer lieblosen Familie gefangen: Ihre Pflegeeltern nannten sie einen »reinrassigen Mischling«.[46] Dies war im Nachkriegsdeutschland der übliche Ausdruck für Mixed-Race-Kinder afrikanischer oder afroamerikanischer Herkunft. Während des Zweiten Weltkriegs und danach sahen viele weiße Deutsche Schwarze deutsche Kinder zwar in, aber nicht als Teil der Nation und offenbarten damit den Glauben, wonach Deutsche »rassisch« homogen seien. Hinzu kam, dass die deutsche Staatsbürgerschaft und nationale Identität auf einer biologischen Vorstellung von Weißsein beruhten und genealogischer Abstammung sowie Vaterschaft den Vorrang gaben.

Ayims Pflegeeltern glaubten fest daran, dass sie trotz ihrer Abstammung, die ihrer Meinung nach den Eigensinn ihrer deutschen Mutter und ihres ghanaischen Vaters widerspiegelte, eine Musterschülerin werden würde. Sie wurde von ihren Eltern regelmäßig wegen ihrer schulischen Leistungen, ihrem Verhalten und ihrer Hautfarbe bestraft. Ayims Pflegeeltern waren davon überzeugt, dass sie durch gutes Verhalten über den Status als »Mischling« hinauswachsen könne und teilten ihr mit, dass sie sich »immer schön anständig« zu benehmen habe, denn »was man von Dir denkt, denkt man von allen anderen Menschen mit Deiner Hautfarbe!« Besuche ihres biologischen Vaters, den sie Onkel Emmanuel oder Onkel E nannte, prägten ihre negativen Vorstellungen von Schwarzsein. Sie hatte Angst vor ihm. Ayim sehnte sich danach, weiß zu sein und »aß Seife, um zu werden wie mein Bruder«. Sie hatte Angst und trug sich mit Selbstmordgedanken. Ihre schwierige Kindheit in der Pflegefamilie »prägte sie, und die negativen Ereignisse blieben klarer in ihrem Gedächtnis als die positiven«.[47]

May Ayim (dritte von links, zweite Reihe) auf einem Klassenfoto, Münster, 17. Juli 1970

Der Austausch mit ihren weißen deutschen Lehrerinnen und Mitschüler*innen bestärkte sie in dem Glauben, Schwarzsein sei schlecht, schmutzig und böse. Eine ihrer Lehrerinnen übertrug ihr für eine Theateraufführung die Rolle des Teufels. Kinder in der Schule und Nachbarschaft nannten sie – wie Emde – »M…kopf« und »N…kuss«. Sie musste die Fragen weißer Deutscher über sich ergehen lassen, wann sie in ihr Heimatland zurückkehren werde und warum sie so gut Deutsch spreche. All dies hatte zur Folge, dass sie verstörende Vorstellungen von ihrer Schwarzen Identität entwickelte und sich nach Akzeptanz in einem Land sehnte, das sich selbst als ausschließlich weiß verstand.

Als sie älter wurde und eines Nachts spät nach Hause kam, brachen die innerfamiliären Spannungen offen aus. Diese minimale Grenzüberschreitung führte dazu, dass ihre Pflegeeltern sie aus dem Haus warfen. Danach hielt sie nur sporadisch Kontakt zu ihnen und ihren Geschwistern. Wenn sie mit ihren Eltern sprach, übten diese immer Kritik an ihr und unterstützten sie nicht. Sie diffamierten ihren Aktivismus in der Community als »krankhaften Drang, ihre Hautfarbe und ihre afro-deutsche Identität zu bewältigen«.[48]

Mit 19 war Ayim auf sich allein gestellt. Sie machte ihr Abitur, studierte an einem Lehrerkolleg in Münster und wechselte an die Universität Regensburg, wo sie einen Diplomabschluss in Erziehungswissenschaften und Psychologie erwarb. Später flog sie nach Ägypten, Ghana und Kenia und besuchte ihren biologischen Vater, der mittlerweile Medizinprofessor in Nairobi war. Zwar verbesserte sich die Beziehung zu ihm während ihres Aufenthalts nicht, die Reise ließ jedoch eine innigere Beziehung zu ihren afrikanischen Wurzeln entstehen.

Diese Umstände und die neugefundene Forscherfreiheit formten ihr Schreiben und ihre Einstellung zur diasporischen Identität und Community. Ayim überwand ihre Isolation und begrüßte die Verbindung zu Schwarzen Deutschen und anderen marginalisierten Communitys. Ihr Umzug nach Berlin im Jahr 1984 verstärkte diese Entwicklung.[49] Die Schwierigkeiten als afrodeutsche Frau in einer erklärtermaßen weißen deutschen Nachkriegsgesellschaft zeigten, wie nötig es für sie war, Verbindungen mit anderen Schwarzen Menschen und Menschen of Color zu knüpfen, die mit ähnlichen Problemen zu kämpfen hatten. Auf einer Reise nach Ghana im Jahr 1986 traf sie erneut einige Verwandte. Sie bereiste die ganze Welt, sowohl für die Arbeit als auch zum Vergnügen. Neben ihren Reisen schrieb und trat Ayim weiterhin auf. Um Ayims Engagement für Antirassismus, Feminismus und Schwarzen Internationalismus zu verstehen, gilt es, ihren Aktivismus in den Jahren zwischen 1985 bis 1996 nachzuvollziehen. Über ein Jahrzehnt pflegte sie Solidaritätsnetzwerke im In- und Ausland, die ihr Überlebens- und Widerstandsstrategien boten.

Ayims intellektueller Aktivismus in Deutschland

Trotz eines mehr als vollen Terminkalenders blieb Ayim in der Schwarzen deutschen Bewegung aktiv. Hierzu gehörte die Organisation einer Vielzahl von Konferenzen, Workshops und Projekten, darunter die Bundestreffen der ISD und die Feierlichkeiten zum Black History Month, die es Schwarzen Deutschen ermöglichte, Räume innerhalb des Landes für sich zu besetzen. Für Ayim hatte sich »mit dem Sichtbarmachen von Afro-Deutschen [...] mein persönliches Lebensgefühl verbessert«.[50] Über ihr Engagement für die ISD, und in geringerem Ausmaß auch für ADEFRA, lernte sie, Organisationstalent auszubilden und Netzwerke in ganz Deutschland aufzubauen. Zudem hielt sie weiterhin Vorträge, in denen sie sich mit Rassismus und Sexismus auseinandersetzte.

Neben der Bewegung engagierte sie sich in anderen deutschen Organisationen, die für Antirassismus und Multikulturalismus eintraten und sich internationalistischen Themen widmeten. So schloss sie sich etwa dem deutschen Zweig der Internationalen Liga für Menschenrechte an.[51] Ayim wurde Mitglied der Antirassistischen Initiative und nahm an deren im Frühjahr 1988 abgehaltenen Forum, den »Aktionstagen gegen Rassismus, Sexismus und Faschismus«, ebenso teil wie an der im Herbst 1988 folgenden internationalen Konferenz »Gegen Rassismus, Sexismus und Faschismus«.[52] Beide Organisationen saßen in Berlin und setzten sich durch Antidiskriminierungsinitiativen für Menschenrechte ein. Zwar geht aus den verfügbaren Quellen hervor, dass Ayim einen gesellschaftlichen Wandel herbeisehnte und sich an mehreren Organisationen beteiligte, die sich mit der Intoleranz und Unterdrückung in Deutschland befassten, doch wissen wir wenig darüber, wie häufig sie an Treffen und Veranstaltungen teilnahm und wie sie dort mit anderen interagierte. Unstrittig bleibt, dass sich Ayims Aktivismus außerhalb der Schwarzen Bewegung in Deutschland vor allem auf Menschenrechte im weiteren Sinn konzentrierte und ihr Engagement für die Bildung von Koalitionen zeigte.

Ayim schloss sich mit anderen deutschen Minderheiten zusammen, womit sie Lordes Mantra der verbundenen Unterschiede beherzigte und ihrer Vorstellung von Aktivismus treu blieb. Sie und die indisch-deutsche Aktivistin Nivedita Prasad organisierten 1990 in Bremen die Konferenz »Wege zu Bündnissen« für »ethnische und afrodeutsche Minderheiten« und planten für 1991 einen bundesweiten Kongress in Berlin, der sich der schwierigen Situation von migrantischen, jüdischen und Schwarzen deutschen Frauen widmete. Im Jahr 1992 veröffentlichten Ayim und Prasad die *Dokumentation: Wege zu Bündnissen* mit den überarbeiteten Tagungsunterlagen.⁵³ Für das multikulturelle Fest »Die andere Republik« von 1990 tat sich Ayim mit Frauen of Color und weißen deutschen Antirassistinnen wie Tatjana Böhm, der türkisch-deutschen Grünen-Politikerin Sevim Çelebi, der indischen Antirassistin Sanchita Basu und der Grünen Ingrid Lottenburger zusammen.⁵⁴ Auf diesen Tagungen wurden Ideen zu Deutschlands zunehmender Diversität vorangebracht und Ayim machte ihre Bereitschaft deutlich, Allianzen mit weißen Deutschen sowie mit anderen unterdrückten Communitys einzugehen, um kritische Dialoge über die drängenden Probleme des Landes anzustoßen. In den 1990er Jahren nahm sie an Treffen des Black Women's Informal Information and Support Network teil, dem Dionne Sparks, Branwen Okpako und Auma Obama angehörten, und arbeitete bewusst mit Schwarzen Frauen zusammen.⁵⁵ In einem Interview von 1995 erklärte sie, wie sehr es sie freue, dass in Deutschland allmählich Diskussionen über Rassismus und Multikulturalismus stattfänden und diese Entwicklungen die Meinungen der Menschen beeinflussten, wenngleich sie in der Gesellschaft noch nicht ihre volle Wirkung entfaltet hätten.⁵⁶

Eine wichtige Quelle ihrer politischen und emotionalen Energie war für Ayim die Lyrik. Schreiben war für sie nicht nur eine Facette ihrer Politik, Schreiben war ihre Politik. Letztlich waren es ihre Gedichte, und nicht ihr Organisationstalent, die ihr internationale Beachtung verschafften. Bei nationalen wie internationalen Spoken-Word-Auftritten verdiente sie sich Anerkennung. Aufzutreten hatte

Dagmar Schultz, Ana-Lisa Carnio, unbekannt, Ewa Boura, May Ayim und Cornelia Becker (v.l.) während einer Tagung des Vereins Literatur Frauen e.V. im Literarischen Colloquium in Berlin, 1991

für sie eine therapeutische Wirkung. Es gab ihren Erfahrungen Wert und verschaffte ihr die Gelegenheit, unterschiedliche Anliegen zu unterstützten. Im Jahr 1988 gründete sie mit anderen in Berlin den Literatur Frauen e.V. (LIT). LIT unterstützte unterschiedliche Schriftstellerinnen, veranstaltete Lesungen und betrieb Recherchen zu Frauen. Zu den Mitgliedern des Vereins zählten unter anderem Dagmar Schultz, Elsbeth de Roos (aus den Niederlanden), Ewa Boura (Griechenland) und Sonia Solarte (Kolumbien). Sie organisierten Veranstaltungen mit Autorinnen wie der südafrikanischen Feministin Ellen Kuzwayo.[57] Auch Ayim las ihre Texte und moderierte eine Podiumsdiskussion über Frauenliteratur auf der »Frauen-der-Welt«-Konferenz von 1988 und den »Afrika-Frauen-Wochen« in Berlin.[58] Auf der Frankfurter Buchmesse von 1993 war sie Teilnehmerin von »Schweigen ist schuld: Deutsch ist eine bunte Sprache«, einer Konferenz mit Autorinnen of Color.[59] Diese Veranstaltungen zeigen ihre Entschlossenheit, das Schreiben als Werkzeug der Solidarität und der Fürsprache einzusetzen.

Im Rahmen einer weiteren Podiumsdiskussion las sie 1993 aus dem Essay »Das Jahr 1990: Heimat und Einheit aus afro-deutscher Perspektive« aus dem Sammelband *Entfernte Verbindungen,* den sie mitherausgegeben hatte und der im Orlanda Frauenverlag erschienen war.[60] Darin dachte sie über das gesellschaftliche Klima nach dem Fall der Mauer nach, »die Mauer zwischen den beiden deutschen Staaten warf ihre steinigen Schatten weit voraus, und zwar direkt in die Köpfe derer, die sich mit ihr umgeben, geschmückt und abgefunden hatten – in unsere Ost-Westgehirne. Menschen aus beiden Teilen Deutschlands trafen aufeinander, wie Zwillinge, die um ihre gemeinsamen Eltern wissen, jedoch von Geburt getrennt voneinander gelebt hatten. […] Die anfängliche Begegnungs-Begeisterung zerbröckelte in unvorhergesehener Geschwindigkeit, und die trügerisch wiedergewonnene Einheitlichkeit erstickte alsbald unter dem festen, selbst fabrizierten Mantel freiheitlicher Deutschtümelei. Zuvor jedoch wurden gesamtdeutsch Fähnchen und Flaggen geschwungen.«

Sie fuhr fort: »Wer umarmte sich da in deutsch-deutscher Vereinigung, und wer wurde umarmt, vereinnahmt, verstoßen?«[61] Nach dem Fall der Mauer erweiterte sie die Diskurse über Ost-West- und Nord-Süd-Gefälle, indem sie auf die Intersektionen von Identität, Rassismus und Nationalismus aufmerksam machte. Nach ihrem Dafürhalten sollten Ost-West-Programme auch Diskussionen über den Norden und den Globalen Süden beinhalten. Ayim bemühte sich, Einzelpersonen vor Ort die Illusion der Deutschen Einheit zu nehmen, und festigte ihre Rolle als führende afrodeutsche Intellektuelle des Alltags. Sie knüpfte Verbindungen zu anderen diasporischen Schriftstellerinnen und moderierte 1994 eine Lesung von Maryse Condés damals neu übersetztem Buch *Wie Spreu im Wind*. Später schrieb sie zum selben Buch eine Kritik.[62] Diese Beispiele stehen für ihre Politik und Poetik der Repräsentation in der Praxis.

Ayims Verwendung afrikanischer, afroamerikanischer und anderer diasporischer Themen und Metaphern ermöglichte es ihr, Afrodeutsche innerhalb einer Schwarzen intellektuellen Tradition zu verorten.[63] Über ihre existenziellen und autobiografischen Gedichte, Artikel, Reden und Spoken-Word-Auftritte nutzte Ayim die ihr auferlegte marginale Position, um auf die kollektiven und individuellen Schwierigkeiten Afrodeutscher in der deutschen Gesellschaft aufmerksam zu machen. Insbesondere wehrte sie sich gegen eine weiße deutsche erkenntnistheoretische Tradition, der Männer wie Georg Wilhelm Friedrich Hegel angehörten. Hegel glaubte, den afrikanischen Anderen fehle es an Geschichte und Vernunft, weil sie »Kinder« seien. Afrikaner*innen seien weder entwicklungs- noch bildungsfähig und stünden deshalb außerhalb der europäischen Grenzen.[64] Ayims Schriften begründeten ihre Fähigkeit, philosophisch zu argumentieren und zu denken. Sie verorteten und platzierten das Schwarze Subjekt innerhalb Deutschlands und des europäischen Kontinents. Ayim ließ auch ein komplexeres Verständnis von Kultur und Nation zu; eines, das die heterogenen Geschichten Schwarzer Deutscher und anderer Minderheiten zu verschiedenen Raumzeiten, häufig außerhalb der Raumzeit der Versklavung, offenlegte. Als Intellektuelle des Alltags fing Ayim den Zeitgeist ein, in diesem Fall den Geist der Schwarzen deutschen Community, und forderte eine kritische Bewertung rassistischer Diskurse und Praktiken innerhalb der deutschen Gesellschaft. Gleichzeitig verstand und akzeptierte sie jene Unterschiede, die innerhalb des Landes existierten und es formten.

In ihren Arbeiten befasste sich Ayim mit Deutschlands kolonialen und faschistischen Vergangenheiten und lenkte die Aufmerksamkeit auf ihr Überleben innerhalb der Gegenwartsgesellschaft. Sie legte dar, dass die Geschichte deutscher Menschen of Color an rassistische Ausstellungen und rassistische Kolonialprojekte gebunden war, und zeigte, dass die afrodeutsche Geschichte weit vor der Nachkriegszeit begonnen hatte. Tatsächlich war diese Geschichte lange Zeit ein wichtiger, wenngleich oft übersehener und vergessener Bestandteil

May Ayim (links) während einer Lesung von Maryse Condé, Berlin, 2. Februar 1994

deutscher Geschichte geblieben. Sie kritisierte jene Diskurse, die von der Regierung des wiedervereinten Deutschlands und den Medien gefördert wurden, indem sie argumentierte, diese erhielten ein System aufrecht, das ein empfängliches Publikum indoktriniere. Laut Ayims Kritik produzierte die rassistische deutsche Gesellschaft Diskurse über Integration und Multikulturalismus, die ironischerweise dazu führten, deutsche Minderheiten zum Schweigen zu bringen und Dialog wie Wandel zu verhindern. Für ihren intellektuellen Aktivismus blieben diese und andere Themen von zentraler Bedeutung.

Ganz im Geiste anderer diasporischer Schriftsteller*innen fehlte es Ayims Werk nie an politischer Substanz, die es ihr erlaubte, ihre Kontakte zu pflegen.[65] Mit *Blues in schwarz weiss,* ihrem ersten, 1995 erschienen Lyrikband, bewies sie, dass Schreiben und Aktivismus für sie nicht voneinander zu trennen sind.[66] In ihren Texten und mündlichen Vorträgen zeigte Ayim, wie elastisch und melodiös die deutsche

Sprache sein kann, und erweiterte deren affektive Reichweite. Im Vorwort zu Ayims Buch bemerkte Maryse Condé: »In Mays Stimme fand ich das Echo anderer Klänge aus der Diaspora.«[67] Im Buch verwendete sie mehrdeutige Adinkra-Symbole, Sprichwörter aus Ghana und, insbesondere in Titel und Inhalt, afroamerikanische Bluestraditionen.[68] Ihr erster Gedichtband wurde in mehreren bekannten deutschen Zeitschriften und Zeitungen rezensiert. Ayim war 1995 auch für das *International Who's Who of Contemporary Achievement* nominiert, was auf ihre wachsende Bedeutung schließen ließ.[69]

Ihr Schreiben befasste sich oft mit den Themen Identität, Marginalisierung, Community und globale Diaspora. In einem unveröffentlichten Gedicht schrieb sie: »ich bin immer die andere / ich bin diejenige, die nicht existiert / ich bin so offensichtlich, / dass sie mich übersehen // ich bin die schwarze deutsche / ich bin dein widerspruch / ich bin der teil der geschichte / den du anerkennen musst / ICH BIN«.[70]

Ayim kritisierte den Unwillen der weißen deutschen Gesellschaft, Schwarze Deutsche zu akzeptieren, und schrieb sich selbst (und die Community) innerhalb der Nation ein. Sie begrüßte auch die scheinbar widersprüchliche Natur ihrer Schwarzen deutschen Identität und verband sie in einem weiteren Sinne mit deutscher Geschichte und Kultur. Ein anderes ihrer Gedichte, »grenzenlos und unverschämt«, das sich mit der rassistischen Problematik im wiedervereinten Deutschland beschäftigte, erschien in einer Sonderausgabe des afrobrasilianischen Magazins *Sim da Vida (Ja zum Leben)*. Das Magazin, das von der Gruppe Mulher negra faz poesia (Schwarze Frau schreibt Gedichte) finanziert wurde, enthielt auch Arbeiten der jamaikanisch-amerikanischen Lyrikerin June Jordan, der Simbabwerin Chiny Aradzo und der Afrodominikanerin Ochy Curiel.[71]

Mit den Gedichten »afro-deutsch I« und »afro-deutsch II« erlangte Ayim weltweite Anerkennung. Beide Gedichte entstanden 1985, während sie an *Farbe bekennen* arbeitete. »afro-deutsch I« trug sie in vielen Ländern vor, beide Gedichte wurden mehrmals veröffentlicht.

Formal changieren sie zwischen Dialog und Monolog, in dem Ayim zeitweise aus dem Gespräch verschwindet.[72] In diesen Gedichten würdigte sie die Subjektivitäten Schwarzer Deutscher, indem sie eine alltägliche Unterhaltung nachstellte und den Unwillen der weißen deutschen Gesellschaft herausarbeitete, Schwarze Deutsche zu akzeptieren. Ayim sprach Themen an, die Schwarze Deutsche fühlten und erlebten, Themen, die, wie in Kapitel drei bemerkt, auch in anderen afrodeutschen Texten eine wichtige Rolle spielten. Im ersten Gedicht beschrieb sie eine weiße Deutsche, die eine gewisse Ungläubigkeit und Faszination über Ayims angeblich paradoxe afrodeutsche Identität zum Ausdruck brachte: »Sie sind afro-deutsch? [...] / ah, ich verstehe: afrikanisch und deutsch. / ist ja ne interessante Mischung!«[73] Ayim und andere Afrodeutsche waren »interessante Mischungen«, aber keine ganz normalen deutschen Bürger*innen. Später im Gedicht fragt die Frau, ob Ayim nicht mal nach Afrika »zurück« wolle, ihren »Leuten in Afrika helfen« und die Ideale der Menschlichkeit an die »niedrigere Kultur« weitergeben.[74]

Auch in »afro-deutsch II« fokussierte sich Ayim auf afrodeutsche Identität, indem sie die Eigenschaften, die weiße Deutsche den Menschen afrikanischer Herkunft zuschrieben, ins Wanken brachte. Sie befasste sich außerdem mit den Unterschieden, die Schwarze Deutsche mit verschiedenen deutschen Minderheitengruppen wie Juden und Jüdinnen, Türk*innen sowie Sinti*zze und Rom*nja verband. Diskriminierende Praktiken, ausschließende Diskurse und struktureller Rassismus betrafen alle diese Communitys und erwiesen sich als Möglichkeiten der Solidarität.[75] Ayim identifizierte diese verbundenen Unterschiede mit den folgenden Versen, in denen die weiße deutsche Sprecherin sagt: »... hm, verstehe. / Kannst ja froh sein, daß de keine Türkin bist, wa? / Ich meine: ist ja entsetzlich, / diese ganze Ausländerhetze, / kriegste denn davon auch manchmal was ab?«[76]

Die weiße deutsche Frau sieht Ayims Race als unvereinbar mit Deutschsein und bezweifelt, dass Ayim gebürtige Deutsche sein könnte. Sie spricht ihr den Zugang zur deutschen Identität ab.

Wright zufolge »ist die afrodeutsche Identität nicht die Antithese in der Dialektik (weißer) deutscher Subjektivität. *Sie ist ganz einfach nicht existent.*« Sie argumentiert, dass das Andere helfe, die Parameter europäischer Überlegenheit zu definieren, selbst wenn die Existenz des Anderen als unbedeutend betrachtet werden sollte.[77] Wenn die weiße Deutsche fragt, ob ihr Gegenüber wie türkische Menschen die Ausländerhetze zu spüren bekäme, markiert sie dieses in ihrer Naivität als Ausländerin und von den Türk*innen sowie im weiteren Sinne von den Deutschen unterschieden. Auf einer bestimmten Ebene kann Ayim zu Deutschland gehören und gleichzeitig auch wieder nicht – aufgrund ihrer Race-Identität, die einen Teil ihrer komplexen Identität entwertet. Damit macht die Frau Ayim zur »Anderen von innen und Anderen von außen«. Dieser Widerspruch formt ihre Nicht-Existenz innerhalb der Nation. Die Frau behauptet, Ayim solle froh sein, dass sie keine Türkin sei, weil diese (bis heute) unter »diese[r] ganze[n] Ausländerhetze« zu leiden habe. Ähnlich, aber doch anders als bei Schwarzen Deutschen betrachteten weiße Deutsche türkische Deutsche als Nichtdeutsche, weil sie unausgesprochen glaubten, zum Deutschsein gehörten Weißsein und jüdisch-christliche Werte. Damit deutete die weiße Frau an, dass »ausländische« türkische Menschen mehr unter Verfolgung zu leiden hätten als Afrodeutsche, doch ironischerweise belästigte und beleidigte sie Ayim dennoch. Somit wird Fremdenhass eher noch als Rassismus als deutscher Diskurs greifbar.

Indem sie fremdenfeindliche Angriffe der Gesellschaft ansprach, erkundigte sich die weiße Deutsche nach Ayims Erfahrungen mit rassistischer Diskriminierung, gab sich dabei allerdings nur den Anschein von Aufrichtigkeit. Tatsächlich verharmloste die weiße Frau die Rolle des Rassismus bei diesen Angriffen, die noch vor dem Fall der Mauer stattgefunden hatten. Sie trivialisierte die Rassismuserfahrungen, die Ayim und andere deutsche Minderheiten machen mussten, und gab zu bedenken, dass sie als Frau ebenfalls mit einigen Problemen zu kämpfen habe.[78] Wright zufolge »ging es [Ayim] auch darum, dem afrodeutschen Subjekt einen wirksamen Gegendiskurs zur Verfügung zu stellen«.[79] Ayim entlarvte in diesen autobiografischen Gedichten die Ignoranz ihrer weißen Mitbürgerin. Ihre Texte und die Bemühungen der größeren Bewegung um intellektuellen Aktivismus machten auf konkrete Beispiele eines deutschen Alltagsrassismus aufmerksam und versuchten, die Gesellschaft von ihren rassistischen Praktiken und Anschauungen zu reinigen. Gemeinsam schufen sie Räume für Schwarze Subjekte innerhalb der Nation.

In ihren Texten leistete Ayim Kultur- und Sozialarbeit für die afrodeutsche Community. Sie schilderte ihre anhaltenden Kämpfe, die mit verbalem, körperlichem und visuellem rassistischem Missbrauch einhergingen. In weiteren Gedichten aus *blues in schwarz weiss* wie »entfernte verbindungen«, »blues in schwarz weiss«, »gegen leberwurstgrau – für eine bunte republik talk-talk-show für den bla-bla-kampf« und »deutschland im herbst« beleuchtete Ayim die Sorgen der Diaspora, sie widmete sich der Community, dem Rassismus sowie der Heuchelei nach der deutschen Wiedervereinigung, die mit einer Rhetorik von Zustimmung und Inklusion einherging.[80] Jedes Gedicht deckte andere Erfahrungen von Menschen of Color in Deutschland auf. Zu diesen Entwicklungen bezog sie auch in auflagenstarken Medien wie der *taz* oder der US-amerikanischen feministischen Zeitschrift *Ms.* Stellung.[81] Ayim hatte erkannt, dass sich die nach dem Mauerfall in Deutschland grassierende Intoleranz auch anderswo wiederfand und unterstrich mit ihrem Schreiben die Bedeutung alltäglicher Diskriminierungsbeispiele im globalen Kontext. Mit Gedichten wie »Jerusalem« und »bitte bosnia herzegowina krieg« griff sie internationale Themen auf und transzendierte deutsche Grenzen, um Verbindungen mit anderen marginalisierten und transnationalen Communitys zu pflegen.[82] Ayim schrieb Gedichte über mehr oder weniger bekannte Personen der weltweiten Schwarzen Diaspora, darunter über Lorde, Martin Luther King Jr. und Ana Herrero Villamor, eine afrospanische und deutsche Frau, die in der ISD Berlin aktiv war und Selbstmord begangen hatte.[83] Ayim wollte zeigen, inwiefern die israelische Besatzung, die Auflösung Jugoslawiens oder die Bürgerrechtsbewegung in den Vereinigten Staaten alle mit den Themenfeld Unterdrückung und physische wie symbolische Mauern der Ausgrenzung zu tun hatten. Ayim glaubte, diese Menschenrechtskampagnen hingen miteinander zusammen.

Auf der Suche nach Verbindungen, die ihr Überleben sichern sollten, ging Ayim neue Beziehungen ein und gründete Netzwerke auch außerhalb ihres Geburtslandes. Indem sie Grenzen überschritt, wurde sie eine Weltbürgerin, die zu internationalen Podiumsdiskussionen und Konferenzen reiste. Ihr transnationaler Aktivismus half ihr, Bindungen mit anderen einzugehen, die ihre Arbeit prägten und ihr Renommee verschafften.

Ayims transnationaler Aktivismus

Durch Einladungen zu internationalen Spoken-Word-Veranstaltungen im Ausland erlangte sie weltweite Anerkennung. Condé beschrieb sie als fesselnde Künstlerin: »Außergewöhnliche Stimme. Einzigartig und bereits im Herzen von uns allen, die verfolgt sind und dürsten.«[84] Sie nutzte ihre Anziehungskraft, um die eigene Position zu stärken und Anerkennung zu erhalten. Ihre Texte, Vorträge und Aufführungen gaben ihr die Gelegenheit, Wissen über Afrodeutsche zu vermitteln und dieses zu nutzen, um sich mit anderen zu verbinden. Dieser transnationale Austausch stärkte auch ihr Engagement für antirassistische und feministische Anliegen in Europa und der Welt. Die Londoner »African-Women-in-Europe«-Konferenz von 1992 sah sie als Möglichkeit, »einen Raum zu schaffen für afrikanische Frauen, an dem sie zusammenkommen, um ihre Erfahrungen austauschen, um uns in und gegen ein Europa zu wappnen, das uns weit auseinander und weit weg von Macht und Privilegien zu halten versucht«. Sie wollte »den Kontakt mit Schwarzen Bewegungen in anderen Ländern herstellen und verbessern«.[85] Diese und weitere Konferenzen zeigten ihren Willen, die Politik der Festung Europa zu verändern, in der Politiker*innen auf dem ganzen Kontinent nicht-weißen Europäer*innen nach wie vor mit Feindseligkeit begegneten und ihre Grenzen immer rigoroser gegen Migrant*innen und Flüchtende abschotteten.

Ayim schätzte die Möglichkeiten zur transnationalen Vernetzung und Organisation, die solche Konferenzen boten. In ihrem Vortrag »Mein Stift ist mein Schwert: Rassismus und Widerstand in Deutschland« betonte sie noch einmal die Bedeutung des Schreibens als Medium der Gemeinschaftlichkeit und des gesellschaftlichen Wandels für Migrant*innen, sie selbst und Schwarze Europäer*innen. Sie beschrieb die schwierige Situation von Minderheiten und ihre politische Mobilisierung in Deutschland. Wenngleich die Zustände »aggressiver und deprimierender« seien, so wachten weiße Deutsche endlich auf und »beteiligen sich aktiver an der antirassistischen Bewegung«. Im anschließenden Gespräch kam sie zu dem Schluss, »als Schwarze Frauen versuchen wir, Rassismus und Sexismus außerhalb unserer Communitys zu besiegen. Wir gehören innerhalb europäischer Länder vielleicht zu einer Minderheit, doch gehören wir ganz gewiss zur kämpfenden Mehrheit auf diesem Planeten«.[86]

Ayim erkannte, welche Auswirkungen Rassismus und Intoleranz auf nationaler, kontinentaler und internationaler Ebene für Menschen of Color in Europa hatten. Beharrlich kam sie bei ihren Auftritten auf diese Themen zurück, so auch während der Konferenz »Exklusion und Toleranz: Moderner Rassismus in den Niederlanden und der Bundesrepublik Deutschland« in Eindhoven 1990 sowie auf der 1993 von der Universität Warwick und der Technischen Universität Berlin gemeinsam veranstalteten Konferenz »Diskriminierung, Rassismus und Staatsbürgerschaft: Inklusion und Exklusion in Großbritannien und Deutschland«, wo sie für die ISD sprach.[87] Mit ihren Texten schuf sie Bewusstsein für die rassifizierten Lebensbedingungen von Schwarzen und Menschen of Color in Deutschland. Jede Bühne war eine Möglichkeit, kritische Diskussionen zu führen, europäisches Wissen zu dekolonisieren und den rassistischen Entwicklungen nach dem Mauerfall entgegenzutreten.

Auf der 11. International Book Fair of Radical Black and Third World Books in London und der zugehörigen eintägigen Konferenz »Intoleranz, Rassismus, Nazismus und Faschismus in Europa«, die von der European Action for Racial Equality and Social Justice (EARESJ) mitfinanziert worden war, beschrieb sie den zunehmenden Rassismus nach dem Fall der Berliner Mauer, das Stillschweigen, wenn es um Schwarze Geschichte ging, und die Unfähigkeit antirassistischer Initiativen und öffentlicher Debatten, Menschen of Color in Deutschland einzubeziehen. Ayim vernetzte sich mit dem jamaikanisch-britischen Dub-Poeten Linton Kwesi Johnson, der in Ghana geborenen britischen Verlegerin und Schriftstellerin Margaret Busby und der jamaikanisch-amerikanischen Dichterin June Jordan, die sie unterstützten. Zu Johnson entwickelte sie eine enge Freundschaft.[88] Ayim und andere Schwarze Deutsche, darunter die Brüder [David] Nii und Obi Addy sowie John Kantara, hatten die vom Schwarzen britischen Aktivisten John La Rose organisierte Buchmesse schon öfter besucht.[89] Ayims Verbindung zu La Rose und der Messe führten zu ihrem Engagement für die EARESJ, deren Gründungsmitglied sie war.

Ihre Teilnahme an diesen Aktivitäten empfand Ayim als selbstermächtigend. Sie verstärkten auf internationaler Ebene Ayims Verbindung zu Frauen. Auf der Konferenz »Rassismen & Feminismus: Unterschiede und Machtverhältnisse zwischen Frauen – Politische Solidarität, feministische Visionen« in Wien tauschte sie sich 1994 mit Wissenschaftlerinnen aus den Vereinigten Staaten wie Trinh T. Minh-ha, Ruth Frankenberg und Patricia Hill Collins aus. Sie besuchte die Podiumsdiskussionen anderer Teilnehmerinnen wie der in Großbritannien lebenden Soziologin Avtar Brah, der türkischen Politikwissenschaftlerin Dilek Çinar und der bosnischen Aktivistin Selena Tufek, die jeweils unterschiedliche Perspektiven aus ihren Ländern mitbrachten. Dieser Austausch und ihre Lesung aus *Ent-*

fernte Verbindungen verorteten sie als wichtige Intellektuelle.⁹⁰ Die Beteiligung an diesen Veranstaltungen stärkte ihre Bereitschaft, sich in paneuropäischen Dialogen zur Frage der Exklusion zu engagieren und Diskriminierung in Europa zu bekämpfen. Um ihre Ziele zu erreichen, nahm sie an Tagungen der UNESCO, am Runden Tisch des Europarats zu »Menschenrechte und Kulturpolitik in einem sich verändernden Europa« und am Pan-European Women's Network for Intercultural Action and Exchange (AKWAABA) teil, das die Kulturen und Erfahrungen von Schwarzen und minorisierten Frauen vertrat.⁹¹ Ayim arbeitete gern mit anderen Schwarzen Europäer*innen zum Thema Rassismus in Europa zusammen. Sie ging multikulturelle feministische Allianzen ein und wurde zu einer festen Größe auf den in Kapitel sechs besprochenen internationalen interkulturellen Sommerseminaren für Black Women's Studies.

Ayim setzte ihren transnationalen politischen Aktivismus fort und nahm an nordamerikanischen und afrikanischen Tagungen teil, die sich mit den globalen Auswirkungen von Rassismus beschäftigten. Auf der internationalen Konferenz »Fremdenfeindlichkeit in Deutschland: Nationale und kulturelle Identitäten nach der Wiedervereinigung« traf sie 1994 Wissenschaftler*innen und Schriftsteller*innen wie den in Izmir geborenen Yüksel Pazarkaya und die Amerikanerin Leslie Adelson. In ihrer Grundsatzrede »Rassismus und Widerstand im vereinten Deutschland« machte Ayim erneut auf die Situation von Afrodeutschen und deren Probleme mit Intoleranz aufmerksam. Zuvor hatte sie dieselbe Rede am Carlton College gehalten.⁹² Sie sagte, »innerhalb des deutschen Kontexts gab es immer schon eine große Abneigung, den Begriff Rassismus zu verwenden. Die meisten verwenden immer noch ›Fremdenfeindlichkeit‹, doch leugnet dieser Begriff die Tatsache, dass nicht alle Fremden in gleicher Weise Angriffen ausgesetzt sind und auch Schwarze Deutsche das Ziel von Gewalt sind«. Sie berichtete über das alarmierende politische Klima in Deutschland 1990, wo es zu einem Anstieg rassistisch motivierter Gewalttaten gekommen war, und zeigte sich darüber enttäuscht, dass die »deutschen Medien der Freilassung Nelson Mandelas [im Februar 1990] kaum Aufmerksamkeit geschenkt haben«. Zudem war Ayim »erzürnt, dass niemand über die Tatsache sprach, dass die Menschen auf der einen Seite die weißen Bürger der ehemaligen DDR willkommen hießen, während auf der anderen Seite die Einwanderungsgesetze für Migrant*innen aus zwei Drittel der Länder der Welt geändert worden waren«, was es für diese schwieriger mache, in das Land zu kommen.[93] Doch endete sie optimistisch mit konkreten Beispielen für Race überschreitende Allianzen und antirassistische Arbeit in Deutschland. Ayims Vortrag an der University of Minnesota informierte das Publikum, ähnlich wie ihre Artikel, Gedichte und Lesungen, über die dringenden Probleme, mit denen Communitys von Schwarzen und Menschen of Color konfrontiert wurden, sowie über deren mühsamen Kampf gegen den tief verwurzelten deutschen Rassismus in seinen alltäglichen und strukturellen Ausprägungen. Anschließend blieb Ayim in den Vereinigten Staaten, wo sie Earlham, DePaul und andere akademische Einrichtungen besuchte.[94]

Später im selben Jahr klärte sie auf dem zweiten jährlich begangenen Panafest im ghanaischen Accra ein internationales Publikum über die afrodeutsche Erfahrung auf. Ayim stellte ein Paper mit dem Titel »Menschen afrikanischer Herkunft in Europa: Die afrodeutsche Erfahrung« vor und vernetzte sich mit vielen Wissenschaftler*innen der Diaspora.[95] Vor Ort befasste sie sich näher mit den westafrikanischen Adinkra-Symbolen, die sie später in *blues in schwarz weiss* integrieren sollte. Dies zeigt, wie wichtig diese Erlebnisse für Ayim waren und welchen Wert sie ihnen im Nachhinein zumaß. Im Jahr 1995 reiste sie nach Südafrika, wo sie auf Festivals und an Universitäten Vorträge hielt. Wie immer war Ayims affektive Praxis des Schwarzen Internationalismus auf interkulturelle Verbindungen und diasporische Politik fokussiert.

Während diese internationalen Veranstaltungen Ayim Kraft gaben, blieb ihr Leben schwierig. Sie litt an Depressionen und befand sich 1996 in psychiatrischer Behandlung. Im selben Jahr wurde bei ihr Multiple Sklerose diagnostiziert, gerade als es für sie beruflich aufwärts ging. Persönliche Nöte, Mikro- und Makroaggressionen und eine durch rassistische Erlebnisse hervorgerufene Erschöpfung erwiesen sich als zu viel. Am 9. August 1996 setzte sie ihrem Leben ein Ende und sprang in Berlin-Kreuzberg von einem Hochhaus.[96] Tragischerweise wurde ihr zwei Tage danach eine Gastprofessur an der University of Minnesota angeboten. Sie hinterließ ihre Manuskripte dem Orlanda Frauenbuchverlag, in dem 1997 die Bände *grenzenlos und unverschämt* sowie *nachtgesang* erschienen.[97]

Leider kam es zu Konflikten, vor allem, weil mehrere Schwarze deutsche Frauen nicht damit einverstanden waren, dass Ayim ihre Arbeit einer weißen deutschen Frau, Dagmar Schultz, und deren Verlag hinterlassen hatte. Außerdem stritten mehrere Aktivist*innen auf Ayims Beerdigung mit ihren Pflegeeltern. Nichtsdestotrotz veränderte ihr Tod die Tonlage innerhalb der Bewegung und hinterließ viele ihrer Freund*innen schockiert.[98] Wie die Schwarze deutsche Journalistin Abini Zöllner bemerkte, war sie eine »scharfe Beobachterin und ein Sprachrohr der schwarzen Community«. Die Schwarze deutsche Aktivistin-Intellektuelle Nicola Lauré al-Samarai sagte, die »Lücke ihrer Abwesenheit ist ein Abgrund, über den wir lernen müssen Netze zu spannen«.[99] Über Deutschland hinaus erinnerten sich Freund*innen und Kolleg*innen an sie, darunter die afroamerikanische Feministin Barbara Smith und Linton Kwesi Johnson, der »Reggae Fi May Ayim« geschrieben und für sein 1998er Album *More Time* aufgenommen hat.[100]

Ayim hinterließ ein Vermächtnis als dynamische afrodeutsche Intellektuelle des Alltags. Sie baute Netzwerke und Verbindungen mit Schwarzen Deutschen, anderen Schwarzen Menschen, Menschen of Color und weißen Verbündeten in Deutschland und weltweit auf. Darüber hinaus prägten ihr Schreiben und ihre Emotionen ihren diasporischen und feministischen Aktivismus. Ihre Auftritte bei Veranstaltungen brachten Ayim Beifall auf internationaler Bühne ein, den sie nutzte, um auf die Anerkennung von Afrodeutschen zu drängen und die Intoleranz in Deutschland und Europa zu kritisieren. Mit ihrer Arbeit zeigte sie, wie sich lokale, nationale und internationale Ereignisse und Bewegungen überlappten. Ayims Aktivismus unterstreicht, wie ihr Schwarzer Internationalismus sie dazu brachte, Grenzen zu überschreiten und Beziehungen zu anderen aufzubauen. Damit war sie wahrlich »grenzenlos und unverschämt«.

* * *

Farbe bekennen und Ayims Werk waren entscheidend für das Entstehen einer afrodeutschen intellektuellen Tradition, die unterschiedlichen vernakularen Ausdrucksformen den Vorrang gab. Durch ihr Schreiben schufen diese Schwarzen deutschen weiblichen Intellektuellen des Alltags einen alternativen Raum und informierten die Öffentlichkeit über das Leben von Schwarzen Frauen und Frauen of Color. Sie forderten ihre Anerkennung innerhalb der deutschen Gesellschaft und schufen eine Vielzahl intellektueller Räume, in denen sie ihr Wissen durch Produktion, Vertrieb und Aufführung ihrer Texte und ihrer Kunst legitimierten. Ebenso ermöglichte *Farbe bekennen* es afrodeutschen Frauen, ihre Weiblichkeit zu bekunden und sich mit Frauen in Deutschland und der Diaspora zusammenzuschließen, die ähnliche Erfahrungen sozialer Exklusion und Diskriminierung machen mussten. Ferner machten afrodeutsche Frauen eine positive und selbstermächtigende Verbindung zu afrikanischen, afroamerikanischen und Schwarzen diasporischen Traditionen geltend, während sie gleichzeitig neue Bindungen eingingen und ihre Identitäten neu gestalteten. Zwar wurden diese Frauen unterdrückt und damit marginalisiert, doch sie schlossen sich zusammen und akzeptierten ihre Randstellung als wertvolle Ressource. Sie wurden zu Intellektuellen des Alltags, die für politische und gesellschaftliche Veränderungen in ihrem Leben kämpften.

Schwarze deutsche Frauen schrieben, um ihre Narben zu heilen und im Kollektiv negative Gefühle abzubauen. Schreiben diente ihnen als Katharsis, wenngleich nicht als Allheilmittel, insbesondere wenn Frauen versuchten, ihre Kindheitstraumata und Jahre der Diskriminierung zu verarbeiten. Es war ein Akt der Selbstdefinition und des Selbstschutzes. Schreiben, Intellektualismus und die Schwarze Bewegung bedingten einander. Über das Schreiben vermittelten Afrodeutsche zwischen deutschen und afrodiasporischen Kulturen und bekräftigten ihre miteinander verwobenen Identitäten. Schwarze deutsche Frauen nutzten ihre Literatur als Orte der kulturellen, emotionalen und psychologischen Arbeit, die sich als notwendig für ihre politische Mobilisierung in Deutschland und darüber hinaus darstellte.

Das Buch *Farbe bekennen* hat zusammen mit Ayim und anderen Intellektuellen des Alltags die Schwarze deutsche Literaturszene, darunter auch *afro look*, *Afrekete* und andere Magazine, beflügelt. Autobiografien Schwarzer deutscher Frauen, seien sie Teil der Bewegung oder nicht, erscheinen bis heute.[101] Darunter finden sich jene von Ika Hügel-Marshall, Marie Nejar, Bärbel Kampmann, Abini Zöllner und ManuEla Ritz.[102] Viele dieser Autorinnen, die unterschiedlichen Generationen angehören, haben offen über ihr Leben gesprochen und sich Gedanken über ihren persönlichen Weg der Selbstdefinition gemacht. Für Hügel-Marshall und Ritz gehörte hierzu das Engagement in der afrodeutschen Bewegung. Auch afrodeutsche Männer haben Autobiografien geschrieben, so etwa Hans-Jürgen Massaquoi und Theodor Michael.[103] Jüngere afrodeutsche Autor*innen wie Olumide Popoola, Victoria Toney-Robinson (geb. Victoria Robinson), Noah Sow, Philipp Khabo Koepsell und SchwarzRund haben auf dem Schwarzen deutschen Literaturkanon aufgebaut und ihn erweitert. Von ihnen erschienen Bücher, die über rein autobiografische Textformen hinausgingen.[104] Nachdem sie die Bedeutung einer Schwarzen Kreativität erkannt hatten, begannen einige von ihnen, in Selbstverlagen zu veröffentlichen oder Publishing-Plattformen zu gründen.[105] Im Kollektiv haben Schwarze Deutsche unterschiedliche Formen des intellektuellen Aktivismus verfolgt und so die Arbeit der Bewegung, das Vermächtnis von *Farbe bekennen* und im weiteren Sinne auch dasjenige Ayims fortgesetzt.

Ayim hatte verstanden, dass Deutschland multikulturell und multiracial war. In den meisten ihrer Gedichte, Essays, Reden und Performances dokumentierte sie den Rassismus in Deutschland und dezentrierte vereinfachte und festgefahrene Vorstellungen von Kultur, Geschichte und Identität. Durch ihren intellektuellen Aktivismus erkannte sie die unterschiedlichen Spielarten von Deutschsein und verortete die Stimmen von Minoritäten als Teil des Landes. Damit zeigte sie, dass Afrodeutsche, ganz ähnlich wie andere deutsche Minderheiten, einen bedeutenden Beitrag zur Nation geleistet haben. Ayim hat sich Hegels »afrikanischen Anderen« als Schwarze Deutsche Intellektuelle zurückerobert. Sie verwendete die Sprache und Kultur der Herrschenden, um seinen/ihren Ort neu zu definieren. Ayims Arbeiten ermöglichten es ihr, einseitige Vorstellungen von Deutschsein zu hinterfragen und die hartnäckigen kolonialen Überzeugungen, Redewendungen und Illusionen einer nationalen Harmonie nach der Wiedervereinigung zu kritisieren. Von Deutschland bis Ghana forderten Ayims Textregister Publikum und Leser*innen eindringlich dazu auf, dem Rassismus entgegenzutreten und sich an der Arbeit für mehr soziale Gerechtigkeit zu beteiligen. Aus ihrem globalen Aktivismus sprach ihre Entschlossenheit, Verbindungen mit anderen einzugehen, den Internationalismus Schwarzer Frauen zu praktizieren, sich zu den Menschenrechten zu bekennen und sich für einen spürbaren politischen Wandel einzusetzen.

Ayim spielte innerhalb der Schwarzen deutschen Community auch nach ihrem Tod eine wichtige Rolle. Die Auslobung des »May Ayim Award: Erster internationaler Schwarzer deutscher Literaturpreis 2004« zeigte die Bereitschaft der Community, talentierte Schriftsteller*innen aus den eigenen Reihen im In- und Ausland zur Geltung zu bringen. Michael Küppers-Adebisi organisierte mit seinem Multimediaprojekt Afrotalk TV Cybernomads sowie in Zusammenarbeit mit der UNESCO und dem Haus der Kulturen der Welt den ersten Schwarzen panafrikanischen Literaturpreis, der Schriftsteller*innen, Dichter*innen und Performer*innen auszeichnete.[106] Im Oktober 2004 ehrte das Komitee die afrodeutsche Dichterin Olumide Popoola, den in Deutschland lebenden brasilianischen Schriftsteller Mario Curvello und den afrodeutschen Musiker MC Santana.[107] Popoola, die nigerianischer und deutscher Herkunft ist, lebt in London als Schriftstellerin und Dozentin für kreatives Schreiben, sie veröffentlicht und tourt international.[108] Die Preisverleihung fand 2004 im Rahmen der Ausstellung »The Black Atlantic« im Haus der Kulturen der Welt in Zusammenarbeit mit der Historikerin Tina M. Campt und dem Kulturwissenschaftler Paul Gilroy statt.[109] Im Jahr 2011 half eine neue Generation Schwarzer deutscher Intellektueller, darunter Joshua Kwesi Aikins, das Berliner Gröbenufer – benannt nach Otto Friedrich von der Gröben, einem Kolonialoffizier, der eine Handelsstation im heutigen Ghana gegründet hatte – in May-Ayim-Ufer umzubenennen. Die Straße, die sich nicht weit von Ayims letzter Wohnung befindet, ist die erste in Deutschland, die nach einer Schwarzen deutschen Frau benannt wurde.[110] Die Bemühungen Afrodeutscher um die Ehrung Ayims und die Präsenz neuer Schwarzer deutscher Autor*innen illustrieren, wie viel Wissen weiterhin im Herzen der Community produziert wird, und wie lebendig ihr intellektueller Aktivismus bis heute ist.

Ayim und andere Schwarze deutsche Intellektuelle des Alltags nutzten ihre affektiven, politischen und kulturellen Arbeiten (in Fernsehen, Büchern, Zeitungen und anderen Medien), um das Mainstream-Publikum und andere Deutsche zu überzeugen, die Zusammenhänge von Rassismus und Machtdynamiken im eigenen Land zu verstehen. Während sie Ressourcen der Diaspora nutzten und sich unterschiedliche diasporische Stile und Formen aneigneten, brachten sie eine Literatur hervor, die deutsch und multikulturell zugleich war. Mit der Ausbildung vielfältiger Formen von intellektuellem Aktivismus stellten ihre Literatur, Zeitschriften und Initiativen die deutsche Kulturpolitik in Frage. Diese Schwarzen Deutschen verließen sich auf ihre texturierten Identitäten, um gemeinsam neue Möglichkeiten innerhalb der deutschen Gesellschaft zu ergreifen. Einer der Wege, auf denen sie zu einem gesellschaftlichen Wandel drängten und ihrem Aktivismus nachgingen, war der jährlich stattfindende Black History Month in Berlin. Wie andere Initiativen haben die dortigen Veranstaltungen ihr Schwarzsein wiederhergestellt oder belebt und gezeigt, inwiefern dieses für sie eine kulturelle, politische und intellektuelle Existenzform darstellte.

5
Diasporische Raumpolitik und Black History Month in Berlin

Im Jahr 1999 feierte der Black History Month in Berlin sein zehntes Jubiläum und führte eine intellektuelle Tradition der Schwarzen deutschen Community fort, die in Publikationen wie *afro look* und *Farbe bekennen* ihren Ausdruck gefunden hatte. Hierfür arbeiteten BHM-Komiteemitglieder, von denen einige in der ISD und der weiteren Schwarzen Bewegung in Deutschland aktiv waren, mit Aktivist*innen aus lokalen Organisationen wie dem Pan African Forum (PAF), dem Europa Afrika Zentrum (EURAFRI), dem Immigrantenpolitischen Forum e.V. (IPF) und weiteren Gruppen zusammen. Sie organisierten einen Monat mit Workshops, Podiumsdiskussionen, Lesungen, Theaterproduktionen, Filmvorführungen, Kinderprogramm und Gesellschaftstänzen, die sich mit dem Thema »Schwarze Menschen und die Neuen Medien« und dem Vermächtnis des BHM beschäftigten. In den Workshops wurden Themen wie »Black History Month zwischen Angst und Hoffnung«, »Schwarze Opfer des nationalsozialistischen Holocausts« und »Afrikas Literatur im Dialog mit Europa« verhandelt, die alle vom Willen des Komitees zeugten, die Aufmerksamkeit auf jene nationalen, kontinentalen und weltweiten Entwicklungen zu lenken, die Personen innerhalb der Diaspora einbezogen und/oder betrafen.[1] Dieser BHM war also wie vorherige eine klare Manifestation Schwarzer diasporischer Politik und Solidarität.

Die BHM schenkten Schwarzen Deutschen ein Gefühl der Zugehörigkeit. Die Anerkennung und Würdigung Schwarzer Geschichte innerhalb eines regionalen deutschen und weiteren europäischen Kontexts erwies sich genau deshalb als entscheidende Komponente der Schwarzen Bewegung in Deutschland, weil sie ihre Forderung nach Verwandtschaftsbeziehungen innerhalb des Landes und der größeren Diaspora stärkten. BHM-Komiteemitglieder gaben diesen Zusammenkünften nicht nur einen kulturellen und politischen, sondern auch einen intellektuellen Anstrich. Es handelte sich um Veranstaltungen, auf denen Schwarze Deutsche und andere Menschen of Color eine Form von Wissen produzierten und weitergaben, das die Schwarzen diasporischen Geschichten in und über Europa hinaus wiederbelebte. Die BHM standen somit auf kultureller Ebene für einen Intellektualismus des Alltags. Zwar wurden BHM mit der Zeit auch in Städten wie Hamburg und Frankfurt am Main ausgerichtet, doch vor allem die jährlich stattfindenden Veranstaltungen in Berlin ermutigten Schwarze Deutsche, eine Raumpolitik zu betreiben, die in Deutschland wurzelte, die physische Geografien, intellektuelle sowie symbolische Orte schuf und ihre Widerständigkeit und Handlungsfähigkeit bewies.

Ohne Zweifel nutzten Schwarze Deutsche die BHM zur Schaffung eines »Schwarzes Raumgefühls«. Dieses kann, so argumentiert Katherine McKittrick, »als Prozess der materiellen wie imaginären Einordnung historischer und zeitgenössischer Kämpfe gegen Herrschaftspraktiken und schwierige rassistische Konfrontationen verstanden werden. Rassismus und Widerstand gegen Rassismus sind deshalb nicht einfach die definierenden Elemente eines Schwarzen Raumgefühls, sondern zeigen, wie die relationalen Gewalttaten der Moderne eine Bedingung von Schwarzsein in den Amerikas schaffen, die auf Kampf gründet.«[2] McKittrick sieht in den Plantagen und Gefängnissen Amerikas die repräsentativen Symbole eines Schwarzen Raumgefühls, das an die Geschichte des transatlantischen Handels mit versklavten Menschen, Kolonialismus und der Moderne geknüpft ist. Zwar geht die Erfahrung Schwarzer Deutscher über eine Erzählung von Versklavung, Kolonialismus oder Mittelpassage hinaus, dennoch setzten diese sich für eine diasporische Praxis ein, die mit ihren jährlichen BHM ein Schwarzes Raumgefühl schuf. Das Fehlen traditionell verstandener Schwarzer Räume hatte im deutschen Kontext mit der Vereinzelung Schwarzer Menschen im Land zu tun. Sie wuchsen oft isoliert von anderen aus der Diaspora auf, was mit der Kolonisierung zusammenhing, die außerhalb der deutschen Grenzen stattgefunden, diese Grenzen aber dennoch durchdrungen hatte. Dementsprechend waren in das Raumgefühl von Schwarzen Deutschen auch die Wechselwirkungen von Gewalt, Macht, Widerstand, Überleben und Kolonialismus eingeschrieben (insbesondere, da die Kongo-Konferenz von 1884/1885 in Berlin stattgefunden hatte). Es produzierte alternative Narrative und Diskurse, die sich mit Deutschlands kolonialer Amnesie und/oder Vergesslichkeit sowie mit den rassistischen und ausgrenzenden Gesetzen beschäftigten, mit denen die Festung Europa gesichert werden sollte. Die BHM zeigten, wie diese räumlichen und kulturellen Leerstellen einerseits durch Wissen gefüllt wurden und andererseits dabei halfen, die Community, die Politik und den Intellektualismus Schwarzer Deutscher zu stärken. Die BHM gaben Schwarzen Geografien nicht nur symbolischen wie physischen Raum zur Entfaltung, sie ermöglichten es Schwarzen Menschen, sich angesichts ihrer historischen Abwesenheit in einem mehrheitlich weißen Land neu zu erfinden. Schwarze Deutsche schufen eine Vielzahl Schwarzer Räume für sich und andere und füllten diese figurativen wie tatsächlichen Räumlichkeiten mit neuem Sinn und neuen Bedeutungen. Damit zeigten sie, dass Berlin und Deutschland nicht nur eine Race kannten und homogen weiß waren, sondern lediglich daraufhin konstruiert worden waren.

Wie dieses Kapitel zeigt, nutzten afrodeutsche Frauen und Männer die BHM, um Narrative zu entwerfen, die deutsches Weißsein dezentralisierten und in Berlin eine alternative Öffentlichkeit schufen. Schwarze deutsche Intellektuelle des Alltags dekolonisierten die Öffentlichkeit und öffentliche Räume für Schwarze Gedanken und gaben ihr Wissen auf BHM-Veranstaltungen weiter, die informative wie unterhaltende Funktionen erfüllten. Die BHM halfen, ein Schwarzes Archiv in Deutschland wiederherzustellen und veränderten Diskurse, die einige deutsche Städte als Orte des urbanen Niedergangs, des wirtschaftlichen Verfalls und der ethnischen Konflikte abstempelten. Sie definierten diese neu geschaffenen Schwarzen Orte im Land als translokal. Indem sie diese physischen Geografien als Schwarz neu auszeichneten, schufen die BHM gleichzeitig einen symbolischen Ort innerhalb der Schwarzen deutschen und Schwarzen Community. Dies war im Lichte der Tradition der Völkerschauen von Bedeutung, die im Deutschland des 19. und 20. Jahrhunderts Menschen afrikanischer Herkunft aufgrund ihres angeblich »natürlichen« oder »primitiven« Entwicklungsstands in Zoos und Zirkussen zeigten.[3]

Außerdem akzentuierten die jährlichen ISD-Feierlichkeiten eine Schwarze diasporische und Schwarze deutsche Kultur und stellten sie in den Mittelpunkt der deutschen Erfahrung. Wie andere Aktivitäten der Bewegung machten diese Feste Schwarzsein und im weiteren Sinn Schwarzes Deutschsein sichtbar. Sie beeinflussten die (Wieder-)Herstellung ihrer Schwarzen deutschen Identität, ermöglichten es ihnen, einen höheren Grad der Repräsentation zu erreichen und veränderten eine weißgewaschene Kulturpolitik. In vielerlei Hinsicht illustrierten die BHM das Wann und Wo oder die Raumzeiten von Schwarzsein und wie es in Deutschland konstruiert, definiert und ausgelebt wurde. Wright bemerkt, »der einzige Weg, eine Definition von Schwarzsein aufzustellen, die vollständig inklusiv und nichthierarchisch ist, besteht darin, Schwarzsein als Überschneidungen von Konstrukten zu verstehen, die das Schwarze Kollektiv in der Geschichte und innerhalb des besonderen Augenblicks verorten, in dem Schwarzsein imaginiert wird – im ›Jetzt‹, durch das alle Vorstellungen von Schwarzsein vermittelt werden«.[4]

Die Gründung der BHM brachte Schwarzsein aus der Vergangenheit in die Gegenwart, und zwar in einem Versuch, Gegenwart *und* Zukunft zu verändern. Wie der letzte Abschnitt dieses Kapitels zeigen wird, schufen Schwarze Deutsche Orte für die Varietäten von Schwarzsein über unterschiedliche Raumzeiten hinweg, während sie auf ihren BHM hegemoniale, lineare Narrative ablehnten.

Berlin, die Black History Months und das Herstellen von Bedeutung

Als internationaler urbaner Ort mit einer langen Geschichte des Schwarzen Aktivismus war Berlin ein idealer Schauplatz, der Schwarzen Deutschen half, grenzüberschreitende translokale und transnationale Netzwerke und intellektuelle Orte des Austauschs zu schaffen, die eine politische Mobilisierung inspirierten und gegen Diskriminierung vorgingen.[5] Translokal schloss Berlin ein Netzwerk gleichgesinnter Aktivist*innen-Intellektueller mit gemeinsamen Zielen ein. Diese Personen verbreiteten international Informationen über ihre Situation vor Ort, um ein Bewusstsein zu schaffen und für soziale Gerechtigkeit einzutreten. Transnational belebte Berlin die Verbindungen von Menschen und Kulturen, die oft innerhalb des Landes arbeiteten, seine Grenzen aber dennoch überschritten.[6] Afrodeutsche beschrieben die Erfahrungen von Personen afrikanischer Herkunft auf regionaler wie bundesweiter und internationaler Ebene, die so weit entfernte Länder wie Südafrika mit einschloss. Ihr diasporischer Aktivismus blieb an lokale wie globale Strömungen gebunden. Die BHM markierten in den 1990er Jahren das Einstehen Schwarzer Deutscher für eine translokale und transnationale soziale Gerechtigkeit.

Die BHM-Veranstaltungen der ISD Berlin brachten Schwarze Deutsche dazu, neue Traditionen zu erfinden und sowohl einen diasporischen Aktivismus der Basis als auch einen Schwarzen Internationalismus zu betreiben. Beides half ihnen, breitere gesellschaftspolitische Verbindungen zu knüpfen. Sie kämpften gegen die rassistische Ungleichheit in Afrika und innerhalb der weltweiten Diaspora, die mitunter die Entwicklungen im wiedervereinten Deutschland spiegelten. Auf den jährlich stattfindenden Veranstaltungen konnten sie offen über Fälle von extremem Ethnonationalismus und rassistischer Unterdrückung sprechen, etwa über rassistische Gewalt, die im wiedervereinten Deutschland zum Alltag gehörte.[7] Die BHM stützten den afrodeutschen diasporischen Aktivismus und ähnelten anderen Initiativen der weltweiten Schwarzen Diaspora, wie sie etwa der afroamerikanische Historiker und Aktivist Carter G. Woodson und die in Trinidad geborene Journalistin und Aktivistin Claudia Jones auf den Weg gebracht hatten, die beide gegen die globale weiße Überlegenheit kämpften. Schwarze Deutsche verließen sich zudem auf diasporische Ressourcen in Berlin, darunter das Fountainhead Dance Théâtre, die African Writers Association (AWA) und das Institute for Black Research (IBR), deren Einfluss auf die BHM nicht unterschätzt werden sollte.

Die BHM waren ein Höhepunkt einer Reihe von Aktivitäten, zu denen auch das jährliche Bundestreffen (BT) gehörte, das bereits integraler Teil der Schwarzen Bewegung in Deutschland war. Das BT war ein Fixpunkt, der Schwarzen Deutschen Bestätigung und einen sicheren Raum gab, frei vom weißen Blick und weißer Dominanz. Als eine der vielleicht wichtigsten institutionellen Veranstaltungen, die den Intellektualismus, Internationalismus und die räumliche Handlungsfähigkeit von Afrodeutschen zum Ausdruck brachte, wurde das bis heute stattfindende BT nie ernsthaft analysiert. Diese Dynamik möchte ich im Folgenden genauer untersuchen.

Das Bundestreffen und andere diasporische Ressourcen

Das jährlich stattfindende BT war eine der ersten öffentlichen Bemühungen Schwarzer Deutscher, ein signifikantes Schwarzes Gefühl für einen Raum innerhalb Deutschlands zu schaffen, an dem sie sich über ihre diasporische Geschichte informieren, ihr Bewusstsein entwickeln und von ihren Mitbürger*innen Akzeptanz und Verständnis erfahren konnten. Sie erklärten mehrere Städte, darunter Wiesbaden, München und Berlin, für Schwarz und manifestierten damit ihre physische wie metaphorische Verbindung mit dem Land. Afrodeutsche, die üblicherweise ISD- und ADEFRA-Ortsgruppen angehörten, arbeiteten zusammen, um auf den Bundestreffen eine Vielzahl von Aktivitäten anbieten zu können, die für Mitglieder und weitere Schwarze Deutsche oder Schwarze Menschen gedacht waren, die in Deutschland lebten oder zu Besuch waren. In diesen mehrheitlich Schwarzen Räumen überwanden Schwarze Deutsche ihre Isolation. Sie entdeckten dort ein verbindendes Glücksgefühl und verfolgten eine »Ethik der Liebe«.[8] Die Gemeinschaft mit ihren Schwarzen Mitbürger*innen und anderen war für sie nach den oft ermüdenden rassistischen Erfahrungen in der deutschen Gesellschaft eine willkommene Atempause.

In den ersten Jahren stand auf den Treffen die Selbst-Entdeckung im Zentrum. Sie versetzte Afrodeutschen in die Lage, die politische Perspektive und Richtung ihrer Organisation zu bestimmen. Sie befassten sich mit einer Vielzahl von Themen: Sollte die ISD eine geschlossene oder offene Selbstorganisation sein? Sollte sie alle Schwarzen Menschen in Deutschland repräsentieren oder nur eine bestimmte Bevölkerungsgruppe? Zunächst entschieden sich die Mitglieder für letzteres, nahmen jedoch später eine inklusivere, diasporische Perspektive ein, was sich in der Umbenennung der Organisation von Initiative Schwarzer Deutscher in Initiative Schwarzer Menschen in Deutschland widerspiegelte. Und nachdem Schwarze Deutsche den Wunsch geäußert hatten, mehr Zeit mit den Mitgliedern der Community zu verbringen, entwickelte sich das BT von einer zweitägigen Zusammenkunft (wie das im zweiten Kapitel diskutierte erste Treffen 1985 in Wiesbaden) zu einem langen Wochenende mit Veranstaltungen von Donnerstag bis Sonntag.[9]

Das zweite BT im Dezember 1986, das ebenfalls in Wiesbaden stattfand, hinterließ bei den Teilnehmenden ein gemeinsames Gefühl für räumliches Handlungsvermögen, Verwandtschaft und Zusammenarbeit. Schwarze Deutsche luden auch einige weiße Deutsche ein, die mit Schwarzen Deutschen verwandt oder befreundet und daran interessiert waren, die Themen Rassismus und Diskriminierung zu diskutieren.[10] Zum Abschluss des Treffens lud die ISD die Presse ein. Rainer Luyken schrieb für *Die Zeit* einen unsensiblen Artikel, in dem die Beschreibung des BT und seiner Teilnehmer*innen auf Klischees und Vorurteilen basierte.[11] Viele Afrodeutsche und ihre Verbündeten waren darüber verärgert und antworteten mit wütenden Briefen.[12] Doch nicht alle Presseberichte waren feindlich gestimmt oder negativ. In der linken Zeitung *Unsere Zeit* erschien ein Beitrag über den zweiten Jahrestag der ISD und der Bewegung auf dem BT, in dem Schwarze Deutsche verlauten ließen, »ihre ›Kultur des Schweigens‹ […] brechen und stärker für ihre Rechte eintreten« zu wollen.[13]

Einige Schwarze deutsche Intellektuelle des Alltags veröffentlichten in der Presse eigene Berichte vom BT. In einem Artikel für die *Frankfurter Rundschau* bemerkte Eleonore Wiedenroth-Coulibaly, dass Fremdenfeindlichkeit für einen Aspekt des Rassismus stehe und die Diskriminierung in Deutschland zugenommen habe, diese Veranstaltung es Afrodeutschen und ihren Ortsvereinen jedoch erlaube, Netzwerke aufzubauen, um eine »effektivere Öffentlichkeitsarbeit leisten zu können«. Sie schrieb: »Die ›schwarzen Deutschen‹ wollen ferner die Solidarität und Zusammenarbeit mit ›anderen unterdrückten Gruppen, etwa den Ausländern‹, verbessern, denn schwarz heißt in erster Linie Minderheit.«[14] Für sie war Schwarzsein nicht streng an den Phänotyp gebunden. Es war ein Claim, ein Projekt der politischen Mobilisierung, das alle marginalisierten Minderheitengruppen im Land vereinte. Diese entwickelten über ihre verbundenen Unterschiede hinweg eine gemeinsame Strategie.

Ein wichtiges Ziel der Bewegung war es, im Namen aller Schwarzen und anderer marginalisierter Menschen in Deutschland gegen ausgrenzende Sichtweisen, Praktiken und Gesetze vorzugehen. Diese Akte waren auch Kontrapunkte eines genormten Weißseins in Deutschland. Darüber hinaus erklärten die ISD-Organisator*innen: »Ziel des Kongresses war unter anderem, dass die Geschichte der schwarzen Deutschen nicht isoliert, sondern als Teil der gesamten deutschen Geschichte zu sehen ist.«[15] Schwarze Deutsche schrieben weiterhin ihre Geschichten neu und gingen Verwandtschaftsbeziehungen ein, die nicht allein an genealogische Abstammung geknüpft waren. Wie Fatima El-Tayeb bemerkte: »Ein Gefühl fortdauernder afrikanischer Präsenz der afrikanischen Diaspora in Deutschland, die Existenz von Vormüttern und Vorvätern, gründet auf einer Gruppe von Menschen, die a priori nur selten familiäre Bande oder sogar Kulturen teilten, die aber, wenn nicht gerade eine Wahlgemeinschaft, so zumindest eine Gemeinschaft gewählter Identifikationen sind.«[16] Das BT diente als Quelle der Gemeinschaft und des Zusammenhalts; es stärkte Schwarze Deutsche und unterstützte sie in ihrem Überlebenskampf.

ISD- und ADEFRA-Aktivist*innen wollten, dass das BT ein offener und inklusiver Raum sei, in dem Menschen ihre Schwarzen deutschen und diasporischen Bindungen verstärkten und politisches Bewusstsein entwickelten. Als das BT bekannter wurde, gelang es den Organisator*innen, feste Kosten durchzusetzen und somit alle sozialen Klassen zur Teilnahme zu ermutigen. Als ab 1987 Tahir Della und andere Mitglieder Führungsrollen übernahmen, wurden die BT strukturierter. Oft wurden sie in Hotels, in Öko- sowie Wellnessbetrieben und Kultureinrichtungen in ganz Deutschland abgehalten und stützten sich auf die Arbeit der jeweiligen lokalen ISD- und ADEFRA-Gruppen.[17] In mehreren Städten und Veranstaltungsorten vertraten sie ihre Politik und Poetik der Repräsentation und ihren intellektuellen Aktivismus. So förderten sie im ganzen Land ihr Schwarzes Ortsbewusstsein. Die BT wuchsen und deckten bald ein größeres Themenfeld ab. Neben Bewusstseinsbildung und Workshops zu politischem Handeln traten Filmvorführungen und historische Seminare. In diesen Workshops zeigten sich das wachsende politische Engagement Schwarzer Deutscher und die Dynamik der Bewegung.

Auf den Podiumsdiskussionen der BT wurden ganz unterschiedliche Themen behandelt, die vom Gesundheitssystem bis zum Handel mit versklavten Menschen reichten und ein möglichst breites

Spektrum von Personen ansprechen sollten. Beim BT vom September 1989, das von der ISD München organisiert worden war und in der Nähe der bayerischen Landeshauptstadt stattfand, standen Diskussionsrunden auf dem Programm, die sich nicht nur um die Schwerpunkte Rassismus, Vorurteile in der ISD und Schwarze deutsche Geschichte drehten, sondern eine Ausstellung über Südafrika sowie einen Theater- und einen Make-up-Workshop anboten. Letzterer erwies sich zusammen mit einem weiteren BHM-Haar-Workshop vor allem für diejenigen als wichtig, die nicht mit Schwarzen Müttern aufgewachsen waren. Ihnen hatte niemand das nötige Wissen über die für ihren Hautton geeignete Schattierung von Make-up oder die richtigen Haarpflegemittel und Praktiken für ihre Haare weitergegeben.[18] Das Alltägliche stand neben dem Außergewöhnlichen. Zusätzlich zu eher formellen Seminaren förderten Schwarze Deutsche auch kinderfreundliche Veranstaltungen und gesellschaftliche Aktivitäten wie Malen, Sport oder Live-Musik.[19] Auf den BT erhielten Teilnehmer*innen auch die Gelegenheit, ihre diasporischen Identitäten zu verarbeiten und zu bejahen.

Während des BT vom Oktober 1991 wurde unter anderem eine Podiumsdiskussion über experimentelle Psychotherapie mit der Schwarzen deutschen Psychologin Bärbel Kampmann angeboten, eine weitere zu »Macht und Sklaverei« sowie eine »Info-Börse zum Thema ISD«. Einige Aktivist*innen luden zur Talkshow »Black to Future«.[20] Auch auf den Bundestreffen im Oktober 1992 in Titisee-Neustadt bei Freiburg und im September 1993 im thüringischen Windischleuba gab es Sessions, die zum Nachdenken anregten. Diese Wochenendtreffen entwickelten sich zu wichtigen Räumen für Schwarze deutsche Künstler*innen, Musiker*innen, Spoken-Word-Poet*innen und Schriftsteller*innen, die ihre Arbeiten oft der Gemeinschaft vorstellten und für sie aufführten. So wurde auf dem BT von 2005 die Idee für das 2008 uraufgeführte Schwarze deutsche Improvisationstheaterstück *real life: Deutschland* entwickelt. Es war der Startschuss für eine lebendige Schwarze deutsche Theaterbewegung.[21] Die unterschiedlichen Programmschwerpunkte bei den Treffen illustrierten die Bandbreite afrodeutscher Aktivist*innen und ihre Motivation, verschiedene Interessen innerhalb der Community zu fördern und für sich selbst eine Nische zu schaffen. Deshalb konzentrierten sie ihre Belange und Erzählungen auf dieses Umfeld.

Ohne Zweifel erfanden ISD- und ADEFRA-Mitglieder durch die BT eine neue diasporische Tradition, die ihre Schwarzen internationalistischen Perspektiven berücksichtigte. Im Mai 1994 befassten sich ISD-Mitglieder auf dem BT mit der Unterzeichnung des Maastricht-Vertrags, der deutschen Wiedervereinigung sowie den Auswirkungen, die diese Entwicklungen für Afrodeutsche und Menschen of Color in Europa hatten. Diese Veranstaltung beleuchtete darüber hinaus antirassistische Jugendbewegungen in Frankreich und England und verglich sie mit deutschen. Auf diesem BT dachten die Organisator*innen weiter innerhalb und doch über die Nation hinaus und erkannten gegenderte wie rassifizierte Dynamiken in Deutschland, so etwa die Anwesenheit multikultureller Student*innen, die Rolle Schwarzer Männer und die Sozialisation Schwarzer Mädchen, an.[22] Zusätzlich erkannten Schwarze Deutsche, wie nützlich es war, sich auf diesen Treffen über geteilte Werte zu verständigen und kommende Generationen afrodeutscher Jugendlicher auszubilden. Sie vermittelten empowernde Fähigkeiten und ermutigten zu Selbstbewusstsein und Kreativität.[23] Den Organisator*innen gelang es außerdem, Diskussionsrunden für eine ältere Generation anzubieten, in denen diese motiviert wurde, politisch aktiver zu agieren. Die BT-Workshops und -Seminare hatten sowohl ermutigende als auch ideologische Funktionen.

Beim zehnten BT 1995 unter dem Motto »Vergangenheit, Gegenwart und Perspektiven Schwarzer Existenz in Europa« feierte die ISD die Bewegung und nutzte die Gelegenheit, um die eigene Geschichte zu bewerten und die Zukunft vorzubereiten.[24] Dabei tauschten ISD-Intellektuelle des Alltags Geschichten über ihre Erfahrungen in der Bewegung aus. Sie zeigten zudem mehrere Filme, die für ihre

Geschichte in den vergangenen zehn Jahren standen, sowie Filme über Jack Johnson, Angela Davis, Martin Luther King Jr. und andere Schwarze Personen der Diaspora. Theodor Michael berichtete über sein Überleben in der nationalsozialistischen Zeit und sprach im Detail über seinen Umgang mit der damals herrschenden rassistischen Politik. Wie auf anderen Veranstaltungen bekundeten die Organisator*innen ihre Unterstützung für die internationalen Kämpfe gegen Unrecht sowie für die Entwicklungen in der gesamten Diaspora und betonten deren Heterogenität.[25]

Während das BT weiterhin ein Schwarzer diasporischer und antirassistischer, für alle offener Raum blieb, gab es unter Mitgliedern der Ortsgruppen Konflikte. Es kam zu Anschuldigungen wegen Betrug, Heuchelei und Untreue. Die unterschiedlichen Charaktere, die bei diesen Veranstaltungen aufeinanderprallten, führten zu Spannungen, Frustrationen und Machtkämpfen, die sich um Ruhm, Eifersucht, Schwarze Authentizität, Solidarität und Aktivismus drehten. In mehreren Ortsgruppen gab es kleinere Cliquen, die einigen Anwesenden ein Gefühl vermittelten, isoliert und ausgeschlossen zu sein. Eine Reihe von männlichen ISD-Mitgliedern nutzte diese Treffen, um Beziehungen mit mehreren Frauen anzufangen. Weißen Eltern afrodeutscher Kinder war es nicht erlaubt, an den Treffen teilzunehmen. Weiße Partner*innen von Afrodeutschen waren ebenfalls nicht zugelassen. Dies empfanden einige als enttäuschend.[26]

Das BT hat bis heute eine kulturelle Bedeutung für die Bewegung. Im Jahr 2015 veröffentlichten Mitglieder von ISD-Ortsgruppen den Sammelband *Spiegelblicke,* um an den 30. Jahrestag der Organisation und der Bewegung zu erinnern. Er enthielt Interviews und Essays mehrerer Generationen Schwarzer deutscher Intellektueller des Alltags.[27] Hunderte Afrodeutsche und Schwarze Menschen (aus den Vereinigten Staaten, Frankreich, Österreich und anderen Ländern) haben über die Jahre an dem Treffen teilgenommen und konnten die internationale Anziehungskraft, die es gewonnen hatte, bezeugen. Während das BT einer der Vorläufer des in einem größeren Rahmen stattfindenden Black History Month in Berlin war, bauten Schwarze Deutsche daneben auf einer älteren diasporischen Graswurzelbewegung in Berlin auf.

Mehrere Organisationen dienten als diasporische Ressourcen und motivierten Schwarze Deutsche, von der Berliner Diaspora zu lernen, sich mit ihren Vertreter*innen zu vernetzen und mit ihnen zusammenzuarbeiten. Zu diesen Gruppen gehörte die im zweiten Kapitel vorgestellte und seit 1980 existierende interkulturelle Gemeinschaft Fountainhead. Im März 1986 organisierte Fountainhead ein erstes Schwarzes Kulturfestival. Wie ISD und ADEFRA hat sich auch Fountainhead mit der Geschichte von Race in Deutschland auseinandergesetzt. Im Vorwort des Festivalprogramms hieß es, »Berlin war die Stadt, in der 1884/85 jene Konferenz stattfand, auf der die Muster kolonialer Herrschaft über Afrika etabliert wurden, und in Deutschland erreichte der Rassismus – die Leugnung nicht nur kultureller Errungenschaften, sondern auch der grundlegenden Humanität von Schwarzen Menschen – als öffentliche Politik seine höchsten Zustimmungswerte. Andererseits gibt es in Berlin auch Beispiele des Widerstands gegen dieses koloniale/imperiale Erbe. Heute ist Berlin eine Weltstadt mit einer großen kulturellen Diversität, zu der auch Formen Schwarzer Kultur gehören.«[28]

Neben dem Festival organisierte Fountainhead seit 1986 das Black International Cinema.[29] Auf beiden Veranstaltungsreihen brachte die Gruppe unterschiedliche Menschen zusammen und unterstrich die Bandbreite der Schwarzen diasporischen Kultur. Fountainhead unterstützte darüber hinaus Veranstaltungen auf den BHM. Mittlerweile allein unter der Schirmherrschaft von Donald Griffith findet das Black International Cinema bis heute jedes Jahr statt und erhält deutsche wie europäische Fördergelder.[30]

Auch die AWA, eine weitere Berliner Organisation, beschäftigte sich mit Deutschlands rassistischer Vergangenheit und Gegenwart. Zur im zweiten Kapitel kurz erwähnten Gruppe gehörten Schriftsteller*innen, Performer*innen und Aktivist*innen im Exil, die aus

Ghana, Südafrika, Uganda, Namibia, Kenia und Sierra Leone stammten. Zwischen 1983 und 1988 veröffentlichten sie das zweisprachige Literatur- und Kulturmagazin AWA-FINNABA. Es enthielt Gedichte, Interviews, Leitartikel und Reportagen, die sich mit Afrika, seiner Diaspora und Deutschland beschäftigten. Zwar existierte die Zeitschrift nur kurz, ihre elf Ausgaben enthielten jedoch grundlegende Beiträge etwa über südafrikanische Schriftstellerinnen und panafrikanische Theoretiker wie Edward Blyden und Frantz Fanon sowie zu weiteren Schwarzen internationalistischen Themen.[31] Neben der publizistischen Tätigkeit organisierte AWA 1984 ein dreitägiges Symposium, das an das 100-jährige Jubiläum der Kongo-Konferenz erinnern sollte. Außerdem luden Gruppenmitglieder zu Lyrik-, Theater- und Musikveranstaltungen in Berlin und in ganz Deutschland ein.[32]

Das Institute for Black Research (IBR), das sich vormals Institute for Black Studies genannt hatte, konzentrierte sich wiederum auf Themen wie antirassistische Erziehung, Aktivismus und öffentliche Wirksamkeit. Zum IBR gehörten mehrere Aktivist*innen aus Minderheitenorganisationen, die »feststellen müssen, dass in der BRD und Westberlin ein chronischer Mangel an Informations- und Diskussionsmöglichkeiten über Rassismus und Eurozentrismus besteht«. Deshalb sammelten sie hierzu Materialien aus verschiedenen Ländern, luden zu Diskussionen ein und informierten die deutschen Medien.[33] Mitglieder des IBR vernetzten sich mit anderen internationalen antirassistischen Gruppen und Aktivist*innen aus dem karibischen Raum, den Niederlanden und den Vereinigten Staaten. Im Jahr 1989 luden sie zu Gesprächen mit dem afroamerikanischen Wissenschaftler Abdul Alkalimat ein sowie mit der in London lebenden Aktivistin Wilmette Brown, die ihr Buch *Black Women and the Peace Movement* aus dem Jahr 1983 vorstellte. Das Institut unterstützte Veranstaltungen mit Aktivist*innen-Intellektuellen, die über die Entwicklung der Festung Europa, Rassismus in England und andere Themen sprachen.[34] Fountainhead, die AWA und das IBR waren unabhängig von der Anzahl an Veranstaltungen und Teilnehmer*innen von Bedeutung, wenn es darum ging, Diskussionen über Rassismus in Deutschland und anderswo zu beeinflussen und Personen wie Medien dazu aufzufordern, ihre Komplizenschaft bei der Aufrechterhaltung eines Systems der Unterdrückung und der Ungleichheit zuzugeben. Sie boten vielfältige Gelegenheiten, die Raumzeiten des Schwarzseins zu fördern und traditionelle deutsche Mythen und Narrative in Frage zu stellen. Diese Beispiele zeigen, wie fruchtbar Berlin für den internationalistischen Graswurzelaktivismus war. Angesichts dieser und anderer Organisationen und einer beträchtlichen Schwarzen Bevölkerungszahl wundert es nicht, dass viele Schwarze Deutsche in Berlin das Zentrum ihrer Bewegung sahen.

Die jährlichen Feierlichkeiten zum Black History Month

Mithilfe diasporischer Ressourcen aus den Vereinigten Staaten organisierte die ISD im Februar 1990 die ersten, eine Woche dauernden Feierlichkeiten des BHM, mit denen sie versuchte, die allgemeine Öffentlichkeit über die Anwesenheit von Personen afrikanischer Herkunft in Deutschland aufzuklären. Mit Betonung auf transnationalen Verbindungen bezogen sich fast alle BHM-Programmpunkte der ISD auf Carter G. Woodson, der als Vater der Schwarzen Geschichte in den Vereinigten Staaten gilt. Fast alle Sitzungen des ersten BHM konzentrierten sich auf Schwarze internationalistische Themen, darunter »Kulturreiche in Afrika«, die »Geschichte der Sklaverei«, das »Leben und Werk von Malcolm X« und »Die Bürgerrechtsbewegung in den US und Martin Luther King«.[35] Andere ISD- und ADEFRA-Ortsgruppen organisierten ein Programm, zu dem die Aufführung von 14 südafrikanischen Filmen und eine Vielzahl von Seminaren über Rassismus, Kolonialismus, Widerstandsbewegungen und mehr gehörten. Schwarze Deutsche verfolgten diesen internationalistischen Ansatz auch auf den nachfolgenden BHM. Die BHM der ISD erleichterten zudem die akademische Forschung zur Schwarzen Geschichte, sie bereiteten das Feld der Black German Studies und ermöglichten eine effektivere Öffentlichkeitsarbeit.[36] Als Intellektuelle des Alltags theoretisierten, formten und kommunizierten Schwarze Deutsche Ideen zu vielen Themen, die mit Afrika und seiner Diaspora zu tun hatten. Oft geschah dies zusammen mit Beschreibungen von rassistischen Übergriffen durch Neonazis oder von täglichen Mikro- und Makroaggressionen in der Gesellschaft. Die BHM machten deutlich, dass der intellektuelle Aktivismus der Community im Grunde genommen ein diasporischer Aktivismus war.

Die Aufzeichnungen zu den genauen Ursprüngen des BHM sind widersprüchlich. Dem Programm von 1990 zufolge hatten die Schwarzen Deutschen Danny Hafke, Roy Wichert, Mike Reichel und die Afroamerikanerin Patricia Elcock, alle Mitglieder der ISD Berlin, die Idee entwickelt – eine Behauptung, die in *Spiegelblicke* bestätigt wurde.[37] Die ersten Feierlichkeiten koordinierten sie mit anderen Organisationen, unter anderem Fountainhead. Ähnliches ist in den BHM-Programmen von 1991 und 1992 zu lesen: »Der Black History Month wurde im Februar 1990 von der Initiative Schwarze Deutsche in Berlin eingeführt«, und »es wurde ein großer Erfolg«.[38] Die Schwarzen deutschen Aktivist*innen Wiedenroth-Coulibaly und Sascha Zinflou haben geschrieben, diese Feierlichkeiten hätten von 1990 bis 2001 in Berlin stattgefunden.[39] Doch im Vorwort der Sonderausgabe zu 20 Jahre *Farbe bekennen* machte Oguntoye die Angabe, der BHM sei von 1988 bis 1998 immer im Februar in Berlin veranstaltet worden.[40] Und Ayim schrieb: »Seit 1989 wird von der ISD, in Kooperation mit anderen Schwarzen-Gruppen, der Black History Month in Berlin organisiert«.[41] Bis vor 2020 gab es auf der Website der ISD eine kurze Zeittafel zur Geschichte des BHM. Dort stand, dieser habe seinen Anfang im Jahr 1991. Im Programm von 1996 gibt das BHM-Komitee dagegen an, seit 1989 zu bestehen.[42] Die Existenz des Komitees beweist, dass diese Veranstaltungen nicht wahllos zusammengestellt wurden, und dass einzelne Mitglieder der ISD und andere sich sehr für den Erfolg der Unternehmung einsetzten. Die BHM waren Zeichen ihrer Verbundenheit mit der größeren Schwarzen Community nicht nur in Berlin, sondern im ganzen Land.

Ähnliche BHM entstanden auch in anderen deutschen Städten, darunter in Hamburg und Frankfurt am Main. Auf der ISD-Website stand früher, dass die Veranstaltung in Hamburg erstmals 1990 in einem kleineren Rahmen und unter der Leitung der afroamerikanischen Jazzsängerin und Schauspielerin Cynthia Utterbach organisiert wurde. In *Spiegelblicke* meinte Nigel Asher allerdings, ein Schwarzer deutscher Aktivist und Musiker, der in der ISD Hamburg aktiv war, der erste BHM habe 1996 auf Initiative von Utterbach und ihrem Freund*innenkreis stattgefunden.[43] Im Jahr 1998 fand im Dennis Swing Club des aus Trinidad stammenden Jazzpianisten Dennis Busby die erste öffentliche BHM-Veranstaltung statt, die vielschichtige diasporische Perspektiven bot, die weit über die afroamerikanische hinausgingen. Ab 2007 wurde die ISD Hamburg Teil des Organisationsteams für den BHM, was mit einer neuen aktivistischen Phase der Gruppe zusammenfiel.[44] Die BHM-Tradition in Frankfurt am Main nahm 2013 ihren Anfang. Dort organisierten Aktivist*innen-Intellektuelle der ISD Frankfurt am Main Sitzungen zur neuen »Stop Racial Profiling«-Kampagne (2012) der ISD und veranstalteten Lesungen und Spoken-Word-Performances der Schwarzen deutschen Autor*innen Olumide Popoola und Philipp Khabo Koepsell.[45] Die BHM-Veranstaltungen waren für die Schwarze deutsche Community von großer Bedeutung. Sie spiegelten den Elan, die Kreativität und die zunehmende Handlungsfähigkeit ihrer Mitglieder wider. Die Ungereimtheiten zeigen, dass dieses Archiv nicht abgeschlossen und wie entscheidend eine Oral History ist, wenn es darum geht, ein reichhaltigeres Mosaik dieser Tage zu erhalten.

Ähnliche Kulturveranstaltungen entstanden vor und nach den BHM. Sie lenkten die Aufmerksamkeit auf eingefahrene rassistische Stereotypen in der deutschen Gesellschaft und hoben die Kultur und den Widerstand Schwarzer Menschen der Diaspora hervor. Zu ihnen zählten das Black Film Festival, die Afrikanischen Kulturtage und das Afrika Festival, die in Düsseldorf, Hamburg beziehungsweise Würzburg stattfanden. Dort wurden internationale Filme gezeigt, Konzerte und Ausstellungen veranstaltet sowie Diskussionen über nationale Identitäten und diasporische Politik geführt.[46] Im Jahr 2012 richtete die Pan-Africanism Working Group, eine Organisation, die sich für das internationale Verständnis und die Begegnung zwischen Deutschen und Schwarzen Menschen der Diaspora einsetzt, eine ähnliche BHM-Veranstaltung in München aus. Darüber hinaus koordinierten Katharina Oguntoye und ihre 1997 gegründete multikulturell-migrantische Organisation Joliba im Februar 2004, nachdem der BHM Berlin letztmalig 2000 stattgefunden hatte, den ersten Black Basar. Er ging über eine Woche und wurde bis 2014 jährlich wiederholt.[47] Diese urbanen multikulturellen Räume ermöglichten es ISD-Aktivist*innen und Teilnehmer*innen, ihren Anspruch auf die Nation geltend zu machen und sich für einen translokalen und transnationalen Aktivismus zu engagieren, der oft über die Grenzen Deutschlands hinausging. Ihr Einsatz für den diasporischen Aktivismus war aufs Engste mit einer Raumpolitik verbunden, der es um Rückforderung und Repräsentanz ging.

Die BHM der ISD instanziierten das Schwarze Raumgefühl von Afrodeutschen. BHM-Organisator*innen wie -Teilnehmer*innen pflegten Kontakte untereinander und zu anderen Menschen of Color, die direkt mit Berlin verbunden waren. Viele Schwarze Deutsche reisten aus dem ganzen Land an, um an dem jährlichen Event teilzunehmen. Das Komitee lud bald auch weiße Mitbürger*innen zum BHM ein, wenngleich es weiterhin mehrere Sitzungen ausschließlich für Schwarze anbot. Es organisierte Veranstaltungen, die eine Woche oder auch bis zu zwei Monaten dauern konnten, und öffnete sich gegen eine geringe, jährlich wechselnde Gebühr der Öffentlichkeit. Von 1990 bis 2000 richtete der BHM Räume ein, in denen über so unterschiedliche Themen wie Christentum oder Handlungsmacht Schwarzer Frauen nachgedacht wurde, und gab Empfehlungen, die von individueller Gesundheit bis zu Kunst reichten. Die Veranstaltungen fanden in Berlin statt, und die ISD nutzte in diesem großen urbanen kosmopolitischen Raum solche Orte, an denen sie das Vermächtnis eines politischen und soziokulturellen Aktivismus wachrufen und so ein breites Publikum erreichten konnte. Hier verknüpften die Organisator*innen eine räumliche Verlautbarung von Zugehörigkeit bewusst mit kosmopolitischen translokalen Räumen. Wie Wright argumentiert hat: »Die Metropole (üblicherweise, doch nicht ausschließlich Berlin) dient als Schutzraum vor den reaktionären und repressiven Haltungen, die den ländlichen Raum durchdringen, wenngleich Afrodeutsche schließlich einsehen müssen, dass beide Räume von denselben atavistischen Überzeugungen beherrscht werden.«[48]

Orte wie Die Pumpe, die KulturBrauerei, das Bildungs- und Aktionszentrum Dritte Welt e.V. (BAZ) und die Werkstatt der Kulturen waren in gewissen Kreisen der Berliner Subkultur bereits bekannt. Die 1987 entstandene Pumpe war ein Kultur- und Jugendzentrum in Schöneberg, in dem Theater gespielt wurde und Seminare stattfanden. Das BAZ, heute ein Kinderzentrum, war in den 1980er und 1990er Jahren ein Ort politischer Arbeit für Migrations- und Asylorganisationen. Eine Weile befand sich dort auch das Berliner Büro der ISD. In den 1990er Jahren war die KulturBrauerei, eine ehemalige Bierbrauerei im Prenzlauer Berg, ein Kulturzentrum, in dem zahlreiche Treffen und Veranstaltungen der Community stattfanden, zu denen auch andere künstlerische und/oder Minderheitenorganisationen eingeladen wurden. Die 1993 eröffnete Werkstatt der Kulturen war ein Veranstaltungsort in Neukölln, der vom Berliner Senat finanziert wurde. Diese Treffpunkte der Community waren wichtige Räume, in denen Wert auf Diversität gelegt und Möglichkeiten für den Wandel geschaffen wurde. Filmvorführungen, Performances und Workshops in diesen und anderen nachbarschaftlichen Lokalitäten halfen Schwarzen Deutschen, sich ermächtigt zu fühlen und sich selbst neu in das Stadtgefüge einzubringen.

Als Repräsentant des Zusammenspiels zwischen Translokalem und Transnationalem war der BHM mit dem Karibischen Karneval in London, dem Vorläufer des Notting Hill Carnivals, vergleichbar. Seit Claudia Jones 1955 aus den Vereinigten Staaten deportiert worden war und in der Folge in Großbritannien lebte, gehörte der Karneval zu einer Veranstaltungsreihe, die sie und ihre Kolleg*innen in London organisierten, wo viele Menschen aus der Karibik lebten. Nach mehreren rassistisch motivierten Ausschreitungen in Notting Hill und Nottingham 1958 richteten Jones und ihre Zeitung, die *West Indian Gazette,* den Karneval als kondensierte Version des Karnevals von Trinidad aus, »als Geste Schwarzer Solidarität und interkultureller Freundschaft«.[49] Ganz ähnlich verschafften die BHM Schwarzen Deutschen und anderen rassifizierten Communitys einen gemeinsamen Raum, in dem diese über den erstarkten Ethnonationalismus im wiedervereinten Deutschland diskutieren, sich über ihn informieren und ihn kritisieren konnten. Außerdem hatte Jones erkannt, dass »Kultur als Abfolge normativer Praktiken ein wichtiges Werkzeug sowohl für die Entwicklung der Community als auch insgesamt für die größeren politischen und ökonomischen Kämpfe war«. Mit diesem Kulturverständnis, so ihre Ansicht, »könnten die verschiedenen Schwarzen britischen Communitys voneinander lernen und gleichzeitig eine Achtsamkeit gegenüber ihren eigenen kulturellen Geschichten entwickeln«. Ebenso wie für die Schwarzen deutschen Organisator*innen der BHM war für Jones »die Durchführung der Feierlichkeiten in diesem Fall ein Akt kultureller Affirmation«.[50]

Im Februar 1959 organisierte Jones zusammen mit dem Caribbean Carnival Committee eine Reihe von Indoor-Kulturveranstaltungen, darunter »Maskenbälle, Konzerte von Steelband-Musikern (Trinidad All Stars, Dixielanders), Brass- und Calypso-Gruppen (Mighty Terror, Sparrow und Lord Kitchener)«. Zum Karneval gehörten auch Tänzer*innen und ein Queen-Wettbewerb samt Krönung der Karnevals-Queen. Die BBC nahm diese Veranstaltungen auf. Jones' *West Indian Gazette* organisierte Konzerte mit dem afroamerikanischen

Aktivisten und Schauspieler Paul Robeson, Talentshows, Foren über die Westindische Föderation und China sowie Protestmärsche gegen rassistische Diskriminierung und Apartheid.[51] Als das Ansehen des Karnevals stieg, nahmen auch die jamaikanische Schriftstellerin und Philosophin Sylvia Wynter und der Trinidader Sänger Mighty Sparrow daran teil. Diese gesellschaftlichen Ereignisse waren bereichernd und gaben der westindischen Community die Gelegenheit, sich zu vereinigen.

Ähnliches leisteten die BHM für Schwarze Deutsche und andere Menschen of Color. So wurde im BHM-Programm von 1998 eine ähnliche Auffassung vertreten: »Gerade in einer Stadt der vielen Kulturen stellt der BHM einen Zugang zu gegenseitigem Verständnis dar. Er ist ein Spiegel der Vielfalt Schwarzer Lebensart und bietet so ein breites Spektrum an Vorträgen, Seminaren, Workshops, Veranstaltungen für Kinder, Ausstellungen, Filmen, Lesungen, Diskussionsrunden, Theaterinszenierungen, Konzerten und Partys. Damit haben wir ein Forum für Austausch und Begegnung geschaffen, das hilft, Vorurteilen und Mißverständnissen entgegenzuwirken.«[52] Jones arbeitete bereitwillig mit anderen zusammen und färbte das Kulturelle politisch – eine Aufgabe, die Schwarze Deutsche auf ihren BHM ebenfalls erfüllen konnten. Ein Jahr nach dem Tod von Jones begann 1965 der Notting Hill Open-Air-Carnival.[53]

Bei den jährlichen BHM arbeiteten Schwarze Deutsche mit einer Reihe von Regierungsvertreter*innen und lokalen Verbände zusammen, die sich für Gleichheit, gegen verschiedene Formen der Diskriminierung und für die Schaffung eines Bewusstseins für Deutschlands multikulturelles Erbe und seine internationalen Verbindungen einsetzten. Auch die ISD beantragte und erhielt Stipendien vom Staat und von Bundesagenturen, um die Veranstaltung zu finanzieren. Das BHM-Komitee profitierte von privaten Unternehmen, Kulturzentren und zivilgesellschaftlichen Organisationen. Es begrüßte Vorschläge für Ausstellungen, Performances, Workshopthemen und Filmvorführungen wie auch zum Format und Design des BHM-Programms. Die ISD konnte 1991 ADEFRA, die Afrikanische Faueninitiative (AFI), Nozizwe, Prima Klima Reisen und den AStA der Freien Universität Berlin für das Projekt gewinnen.[54] Mit steigender Popularität des BHM erhöhte sich auch die Zahl der Sponsor*innen, die sich an der Vorbereitung und Durchführung der jährlichen Feierlichkeiten beteiligten und so das Engagement obiger Gruppen unterstrichen. Auch 1992 nahmen Vertreterinnen von Nozizwe teil. Die ISD sicherte sich darüber hinaus die Unterstützung von Studierendenvereinigungen sowohl der Freien als auch der Technischen Universität Berlin, des Kirchlichen Entwicklungsdiensts in Stuttgart, des Netzwerk in Berlin, der Senatsverwaltung für Kulturelle Angelegenheiten, BMA, EURAFRI, Harambee, der Zeitschrift *Isivivane,* des Volkskunstensembles und des Umoja Afrika Centers. Mit mehreren dieser Organisationen hatte sie bereits in anderen Zusammenhängen partnerschaftliche Beziehungen aufgebaut. Zu ihnen gehörten auch mehrere der kulturellen Gruppen, auf die im zweiten Kapitel eingegangen wurde.[55] Andere Institutionen und regionale Unternehmen wie das IPF, das Filfila Café, der Sikasso Markt und die Tansania Community Berlin förderten das Projekt.[56] Zusammen mit den unterstützenden Organisationen und Firmen konnte die ISD anstehende Aktivitäten bewerben, ihre Mitgliedschaft stärken oder neue Geschäfte erwerben. Wie diese Allianzen zeigen, blieb die ISD aufmerksam und offen gegenüber den speziellen Bedürfnissen verschiedener Schwarzer diasporischer Communitys.

Da die ISD mit diesen multiethnischen Communitys zusammenarbeitete, verstanden Schwarze deutsche Intellektuelle des Alltags ihren Kampf gegen Rassismus im Kontext einer umfassenderen Auseinandersetzung mit Fragen nach Gleichheit und Menschenrechten. Die Beschäftigung mit translokalen Strömungen in Berlin wie die zunehmende Gewalt gegen Migrant*innen und Menschen of Color auf deutschen Straßen überschnitt sich oft mit transnationalen Strömungen. Zum BHM 1993 erhielt die ISD Unterstützung von der AFI, der IPF, dem Netzwerk, dem Black Liberation Sound System und der Liberia Hilfsorganisation.[57] Hier wie bei anderen BHM schloss sich die ISD mit Migrant*innenvereinen und den Communitys von Schwarzen und Menschen of Color zusammen, um auf dem BHM relevante und kritische Diskussionen über Migrant*innen aus aller Welt anzustoßen und voranzubringen.[58] Die BHM ermöglichten den geldgebenden Vereinen, Wissen über die Auswirkungen von Marginalisierung im In- und Ausland zu produzieren und weiter zu verbreiten, zugleich aber auch rassistische Stereotypen und Vorurteile in Deutschland aufzudecken. Die ISD unterhielt Partnerschaften mit lokalen Gruppen und engagierte sich in globalen Zusammenhängen. Sie bezog Stellung zu inneren Unruhen und der Ungleichheit auf dem afrikanischen Kontinent oder engagierte sich im Kampf gegen konservative europäische Politiker wie den Vorsitzenden der rechtsextremen Front National, Jean-Marie Le Pen, der in den Jahren 1974, 1988, 1995, 2002 und 2007 bei den französischen Präsidentschaftswahlen angetreten war. Sie lud zu Diskussionen über alltägliche nationale wie internationale rassistische Tendenzen und richtete gleichzeitig ihr kritisches Augenmerk auf Fragen der Migration, des Weißseins und der Intersektionalität in Europa und Afrika. Hierin spiegelte sich die gesamte Bandbreite und Fähigkeit, den akademischen mit dem Intellektualismus des Alltags in Einklang zu bringen. Einige dieser Themen waren vom Mainstream noch nicht einmal erkannt, geschweige denn aufgenommen worden.

Das BHM-Komitee bevorzugte den Begriff Schwarz als politische Identität für alle Individuen of Color, die in Deutschland unterdrückt wurden, und bemerkte 1996: »Wir machen unsere Selbstbezeichnung nicht von der jeweiligen Nationalität, dem Geburtsort oder dem Pass abhängig. Unsere Definition von Schwarz beschränkt sich nicht auf die Hautfarbe, sondern schließt alle von Rassismus betroffenen Menschen afrikanischer-asiatischer Herkunft mit ein. Schwerpunktthemen unserer Arbeit waren von Anfang an die **Bildung** und **Stabilisierung** der eigenen **Identität** und der Einsatz für eine **antirassistische** und **antidiskriminierende Gesellschaft**.«[59]

Indem die ISD ein politisches Schwarzsein artikulierte, förderte sie verschiedene, sich überschneidende Bestrebungen nach Gleichheit, die ungleiche Communitys zusammenbrachten, die Öffentlichkeit aufklärten und der europäischen Ignoranz und Ausgrenzung entgegenwirkten. Außerdem versuchte sie, Ansprüche auf eine Schwarze Authentizität zu vermeiden, um die Koalitionsbildung über marginalisierte Gruppen hinweg zu fördern. Der Aufbau eines Schwarzen Raumgefühls durch diese Orte, Veranstaltungen und Koalitionen erwies sich insofern als bedeutungsvoll und notwendig, als sich der deutsche Staat und die Bundesbehörden durchgängig weigerten, gegen Akte der Intoleranz vorzugehen. Indem sie Schwarzsein und Menschsein in den Mittelpunkt stellten, befähigten die BHM Schwarze Deutsche, unterschiedliche Geografien herzustellen und andere ungeschehen zu machen, was es ihnen erlaubte, neue Raumpolitiken zu etablieren und ihr eigenes politisches Potenzial wiederzuentdecken.

Das Sponsoring der BHM zeigte, dass unterschiedliche Organisationen, die ihren Sitz meistens in Berlin hatten, sich für eine Ethnien übergreifende Mobilisierung einsetzten, um auf ihre ungebrochene Besorgnis hinsichtlich gewalttätiger rassistischer Akte, einer fremdenfeindlichen Gesetzgebung, der Befangenheit der Medien und diskriminierender Praktiken aufmerksam zu machen, die Menschen of Color in Deutschland die Staatsbürgerschaft verwehren. Dieses Sponsoring offenbarte zudem, wie lokale und nationale Dynamiken in Berlin an die politischen Entwicklungen in Südafrika, Tansania und Somalia, um nur einige zu nennen, erinnerten. Sie signalisierten den Willen einiger staatlicher Einrichtungen und Organisationen, die ISD im Kampf gegen verschiedene Formen der Unterdrückung zu unterstützen und für Toleranz einzutreten. Auf diese Weise betrieben auf den BHM Verbündete unterschiedlicher Nationalität, Hautfarbe, Überzeugung, Einstellung und Religion einen Aktivismus, dem es um soziale Gerechtigkeit in Deutschland ging. Hierbei ging der Solidarität die Anerkennung von Unterschieden und der Einsatz für mehr Diversität und Gleichheit voraus.

Die Raumzeiten von Schwarzsein auf den Black History Months

Die BHM repräsentierten die Annäherung verschiedener Raumzeiten des Schwarzseins, in denen die Vergangenheit auf die Gegenwart traf und sich mit ihr überschnitt. Auf jedem BHM zeigten Schwarze deutsche und andere Schwarze Organisator*innen die Diversität und Möglichkeit von Schwarzsein zu unterschiedlichen Zeiten. Als die Organisator*innen die übersehen und vergessenen Erzählungen der Schwarzen Diaspora innerhalb und außerhalb von Deutschland und Europa ans Licht brachten, präsentierten sie diese Erzählungen mit diversen Ansätzen und auf nicht-lineare Weise. Ähnelte dieser Akt der Wiederherstellung auch jenem von *Farbe bekennen* und der größeren Schwarzen Bewegung in Deutschland, so destabilisierten die BHM zudem frühere rassistische Vorstellungen eines räumlich wie zeitlich festgelegten Schwarzseins, indem sie dieses Wissen weitergaben. Das BHM-Komitee bestätigte dies im Programm zum BHM von 1996. »Vor sieben Jahren fanden sich erstmals verschiedene Schwarze Gruppen in Berlin zusammen, um eine gleichnamige Veranstaltung vor dem spezifischen Hintergrund der Situation in der Bundesrepublik Deutschland und Europa zu organisieren. Gerade hier in Deutschland bestehen nur beschränkte Möglichkeiten, sich über Schwarze Gegenwart und Vergangenheit objektiv zu informieren, während umgekehrt aber Vorurteile gegen Schwarze Menschen und ihre Kultur weit verbreitet sind.« Das Komitee stellte fest, dass Nationalismus und Rassismus in Deutschland zugenommen hätten und das Leben von Schwarzen Menschen und Menschen of Color schwieriger machten: »Gerade diese Zunahme macht es umso wichtiger, über Schwarze Geschichte, Kultur, und Politik zu informieren und so mit Vorurteilen und Desinformationen aufzuräumen.« So könne es Diskriminierung ausmerzen und der Desinformation über die Lebensbedingungen von Menschen afrikanischer Herkunft und ihre Beiträge zur Gesellschaft entgegentreten.[60] Das BHM-Komitee konnte diese Ziele erreichen und untermauern, dass Schwarzsein allgegenwärtig ist (im Jena des 18. Jahrhunderts ebenso wie im Paris des 19. Jahrhunderts). Es lieferte Manifestationen von Schwarzsein, die unter anderem therapeutischer, künstlerischer oder politischer Natur sein konnten. Dabei bargen sie unterschiedliche diasporische Identitäten, die es der Schwarzen Community ermöglichten, sich in der deutschen Gesellschaft zurechtzufinden.

Die kollektive Arbeit des BHM-Komitees war von einzelnen Schwarzen Deutschen abhängig, die als Intellektuelle des Alltags mit ihrer kulturellen Arbeit die unterschiedlichsten Ambitionen unterstützten. Ihr Einsatz bereitete in diesem Fall das Feld für Black German Studies, Black European Studies, African Studies und Critical Race Studies, die auf Bottom-up-Prinzipien setzten und sich zu intellektuellen sowie dekolonialen Bestrebungen bekannten. John Kantara, Mitbegründer und Mitglied der ISD Berlin, präsentierte auf den BHM 1990 und 1991 die Diskussionsrunde »Afrodeutsche Geschichte«. In beiden Jahren eröffnete er die Runde mit dem Satz »Ein N... kann kein Deutscher sein«, den er einer anonymen Postkarte entnommen hatte, die nach Ausstrahlung des im zweiten Kapitel erwähnten Films *Deutsche sind weiß, N... können nicht Deutsch sein* bei der ARD eingegangen war. Im Verlauf des Seminars widerlegte er die gängige Meinung, wonach die afrodeutsche Geschichte erst nach 1945 begonnen habe. In seinem Vortrag von 1990 sprach Kantara über Anton Wilhelm Amo, den afrikanischen Philosophen, der im 18. Jahrhundert in Halle und Jena studiert und gelehrt hatte. Kantara informierte über das Leben Schwarzer Deutscher im Nationalsozialismus und unterstrich, dass Deutschland eine multikulturelle Gesellschaft sei. Er half Afrodeutschen dabei, ein besseres Bild von sich selbst zu entwickeln und ihre Identität in einer Gesellschaft zu verstehen, die glaubte, dass sie nicht dazugehörten.[61]

Auch Elke Jank (Ja-El) von ADEFRA Bremen hielt ein Seminar, »Der verleugnete Beitrag schwarzer Menschen zur Geschichte Europas«, in dem sie gängige Stereotypen von Menschen afrikanischer

Herkunft als »~~Primitiven~~« in Frage stellte. Sie erklärte, dass mehrere Schwarze Menschen prominente Europäer*innen waren, während andere europäischen Herrscherhäusern und der Aristokratie angehörten.[62] Die Seminare von Katharina Oguntoye auf den BHM 1993 und 1997 konzentrierten sich auf die Geschichte von Afrikaner*innen in Deutschland und Schwarzen Deutschen von 1884 bis 1950, wobei sie sich auf ihre frühere Arbeit in *Farbe bekennen* bezog. Zu diesem Thema schrieb sie an der Technischen Universität Berlin 1995/96 eine Magisterarbeit, die sie 1997 unter dem Titel *Eine afro-deutsche Geschichte* veröffentlichte.[63] Die BHM zeigten die intellektuelle Arbeit, die Schwarze Deutsche in sie investierten, und wie ihr intellektueller Aktivismus einem größeren Zweck für sie selbst und die Community diente.

Mithilfe Schwarzer Deutscher aus dem gesamten Bundesgebiet kontextualisierten die Berliner BHM die Schwarze Diaspora zu unterschiedlichen historischen Zeitpunkten und bildeten eine Schwarze Öffentlichkeit aus. Während des BHM von 1992 etwa diskutierte Thomas Pforth von der ISD Duisburg das Vermächtnis von Rassismus als System der Unterdrückung gegen Schwarze. Pforth zufolge müssten vor allem Weiße Zeit und Arbeit investieren, um sich mit Rassismus und anderen Unterdrückungssystemen auseinanderzusetzen, da viele von ihnen davon profitiert hätten. Sein Vortrag diente dem (wohl vorwiegend Schwarzen) Publikum als ermutigende Quelle, wenn er forderte: »Schwarz muss aus der Defensive, der psychologischen Destabilisierung, der Isolation, der Machtlosigkeit heraus, um in einer Zeit der Veränderung mitzugestalten, mitzubestimmen. Zielstellung kann nur ein interkulturelles Miteinander sein.«[64] Anschließend hielt Austen Brandt, ein ebenfalls zur ISD Duisburg gehörender Pastor, eine Vorlesung mit dem Titel »Schwarzes Christentum«.[65] Obwohl viele Schwarze die Kirche in Deutschland als eine »Form weißer Macht« betrachteten, sei das »Schwarze Christentum« für Menschen in Afrika, Nordamerika und England eine Form des Widerstands und Überlebens gewesen. Sie könne auch Schwarzen in Deutschland neue Möglichkeiten eröffnen.⁶⁶ Auf mehreren BHM lud Brandt zu Gottesdiensten ein, was darauf hindeutet, dass das Christentum im Leben einiger Schwarzer Deutscher immer noch einen hohen Stellenwert hatte. Außerdem hielten während des BHM 1992 die in Berlin studierende afroamerikanische Doktorandin Tina M. Campt und der Mediziner, Historiker und Aktivist Pascal Grosse einen Vortrag mit dem Titel »Aspekte Afro-Deutscher Geschichte«, der eine »[k]ritische Betrachtung über Hintergründe und Auffassungen von ›Rasse‹ als wissenschaftliche Kategorie [in den Jahren] 1900–1960« bot.⁶⁷ Darüber hinaus präsentierten Campt und Grosse zusammen mit der Schwarzen deutschen Historikerin Yara-Colette Lemke Muniz de Faria in einem Seminar während des BHM 1994 unterschiedliche Aspekte afrodeutscher Geschichte im 20. Jahrhundert.⁶⁸ Campt, Grosse und Lemke Muniz de Faria untersuchten das Konzept der »Rasse« im deutschen Kontext und zeigten, wie es dabei half, nationale Identität, Staatsbürgerschaft und kulturelle Normen festzulegen. Ihre Vorträge wurden später in wissenschaftlichen Publikationen veröffentlicht. Diese Workshops beleuchteten das historische Vermächtnis Schwarzer Deutscher innerhalb der Nation; sie offenbarten ihre Bemühungen um Aktivismus, Überleben und Widerstand über unterschiedliche Raumzeiten hinweg. Diese Aktivitäten förderten die Versuche der ISD, Geschichte als Medium der diasporischen Wiederherstellung, der Bewusstseinserweiterung und des kritischen Austauschs zu etablieren.

Zwar betonte die ISD die Bedeutung afrodeutscher Geschichte und Kultur im Westen, sie integrierte aber auch Diskussionsrunden, die sich mit den Erfahrungen Schwarzer Deutscher in der DDR auseinandersetzten. Während des BHM 1991 lud ein ISD-Mitglied aus Leipzig zu dem Workshop »Die Schwarze Community in der DDR vor und nach dem Fall der Mauer« ein, der die Entwicklung der afrodeutschen Bewegung in Städten der DDR vor und nach der Wende untersuchte. Der Vortrag konzentrierte sich auf Unterschiede und Ähnlichkeiten zwischen Ost und West und wie die Wiedervereinigung zu einer erweiterten Zusammenarbeit ermutigte.⁶⁹ Ähnlich beleuchtete die Diskussionsrunde »Schwarze Deutsche in der Deutschen Demokratischen Republik« die Erfahrungen Afrodeutscher in der DDR und ihre Verbindungen zu anderen afrikanischen Ländern und afrikanischen Migrant*innen. Die ISD-Mitglieder Dede Malika Beer, Kerstin Eisner, Pierre Gaulke und Patrice Poutrus berichteten über die Situation in der DDR und schilderten das Leben »zwischen offiziell befohlenem Antirassismus und Toleranz und realem Fremdenhass und Rassismus«.⁷⁰

Mehrere Diskussionsrunden des BHM beschäftigten sich mit den Auswirkungen, die die Zunahme von Ethnonationalismus und rassistisch motivierten Gewalttaten und Morden nach dem Mauerfall für die afrodeutsche Community hatte, wobei wieder auf die Bedeutung des Alltäglichen eingegangen wurde. Vor diesem Hintergrund verwies Hügel-Marshall in ihrer nach der Wiedervereinigung gehaltenen Vorlesung »Afro-Deutsche Identität« auf die feinen, aber wichtigen Unterscheidungen zwischen den Begriffen Schwarze Deutsche und Afrodeutsche und arbeitete ihre jeweiligen Bedeutungen heraus. Sie erläuterte, was die Begriffe und die Bewegung für sie persönlich bewirkt hatten.⁷¹ Einigen bot die größere Schwarze Bewegung in Deutschland eine unschätzbare Unterstützung, die sie dazu brachte, Widerstand zu leisten. Oguntoyes Seminar »Afrodeutsche – Schwarze Deutsche – Schwarze in Deutschland« während des BHM 1993 ging ebenfalls auf rassistisch bedingte Probleme für mehrere deutsche Communitys of color ein. Sie erläuterte die Begriffe afrodeutsch, Schwarz, afrikanisch und deutsch und unterstrich, wie entscheidend es sei, sich trotz unverhohlener Fremdenfeindlichkeit und nationalistischem Eifer im Land ein starkes Selbstwert- und Identitätsgefühl zu bewahren.⁷² Alle diese Podiumsdiskussionen hinterfragten Deutschlands demokratische Identität nach dem Holocaust. Schwarze Deutsche und andere in der größeren Schwarzen Community haben auch den öffentlichen Raum, typischerweise ein exklusiver Ort, zu einem Schwarzen Raum umgestaltet, der Race-

Unterschiede weder ignorierte noch ausklammerte. Hier wurden Unterschiede privilegiert, nicht marginalisiert. In ihrem Schwarzen Raum waren ihre Ideen und Anliegen von Bedeutung, sie schufen ein alternatives Verständnis von Staatsbürgerschaft, Identität, Zugehörigkeit und Geschichte. Auf diesen Wissen produzierenden und verarbeitenden Veranstaltungen wurde öffentlich und direkt Einspruch gegen Rassismus in Deutschland, Europa und anderswo erhoben.

Neben diesen soziologischen und historischen Seminaren organisierte die ISD eine Reihe von Workshops, die angesichts von rassistischer Gewalt und rassistischem Terror konstruktive Formen der Selbstfürsorge empfahlen. Die afrodeutsche Psychologin Bärbel Kampmann etwa lud auf dem BHM 1991 zu dem Vortrag »Psychische Probleme Schwarzer Deutscher und Therapie als Hilfestellung« ein.[73] Sie bemerkte: »Schwarze Deutsche leben als Minderheit in einer weißen Mehrheitsgesellschaft. Bedingt dadurch sind sie in besonderem Maße Widersprüchen, Verhaltenserwartungen, Diskriminierung und Isolation ausgesetzt, was Spuren hinterlässt. Spuren, die sich in psychischen Problemen bis hin zu psychischen Erkrankungen äußern.«[74]

Während des BHM 1992 hielt sie einen ähnlichen Vortrag, »Basisprobleme Schwarzer Deutscher«, bei dem sie Afrodeutschen dringend empfahl, wenn nötig, professionelle Hilfe in Anspruch zu nehmen. Und auf dem BHM 1997 wurde ein Workshop zum Thema Stressmanagement angeboten.[75] Neben psychologischer und emotionaler Unterstützung gab es auf einigen der BHM auch Selbstverteidigungskurse. So hatten etwa während des BHM 1993 ausschließlich Menschen of Color die Gelegenheit, Karate-, Judo- und Jiu-Jitsu-Techniken zu erlernen und gefährliche Situationen frühzeitig zu erkennen.[76] Alle Aspekte von Selbstfürsorge wurden begrüßt. Sie verliehen den Teilnehmer*innen eine gewisse Geborgenheit, die sie in einer rassistischen Gesellschaft nie ganz erleben konnten.

Wie die BT ermöglichten es die jährlich stattfindenden BHM Afrodeutschen und anderen Menschen of Color, ihr literarisches,

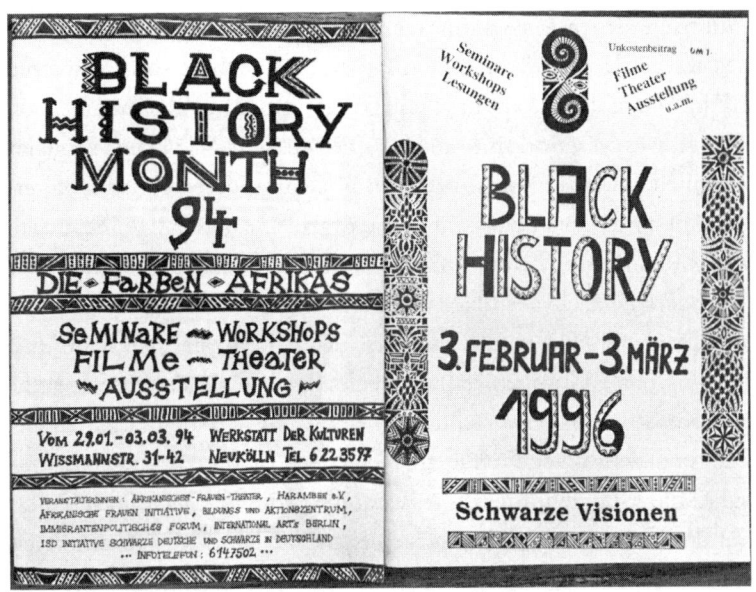

Programme der Black History Months 1994 und 1996 in Berlin

künstlerisches, musikalisches und dramatisches Werk, das auf ihren unterschiedlichen Erfahrungen fußte, vorzustellen. Während des BHM 1992 luden die Schwarzen Autor*innen und Aktivist*innen Angela Alagiyawanna-Kadalie, Nisma Dux, Michael Küppers-Adebisi, Modupe Laja, Sheila Mysorekar, Magali Schmid und Eleonore Wiedenroth-Coulibaly zu einer Lesung »Schwarze deutsche Literatur« mit musikalischer Begleitung, wo sie ihre Arbeiten einem Schwarzen Publikum präsentierten. Viele von ihnen waren in dem Gedichtband *Macht der Nacht* von 1992 vertreten.[77] Der afrodeutsche Aktivist und Autor Küppers-Adebisi las seine Gedichte mit Musik auch auf dem BHM 1993.[78] Auf dem BHM 1996 trug Ayim Gedichte aus ihrem Lyrikband von 1995 *blues in schwarz weiss* vor.[79] Dies sollte leider ihr letzter Auftritt während eines BHM sein. Sie starb im darauffolgenden Herbst. Als Hommage an Ayim schrieb die Schwarze Community zum BHM 1997 einen an sie gerichteten offenen Brief und feierte einen May-Ayim-Tag, an dem in mehreren Veranstaltungen ihr Leben und Werk gewürdigt wurden.[80] Insgesamt schufen die BHM Schwarzen Deutschen ein Forum, auf dem sie ihre Literatur und Kunst präsentieren konnten. Die öffentlichen Veranstaltungen waren einladende Räume, in denen ihre Kulturarbeit legitimiert, anerkannt und verstanden wurde. Schwarze Deutsche schufen unablässig Räume für ihr Schwarzsein und ihre Arbeit und ermutigten einander, die Ziele der BHM auch über diese hinaus zu verfolgen.

Auf den BHM nahmen unterschiedliche lokale, nationale und internationale Gruppen teil, die ebenfalls die Gelegenheit erhielten, ihre Kunst in Form von kultureller Erziehung, sozialem Zusammenhalt und Schwarzer Freude zu teilen. Auf dem BHM 1991 organisierte die ISD zusammen mit Harambee eine Black Heritage Party, auf der mehrere Musikgruppen spielten. Im Jahr 1993 gab das Black Liberation Sound System zusammen mit einer Band aus Ghana ein Konzert. Bei der Eröffnungsfeier 1996 legten DJs aus dem Senegal, Südafrika und Uganda Platten auf, und es gab äthiopische Spezialitäten zu essen.[81] Und 1994 lud die ruandische Gruppe ABATIGAYA zu einem Workshop für Tanz und Gesang aus ihrem Land ein, womit sie auf die transnationalen Verbindungen der ISD aufmerksam machte.[82] Im selben Jahr führte das Afrikanische Frauentheater (AFT) in der Werkstatt der Kulturen das Stück »Erinnerung an die eigene Fremdheit« auf. Die Produktion, die die Alltagserfahrungen Schwarzer Deutscher und Migrant*innen einfangen wollte, drehte sich um das Streitgespräch einer älteren weißen Frau mit einer Ausländerin zu einem trivialen Thema an einer Bushaltestelle.[83] Gegen Ende des Stücks zeigte die Gruppe eine Szene, in der Akzeptanz und Verständnis in Deutschland möglich scheinen. Daneben richtete das People's Art Ensemble einen Lyrikabend mit dem Titel »People's Poets Theatre« aus, in dem Jazz Poetry als Schwarze Kunst vorgestellt wurde.[84] Mit diesen Aktivitäten förderten Afrodeutsche und Menschen of Color Gemeinschaftssinn und erkannten ihr eigenes kreatives Potenzial. Auch diese künstlerischen Ausdrucksformen, von denen einige in Originalsprachen aufgeführt wurden, waren Teil dieses Schwarzen öffentlichen Raums.

Die BHM blieben ein diasporisches Unternehmen, das Schwarzen europäischen Künstler*innen zusätzliche Möglichkeiten eröffnete. Die ISD unterstützte 1994 die Schwarze Britin Dionne Sparks als »Artist in Residence«. Sparks, die in der Bewegung aktiv war, arbeitete mit Färbemitteln, Textilien und Multimedia. Ihre Arbeiten »beschäftigen sich mit den politischen und geschichtlichen Aspekten der Identität Schwarzer Frauen«, und ihre Ausstellung in der Werkstatt der Kulturen trug den Titel »Conversations Across Sea«. In den Monaten März und April bot Sparks auch die Workshop-Reihe »Visual Connections« an.[85] Im Rahmen des BHM wurde im Januar 1994 zudem die Ausstellung »Different Colours« mit Werken von Hafke, Oguntoye, Reiser, Babette Arnold, Dieudonné Otenia und Henrietta Safo gezeigt. Es war »die erste gemeinsame Ausstellung von schwarzen KünstlerInnen aus beiden Teilen der Stadt«.[86] Gezeigt wurden Gemälde und Fotografien von Arnold, Gemälde von Hafke, Fotografien von Oguntoye, Gemälde von Otenia, Gemälde, Kunstdesign und Collagen von Reiser und ethnisch inspirierter Schmuck von Safo. Mehrere dieser Künstler*innen bezogen sich auf Traditionen der afrikanischen Diaspora und Europas. Ihre Arbeiten »reichen von der Wiedergabe von Landschaften und inneren Gefühlswelten bis hin zur künstlerischen Anklage und Reflexion rassistischer Vorfälle«.[87] Die öffentliche Präsentation dieser Kunstformen verschaffte den Künstler*innen Anerkennung von Schwarzen und weißen Communitys in Deutschland.

Die Organisator*innen der BHM ließen Reiser, Mitglied der ISD Berlin und Herausgeberin von *afro look,* mehrere ihrer Programmhefte gestalten.[88] Für den BHM 1993 konzipierte sie die Ausstellung »Mediensprache und Rassismus«, in der sie in Collagen zahlreiche Schlagzeilen zu rassistischen Übergriffen zusammenfasste und so die in die Alltagskultur eingebetteten rassistischen Diskurse gegenüber Schwarzen Deutschen und anderen Menschen of Color einfing.[89] Im gesamten Programmheft zum BHM 1996 waren neben afrozentrischen Bildern ihre künstlerischen Entwürfe und Randzeichnungen abgedruckt. In ihrer Kunst schuf sie neue diasporische Symbole und Bedeutungen, die sie im deutschen Kontext verankerte. Reiser ist bis heute als Künstlerin aktiv, und viele ihrer Werke drehen sich weiter darum, Afrika in Deutschland mitzudenken.

Die BHM standen ferner für das Bemühen der ISD um einen diasporischen Aktivismus. Schwarze deutsche Intellektuelle des Alltags traten auf ihnen für den Wandel ein und zeigten, dass transnationale Dynamiken dabei halfen, den translokalen Raum Berlin zu schaffen. Tatsächlich waren das Translokale und Transnationale Beziehungsnetzwerke, die nicht in Opposition zueinander standen. Translokale Interventionen Schwarzer Deutscher stellten hegemoniale Narrative und politische Systeme in Frage und führten zu einem Zusammenwachsen von lokalen und globalen Dynamiken, während sie gleichzeitig transnationale diasporische Verbindungen verstärkten.[90] Außerdem überprüften Afrodeutsche ihre Identität, erfanden ihre Traditionen in Beziehung zu anderen diasporischen, marginalisierten Communitys neu und verglichen ihre Kämpfe mit jenen in anderen Ländern, in denen ebenfalls gegen Unterdrückungssysteme mobilgemacht wurde.

Podiumsdiskussionen zur Apartheid in Südafrika waren auf den BHM meist prominent vertreten. So bekundete die ISD 1991 ihre Solidarität mit Menschen in Südafrika und bat Teilnehmer*innen um kleine Spenden für ein Südafrika gewidmetes Projekt, dessen Details noch festgelegt werden mussten.[91] Der Anti-Apartheid-Aktivist Luyanda Mpahlwa und der Künstler und Mitherausgeber von AWA-FINNABA Vusi Mchunu, beides im Exil lebende Südafrikaner, berichteten vom politischen Kampf in Südafrika von den Anfängen bis in die frühen 1990er Jahre. Mpahlwa und Mchunu, die auf Englisch und Deutsch vortrugen, wollten die öffentliche Meinung in Europa korrigieren, die »stark von falschen teilweise rassistischen oder unzureichenden Berichten über die aktuellen Probleme in Südafrika geprägt« waren.[92] Sie erklärten weiterhin: »Der gegenwärtige Krieg am Golf zieht weiterhin Aufmerksamkeit von diesem Thema ab und lässt viele Menschen vergessen, dass Südafrika immer noch nicht frei ist.«[93] Im Anschluss hielt Peggy Luswazi, eine südafrikanische Aktivistin für Nozizwe, eine weitere Vorlesung über Südafrika, in der sie sich vorwiegend mit der Kolonialgeschichte des Landes beschäftigte. Sie brachte dem Publikum außerdem das südafrikanische Projekt der »People's Education« näher, das darauf abzielte, eine nicht-rassistische und demokratische Erziehung für alle zu etablieren, die frei von jeder Ideologie der Apartheid war.[94]

Die Unterstützung der ISD für Südafrika ließ bei den darauffolgenden Veranstaltungen nicht nach. So diskutierte Mpahlwa in seiner Vorlesung »Break the Chains of Apartheid – Change is pain!« (Brecht die Ketten der Apartheid – Wandel ist Schmerz!) gegenwärtige Entwicklungen in Südafrika. Auch diesmal sprach er auf Deutsch und Englisch. Er untersuchte die Geschichte der Apartheid-Gegner*innen, etwa des ANC (African National Congress), und deren jüngste Versuche, das Land zu einen und zu demokratisieren.[95] I. Schuhmacher aus Hamburg und E. Rodtman aus Berlin zeigten eine Diashow mit dem Titel »Aus den Ruinen der Apartheid – Situation der Landbevölkerung in Südafrika«. Sie stellten klar, dass »das Unrecht der Apartheid trotz aller Reformen noch lange nicht beendet ist, auch wenn viele westliche Politiker dieses glauben machen wollen.«[96] Ihr besonderes Interesse galt der Politik der 1970er Jahre und den Schwierigkeiten, auf die Südafrikaner*innen stießen, als sie auf ihr enteignetes Land zurückkehrten. Sie berichteten über das Ziel der »Back to the Land«-Kampagne, die von ländlichen und enteigneten Südafrikaner*innen ins Leben gerufen worden war.[97] Ähnliche Vorträge wurden auch auf den nachfolgenden BHM gehalten. Ihre Unterstützung des Anti-Apartheid-Aktivismus spiegelt den Kampf der ISD gegen rassistische Praktiken und Gesetze wider. Sie lud des Weiteren zu Podiumsdiskussionen über Mosambik, die südliche Sahara, Nigeria und Somalia ein. Damit demonstrierte sie Interesse an anderen Regionen des Kontinents und wies Afrika einen Platz in Deutschland zu, an dem es weder herablassend behandelt noch diskriminiert wurde.[98]

Die ISD und andere Organisator*innen der Community nutzten auf BHM auch Filmvorführungen, um Afrodeutsche, andere Communitys of color und weiße Deutsche über Schwarze Schlüsselfiguren, ihre Entschlossenheit, ihre Erfolge und ihre Kämpfe gegen Ungleichheit zu unterrichten. Auf dem BHM 1991 wurden mehrere Filme gezeigt, darunter eine 15-minütige Vorschau von Ada Gay Griffins *A Litany for Survival*. Diese Dokumentation über Audre Lorde sollte 1995 auf der Berlinale laufen und behandelte auch Lordes Jahre in Deutschland. Die Filme *Hear Say*, *Ebony* und *Black Britains* thematisierten Schwarze Identitäten in Großbritannien und gewährten dem Publikum einen Einblick in die Welt anderer Schwarzer Europäer*innen.[99] Auf dem BHM 1992 finanzierte EURAFRI eine Aufführung von *Lumumba: The Death of a Prophet* des haitianischen Filmemachers Raoul Peck. Der Film zeichnete den politischen Aufstieg und tragischen Tod Patrice Lumumbas im Kongo nach. Im selben Jahr lief eine Dokumentation über den jamaikanischen Panafrikanisten Marcus Garvey sowie eine cineastische Hommage an den afroamerikanischen Schauspieler und Aktivisten Paul Robeson.[100] Während der Veranstaltung »Schwarze Filmgeschichte« erklärte ein Teilnehmer, dass der Schwarze Film in der Geschichte des Mainstream-Films zwar kaum Beachtung gefunden habe, er aber dennoch aus einer Tradition schöpfe, die schon lange vor Spike Lee begonnen habe.[101] Des Weiteren wurden auf den BHM Filme unter anderem über den Millionen-Mann-Marsch von 1995 in den Vereinigten Staaten, die Black Panther und Huey P. Newton, Malcolm X, Le Pens Front National, Steve Biko und die Geschichte des Reggae gezeigt.[102] Nicht alle Filme waren explizit politisch, sogar Komödien und Actionfilme von und mit afroamerikanischen Regisseur*innen und Schauspieler*innen wurden gezeigt, darunter *I am Gonna Git You Sucka (Ghettobusters)* und *Sweet Sweetback's Badasss Song (Sweet Sweetbacks Lied)*.[103] Das Komitee organisierte Veranstaltungen, die das Leben verschiedener Personen afrikanischer Herkunft beleuchteten und den Teilnehmer*innen als diasporische Ressource dienten. Sie nutzten verschiedene Kreativmedien, um ihre Botschaften und ihr Wissen zu übermitteln.

Auf den BHM gab es auch Podiumsdiskussionen, die die Bezeichnung »Schwarz« und die Konzepte Schwarzen Bewusstseins sowie Schwarzer Einheit beleuchteten. Patricia Elcock hielt auf dem BHM 1990 einen Vortrag auf Englisch und Deutsch mit dem Titel »Black Unity«. Darin gab sie einen Überblick über die Unterschiede zwischen Schwarzen Menschen hinsichtlich ihres Vermächtnisses, ihrer Lebensbedingungen und politischen wie gesellschaftlichen Standpunkte. Elcock ermahnte Teilnehmer*innen afrikanischer Herkunft, ihre Unterschiede anzuerkennen, zu tolerieren und aktive Verbindungen untereinander zu knüpfen. Hieraus entstand die Idee für eine Black Unity Committee genannte Organisation.[104] Auch Nicola Lauré al-Samarai von der ISD Berlin hielt einen Vortrag. In »Schwarz als politischer Begriff« definierte sie Schwarz als etwas, das nicht auf die Hautfarbe reduziert werden könne, sondern das alle Individuen verbinde, die Rassismus und Unterdrückung erfahren hätten. Sie erklärte, dass die Popularität des Konzepts Schwarz auf Steve Biko zurückgehe, den südafrikanischen Aktivisten, Philosophen und Gründer der Black Consciousness Movement (BCM), der im Alter von 31 Jahren im Gefängnis ermordet worden war. Ferner hielt das ISD-Mitglied Manu Holzer während des BHM 1994 einen Vortrag über Schwarzes Bewusstsein und Schwarze Solidarität.[105] Während der BHM 1992 und 1996 stellte Mahoma Mwangulu, der in Tansania geboren worden war und malawische Eltern hatte, Aspekte des Panafrikanismus, seine Ursprünge und seine Entwicklung vor.[106] Ähnliche Veranstaltungen gab es während des letzten BHM im Jahr 2000, bei dem unter anderem Deutschlands Afrikapolitik und Beschneidungen von Mädchen und Frauen im Sudan thematisiert wurden. Diese vielfältigen Schwerpunkte zeigen den Einsatz der ISD für den Schwarzen Intellektualismus und Internationalismus.

Schwarze Deutsche organisierten und moderierten auf BHM auch Podiumsdiskussionen, bei denen Frauenthemen und Intellektualismus im Mittelpunkt standen. Sie ermutigten afrodeutsche und andere Schwarze Frauen, miteinander in Kontakt zu treten und voneinander zu lernen. Auf dem BHM 1991 lud Nozizwe zu der Podiumsdiskussion »Wann und wo ich eintrete« ein, die der afroamerikanischen Autorin und Aktivistin Anna Julia Cooper gewidmet war und sich mit Schwarzen Frauen in der Literatur befasste. Dabei beobachteten die kenianische Aktivistin Gladwell Otieno und die simbabwische Autorin Tsitsi Dangarembga: »Die Schwarze Frau wird meistens in der Literatur nicht als ein zu den gesellschaftlichen Veränderungen beitragendes Mitglied beschrieben, sondern eher als eine ergänzende Person; manchmal nützlich, selbstverständlich erotisch, aber jedoch eine Nebenfigur. Gerade aufgrund ihres Einblicks in ihre aufgezwungene Rolle sucht die Schwarze Frau in der Literatur einen Weg hin zu einer alternativen, selbstdefinierenden und emanzipatorischen Beschreibung der sozialen Realität.«[107] Sie sahen in der Literatur Schwarzer Frauen eine selbstermächtigende Quelle, die es Frauen ermögliche, ihre Subjektivität neu zu verhandeln und zu gestalten. Indem sie dies taten, stellten Schwarze Frauen ihren marginalen Status in Frage und teilten ihre Literatur weltweit mit anderen. Schwarze Autor*innen und die von ihnen gebildeten intellektuellen Communitys ermöglichten es ihnen, kritische Interventionen vorzunehmen und sich hegemonialen sowie ausschließenden Strukturen und Diskursen entgegenzustellen.

Während des BHM 1993 veranstalteten die ISD und ADEFRA »Schwarze Frauentage«. Mehrere Frauen der ADEFRA Hamburg, darunter Katja Kinder und Ilona Ivan, hielten Vorträge. Dieses Minisymposium bot eine Reihe von Seminaren für Schwarze deutsche Frauen, etwa »Kreative und kritische Wahrnehmungen von internalisiertem Rassismus«, »Südliche Bäume tragen seltsame Früchte«, »Rassismus im Alltagsleben deutscher Kinder«, »Workshop für Eltern von Schwarzen Kindern und die besondere Situation der Kindererziehung in diesem Land« und ein »Gynäkologisches Seminar«.[108] Letzteres war insofern von Bedeutung, da es die deutsche Gesellschaft versäumt hatte, der Gesundheit Schwarzer Frauen die nötige Aufmerksamkeit zu widmen. Im selben Jahr gab es einen Gedenkgottesdienst, um an Audre Lorde zu erinnern. Afrodeutsche und andere Menschen aus ganz Deutschland kamen und erinnerten an Lorde.[109] Wieder räumten die Frauen geschlechtsspezifischen Themen und diasporischen Perspektiven einen gebührenden Raum innerhalb des BHM ein. Ayims Vorlesung mit Diskussion von 1996, »Alle Frauen sind weiß, alle Schwarzen sind Männer – aber einige von uns sind mutig: Rassismus aus afrofeministischer Perspektive«, borgte sich den Titel von einer Anthologie der afroamerikanischen Feministinnen Barbara Smith, Gloria T. Hull und Patricia Bell Scott und ging »der Frage nach […], wie sich Rassismus und Sexismus in persönlichen, beruflichen und politischen Handlungsfeldern manifestieren und welche Strategien sich entwickeln lassen, um individuelle und kollektive Veränderungen einzuleiten.«[110] Ayim stellte klar, dass es dabei »nicht nur um weiße Dominanz und gesellschaftliche Ausgrenzungsmechanismen [geht], sondern auch um einen Blick auf Schwachstellen und hoffungsvolle Perspektiven in der Schwarzen Community«.[111] In den BHM begrüßten die Frauen die Gelegenheit, intellektuelle Communitys aufzubauen, die ihren Schwarzen öffentlichen Raum formten und sich der Geschlechterfrage bewusst waren. Ihr Intellektualismus zeugte von ihrer Fähigkeit, komplexe und breit gefächerte Themen zu behandeln. Er behinderte auch ihre Bemühungen um Solidarität miteinander nicht.

* * *

Schwarze Deutsche und andere organisierten mit Unterstützung des BHM-Komitees zahlreiche Veranstaltungen, die sich mit translokalen und transnationalen Fragen befassten und damit die Komplexität der Diaspora aufzeigten. Der Aufstieg des Konservatismus innerhalb der Festung Europa, die Apartheid in Südafrika, die somalischen Bürgerkriege, der Genozid in Ruanda, die von Neonazis ausgeübte Gewalt und die strengen Einwanderungsbestimmungen hatten Auswirkungen auf Afrodeutsche und andere Communitys of color in Deutschland. Sie befeuerten ihren Aktivismus. Diese transnationalen Entwicklungen prägten auch ihre Arbeit zu translokalen Themen. Dementsprechend boten die jährlich stattfindenden BHM Afrodeutschen die Möglichkeit, Ausgrenzung und Diskriminierung publik zu machen und dagegen vorzugehen. Dabei berührten sie Fragen, bei denen es für sie im Alltag um Leben oder Tod gehen konnte.

Auf den BHM betrieben Schwarze Deutsche und andere Schwarze Aktivist*innen-Intellektuelle eine Raumpolitik, die sie befähigte, sowohl im übertragenen als auch wörtlichen Sinne ein Schwarzes Ortsgefühl zu entwickeln. Dort schufen Organisator*innen wie Teilnehmer*innen Diskurse und Narrative, die ihre Erfahrungen und Kulturen in den Vordergrund rückten, sie aber auch ermutigten, sich politisch zu engagieren. Die Veranstaltungen waren für Schwarze Deutsche Ausdruck ihres diasporischen Aktivismus. Sie ermöglichten es ihnen, Räume für sich und die Schwarze Diaspora im Land einzurichten. Indem sie sich bei vielfältigen diasporischen Ressourcen bedienten, trugen sie zu einer dynamischen Schwarzen Öffentlichkeit im wiedervereinten Deutschland bei, förderten den intellektuellen Austausch und produzierten und verbreiteten auf kreative Art und Weise Wissen.

Als sie in Berlin (und mit den Bundestreffen auch darüber hinaus) Räume dekolonisierten, forderten Schwarze Deutsche und andere Schwarze Communitys Repräsentation. Sie nahmen an antirassistischen und feministischen Kampagnen und Projekten teil, die ihrer Verdrängung entgegenwirkten und die Diversität Schwarzer Menschen in Deutschland anerkannten. Schwarze Deutsche und andere in der Community schufen auch Raum für unterschiedliche Formen des Schwarzseins. Sie setzten sich dafür ein, dass Schwarzsein in unterschiedlichen Raumzeiten existieren konnte. Sie eroberten sich ihr Schwarzsein zurück, indem sie seine negativen Konnotationen und Bedeutungen transformierten und seinen Wert für diasporische Communitys der Gegenwart und Zukunft aufzeigten. Afrodeutsche Frauen und Männer nutzten zusammen mit weißen Deutschen und anderen Menschen of Color alternative Räume, um Verbindungen herzustellen, politische Perspektiven auszubilden und ihren transnationalen Aktivismus zu akzentuieren. Dies gab Schwarzen Deutschen ein Gefühl der Zugehörigkeit. Sie übten zudem eine transnationale Solidarität mit Personen in Deutschland, die sie auf die gesamte Diaspora ausweiteten, und engagierten sich in vielen Ländern der Welt.

Mit den BHM der ISD entwickelten afrodeutsche Frauen und Männer eine bedeutende diasporische Tradition. Sie transformierten normative Überzeugungen und Praktiken und nahmen sich den nötigen Raum, um in Deutschland Gehör und Anerkennung zu finden. Damit manifestierten sie ihre Handlungsfähigkeit und politisierten viele kulturelle und politische Themenfelder. Obwohl die BHM, auf denen Hafke und Reichel immer noch eine wichtige Rolle spielten, in den Jahren von 2001 bis 2008 nicht stattfanden, war klar, dass Berlin weiterhin die entscheidende Stadt bleiben würde.[112] Berlin prägte auch den transnationalen intellektuellen Aktivismus Schwarzer deutscher Frauen, was zeigt, wie internationalistisch einige von ihnen waren. Schwarze deutsche Feministinnen vor allem führten diesen Internationalismus mit ihrer Beteiligung an den internationalen interkulturellen Sommerseminaren für Black Women's Studies fort. Als sie das Seminar 1991 nach Frankfurt am Main, Bielefeld und Berlin ins wiedervereinte Deutschland brachten, bekräftigten sie die Bedeutung Schwarzer feministischer Solidarität.

6
Schwarze feministische Solidarität in Deutschland und Schwarzer Internationalismus

> Wenn die Frauenbewegung ihre gegenwärtige Malaise und Richtungslosigkeit überwinden will, muss sie einen breiteren Rahmen schaffen, innerhalb dessen sie arbeiten kann. Dies erfordert die Anerkennung der Zusammenhänge zwischen Unterdrückungsformen, die auf Gender, Race, Klasse und sexueller Orientierung sowie anderer Indizes der Differenz basieren. Dementsprechend können weiße Frauen damit beginnen, ihren eigenen Rassismus anzugehen und damit im Kampf für die Selbstbestimmung unserer Völker den Weg für effektive Allianzen mit Schwarzen Frauen frei machen.
> *Delegierte des internationalen interkulturellen Sommerseminars für Black Women's Studies, 22. August 1991*

Schwarze deutsche Frauen hatten innerhalb der größeren Bewegung bereits feministische Arbeit geleistet, als sie im wiedervereinten Deutschland vom 5. August 1991 an das fünfte interkulturelle Sommerseminar für Black Women's Studies ausrichteten. Das Seminar, das ein »Vehikel für internationale Verständigung« war, besuchten mehr als 100 Frauen aus sechs Kontinenten, »eine Versammlung von Aktivistinnen, Theoretikerinnen, Autorinnen, Bäuerinnen und Arbeiterinnen, die sich für die Realitäten und Kämpfe der jeweils anderen interessierten«.[1] Es stand sinnbildlich für die Bedeutung von Diversität als verbindendem Instrument bei der Gemeinschaftsbildung mit Schwarzen Frauen von Aotearoa/Neuseeland bis Südafrika.[2] Im

Nachhinein bemerkte eine afrodeutsche Teilnehmerin, die Bildung affektiver Verbindungen »zu älteren Schwarzen Frauen aller Welt [war] auch eine wichtige persönliche Erfahrung«.³ In einem Interview sagte die Programmdirektorin des Seminars, die Schwarze deutsche Feministin und Professorin Marion Kraft, »[e]ine wesentliche Funktion des Sommerseminars ist die, ein internationales Netzwerk schwarzer Frauen aufzubauen. Auf ganz verschiedenen Ebenen sich informieren und unterstützen zu können, Zugang zu Ressourcen zu finden, Informationszentralen zu bilden, und uns über die drei Wochen hinaus die Möglichkeit zu geben, eine Institution zu schaffen, die für uns noch nicht existiert.«⁴ Kraft zufolge erfüllte das Seminar für Schwarze Deutsche und Schwarze Teilnehmerinnen aus aller Welt wichtige Aufgaben. Regelmäßig verwendeten sie den Begriff »Schwarz« als inklusive Bezeichnung aller Menschen, die Unterdrückung und Marginalisierung zu erleiden hatten. Seiner Bedeutung in den späten 1980er und frühen 1990ern entsprechend gehörte zu den Zielen des Seminars auch ein »gegendertes politisches Schwarzsein«. Dies wird insbesondere aus dem Titel der Veranstaltung und im obigen Zitat der Delegierten ersichtlich.⁵

In diesem Kapitel richtet sich der Fokus auf Feminismen von Schwarzen und Frauen of Color sowie einen diasporischen Aktivismus in Deutschland. Ich werde zeigen, wie Schwarze deutsche Frauen aus der Bewegung theoretisierten und Wissen produzierten, das einer integrative, auf Frauen ausgerichtete Agenda bevorzugte – ähnlich der Arbeit, die in *Farbe bekennen* und von ADEFRA geleistet wurde. Damit hebt dieses Kapitel die Tatsache hervor, dass diese Frauen den Mittelpunkt der Schwarzen deutschen Bewegung zu Ende des 20. Jahrhunderts bildeten. Sie sahen in ihrem Engagement für andere Schwarze und Communitys of color eine Bereicherung ihrer intellektuellen und politischen Arbeit, mit der sie gegen rassifiziertes Unrecht und weiße Vorherrschaft weltweit protestierten.

Wie ich darlegen werde, nutzten die Frauen das Sommerseminar von 1991, um Verbindungen zu unterschiedlichen Schwarzen Frauen im In- und Ausland herzustellen, die sich als entscheidend für ihren feministischen und diasporischen Aktivismus erwiesen. Sie bauten ein transnationales Netzwerk auf, das die Solidarität untereinander förderte, seine Mitglieder ermutigte und sich gegen Rassismus und Sexismus stellte. Darin glich es dem Vorbild anderer Schwarzer Internationalistinnen wie Audre Lorde und Eslanda Robeson.[6] Das Seminar schuf wie andere davor Räume, in denen Schwarze Feministinnen antirassistische Projekte anstießen, untereinander Überlebensstrategien austauschten und ihre Herausforderungen in Gesellschaften dokumentierten, die ihre Probleme nicht zur Kenntnis nahmen. Durch persönliche Kontakte fühlten sich diese Frauen miteinander verbunden und gaben einander die nötige Stärke, um das Schweigen und die Ängste in ihren jeweiligen Gesellschaften zu überwinden. Das Seminar war für sie gleichzeitig affektives Erlebnis und kulturelles Ereignis. Es schuf Vertrauen, ermutigte weitere Formen von Aktivismus und ließ die Frauen wahrgenommene Gemeinsamkeiten und Unterschiede anerkennen. Einige blieben sich über das Seminar hinaus nah. Für Schwarze Deutsche spiegelte sich im Sommerseminar 1991 der größere Rahmen des damaligen europaweiten transnationalen Aktivismus Schwarzer europäischer Frauen wider, den insbesondere das Unterprogramm des Weltkirchenrats, Women Under Racism (WUR), aus den 1980er Jahren und später Gruppen wie das Black Women and Europe Network (BWEN) von 1993 verkörperten.[7] Das Seminar stand für eine anhaltende internationale Phase innerhalb der Schwarzen deutschen Bewegung, die mit den Versuchen des wiedervereinten Deutschlands zusammenfielen, seinen Platz auf der internationalen Bühne zurückzuerobern. Zur selben Zeit herrschte in Deutschland eine fremdenfeindliche Stimmung, die sich gegen tatsächliche und angebliche nicht-weiße Ausländer*innen richtete. In Kontinentaleuropa verstärkten gezielte Überwachung, strengere Grenzkontrollen und ausgrenzende Einwanderungsgesetze die Mauern der Festung Europa. Deshalb half das Seminar den Frauen, die Zunahme des Rassismus in den Jahren nach dem Fall der Mauer und dem Ende des Kalten Krieges in Deutschland und Europa zu kritisieren und zugleich Anerkennung für sich als Schwarze Deutsche und für ihre größeren europäischen Kämpfe zu erhalten.

Als Schwarze Deutsche und Schwarze Frauen in deutschen Städten sichtbar wurden, beanspruchten sie das Land für sich als Ort für unterschiedliche Manifestationen von Schwarzsein (unter anderem politisch) und Schwarzem Feminismus – Praktiken, die bereits in der Schwarzen deutschen Bewegung weit verbreitet waren. Mehr noch als ihre britischen Schwestern waren Schwarze Deutsche an transnationalen Verbindungen in Europa und weltweit interessiert.[8] Für einige Afrodeutsche erwiesen sich diese Beziehungen aufgrund ihrer isolierenden rassifizierten und gegenderten Erfahrungen im späten Nachkriegsdeutschland als absolut notwendig. Schwarze deutsche Frauen fanden bei der Veranstaltung Unterstützung. Sie setzten kulturelle Werkzeuge ein, die sie im Austausch mit Schwarzen und Globaler-Süden-Feministinnen aus Großbritannien, den Niederlanden, den Vereinigten Staaten und anderen Ländern erworben hatten, und wendeten diese Ideen und Taktiken auf ihre regionalen wie nationalen Bedingungen an.

Afrodeutsche und Schwarze Teilnehmerinnen nutzten zudem die Kraft des Schreibens, um zu mobilisieren und die politische Arbeit fortzuführen. Sie machten ihre transnationale feministische Politik publik und bekräftigten damit ihre Absicht, die Gesellschaften zu verändern. Die Delegierten erarbeiteten und verabschiedeten einmütig die »Resolutionen von 1991«, in denen sie Fragen zum Vermächtnis von Kolonialismus, Globalisierung, rassifizierter Ungerechtigkeit, Klassenunterschieden und Geschlechterungleichheit ansprachen. Die Beschlüsse waren ein Aufruf zur Etablierung grundlegender Menschenrechte, internationaler Gerechtigkeit und der Einführung neuer gesetzlicher Maßnahmen gegen Rassismus und Diskriminierung. Zwar änderte sich wenig, dennoch verschaffte diese Intervention der Frauen diesen Themen Aufmerksamkeit in den Medien. Wie aus den Resolutionen hervorgeht, ermutigte die Solidarität afrodeutscher Frauen mit marginalisierten Menschen auf der ganzen Welt diese dazu, den materiellen Auswirkungen von Rassismus und globaler weißer Überlegenheit entgegenzutreten und sie zu bekämpfen. Zusammen mit dem Sammelband *Schwarze Frauen der Welt: Europa und Migration* zeigte das Dokument, wie diese Frauen ihr politisches Bewusstsein dadurch zu stärken wussten, dass sie antirassistisches feministisches Wissen generierten und weitergaben.[9] Die 1990er Jahre erwiesen sich als aufregende Zeit für den transnationalen feministischen Aktivismus und die Schwarzen Freiheitskämpfe. Die Aktivismusformen dieser Frauen, ihre Forderungen und ihr Schwarzer Internationalismus zeugten von diasporischer Handlungsfähigkeit und Zugehörigkeit.

Schwarzer feministischer Aktivismus und das Entstehen des Sommerseminars

Vor dem fünften Sommerseminar von 1991 hatten mehrere internationale feministische Konferenzen Schwarzen und Schwarzen deutschen Frauen die von vielen gewünschte Möglichkeit gegeben, transnationale Allianzen zu schmieden und ihre eigenen Anliegen in den Vordergrund zu rücken. Auf die UN-Weltfrauenkonferenz in Mexiko-Stadt (1975), mit der die UN-Dekade der Frau begann, folgten weitere Konferenzen in Ost-Berlin (1975), Kopenhagen (1980) und Nairobi (1985). Diese Veranstaltungen »transformierten die Landschaft transnationaler feministischer Organisation« entscheidend. Doch blieben Spannungen zwischen weißen Frauen und Frauen of Color ebenso wenig aus wie zwischen Frauen der Ersten und Dritten Welt.[10]

Nach diesen und weiteren feministischen Konferenzen und Buchmessen äußerten Frauen auf der ganzen Welt ihr Interesse daran, einen Menschenrechtsdialog über Rassismus, Heterosexismus, Sexismus, Klassismus und Eurozentrismus zu führen. Gleichzeitig entstand in den Vereinigten Staaten eine Reihe neuer Programme zu Black und Black Women's Studies. Afrikanische und andere feministische Wissenschaftler*innen gründeten Organisationen zur Erforschung des globalen Feminismus und bemühten sich darum, aktiv am Internationalismus Schwarzer Frauen teilzuhaben.[11] Diese Praktiken gehörten lange Zeit zu den Instrumenten, mit deren Hilfe Schwarze Frauen der Diaspora sich politisch engagierten und Koalitionen schmiedeten.[12] Ein Beispiel war das 1987 gegründete interkulturelle Sommerseminar für Black Women's Studies mit seinen Zentralen in New York und London. Das Seminar griff Themen der UN-Konferenzen auf und widmete sich den kollektiven, sich überschneidenden Erfahrungen von Schwarzen Frauen und Frauen of Color. Es richtete in Zusammenarbeit mit gastgebenden Organisationen und Aktivistinnen vor Ort internationale Konferenzen in unterschiedlichen Ländern aus. Ziel des Seminars war es, »die internationale Zusammenarbeit auszubauen, um Frauen aus unterschiedlichen Kulturen die Gelegenheit zu geben, Informationen auszutauschen, Erlebnisse mit anderen zu teilen, Ressourcen zu erkennen, Verbindungen aufzubauen und damit Frieden, Menschenrechte und Entwicklung zu fördern«.[13] Alle Seminare waren auch Umschlagplätze, auf denen theoretisches und praktisches Wissen über die Erfahrungen von Frauen ausgetauscht wurden, indem man eine feministisch-akademische Wissenschaft und Forschung förderte und Aktivistinnen mobilisierte. In diesem Sinne zeigten die vorangegangenen Seminare, wie Praktiken eines Schwarzen Feminismus und eines Graswurzel-Internationalismus bereits vor der Veranstaltung von 1991 institutionalisiert worden waren.

Der transkontinentale Austausch von Angesicht zu Angesicht und Initiativen in Nordamerika lenkten die Aufmerksamkeit auf Themen, die Frauen mit Schwarzem diasporischem Erbe betrafen und zur Gründunge des Sommerseminars führten. Im Jahr 1982 nahmen Frauen aus 71 Ländern an der ersten internationalen Conference on Research and Teaching Related to Women am Simone de

Beauvoir Institute der Concordia University in Montreal teil, auf der das International Resource Network of Women of African Descent (IRNWAD) gegründet wurde.[14] Die Konferenz brachte Frauen zusammen, die 1980 an der UNESCO-Versammlung zur Situation der Frauen in Paris und an der zweiten UN-Weltfrauenkonferenz in Kopenhagen teilgenommen hatten. Das IRNWAD ermutigte »Frauen afrikanischer Herkunft, in der Forschung und Lehre über Geschichte und Erfahrungen afrikanischer Frauen sowohl auf dem Kontinent als auch in der Diaspora die Führung zu übernehmen« und »diesen neuen Studienzweig zu institutionalisieren«. Seine Wortführerinnen machten die Black und/oder Africana Women's Studies zu einem lebensfähigen und anerkannten Fachgebiet der akademischen Welt. Darüber hinaus bemühten sich die Gründerinnen des IRNWAD, »den internationalen Unterschichtsstatus von Frauen afrikanischer Herkunft aufzuheben« und »für Frauenrechtsfragen die Anerkennung als Menschenrechtsfragen zu erwirken«. Auf ihrer zweiten Konferenz 1985, die zusammen mit der dritten UN-Weltfrauenkonferenz in Nairobi stattfand, erließ die IRNWAD eine Direktive zur Gründung einer Zeitschrift, die ein Forum für den Austausch von Ressourcen, Strategien, Forschung und weiterer Werkzeuge werden sollte. Ebenfalls auf dieser Veranstaltung bildete die IRNWAD zusammen mit anderen afrikanischen Frauengruppen eine Globaler-Süden-/Frauen-of-Color-Fraktion.[15]

Zusätzlich hatten die Mitglieder von IRNWAD bereits Kurse für Black Women's Studies an der Concordia University in Montreal, das Nebenfach Black Women's Studies am Spelman College in Atlanta und ein Doktorandinnenprogramm für Africana Studies an der Atlanta University (heute Clark Atlanta University) eingerichtet. Andrée Nicola McLaughlin, eine Professorin am Medgar Evers College in New York, entwickelte an ihrer Universität einen Lehrplan für interkulturelle Black Women's Studies. Später gründete sie mit anderen das Interkulturelle Seminar und arbeitete als dessen internationale Koordinatorin.[16] Dabei blieben der Austausch und die Zusammenarbeit mit Frauen des IRNWAD die Grundlage von McLaughlins Bemühungen.

Als grenzüberschreitende Unternehmung hatte McLaughlins Interkulturelles Seminar auch transatlantische Wurzeln. Dies war zum Teil ihrer Gastprofessur im Jahr 1986 an der erziehungswissenschaftlichen Fakultät und dem Zentrum für multikulturelle Erziehung der Universität London geschuldet. Damals begrüßten Frauen südasiatischer und afrikanischer Herkunft McLaughlins Betonung einer interkulturellen Analyse Schwarzer Frauen. Über ihr Engagement für Community-basierte Aktivist*innen und ihre Organisationen eignete sie sich auch Wissen über die Situation Schwarzer Brit*innen an. Zusammen mit Noreen Howard, einer in London lebenden Aktivistin-Intellektuellen, initiierte sie das erste »Interkulturelle Seminar für Black Women's Studies«. Es fand am neuen, von beiden 1987 mitgegründeten Sommerseminar für Frauenstudien der erziehungswissenschaftlichen Fakultät der Universität London statt.[17]

Im Eröffnungsseminar mit dem Titel »Die Situation der Frauen«, das in den Sommermonaten Juli und August angeboten wurde, konzentrierten sich die Teilnehmerinnen auf die vergleichbaren Bedingungen, unter denen die politischen Kämpfe Schwarzer Frauen standen, und untersuchten die intellektuellen Grundlagen von Black Women's Studies. Zu dem vierwöchigen Kurs, an dem zahllose Delegierte aus Asien, Afrika, Europa sowie Nord- und Lateinamerika teilnahmen, gehörten öffentliche Foren, Sitzungen, Filmvorführungen und Diskussionen zu ausgewählten Texten. Die Organisatorinnen entschieden, den freien Zugang zu 80 Prozent der Veranstaltungen zu ermöglichen, was es örtlichen armen Frauen aus der Arbeiterklasse erlaubte zu lernen, sich zu engagieren, und Kontakte zu knüpfen.[18] McLaughlin bestätigte, dass es für Frauen entscheidend sei, »weiterhin die Vermächtnisse von Kolonialismus und Feudalismus anzusprechen, die auf reale Weise unseren Alltag beeinflussen. [...] Fragen der wirtschaftlichen Klasse, nationalistischer, rassistischer und gegenderter Unterdrückung, ethnischer und religiöser Unterschiede sowie die Widersprüche von Kaste, Region, Hautfarbe und Gesellschaftsschicht.« Die Organisatorinnen luden zu Veranstaltungen mit Themen ein wie »Frauen aus Puerto Rico in zweiter Generation in den USA«, »Schwarze Frauen, die sich im Großbritannien der Achtziger organisieren«, »Schwarze Schriftstellerinnen in Japan«, »Die Erziehung Schwarzer Frauen« und »Schwarze Frauen und Feminismus in Kolumbien«, um Verbindungen zu knüpfen und ein interkulturelles Verständnis zu fördern.[19]

Das Seminar in London organisierte darüber hinaus einen Runden Tisch mit Gloria Joseph unter dem Titel »Schwarze Frauen und Feminismus. Eine globale Sichtweise«, an dem die in den USA lebende Feministin und Wissenschaftlerin M. Jacqui Alexander (Trinidad und Tobago), die Aktivistin und Pädagogin Beryle M. Jones (Kanada), die Forscherinnen Chenzira J. Mutasa (Simbabwe) und Berta Ines Perea Diaz (Kolumbien) sowie die feministische Verlegerin und Autorin Barbara Smith (Vereinigte Staaten) teilnahmen. Die Delegierten waren »begeistert und beeindruckt«, sich gleichzeitig aber »ihrer jeweiligen Bedingungen und Prioritäten bewusst« – womit sie die Bedeutung verbundener Unterschiede hervorhoben.[20] Das Seminar erlaubte es den Delegierten, die in ihren Heimatländern Ausgrenzung erfahren hatten, Formen eines Schwarzen Internationalismus zu praktizieren, ihr Verständnis von Kultur sowie ihre diplomatischen Fähigkeiten zu erweitern und ihren politischen Aktivismus neu herauszubilden. Um das Grundprinzip des Seminars herauszuarbeiten, verwies McLaughlin auf »das starke Gefühl unter uns Schwestern, dass wir keine angemessene Beurteilung unserer Lebensbedingungen bekommen konnten, ohne in den Spiegel der Frauen aus der ganzen Welt zu blicken. Deshalb haben wir ein regelmäßig stattfindendes Forum für interkulturelle Studien über Frauen des Globalen Südens ins Leben gerufen.« Sie erkannte die »Macht dieser Londoner Börse«, Schwarzen Frauen eine kritische Plattform zu bieten.[21]

Im Kontext der Seminare wurde »Schwarz« zu einer transnationalen politischen wie kulturellen Bezeichnung, die nicht streng an die afrikanische Herkunft oder die Hautfarbe gebunden war. In London entwickelte McLaughlin die Idee einer Schwarzen Identität als »Kultur-, Gesellschafts- und politische Klasse« und beschäftigte sich mit der Theorie der »Mehrfachgefährdung«.[22] Im Allgemeinen verstanden die Delegierten Schwarz als »Bezeichnung, die unseren interkulturellen Identitäten als Schwarze Menschen Ausdruck verleiht, sei es aufgrund von Kultur, politischen Ideen und/oder Gesellschaftsschichten, und deshalb eine große Bandbreite an nationalen, ethnischen, rassifizierten und religiösen Gruppen abdeckt«.[23] Demzufolge »gehört ›Schwarzsein‹ keinem Einzelnen und auch keiner Gruppe. Vielmehr eignen sich Einzelne und Gruppen diese komplexen und nuancierten Signifikanten von Race an, um seine Grenzen zu umschreiben oder andere Individuen oder Gruppen auszuschließen«.[24] Schwarz diente als Performance-Akt, eine affektive Bindung, ein Modus des Widerstands und als formbarer Signifikant, der es unterschiedlichen rassifizierten Gemeinschaften aus Lateinamerika, Afrika und Asien erlaubte, zusammenzuhalten und ihre Positionen und Identitäten neu zu erfinden.

Die auf London folgenden Sommerseminare in New York (1988), Harare, Bulawayo und Zvishavane (1989) und Auckland (1991) verkörperten das Zusammenspiel zwischen dem Lokalen, dem Nationalen und dem Globalen. Jedes der frühen interkulturellen Sommerseminare konzentrierte sich auf ein Thema, das regionale Einflüsse auf die Frauen aus diesen Orten hervorhob und gleichzeitig die internationale Dynamik betonte. Diese Seminare erweiterten die Parameter von Feminismus und halfen damit unterdrückten Menschen weltweit, sich zu kritischen, sich überschneidenden Fragen zu Klassenzugehörigkeit, Gender und Race zusammenzuschließen und Räume zu schaffen, in denen sie sich vernetzen, miteinander in Austausch treten und sich gegenseitig unterstützen konnten. Diese Veranstaltungen zeigten, wie wichtig die transnationale Organisation von Schwarzen Frauen und Frauen of Color war. Dort mieden sie den falschen Universalismus des weißen liberalen Feminismus, vermittelten Wissen über Schwarze Gemeinschaften weltweit und leisteten ihren Beitrag zur UN-Dekade der Frau.

Dieser interkulturelle und internationalistische Akzent war auch auf dem New Yorker Seminar vom Juli 1988 noch sehr ausgeprägt. Für drei Wochen trafen sich Frauen aus mehr als 30 Ländern zum Thema »Frauen und Kommunikationen« zu Vorträgen über die Repräsentation und Aneignung asiatischer und afrokolumbianischer Frauen in den Medien sowie die Entwicklung von Nationalbewegungen in Palästina, El Salvador und Aotearoa/Neuseeland. Mitglieder feministischer Gruppierungen aus Angola, Simbabwe und den Niederlanden nahmen teil.[25] Vorträge und Arbeitsgruppen gaben Frauen die Gelegenheit, ihre Stimme zu erheben und so unterschiedliche Gefühle wie Ehrgeiz, Begeisterung und Enttäuschung auszudrücken. Die afroamerikanischen Feministinnen Barbara Smith, Audre Lorde und Sonia Sanchez sprachen über heterosexuelle Frauen und weiterhin grassierende Homophobie. Anjuli Gupta, eine Deutsche indischer Herkunft, die sich als »Schwarze Feministin« zu erkennen gab, sagte: »Der Austausch hat mir viel Energie gegeben, mich mit vielen neuen Ideen angeregt und zum ›Weiterkämpfen‹ ermutigt«.[26] Die gefühlsbetonten Reaktionen von Teilnehmerinnen hatten Einfluss auf ihr gesellschaftliches Engagement und weckten ein Gefühl der Zugehörigkeit. Gupta war mit Katharina Oguntoye und May Ayim nach New York gereist, die Vorträge zu den Anfängen der afrodeutschen Bewegung und Literatur hielten. Marion Kraft und Helga Emde sollten auch teilnehmen, konnten aber aufgrund finanzieller Schwierigkeiten nicht anreisen.[27] Darüber hinaus nahmen bekannte Personen wie die afroamerikanische Schriftstellerin und Aktivistin Toni Cade Bambara, die amerikanische antirassistische Aktivistin und Wissenschaftlerin Peggy McIntosh und die afroamerikanische feministische Professorin Beverly Guy-Sheftall teil.

Während des Seminars verwies die afroamerikanische Filmemacherin Ada Griffin von der unabhängigen Produktionsfirma Third World Newsreel auf die Innovationskraft und Kreativität von Frauen in ihrer »Diskussionsreihe zu internationalen Frauenfilmen«, zu der sie Regisseurinnen und Podiumsgäste mit unterschiedlichen Hintergründen einlud. Die Teilnehmerinnen wünschten sich »die Bildung eines internationalen Netzwerks, das in naher Zukunft die Aufführung dieser Frauenfilme und -videos auf internationaler Ebene möglich macht«.[28] Es ging nicht nur darum, zusammenzuarbeiten und ins Gespräch zu kommen, sondern darum, diese kreativen Verbindungen zu pflegen und die visuellen Darstellungen auf internationaler Bühne zu präsentieren. Diese Aufführungen standen beispielhaft für den Intellektualismus Schwarzer Frauen, vor allem, weil sie theoretisierten, Ideen austauschten und über unterschiedliche kreative Formate ihre persönlichen wie kollektiven Erfahrungen weitergaben.

Die Veranstaltung in New York beleuchtete zudem, wie lokale amerikanische Themen der Ungerechtigkeit mit internationalen Fällen von Doppelmoral und Unterdrückung zusammenhingen. Lorde berichtete vom Fall Tawana Brawleys, eines 15 Jahre alten afroamerikanischen Mädchens, das sechs weiße Männer beschuldigte, sie 1987 in Wappingers Falls im Bundesstaat New York vergewaltigt zu haben. Delegierte nahmen an einem Protestmarsch teil und verfassten eine Erklärung zugunsten Brawleys und ihrer Familie. In einem weiteren Brief unterstützten sie den Anti-Apartheid-Kampf in Südafrika.[29] Auf einer Pressekonferenz an der UN Plaza erklärten sich Delegierte mit Titewhai Harawira solidarisch, einer Mitorganisatorin des Seminars und Aktivistin, die sich für die Rechte und die gesundheitliche Versorgung der Maori in Aotearoa/Neuseeland einsetzte. Die anderen beiden Mitorganisatorinnen waren die Schwarze britische Aktivistin Gail Lewis und die simbabwische Aktivistin Sekai Holland.[30] Harawira wurde später in Aotearoa/Neuseeland zusammen mit einigen Familienmitgliedern aufgrund ihres indigenen Aktivismus verhaftet. Solidarität war weiterhin ein wichtiges Thema, insbesondere auf der Kunstausstellung »Nach unserem eigenen Bild: Eine Internationale Perspektive von Künstlerinnen« des Schomburg-Forschungszentrums für Schwarze Kultur.[31] Obwohl das Seminar den multikulturellen Dialog förderte, kam der Austausch für Nicht-Englischsprecherinnen und Frauen aus nicht-akademischen Kreisen in einigen Fällen zu kurz.³²

Das dritte Sommerseminar in Simbabwe fand unter dem Motto »Frauen und Ernährungspolitik« statt.³³ Die Programmdirektorin Sekai Holland wollte ein »Forum für Frauen schaffen, auf dem ihre Realitäten diskutiert und definiert werden« sollten, und ermutigte »Verbindungen, um die Teilnahme von Frauen aus dem Pazifikraum, dem Nahen Osten, Asien und dem indigenen Amerika zu ermöglichen«.³⁴ Marion Kraft und Dulcie Flower, eine indigene Aktivistin aus Australien, waren die Mitorganisatorinnen. In ihrer Rede sagte Andrée Nicola McLaughlin, dass die Veranstaltung für »die gemeinsamen Bemühungen von Frauen aus Entwicklungsländern und aus Communitys weltweit« stand und beschrieb, inwiefern es sich hierbei um eine kollaborative wie belebende Unternehmung handelte. McLaughlin fuhr fort: »Wir sind Frauen aus unterschiedlichen Ländern mit unterschiedlichen Kulturen, Religionen, Altern, Erfahrungen und sogar Ideologien«, die »verbunden [sind] durch das gemeinsames Ziel, uns Frauen in unseren jeweiligen Kämpfen für Selbstbestimmung und Autonomie – also Freiheit der Gruppe und des Individuums – selbst zu ermächtigen«.³⁵ Mit anderen Worte ermutigte sie Unterschiede, indem sie inklusive Schwarze und feministische Identitäten hervorhob – Identitäten, die über gemeinsame Kämpfe gegen sich überschneidende Formen der Unterdrückung geformt wurden.

Diese Wochen des Community Building verliefen nicht immer reibungslos. So gab es in Simbabwe einige Probleme. Wie Kraft gegenüber Lorde in einem Brief von 1989 erwähnte, kam es vor allem deshalb zu emotionalen Spannungen, weil einige Teilnehmerinnen vergaßen, die kulturellen Praktiken anderer zu respektieren, und einander nicht zuhören konnten. Kraft hatte jede Menge Fragen: »Was ist mit unseren Schwestern aus Azania? Was mit jenen Frauen aus Uganda, Äthiopien, Panama – die einen langen Weg gekommen waren? Was bedeutet ›interkulturell‹? Was heißt es, dass einige amerikanische Schwestern nicht am Abschlusstreffen teilgenommen haben, weil sie sich nicht respektiert fühlten? Und selbst wenn sie sich getäuscht haben, können wir ihre Gefühle ignorieren und einfach sagen, ›sie sind noch sehr jung‹? Wie gehen wir mit Unterschieden untereinander um?«[36]

Kraft bemerkte, dass es einigen Teilnehmerinnen schwerfiel, die verbundenen Unterschiede untereinander anzuerkennen. Diese Art kultureller Spannungen unter Afroamerikanerinnen, Schwarzen Frauen der Diaspora und aus der Dritten Welt sollten auch auf anderen globalen feministischen Treffen, selbst auf der dritten UN-Weltfrauenkonferenz in Nairobi, nicht ausbleiben. Und doch schloss Kraft: »Das ›Seminar‹ ist sehr wichtig. Wir – als afrikanische Frauen, Frauen der Schwarzen Diaspora – brauchen [ein] eigenes Forum, und ich bin den Schwestern, die dies ins Leben gerufen haben, sehr dankbar.« »Simbabwe«, fuhr sie fort, »war ein aufregendes Erlebnis und alle Mühen und Enttäuschungen wert«.[37]

Wie bei den vorhergehenden Treffen gingen Delegierte »durch Gesänge und Tänze, die den Reichtum der traditionellen afrikanischen Kulturen ebenso widerspiegeln wie den immer noch existenten Revolutionsgeist«, solidarische Verbindungen mit Frauen vor Ort ein.[38] Das Seminar verschaffte den Teilnehmerinnen die Gelegenheit, etwas über die Geschichte Simbabwes, vor allem über sein koloniales Erbe, seine Freiheitskämpfe und die Wiederansiedlungen nach der Unabhängigkeit zu erfahren. Formelle Sitzungen und informelle kulturelle Veranstaltungen halfen den Delegierten, mit einheimischen Frauen aus unterschiedlichen gesellschaftlichen Schichten und ethnischen Gruppen, etwa den Shona und Ndebele, innerhalb des unabhängigen Landes zu interagieren. Simbabwische Frauen klärten darüber auf, dass die Unabhängigkeit nicht wie ursprünglich versprochen zu einer vollständigen Wiederansiedlung geführt hatte und sich die Umsiedlung von Bauernfamilien in diesen Regionen aufgrund des traditionellen ethnischen Glaubens an die Anwesenheit ihrer

Ahn*innen als schwierig erwies.³⁹ Um die Bedeutung des lokalen Aktivismus und der Koalitionenbildung zu betonen, informierten sich die Teilnehmerinnen über basisdemokratische, von simbabwischen Frauenvereinen organisierte Umschulungsprogramme oder nahmen an ihnen teil. Diese interkulturellen Verbindungen waren sinnstiftend, ohne die spezifischen Unterdrückungen zu ignorieren, denen Frauen in diesem Land ausgesetzt waren.

Das vierte Seminar, das im März 1991 unter dem Motto »Menschenrechte und indigene Völker im ›Informationszeitalter‹« in Aotearoa/Neuseeland stattfand, stellte Solidarität, Gastfreundschaft und indigene Rechte in den Vordergrund. Einige Teilnehmerinnen trafen sich mit Maorifrauen, unter anderem auch mit Harawira, zu einer Erkundungstour und produzierten eine Dokumentation über indigene und Menschenrechte, in der auch Harawira und ihre Familie vorkamen.⁴⁰ Damit trugen sie zur Wissensproduktion und -verbreitung über Indigenität und politische Handlungsfähigkeit im Pazifik bei. Auf der Tour wurden die Delegierten zu Themen aufgeklärt, die die Maori betrafen, so etwa »Land, Sprache Kultur und Machtverteilung unter dem Vertrag von Waitangi« (1840), und wie »sie sich auf die Erziehung, Gesundheit, Beschäftigung, Sozialfürsorge und das Ziel der Maorischen Unabhängigkeit auswirken«. Durch Tour und Gespräche »schauten wir mit neuen Augen auf uns selbst und unsere Kämpfe, insbesondere da es hier um die Kämpfe indigener Völker und das Wesen unserer Beziehungen zu den Kämpfen der jeweils anderen ging«.⁴¹ Wieder hatte das Seminar eine emotionale Wirkung auf die Teilnehmerinnen. Es förderte Verbindungen und unterstützte die kreative Zusammenarbeit. Spätere Sommerseminare fanden in Caracas (1993), Honolulu (1995) und Johannesburg (1998) statt. Internationale Symposien und Studienreisen führten nach Russland (1999), Costa Rica (1999), Trinidad und Tobago (2001), Japan (2004) und zuletzt nach Panama (2006).⁴² Kraft nahm 2006 teil und traf McLaughlin ebenso wieder wie Lily Golden, eine afrorussische Aktivistin und Autorin, Khosi Mbatha, eine südafrikanische

Aktivistin, und mehrere Frauen, die am Seminar 1991 teilgenommen hatten. Auch wenn sie nicht konfliktfrei abliefen, ermutigten diese Veranstaltungen auch weiterhin die feministische Solidarität und den Schwarzen Internationalismus. Mit ihren Praktiken zeigten die Teilnehmerinnen, wie wichtig es war, alternative Verwandtschaftsbeziehungen auf lokaler wie globaler Ebene einzugehen. Über ihren Aktivismus und ihre Teilnahme an den Seminaren pflegten Schwarze deutsche Frauen feministische Solidaritätsnetzwerke und weltweite Kontakte, die sie dazu nutzten, um Überlebens- und Widerstandsstrategien zu entwickeln und ihren Stimmen in Deutschland Gehör zu verschaffen.

Das fünfte interkulturelle Sommerseminar für Black Women's Studies

Das fünfte Sommerseminar knüpfte an diese reiche Tradition des Aktivismus und Schwarzen Internationalismus an. Zwar gab es bereits zuvor Konferenzen, die sich mit den Themen Rassismus und Antisemitismus befassten, doch war das fünfte Sommerseminar das erste, das in Deutschland stattfand und sich dem Thema Schwarze in Europa widmete.[43] Es stand unter dem Motto »Schwarze Menschen und die Europäische Gemeinschaft«.[44] Veranstaltungsorte waren Frankfurt am Main, Bielefeld und Berlin. Programmdirektorin war Marion Kraft; die Schwarzen deutschen Aktivistinnen Helga Emde und Katharina Oguntoye fungierten als regionale Koordinatorinnen, Alem Desta, eine in den Niederlanden lebende Lektorin, und Melba Wilson, eine afroamerikanische und in London lebende Schriftstellerin, waren die Mitveranstalterinnen.[45] May Ayim, Jasmin Eding, Ria Cheatom, Judy Gummich, Ika Hügel-Marshall, Yvonne Kettels, Raja Lubinetzki, Sheila Mysorekar, Eleonore Wiedenroth-Coulibaly, Ina Röder, Modupe Laja, Yara-Colette Muniz de Faria und Bärbel Kampmann – Mitglieder von ISD und ADEFRA – nahmen teil, hielten Vorträge und/oder bereiteten Aktivitäten vor. Finanziell unterstützt wurde das Seminar von der ISD Berlin und ADEFRA München.[46] Kraft und Freiwillige planten Veranstaltungen so, dass Zeit für Treffen, persönliche Gespräche und Exkursionen zu historischen und kulturellen Orten in Deutschland blieb.

Die Organisatorinnen des Sommerseminars 1991 zeigten sich solidarisch, indem sie auf bereits bestehende Schwarze deutsche Netzwerke wie die 1990 mithilfe von Audre Lorde gegründete Interkulturelle Initiative Schwarzer Frauen für Minoritätenrechte und -studien in Deutschland e.V. (IISF) zurückgriffen.[47] Kraft schrieb in einem Artikel aus dem Jahr 2014, das Sommerseminar »war ein weiterer Beweis für Audre Lordes Fähigkeit, anscheinend Unmögliches Realität werden zu lassen, die Schwarze Frau von den Rändern ins Zentrum zu bewegen – selbst in Deutschland«.[48] Die IISF richtete die Veranstaltung zusammen mit der migrantischen Frauenorganisation Nozizwe aus. Organisationen und Institutionen wie das Amt für multikulturelle Angelegenheiten in Frankfurt am Main, die evangelische Kirche, SOS Rassismus (Frankreich und Deutschland), der Verband binationaler Familien und Partnerschaften (früher die Interessengemeinschaft der mit Ausländern verheirateten Frauen e.V.) und der Weltkirchenrat in Genf unterstützten das Seminar.[49] Es richtete sich an Frauen ab 18 Jahren, und die Organisatorinnen hielten auch Männer of Color und weiße Frauen nicht von der Teilnahme ab, auch wenn mehrere Workshops ausschließlich für Frauen oder nur für Schwarze Frauen und/oder Frauen of Color stattfanden.[50] Die IISF finanzierte über Gebühren und vorangegangene Fundraising-Aktionen auch die Unterkünfte der Teilnehmerinnen. Die Unterstützung durch weitere Sponsoren machte es möglich, die Ausgaben von Globaler-Süden-Frauen, denen ein bescheidenes Wohnstipendium angeboten wurde, zu finanzieren.

Das dreiwöchige Seminar fand zu einem entscheidenden Zeitpunkt der deutschen Geschichte statt, an dem das Wiederaufflammen ethnonationalistischer Rhetorik und physischer wie diskursiver Gewalt noch einmal deutlicher hervortrat. Wie McLaughlin in einem Brief von 1992 meinte: »Obwohl die deutsche Gesellschaft inmitten tiefgreifender struktureller Veränderungen steckt und eine Welle rassistischer Gewalt erlebt, ergriffen unsere deutschen Schwestern – Mitglieder einer relativ jungen Schwarzen *nationalen* Community – mutig die Initiative, um das Sommerseminar 1991 auszurichten und unter enormem Einsatz Spenden zu sammeln. Ihre Bemühungen machten eine größere nationale wie kulturelle Vielfalt der anwesenden Delegierten und Simultanübersetzungen bei Veranstaltungen des Seminars möglich.«[51] Emde war stolz, »diese wichtige Konferenz« in einem »rassistischen Deutschland« ausrichten zu können, um anderen diese Entwicklungen nahezubringen.[52] In diesem Kontext schufen afrodeutsche Frauen Orte der Unterstützung und des transnationalen Austauschs. Sie klärten weiter über die Nöte Schwarzer und Menschen of Color in der deutschen Gesellschaft auf. Wie einige »afrikanische und amerikanische Schwestern« bemerkten, waren Schwarze Deutsche »zwar wohlhabender und gebildeter, aber auch isolierter und einsamer als Minderheiten in anderen Staaten«.[53] Mehrere, wenngleich keinesfalls alle afrodeutschen Teilnehmerinnen konnte man der deutschen Mittelschicht zuordnen. Unabhängig von ihren gesellschaftlichen und kulturellen Hintergründen weckte die Verbindung mit anderen Schwarzen Seminarteilnehmerinnen bei afrodeutschen Frauen ein Gefühl der Zugehörigkeit, das es ihnen ermöglichte, emotionale und soziale Bande zu knüpfen. Die Schaffung dieser affektiven Communitys erforderte alternative Formen von Vertrautheit. Das Seminar diente als Ressource und Modus des Schwarzen Überlebens in einer zunehmend rassistisch-feindlichen Umgebung.

In der ersten Sitzungswoche, die am 3. August an der Universität Frankfurt am Main begann und am 10. August endete, gingen Kraft, Emde und Oguntoye auf die wirtschaftliche und politische Entwicklung der Europäischen Gemeinschaft und deren Folgen für nichtweiße Europäer*innen und nicht-europäische Immigrant*innen ein.⁵⁴ Auf einem Flyer wurden die Ziele wie folgt beschrieben: »Zum [Seminar] gehört eine interkulturelle Untersuchung der Geschichte, der Gegenwart und des sozioökonomischen Status Schwarzer Menschen in Europa. Es beschäftigt sich mit der kulturellen Identität und den Kämpfen, die Schwarze und andere Minderheiten gegen Fremdenhass, Eurozentrismus und Neofaschismus und Rassismus führen.«⁵⁵

Von besonderem Interesse für Afrodeutsche waren die »Formen politischen und kulturellen Widerstands« Schwarzer Europäer*innen.⁵⁶ Darüber hinaus erklärte Kraft in einem Zeitungsinterview die Ziele des Seminars und erinnerte Leser*innen wie Teilnehmer*innen daran, dass Schwarze Europäer*innen am »globalen Paradigma von Unterdrückung« mitschuldig waren: »Unser Thema heißt zwar ›Schwarze Menschen und europäische Gemeinschaft‹. Aber es nehmen ja sehr viele Frauen auch aus Ländern der sogenannten ~~Dritten Welt~~ teil. Diese Frauen haben ganz andere Probleme als wir in den westeuropäischen Ländern. Wir leben in Ländern, die an der Ausbeutung der ~~Drittweltländer~~ unmittelbar beteiligt sind. Da ein Netzwerk zu schaffen bis dahin, gemeinsame konkrete Forderungen an die UN und die einzelnen Länder zu formulieren, das ist das Entscheidende, was wir mit solchen Veranstaltungen machen können.«⁵⁷ Teilnehmerinnen, ob deutsche oder nicht, die zu diesen Themen forschten, einte ein gemeinsames feministisches Interesse.

Das Seminar förderte Verbindungen, doch es verlief nicht ohne rassistische Vorfälle, Konflikte und organisatorische Pannen. In Frankfurt am Main trafen Teilnehmerinnen auf offene Formen von Rassismus. An einem Buchstand in der Frankfurter Universität sagte man einer südafrikanischen Teilnehmerin, »sie solle ihre schmutzigen Finger da wegnehmen«. Außerdem kamen Kinderbetreuerinnen von einem Spielplatz zurück und weinten, weil andere Kinder ihre Schützlinge mit »Hau ab, Du N...« begrüßt hatten.⁵⁸ Ein Bericht der IISF von 1992 erwähnte Spannungen in mehreren Sitzungen. Einige Teilnehmerinnen, vor allem Schwarze Deutsche, glaubten, die

Teilnahme weißer deutscher Frauen berge das Risiko, dass die Diskussionen Schwarzer Frauen über Rassismus falsch interpretiert, in Frage gestellt und als eine Form der Ausgrenzung angesehen werden könne.[59] Einige beschweren sich, dass das Seminar nur wenig Zeit für persönlichere Kontakte ließ, andere wiederum wünschten sich eine engagiertere Beteiligung von ISD-Mitgliedern. Dennoch hieß es in dem Bericht: Dass »es trotz dieser Differenzen nach drei Wochen intensiver Arbeit zu einem erfolgreichen Abschluss kam, wurde als positiv eingeschätzt«.[60]

Die Veranstaltungen, die in bekannten urbanen Räumen stattfanden, spiegelten die intersektionalen Perspektiven und Ambitionen der Organisator*innen sowie die Diversität des Seminars wider. Neben der afroholländischen Aktivistin und Wissenschaftlerin Philomena Essed und der afroamerikanischen Aktivistin Melba Wilson waren in Frankfurt am Main viele weitere prominente Personen vertreten.[61] So hatte etwa die in Köln lebende jamaikanischer Künstlerin Barbara Walker eine Ausstellung im Dietrich-Bonhoeffer-Haus, und im Frankfurter Jugendzentrum hielt die afroamerikanische Broadway-Schauspielerin Vinie Burrows einen Vortrag über afrikanische Mythen und Geschichten. Eva Johnson, eine Australierin, die der Mulak-Nation angehört, lud zu einer Eine-Frau-Show ein.[62] Zu Beginn der Veranstaltungen in Bielefeld führte Burrows am 11. August die Produktion »Sister« auf, die Texte und Szenen zur internationalen Frauenbewegung enthielt.[63] Die niederländische Künstlerin Bianca Tangade eröffnete eine Ausstellung unter dem Titel »Bilder von sich«, und die maorische Schriftstellerin Cathie Dunsford las aus ihren Gedichten.[64] Die in Paris lebende kamerunische Journalistin, Aktivistin und Präsidentin der Bewegung zur Verteidigung der Rechte Schwarzer Frauen (Mouvement pour la défense des droits de la femme noire, MODEFEN) Lydie Dooh-Bunya und die Schwarze britische Lehrerin und Schriftstellerin Beryl Gilroy hielten Vorträge.[65] Mehrere der Teilnehmerinnen, darunter Essed und Dooh-Bunya, waren bereits in Schwarzen europäischen Frauenorganisationen und Netzwerken aktiv. Die Vielfalt an Exkursionen, Workshops und Aktivitäten während des Seminars ermöglichte es Frauen, kreativ mit ihren Unterschieden umzugehen, und zeigte, wie künstlerische Ausdrucksformen Gemeinschaft stifteten. Sie illustrierte auch, wie Frauen mithilfe unterschiedlicher Auftrittsformen Wissen über Frauen verbreiteten.

Die am 17. August beginnenden Veranstaltungen in Berlin drehten sich um das Verhältnis zwischen der Europäischen Wirtschaftsgemeinde (EWG) und dem Globalen Süden.[66] Emde betonte, der Kontakt mit Schwarzen Minderheitenfrauen eröffne die Möglichkeit, »durch die politische Kraft der Frauen für die Zukunft ein Zeichen zu setzen«.[67] Und auf der Abschlusssitzung forderte McLaughlin: »Wir schwarze Frauen müssen uns gemeinsam der großen Herausforderung stellen: der Neuschaffung des Universums«.[68] Ihr Optimismus zeigt, wie bewegend die Veranstaltung für diese Frauen gewesen war.

Das Seminar 1991 ermöglichte Schwarzen Deutschen Verbindungen mit Feministinnen in Brasilien, den Niederlanden, den Vereinigten Staaten und darüber hinaus. Verwandtschaftsbeziehungen, Gefühle und feministische Politik waren wie auf den früheren Sommerseminaren miteinander verflochten. Afrodeutsche Frauen praktizierten Traditionen der Diaspora und der deutschen Nachkriegszeit, wozu der Aufbau einer transatlantischen Solidarität mit ausländischen Studierenden und Aktivist*innen aus Iran, Kongo und den Vereinigten Staaten gehörte.[69] Afrodeutsche Frauen konnten miterleben, wie das Seminar zwischenmenschliche Verbindungen, intersektionale Politik und Anknüpfungspunkte zwischen dem Globalen und dem Lokalen förderte. Beziehungen zwischen Schwarzen Aktivistinnen und Wissenschaftlerinnen aus dem Ausland dienten als kritische Referenzpunkte für Afrodeutsche, die sich zu Hause nicht nur mit ähnlichen Kämpfen auseinandersetzten, sondern versuchten, Ungerechtigkeiten international zu bekämpfen.

Die Resolutionen des Sommerseminars 1991

Vereint durch persönliche Interaktionen und vom Willen beseelt, national wie international etwas zu bewirken, erarbeiteten die Delegierten die »Resolutionen 1991«, um ein sichtbares Zeichen ihrer kollektiven Handlungsfähigkeit und ihrer Schwarzen, diasporischen und feministischen Politik zu setzen, die ihr gegendertes politisches Schwarzsein verkörperte. Es scheint das erste Mal in der Geschichte des Sommerseminars gewesen zu sein, dass Teilnehmende ein derart revolutionäres Dokument erarbeitet hatten, das ihren unbedingten Willen belegte, kritisch zu denken und die Welt zu verändern. Angesichts eines weltweiten Anstiegs intoleranter und gewalttätiger Aktionen leisteten die Delegierten einen wichtigen Beitrag zur Beseitigung oppressiver Politiken, Praktiken und Gesetze. In den Resolutionen wiesen die Delegierten darauf hin, »dass die fundamentalen Menschen-, nationalen, bürgerlichen und demokratischen Rechte Schwarzer Frauen und ihrer Communitys bis heute verletzt werden«.[70] Die Resolutionen legten darüber hinaus die Lebensbedingungen Schwarzer Frauen offen und zeigten, dass sie, obwohl sie aus unterschiedlichen Regionen kamen, ähnlichen Kämpfen ausgesetzt waren. Die Delegierten betonten, dass »das Erbe von Kolonialismus, Feudalismus und Imperialismus wie auch institutionalisierter Rassismus, Sexismus und Fremdenhass weiterhin soziale, wirtschaftliche und politische Ungleichheit produziert«. In ihren Augen wurde »die Verletzung unserer menschlichen, nationalen, bürgerlichen und demokratischen Rechte […] charakterisiert durch die Diskriminierung, die wir als Schwarze Frauen erleben: aufgrund unseres Geschlechts, unserer Race, Hautfarbe, sozialen Klasse, Ethnizität, Nationalität, Religion, Sprache, politischen und/oder sexuellen Orientierung haben wir begrenzten oder keinen Zugang zu Arbeit, Bildung, Wohnen oder Gesundheitsversorgung.« Darüber hinaus sprachen sie unter anderem das Ausmaß des Sexhandels mit Schwarzen Frauen an, die Massensterilisierungen Schwarzer Frauen auf der ganzen Welt, die wirtschaftliche Versklavung von Menschen des Globalen Südens in Sweatshops und auf der Straße. Wieder bedienten sie sich ihrer intersektionalen Politik und überdachten die unterschiedlichen Formen von Diskriminierung und Ausgrenzung, die sie in ihren jeweiligen Ländern zu erdulden hatten. Sie formulierten ihren Anspruch auf Menschenrechte – eine Idee, die während der Dekolonialisierung und in den 1970er Jahren an Bedeutung gewann und die Moral individueller Rechte im internationalen Maßstab in den Blick nahm.[71]

Die Resolutionen zeigten, dass diese Frauen Akteurinnen waren, die sich mit ihren unmittelbaren Interventionen gegen die eigene Marginalisierung wehrten und dienten als Gegendiskurse zu den hegemonialen Narrativen des europäischen Kolonialismus sowie der Politik der Festung Europa, die ein strenges Grenzregime durchsetzte und Migrant*innen festsetzte und ihnen wie der Migration als solcher negative Einstellungen entgegenbrachte. Selbstverständlich existierten koloniale Stereotypen und oppressive Diskurse weiter.[72] Europas Politiker*innen aus allen Lagern vertraten eine gemeinsame Agenda, und seine Bürger*innen bedienten sich rassistischer Rhetorik und Praktiken, die die Festung Europa erst geschaffen hatten. Ferner beschrieben die Delegierten, wie die »Gewalt des Kolonialismus, die fast zum Aussterben der indigenen Völker sowie zur weltweiten Versklavung und Verschleppung Schwarzer Menschen geführt hat, mit der gegenwärtigen Unterdrückung und Ausbeutung Schwarzer Frauen und Kinder weitergeführt wird«. Diese globale Geschichte repräsentiere einen Kreislauf der Unterwerfung, der die Lebensweisen einiger Teilnehmerinnen und ihrer Kinder beeinflusse. In diesem Sinne waren Seminarbesucherinnen in strukturelle Netze der Ungleichheit verstrickt.

Die Teilnehmerinnen hofften, dass ihre insgesamt neun Resolutionen »dazu verwendet [werden], um die Ausbeutung, Unterdrückung und Gewalt gegen Schwarze Frauen und Schwarze Menschen in Afrika, den Amerikas, Asien, Europa und im Nahen Osten auszulöschen«.[73] Die Delegierten lebten die Solidarität von Frauen auf der ganzen Welt vor, die eine gemeinsame Vision vertraten und in Worte fassten, die Positionen und Entwicklungen von Frauen im Blick behielten und sich darum bemühten, ihre künftigen Lebensumstände zu verbessern. In diesem Sinn handelten sie nicht wie die Vorsitzenden von Nonprofit-Organisationen, Diplomatinnen und andere Aktivistinnen auf der vorangegangenen UN-Frauenkonferenz. Obwohl die Resolutionen in ihren Heimatländern keinen allzu starken Eindruck hinterließen, ermutigten sie, insbesondere in Europa, Allianzen zwischen diesen Aktivistinnen of Color. Ihre textuellen Handlungen symbolisierten ihr Bemühen, Wissen zu produzieren. Sie halfen ihnen, ihre politische Arbeit und ihren Aktivismus neu zu interpretieren und zeigten, wie sehr sie sich dafür einsetzten, die Notlage von Frauen sichtbar zu machen. Mit den Resolutionen demonstrierten Schwarze deutsche Frauen, dass sie Intellektuelle des Alltags waren, die internationale Diskurse und Narrative ausbildeten. Die Resolutionen, in denen sich ihre gemeinsame Wut und Unzufriedenheit in einer politischen Handlung bündelten, bestätigten das Vertrauen, das die Teilnehmenden trotz ihrer Unterschiede zueinander hatten.

Die Delegierten machten sich für mehrere, miteinander verbundene Anliegen stark, darunter »die Anerkennung der Zusammenhänge zwischen Unterdrückungsformen, die auf Gender, Race, Klasse und sexueller Orientierung sowie anderer Indizes der Differenz basieren«.[74] Zudem repräsentierten die Resolutionen die Beziehung zwischen dem Lokalen/Nationalen und dem Internationalen und dem Internationalismus Schwarzer Frauen in der Praxis. Die von der IISF vorgeschlagene erste Resolution mit dem Titel »Von der gastgebenden Organisation des Interkulturellen Sommerseminars für Black Women's Studies« sprach die Menschenrechtskämpfe von Migrant*innen und ethnischen Minderheiten in Deutschland sowie das Versagen der Regierung bei der Bekämpfung rassistischer Diskriminierungen an.[75] Die IISF weigerte sich, nationale und internationale Fragestellungen getrennt voneinander zu betrachten und stellte Parallelen mit anderen Minderheiten heraus. Resolution 2 mit dem Titel »Zur Vereinigung Europas 1992« erklärte, dass »folglich die verschiedenen bestehenden europäischen Gesetze dazu neigen, die Bewegungsfreiheit von in Europa lebenden Nicht-EWG-Ausländer*innen und außerhalb Europas geborenen, aber in der EWG lebenden Europäer*innen einzuschränken, und somit eine Verletzung der UN-Charta, der Genfer Flüchtlingskonvention und internationalen Rechts darstellen«. In den Augen der Delegierten hatten Länder der EWG eine »moralische Verpflichtung, ihr Engagement im Namen der Rechte aller Menschen zu respektieren«.[76] In der Resolution 3. »Über Migrant*innen« bestanden die Delegierten darauf, dass grundlegende Menschenrechte »nicht verhandelbar« seien, und verlangten, »dass [die] Länder der Europäischen Gemeinschaft die Rechte von Migrant*innen ebenso garantieren wie sie Flüchtenden legale und politische Freiheit zusichern, darunter das Recht, ohne Angst vor Verhaftungen politisch und wirtschaftlich aktiv zu werden, und das Recht zu wählen«. Die Frauen wehrten sich explizit gegen die restriktiven und diskriminierenden Politiken der Festung Europa. Sie bemerkten weiterhin, dass die Möglichkeit auf Asyl in Europa Migrant*innen und Flüchtende nicht vor »alltäglichen Unterdrückungen aufgrund von Rassismus und sozialer wie wirtschaftlicher Ungerechtigkeit« schützen würde.[77]

Mit den Resolutionen 4 bis 6 bekundeten die Delegierten ihre Solidarität mit Globaler-Süden-, Maori- und südafrikanischen Frauen und hoben in diesem Zusammenhang die Themen Schulden, indigene Souveränität und Apartheid hervor. In Resolution 4 »Über externe Schulden« verlangten die Delegierten von den Ländern der Ersten Welt Schadensersatz »für all die Jahrhunderte der Ausbeutung, die unsere Völker [in der Dritten Welt] ertragen mussten« und stellten die Frage »Wer besitzt wen«? Sie wollten, dass die reichen Industrienationen »ihre Ressourcen verantwortlich und positiv einsetzen, um Frieden und Menschenrechte für die globale Entwicklung zu fördern«. Außerdem wiesen sie »Konditionalitäten«, wie sie der Internationale Währungsfonds und die Weltbank stellten, zurück.[78] In Resolution 5 »Zur Souveränität der Maori« forderten die Delegierten die Regierung Aotearoas/Neuseelands auf, den Vertrag von Waitangi aus dem Jahr 1840, der den Maori volle und exklusive Rechte auf Länder, Wälder und Fischereigebiete garantierte, anzuerkennen. Die Delegierten unterstützten die Rechte der Maori als souveränes Volk und ihre Ablehnung nuklearer Tests im Pazifik.[79] Resolution 6 »Zu Winnie Mandela und Südafrika« propagierte eine feministische Schwesternschaft und widersetzte sich »allen Versuchen der südafrikanischen Regierung, seiner Polizei, Gerichte und Medien, sie und ihre Arbeit zu diskreditieren und zu zerstören«. Die Resolution stellte die Legalität der Apartheid in Frage und verteidigte für Südafrika das »demokratische Prinzip von ›eine Person, eine Stimme‹«.[80]

Um die Ältesten auf dem Seminar zu ehren, wurden ein internationaler Frauenrat und eine transatlantische Freundschaftsgesellschaft gegründet, die über das Seminar hinaus generationale Bindungen als Mittel von Überleben und Widerstand ermutigen sollte. In Resolution 7 »Zum Internationalen Ältestenrat« bekannten sich die Delegierten erneut zu ihrer Diversität und erwähnten »First-Nations-, ~~Dritte-Welt-~~, flüchtende, migrantische Frauen ebenso wie Frauen aus ethnischen und nationalen Minderheiten«. Die Ältesten aus diesen Gruppen sollten »Gelegenheit erhalten, alle Seminare zu besuchen, ohne Anmeldegebühren und Unterkunft bezahlen zu müssen«.[81] Resolution 8 »Über afrodeutsche/afroamerikanische Freundschaft« setzte sich den Aufbau einer Gesellschaft von Afrodeutschen und Afroamerikaner*innen zum Ziel, womit auch die Möglichkeiten feministischer Dialoge und diasporischer Mobilisierung erweitert würden.

In ihrer Schlussresolution »Zum Centre for Race and Ethnic Studies (CRES) der Universität Amsterdam« schrieben die Delegierten »einen förmlichen Brief an die Leitung der Universität Amsterdam anlässlich ihrer Entscheidung, das Centre for Race and Ethnic Studies (CRES) zu schließen«. Sie erachteten die Auflösung des seit 1984 existierenden CRES als ungerecht, vor allem weil es eine der ersten Einrichtungen in den Niederlanden war, die intersektionale Ansätze verfolgte.[82] Angesichts des feindlichen europäischen Klimas waren Institutionen wie das CRES unschätzbare Räume, die die Forschung zu »Fragen der Race und Ethnic Studies« unterstützten.[83]

Während sich alle Resolutionen mit Aspekten von Feminismus, Gemeinschaft und Politik befassten, zeigen vor allem die 1. und 8. Resolution, dass afrodeutsche Frauen den Wert persönlicher Verbindungen und feministischer Solidarität sowohl bezeugten als auch betonten. Wie in den vorhergehenden Kapiteln gezeigt, war dies für Schwarze deutsche Frauen eine gängige Praxis. Die Resolutionen 1 und 8 bestärkten afrodeutsche Frauen darin, die Aufmerksamkeit auf ihre marginalen Positionen in der Gesellschaft zu lenken und empowernde Beziehungen zu unterschiedlichen Schwarzen Feministinnen zu fördern. In Resolution 1 beklagten die Verfasserinnen der IISF, dass Deutschland »ein Land gewesen und bis heute ist, das sich immer noch als monokulturell definiert, trotz einer großen und wachsenden Zahl unterschiedlicher ethnischer Minderheiten, darunter auch Schwarze Deutsche, und trotz Millionen migrantischer Arbeiter*innen, von denen viele seit zwei oder drei Generationen in Deutschland leben und denen immer noch grundlegende Menschen-, Bürger- und politische Rechte, darunter das Recht zu wählen, verwehrt werden«.[84]

Wie aus Resolution 1 deutlich hervorgeht, war Deutschland ein Einwanderungsland, in dem die politischen Stimmen von Migrant*innen, ihrer Kinder, Schwarzer Deutscher und anderer Minderheiten ignoriert und zum Schweigen gebracht wurden. Die Resolution verwies zudem darauf, dass »nationalistische und sogar faschistische Tendenzen existieren und seit der Wiedervereinigung sowohl in Ost- als auch Westdeutschland vermehrt auftreten«, wo es zu »offener Gewalt gegen sichtbare ethnische Minderheiten, vor allem Menschen afrikanischer Herkunft, gekommen ist«. Die andauernde Aggression habe schließlich zu »rassistische[n] Mord[en]« geführt.[85]

Afrodeutsche Frauen traten sowohl der CDU Helmut Kohls als auch Politiker*innen der SPD entgegen und forderten sie auf, »bestehende UN-Resolutionen gegen rassistische Diskriminierungen umzusetzen, Migrant*innen in diesem Land das Wahlrecht zu gewähren und aktiv regionale sowie bundesweite Initiativen zu unterstützen«.[86] Für diese Frauen war es wichtig, Politiker*innen aus beiden Seiten des politischen Spektrums anzuprangern und so aufzuzeigen, dass Linke wie Konservative mitschuldig an den Unterdrückungssystemen in Deutschland waren.

In dieser schwierigen und von Gewalt gezeichneten Lage schufen afrodeutsche Frauen eine emotionale Ökonomie, in der sie ihre Gefühle ausdrücken sowie Vertrauen und Freundschaft zu anderen Schwarzen Frauen herstellen konnten. Ohne Zweifel leisten Gefühle gesellschaftliche und politische Arbeit und werden zu selbstermächtigenden, revolutionären Instrumenten.[87] Der Aufbau affektiver Verbindungen zu Schwarzen Seminarteilnehmerinnen ermöglichte es afrodeutschen Frauen, politische Ziele in Bezug auf ihre marginalisierte Stellung voranzubringen, ein neues internationales Netzwerk Schwarzer und Frauen-of-Color-Feministinnen zu begründen und afrodeutsche Erfahrungen international publik zu machen. »In den letzten drei Wochen«, bemerkten afrodeutsche Frauen in der 1. Resolution, »hatten wir die Gelegenheit, uns mit Frauen aus der ganzen Welt, Schwarzen Frauen und Frauen of Color aller Kontinente über unsere Lebensbedingungen, unsere Ideen und politischen Ansichten auszutauschen, und wir hoffen, dass dies der Anfang eines internationalen Netzwerks gegen Rassismus, Sexismus und alle Formen der Diskriminierung sein wird.«[88] Die erste Resolution war politischer, affektiver und performativer Akt zugleich, der afrodeutsche Frauen innerhalb unterschiedlicher aktivistischer Communitys of color verortete. Genauso unterstützten afrodeutsche Frauen »die Gründung einer Afro-deutschen/Afro-amerikanischen Freundschaftsgesellschaft«.[89] Damit wollten sie »historische und kulturelle Verbindungen zwischen [den] ethnischen Minderheiten Schwarzer Deutscher und der Schwarzen Bevölkerung in den Vereinigten Staaten fördern«.[90] Für afrodeutsche Frauen waren die Freundschaftsgesellschaft und der transatlantische Austausch, zu dem sie führen würde, eines der »wichtigsten Ergebnisse« des Sommerseminars.

Das Seminar und seine Resolutionen machten Afrodeutschen Mut und gaben ihnen die nötige Unterstützung, um ihre Stellung in der Gesellschaft neu zu definieren und zu verhandeln. Die Frauen betonten diesen Punkt in der 1. Resolution: »Als Schwarze deutsche Frauen und Schwarze Frauen anderer Nationalität, die in Deutschland leben, haben wir beschlossen, uns selbst sichtbar und hörbar zu machen. Das Seminar dieses Jahres und die darauffolgende Dokumentation und Publikation seiner Beiträge und Ergebnisse sind wichtige Schritte in diesem Kampf um Menschenrechte und Würde.«[91]

Sowohl das Seminar als auch die Resolutionen gaben Schwarzen deutschen Feministinnen die Gelegenheit, ihre Erfahrungen im internationalen Maßstab in den Mittelpunkt zu rücken. Und damit zeigten sie, wie wichtig Schwarze Frauen in Deutschland waren.

Darüber hinaus half ihnen Marion Krafts und Rukhsana Shamim Ashraf-Khans Sammelband *Schwarze Frauen der Welt*, einen intellektuellen Aktivismus zu betreiben und ihre kollektive Handlungsfähigkeit sowie ihre feministische und diasporische Politik unter Beweis zu stellen. Das Buch erschien im Orlanda Frauenverlag, der bereits *Farbe bekennen* und Lordes Werke herausgebracht hatte. Es war der kürzlich verstorbenen Lorde gewidmet und enthielt 23 überarbeitete Beiträge, die auf Vorträgen von Teilnehmerinnen des Sommerseminars basierten und ein gegendertes, politisches Schwarzsein befürworteten, das auch Autorinnen asiatischer Herkunft mit einschloss. In der Einleitung betonten Kraft und Ashraf-Khan: »Gemeinsam ist [den Minderheitenfrauen] ihr Engagement für eine Gesellschaft ohne Ausgrenzung, Hass und Gewalt. Ihr Dialog über Grenzen wird bestimmt von der Bejahung der Differenz als schöpferischer Kraft und der Fähigkeit, voneinander zu lernen.«[92] Auch dieser Band war von Lordes Idee der verbundenen Unterschiede geleitet. Er konzentrierte sich auf antirassistische und intersektionale Ansätze und zeigte, wie Differenzen produktiv und konstruktiv genutzt werden könnten. Für die beiden Herausgeberinnen stellte die Sammlung eine wichtige Intervention dar, zu der es gehörte, ihre historische Vergangenheit zu unterstreichen und die Vision einer neuen Welt zu schaffen.[93] Die Mitwirkenden sahen den Band (und ihre Arbeit während des Sommerseminars) als kulturellen und politischen Beitrag von »Kulturarbeiterinnen, die versuchen, Frauen zu inspirieren und zu erziehen«.[94]

Die Artikel und Gedichte Schwarzer deutscher Frauen unterstrichen die Bedeutung des Mottos »global denken und lokal handeln«.[95] Jeder Beitrag verband Dynamiken gesellschaftlicher Marginalisierung in Deutschland mit den weltweiten Entwicklungen rassistischer Diskriminierung. Ayim etwa beschäftigte sich mit der zunehmenden Fremdenfeindlichkeit und der Unterdrückung von Ausländer*innen und Menschen of Color sowohl im wiedervereinten Deutschland als auch in ganz Europa. Die Formen der Ausgrenzung waren oft mit gewalttätigen Übergriffen und der Verabschiedung restriktiver Gesetze gegen Migrant*innen aus dem Globalen Süden verbunden.[96] Krafts Beitrag beleuchtete das Zusammenspiel von Sexismus und Rassismus gegen Schwarze deutsche Frauen und wie dies ihren diasporisch-feministischen Aktivismus prägt. Sie zog dabei Parallelen zu anderen Frauen der Schwarzen Diaspora in Europa.[97] Mysorekars Artikel bot eine vergleichende Analyse zum Begriff Schwarz und wie dieser afrikanisch- und asiatisch-diasporische Communitys in Deutschland, den Vereinigten Staaten und Großbritannien auf unterschiedliche Weise beeinflusste. Trotz dieser unterschiedlichen Kontexte, bemerkte sie, »Rassismus betrifft uns alle, selbst wenn er verschiedene Formen hat!«[98] Sie trat für die Einheit und Zusammengehörigkeit von Asiat*innen und Afrikaner*innen ein, die zu einer Waffe gegen den Rassismus werden könne. Der Band enthielt darüber hinaus Texte anderer Frauen of Color aus Deutschland und anderen Ländern, darunter Elçin Kürşat-Ahlers (Deutschland) und Elsa Weldeghiorgis (Italien). Insgesamt ging es den Schwarzen Deutschen in ihren Beiträgen um gesellschaftliche Anerkennung, Menschenrechte und Menschenwürde. Wieder zeigten sie sich als Intellektuelle des Alltags, die Wissen produzierten und die Art und Weise prägten, wie Menschen diese Diskurse in und über Deutschland hinaus verstanden und aufnahmen.

Schwarze Deutsche hofften, diese neue Sichtbarkeit sorge dafür, dass die Erfahrungen Schwarzer Frauen in einer Gesellschaft, die Weißsein zur Norm erklärt hatte, beobachtet, gelesen und gehört würden. Diese afrodeutschen Frauen dachten, womöglich naiverweise, ihre internationale und nationale Sichtbarkeit könne ihnen einen politischen Vorteil verschaffen und ihrer aufkeimenden Bewegung neue Möglichkeiten eröffnen. Zwar wurde in mehreren bekannten deutschen Zeitungen, darunter in der *taz* und der *Frankfurter Allgemeinen Zeitung*, über das Sommerseminar berichtet und die Gesellschaft besser über diese diasporische Community informiert, doch sorgte diese Aufmerksamkeit nicht dafür, dass Afrodeutsche diese Anerkennung auf längere Sicht erhalten konnten oder der Rassismus gegen Schwarze nachließ.

* * *

Durch das interkulturelle Sommerseminar für Black Women's Studies organisierten afrodeutsche Frauen Veranstaltungen und Aktivitäten, die es ihnen ermöglichten, lokale und globale Themen anzusprechen und eine neue Form von diasporischem Aktivismus zu betreiben. Schwarze Deutsche und andere forderten gesellschaftliche Anerkennung und beteiligten sich an antirassistischen feministischen Projekten, die die Vielfalt von Erfahrungen der Menschen of Color in Deutschland sowie weltweit wahrnahmen. Afrodeutsche Frauen und andere entwickelten selbstermächtigende Schwarze Räume, die ihnen halfen, Bindungen herzustellen, und damit ihren Aktivismus innerhalb ihrer Communitys und Bewegung verstärkten und verorteten. Schwarze Deutsche übten transnationale Solidarität mit

Menschen aus Deutschland, der Schwarzen Diaspora und der Welt. Das Sommerseminar von 1991 markierte Deutschland als lebendigen Schwarzen Raum, der es ermöglichte, dass sich überschneidende Äußerungen von Schwarzsein existierten und aufblühten. In diesen Räumen wurden Schwarze deutsche Frauen zu sichtbaren Akteurinnen, die die Diversität Deutschlands und der Schwarzen Diaspora aufzeigten. Diese afrodeutschen Frauen und andere Teilnehmerinnen des Seminars fokussierten sich ausdrücklich auf die Erfahrungen Schwarzer Frauen.

Afrodeutsche machten den diasporischen und feministischen Aktivismus innerhalb ihrer Community kulturell relevant und schufen sich Möglichkeiten, ihre Stimmen auszubilden und den Internationalismus Schwarzer Frauen zu praktizieren. Das Seminar von 1991 half Afrodeutschen, sich Ausgrenzung und Diskriminierung entgegenzustellen, während sie sich gleichzeitig weiter auf kritische Alltagsthemen konzentrierten. Die konservative Wende innerhalb der Festung Europa, die Apartheid in Südafrika und der Kampf für die Rechte der indigenen Bevölkerung Aotearoas/Neuseelands motivierten Afrodeutsche und andere Teilnehmerinnen, ihre Ziele auszuformulieren. Die Schwarzen Frauen schufen durch ihre Resolutionen neue Diskurse und halfen, ihr Wissen über die historischen Erfahrungen auszutauschen und zu verbreiten sowie Ideen für internationale Menschenrechte auszuformulieren. Mit ihren Resolutionen taten sie die Bereitschaft der Teilnehmerinnen kund, gesellschaftliche Veränderungen voranzutreiben. Diese transnationalen Entwicklungen prägten die Arbeit Schwarzer deutscher Frauen auch zu lokalen Themen wie Migrant*innenrechte oder Rassismus und rassistische Gewalt im wiedervereinten Deutschland. Die Beteiligung afrodeutscher Frauen am Seminar gab ihnen die Gelegenheit, ihre Gefühle und Erfahrungen mit anderen zu teilen, diasporisches Wissen über ihre Kämpfe zu weiterzugeben und Widerstandsstrategien zu entwickeln. Konfrontiert mit vielfältigen Formen der Diskriminierung, suchten diese Schwarzen deutschen Frauen nach feministischen Beziehungen, um über lokale wie internationale Dynamiken und die Errungenschaften Schwarzer Frauen zu informieren. Selbst wenn afrodeutsche Frauen und ihre Bewegung nicht immer erfolgreich waren, half ihnen dieser historische Augenblick, öffentliche diasporische und Schwarze Räume zu schaffen, die sich einem gegenderten politischen Schwarzsein, Diversität, Inklusivität und Globaler-Süden-Feminismus verschrieben haben. Dies ist bis heute von entscheidender Bedeutung, da Schwarze Frauen weltweit um Anerkennung, Gleichbehandlung, Befreiung und Gerechtigkeit kämpfen, ihre Positionen aushandeln und Rechte innerhalb von Gesellschaften einfordern, die sie bedeutungslos machen wollen.

Black Lives Matter in Deutschland
Epilog

Seit ihren Anfängen im Jahr 2013 hat sich die Black-Lives-Matter-Bewegung (BLM), gegründet von drei Schwarzen Frauen, zwei davon queer, in den Vereinigten Staaten und weltweit stetig weiterentwickelt. Es gab Proteste in London, Paris, Amsterdam, Wien und Kopenhagen, und heute ist BLM eine internationale Bewegung. Insbesondere europäische Communitys of color engagieren sich für antirassistische Initiativen, Bürgerrechte sowie ihre Gleichbehandlung als Bürger*innen und Einwohner*innen. Sie erkennen die entscheidende Rolle an, die Race, Kolonialismus und transatlantischer Handel mit versklavten Menschen in diesen Ländern bis heute spielen.[1] Auch Deutschland dient als Beispiel für den globalen Widerhall dieser Bewegung. Nach dem Tod des Afroamerikaners Mike Brown in Ferguson, Missouri, am 9. August 2014 bekundete die ISD mit einer #FergusonIsEverywhere-Kampagne ihre Solidarität. Gleichzeitig verwies sie auf Beispiele brutaler Polizeigewalt in Deutschland, so etwa bei den Morden an Oury Jalloh aus Sierra Leone im Jahr 2005, an dem Kongolesen Dominique Kouamadio 2006 und an dem Nigerianer Christy Schwundeck 2011, um nur wenige zu nennen.[2] Diese Kampagne baute auf früheren Aktionen rund um die Tode des Angolaners Amadeu Antonio Kiowa 1990, des Mosambikaners Alberto Adriano 2000 und anderer auf. Sie betonte die Tatsache, dass staatliche wie nicht-staatliche Gewalt überall vorkomme und Deutschland nicht immun dagegen sei.[3]

In Fortführung einer Schwarzen radikalen und internationalistischen Tradition kam es im Juni 2017 in Berlin zu einem BLM-Protest, auf dem Tausende von Menschen ihre Solidarität zum Ausdruck brachten und ein geschärftes Bewusstsein für rassistisches Unrecht propagierten. Die Veranstaltung bediente sich des Momentums, das zwei frühere BLM-Märsche im vorangegangenen Sommer aufgebaut hatten.[4] Mic Oala, Shaheen Wacker, Nela Biedermann, Josephine Apraku, Jacqueline Mayen und Kristin Lein, die sich erstmals auf den BLM-Märschen von 2016 getroffen hatten, blieben in Kontakt und bildeten nun in Berlin ein multikulturelles feministisches Kollektiv. Mit ihrer neuen Gruppe und Beziehungen vor Ort planten sie die BLM-Demonstration von 2017 als Teil einer einmonatigen Reihe mit Filmvorführungen, Lyrikabenden, Workshops, Ausstellungen und anderen Veranstaltungen. Hierin zeigte sich die Diversität des Schwarzen Aktivismus im deutschen Kontext. BLM-Organisator*innen erhielten auch von den örtlichen ISD- und ADEFRA-Gruppen sowie anderen Berliner Gruppen, Künstler*innen und Aktivist*innen-Intellektuellen of Color Unterstützung. Mithilfe der BLM-Aktivitäten, insbesondere dem Protestmarsch, lenkten die Organisator*innen das öffentliche Interesse auf Rassismus und Unterdrückung. Sie versuchten, Schwarze Menschen und Menschen of Color in Deutschland und darüber hinaus sichtbar zu machen. Die unterschiedlichen Veranstaltungen und die BLM-Bewegung in Berlin verkörperten in einem größeren Rahmen die antirassistischen Widerstandspraktiken feministischer Aktivist*innen-Intellektueller und bildeten ihre Fähigkeit ab, innerhalb einer mehrheitlich weißen Gesellschaft eigene Räume des Widerstands, der Solidarität und der Anerkennung zu schaffen. Damit bestanden sie auf ihren »Rechten an der Stadt« und machten Deutschland weiter zu einem gewichtigen Ort für Schwarzsein und die Schwarze Diaspora – ähnlich dem, was Schwarze Deutsche mit ihrer Bewegung 30 Jahre zuvor getan hatten. Auch in ihrem Fall dienten zeitgenössische Formen politischer Organisation als Akte der Desidentifikation, da auch diese Aktivist*innen sich hegemonialen Machtstrukturen, dem historischen Stummmachen und rassistischen Ideen und Praktiken innerhalb der deutschen Gesellschaft entgegenstellten und versuchten, sie zu verändern.[5]

Wie die Frauen in den interkulturellen Sommerseminaren begriffen diese Feministinnen Schwarz als gegenderte politische Identität und förderten intersektionale Politiken und Ziele. Die Frauen stellten sich die Deutsche BLM-Bewegung als einen Raum vor, in dem Individuen neue kritische Methoden entwickeln, die ihnen dabei helfen, aus den »Schnittmengen ihrer Diskriminierungserfahrungen« eine alternative Gesellschaft zu schaffen.[6] Sie glichen ihren BLM-Aktivistinnen in Großbritannien, Frankreich oder den Vereinigten Staaten insofern, als auch sie soziale Aktion ermutigten, indem sie sich gegen staatliche Gewalt wehrten und für Race- sowie Gendergleichheit und fundamentale Menschenrechte eintraten.[7]

Ebenso wie die Schwarzen Deutschen in der ISD und ADEFRA wollten die Berliner BLM-Aktivistinnen Deutschland transformieren, indem sie auf das Fortbestehen von Rassismus in einem Land hinwiesen, das bis heute von einem gehörigen Maß an rassistischer Gewalt geprägt wird. Man denke an den Maji-Maji-Aufstand im heutigen Tansania (1905–1907), den Genozid an den Herero und Nama in Namibia (1904–1908), den Zweiten Weltkrieg und den Holocaust (1933–1945), die neonazistische Mordserie des NSU (2000–2007) und neuere Angriffe gegen Flüchtende (2015 bis heute).[8] Die ersten drei Beispiele gründeten auf den rassistischen Überzeugungen Deutscher, wonach Afrikaner*innen, Jüdinnen und Juden und andere minderwertig und ~~Untermenschen~~ seien. In den anderen beiden Beispielen framten einige deutsche Politiker*innen, Bürger*innen und Neonazis nicht-schwarze Bürger*innen und Einwohner*innen und vor Kurzem Geflüchtete als nicht zum Land gehörig. Dadurch normalisierten sie ihre polizeiliche Verfolgung, ihre Ausgrenzung und die Morde an ihnen. Deutschland ist ein Land, das willentlich die Augen vor der Verbindung zwischen seiner rassistischen Vergangenheit und Gegenwart verschließt, insbesondere seit dem Aufstieg rechtspopulistischer politischer Gruppierungen wie der 2013 gegründeten AfD.⁹ Darüber hinaus kämpfen Schwarze diasporische Communitys und Menschen of Color in Deutschland weiter gegen die öffentliche Wahrnehmung als Ausländer*innen oder Migrant*innen. Im Grunde sind sie immer gerade erst angekommen, als seien sie von anderswo und als Deutsche nicht existent.¹⁰ Zu den Zielen der deutschen BLM gehört es also, den Mythos zu zerstören, wonach Deutschland kein rassistisches Land mehr sei, das Land dabei zu unterstützen, seinen Gedächtnisverlust in Bezug auf Rassismus anzuerkennen, und zu zeigen, wie viel Arbeit nötig ist, damit das Land seinen strukturellen wie alltäglichen Rassismus überwindet. Damit folgten diese Feministinnen der Aktivismustradition der modernen Schwarzen Bewegung in Deutschland, die ähnliche Themen bekämpfte und öffentlich machte. Die einmonatigen Veranstaltungen betonten wie zuvor die BHM-Feierlichkeiten und andere ISD- und ADEFRA-Treffen die entscheidende Rolle, die Race bis heute in der Gesellschaft spielt. Sie produzierten und vermittelten auf nationaler wie internationaler Ebene intersektionales Wissen über die globalen Strukturen weißer Überlegenheit und die Notlage Schwarzer Menschen und Menschen of Color.

Diese jüngere Generation Schwarzer deutscher BLM-Organisator*innen, zu der etwa Wacker, Biedermann, Apraku und Mayen gehören, fußte auf einer Tradition des radikalen Aktivismus Schwarzer Frauen in Deutschland und zeigte damit, dass diese immer noch ihren Ort im Land hatte. Diese Frauen waren sich ihrer Verbindung zur Schwarzen deutschen Bewegung der 1980er und 1990er durchaus bewusst. Sie erkannten, wie sehr May Ayim sie beeinflusst hatte. Auf den Spuren Ayims spielt Apraku zusammen mit anderen Aktivistinnen eine prominente Rolle in der Bewegung zur Umbenennung rassistisch, nach Protagonisten der Kolonialgeschichte benannter deutscher Straßen.¹¹ Apraku ist auch Mitgründerin des Instituts für diskriminierungsfreie Bildung in Berlin (IDB) und leitet neben weiteren Projekten Rundgänge durch das Afrikanische Viertel im Berliner Wedding. Die Veranstaltungen in Deutschland dienten auch als Orte für Intellektualismus, Selbstermächtigung und Community Building. Diese Schwarzen deutschen Frauen schaffen und bewohnen Räume, die Schwarzsein sichtbar machen. Ihr Aktivismus für BLM spiegelt ihre Bemühungen um Solidarität mit anderen wider. Sie versuchen, Akteurinnen des Wandels zu sein.

Der neuere politische Aktivismus von BLM illustriert, dass die Kampagnen, die deutsche Intellektuelle des Alltags vor mehr als 30 Jahren in ihrer Bewegung führten, bis heute wertvoll sind und auch in Zukunft von kultureller wie politischer Relevanz sein werden. Die BLM-Aktivistinnen decken auf, inwiefern Rassismus weiterhin ein Problem darstellt, das bisweilen im Zentrum der Mainstream-Diskussionen unter weißen, Schwarzen und nicht-Schwarzen Deutschen steht. Diese Diskussionen zeigen auch das fortbestehende Unvermögen weißer Deutscher, Schwarze Deutsche als Mitbürger*innen anzuerkennen, sich ihre Erfahrungsberichte anzuhören und ihre Analysen zu Diskriminierung und Ausgrenzung in der deutschen Gesellschaft zu lesen.[12] Damit unterstützen viele Deutsche bis heute ein nationales Projekt, das Schwarze Deutsche ignoriert und außerhalb der Landesgrenzen positioniert, gleichzeitig aber deren Beschwerden als Missverständnis, Überempfindlichkeit oder Spaltungsversuch abtut. Solche Behauptungen erhalten und bestärken ein deutsches Weißsein, das entsprechende Vorstellungen über Staatsangehörigkeit und Zugehörigkeit in sich einschließt.

Wie ich in *Black Germany* gezeigt habe, waren es diese Überzeugungen und Annahmen, die lange strukturell im Land verankert waren, die Schwarze Deutsche dazu brachten, »eine Diaspora zu schmieden«, eigene Organisationen zu gründen und eine Bewegung anzustoßen. Mehrere einflussreiche Personen der Schwarzen Diaspora, darunter Audre Lorde, teilten ihr Wissen darüber, wie aus der Hinwendung zu Gefühlen und zum Schreiben effektive und tragfähige Werkzeuge des sozialen Wandels und Aktivismus entstehen können. Nach Jahren der Isolation begannen Afrodeutsche, Verbindungen zu Lorde, zueinander und zu anderen Menschen of Color zu pflegen. Sie schufen zugleich empowernde Selbstbenennungen, mit denen sie den negativen Bezeichnungen und Diskursen entgegentraten, die sie ihre gesamte Kindheit und ihr Erwachsenenleben über gequält und die sie ausgegrenzt hatten.

Indem sie sich in eine öffentliche Kultur Nachkriegsdeutschlands eingeschrieben und eine Schwarze Öffentlichkeit geschaffen haben, stießen Schwarze deutsche Intellektuelle des Alltags, die der modernen Bewegung angehörten, Diskussionen über Rassismus, Schwarzsein und deutschen Kolonialismus an und leisteten hierüber intellektuelle Arbeit. Schwarze Deutsche erklärten, wie offene und verdeckte Formen von Rassismus alltägliche Praktiken, Überzeugungen und Institutionen durchdrangen. Sie wiesen die Fortdauer von Rassifizierung und rassistischem Denken nach und definierten, wer Ansprüche auf Deutschsein anmeldete. In Veröffentlichungen wie *Farbe bekennen*, *Afrekete* und *afro look* gingen Schwarze Deutsche auf die lange Geschichte von Schwarzen in Deutschland ein und zeigten, wie ihre Anwesenheit Vorstellungen von Identität, Staatsbürgerschaft, Nation und Verwandtschaft prägte. Damit beteiligten sich Afrodeutsche aktiv an einem intellektuellen, feministischen und diasporischen Aktivismus und stellten sich auf nationaler wie internationaler Ebene gegen Diskriminierung. Entwicklungen in Südafrika und Somalia etwa waren für Schwarze Deutsche genauso wichtig wie ihr Kampf gegen Fremdenfeindlichkeit und einen verstärkten Ethnonationalismus innerhalb eines wiedervereinten Deutschlands und der Festung Europa. Heute sind Schwarze Politiken der BLM-Bewegung in dieselben translokalen und transnationalen Dynamiken eingebunden, die auch die ursprüngliche Schwarze deutsche Bewegung hervorgebracht hat. Indem sie Solidarität mit anderen marginalisierten Gemeinschaften in und außerhalb Deutschlands übten, schufen Afrodeutsche intellektuelle und internationale Netzwerke, die es ihnen ermöglichten zu überleben, sich gegen Fanatismus und Unterdrückung zu wehren und kollektive feministische und antirassistische Projekte anzustoßen.

Im Rückgriff auf unterschiedliche diasporische Ressourcen erfanden Afrodeutsche neue Praktiken wie die BHM-Feierlichkeiten, die Bundestreffen und feministische Konferenzen, die ihr Streben nach Repräsentation förderten. Sie forderten ihre Anerkennung als deutsche Staatsbürger*innen und machten die multiracial und multikulturelle Geschichte und Gegenwart Deutschlands manifest. Auf diesen Veranstaltungen betreiben Schwarze Deutsche eine Raumpolitik, die sie gleichzeitig innerhalb der Nation und der globalen diasporischen Community verankerte. Schwarze deutsche Frauen und Männer förderten Identitäten, Ziele und Politiken, die Schwarzsein und allgemeiner die Schwarze Diaspora innerhalb der deutschen Nation verorteten – damit rückten die Ränder ins Zentrum und unterstrichen, dass das Leben Schwarzer in ihrer Gesellschaft immer zählt.

Anhang

Anmerkungen

Ein »Schwarzes Comingout«. Einleitung

1 Die moderne Schwarze deutsche Bewegung macht traditionelle Narrative einer Diaspora, die sich mit der Auflösung oder Vereinzelung einer Bevölkerung bzw. der Rückkehr in ein »Heimatland« befasst, komplexer. Afrodeutsche verorteten sich kulturell wie politisch sowohl innerhalb der schwarzen Diaspora als auch innerhalb Deutschlands.

2 Katharina Oguntoye: »The Black German Movement and the Womens Movement in West Germany«, März 1989, S. 3, Audre Lorde Collection, Spelman College Archives, Atlanta (im Folgenden zitiert als Lorde Papers), Box 24, Ordner 104. Der Apostroph im Titel von Oguntoyes Aufsatz fehlte im Original. Siehe auch Katharina Oguntoye: »Die Schwarze Deutsche Bewegung und die Frauenbewegung in Deutschland«, in: *Afrekete (schwarze überlebens-Kunst)* 4, (1989), 2, S. 33, Frauenforschungs-, -bildungs- und -informationszentrum, Berlin (im Folgenden zitiert als FFBIZ). Zu affektiven Communitys siehe Leela Gandhi: *Affective Communities. Anticolonial Thought, Fin-de-Siecle Radicalism, and the Politics of Friendship.* Durham, Duke University Press 2006.

3 Dieses Buch konzentriert sich vor allem auf die Bundesrepublik Deutschland (West- und wiedervereintes Deutschland) und diskutiert die Situation in der Deutschen Demokratischen Republik (nach 1989 Ostdeutschland) nur eingeschränkt. Statt West-, Ost- oder wiedervereintes Deutschland spreche ich allgemeiner von Deutschland, wobei ich, wo nötig, auf den jeweiligen Teil des Landes verweise. Ich schreibe auch Berlin und füge Details nur wenn notwendig hinzu.

4 Der feministische diasporische Aktivismus ermöglichte es Schwarzen deutschen Frauen, Rassismus, Homophobie, Sexismus und das Patriarchat anzuprangern und sich gleichzeitig neue Vorstellungen von Befreiung und Menschlichkeit anzueignen. Annette Joseph-Gabriels Begriff der »Politik und Poetik der Befreiung« hat meine Idee einer »Politik und Poetik der Repräsentation« maßgeblich beeinflusst. Siehe Annette Joseph-Gabriel: »Beyond the Great Camouflage. Haiti in Suzanne Cesaire's Politics and Poetics of Liberation«, in: *Small Axe* 20, (2016), 2, S. 1–13.

5 Traditionellen deutschen staatlichen Archiven sind gewisse Grenzen gesetzt.

Keines dieser in Berlin ansässigen Archive hatte Quellenmaterial über die moderne Schwarze Bewegung in Deutschland. Deshalb habe ich mehrere ihrer Mitglieder kontaktiert, von denen mir einige freundlicherweise ihre Materialien zur Verfügung stellen konnten. Ich fand zudem Spuren der Bewegung in feministischen und lesbischen Archiven anderer deutscher Städte. Mehrere Historiker*innen haben über das Schweigen und die Gewalt gegen Schwarze Frauen in historischen Archiven gesprochen. Siehe etwa Marisa Fuentes: *Dispossessed Lives. Enslaved Women, Violence, and the Archive*. Philadelphia, University of Pennsylvania Press 2016; Saidiya Hartman: »Venus in Two Acts«, in: *Small Axe* 26 (2008), S. 1–14.

6 Siehe Denise Bergold-Caldwell/Laura Digoh/Hadija Haruna-Oelker/Christelle Nkwendja-Ngnoubamdjum/Camilla Ridha/Eleonore Wiedenroth-Coulibaly (Hrsg.): *Spiegelblicke. Perspektiven Schwarzer Bewegung in Deutschland*. Berlin, Orlanda 2015; Natasha A. Kelly (Hrsg.): *Sisters and Souls. Inspirationen durch May Ayim*. Berlin, Orlanda 2015; Peggy Piesche (Hrsg.): *Euer Schweigen schützt Euch nicht. Audre Lorde und die Schwarze Frauenbewegung in Deutschland*. Berlin, Orlanda 2012; AntiDiskriminierungsBüro Köln (ADB Köln)/cyberNomads (cbN) (Hrsg.): *The BlackBook. Deutschlands Häutungen*. Frankfurt am Main, IKO-Verlag für Interkulturelle Kommunikation 2004.

7 Zu »erfundenen Traditionen« siehe Eric Hobsbawm: »Das Erfinden von Traditionen«, in: Christoph Conrad/Martina Kessel (Hrsg.): *Kultur & Geschichte. Neue Einblicke in eine alte Beziehung*. Stuttgart, Philipp Reclam jun. 1998, S. 98: Eine erfundene Tradition beschreibt »eine Reihe von Praktiken ritueller oder symbolischer Natur, die meist von offen oder stillschweigend anerkannten Regeln bestimmt werden. Sie versuchen, bestimmte Werte und Verhaltensnormen durch Wiederholung einzuschärfen, was automatisch eine Kontinuität mit der Vergangenheit beinhaltet. Wenn möglich, versuchen sie eine Kontinuität mit einer brauchbaren geschichtlichen Vergangenheit herzustellen.«

8 Zu diesen Gruppen gehören Each One Teach One (EOTO) e.V., Der braune Mob e.V. und Joliba e.V. Der 2012 gegründete Verein EOTO ist Bibliothek und Kulturraum und dient als Archiv für das Schwarze Deutschland einschließlich der Bewegung. Der 2001 gegründete Braune Mob ist die erste Schwarze Media-Watch-Organisation in Deutschland. Joliba ist eine multikulturelle und migrantische Organisation, die 1997 gegründet wurde und einige Materialien zur Bewegung besitzt.

9 Oguntoye: »The Black German Movement and the Womens Movement in West Germany«, S. 3, Lorde Papers, und Oguntoye: »Die Schwarze Deutsche Bewegung und die Frauenbewegung in Deutschland«, S. 4, FFBIZ. Im gesamten Buch schreibe ich das Adjektiv »Schwarz« groß, weil es auf eine bestimmte kulturelle Gruppe und ihre Erfahrungen verweist. Genauso schreibe ich »Color« in »Frauen of Color« oder »Menschen of Color« groß, nicht jedoch in

»Communitys of color«. Ebenso wenig schreibe ich »weiß« groß, weil es kein Eigenname ist. Siehe Kimberlé Crenshaw: »Mapping the Margins: Intersectionality Identity Politics, and Violence Against Women of Color«, in: *Stanford Law Review* 43 (1991), 6, S. 1244, Fn. 6.

10 Ich verwende Mixed-Race-Person und verstehe den Ausdruck als eine gesellschaftlich konstruierte Kategorie, habe mich aber dafür entschieden, ihn nicht in Anführungszeichen zu setzen. Zu rassifizierten Identitäten siehe Marlene Daut: »Introduction. The ›Mulatto/a‹ Vengeance of ›Haitian Exceptionalism‹«, in: dies.: *Tropics of Haiti. Race and the Literary History of the Haitian Revolution in the Atlantic World, 1789–1865*. Liverpool, Liverpool University Press 2015, S. 45–48.

11 Zu politischem Schwarzsein in Großbritannien siehe Stuart Hall: »Old and New Ethnicities, Old and New Identities«, in: Anthony King (Hrsg.): *Culture, Globalization and the World System*. London, Macmillan 1991, S. 41–68. Einige Wissenschaftler*innen haben politisches Schwarzsein mit der Négritude-Bewegung der 1930er Jahre, der Bandung-Konferenz von 1955 und der Tricontinental-Konferenz von 1955 in Verbindung gebracht. Siehe Brent Hayes Edwards: *The Practice of Diaspora. Literature, Translation, and the Rise of Black Internationalism*. Cambridge, Harvard University Press 2003; Anne Garland Mahler: *From the Tricontinental to the Global South. Race, Radicalism, and Transnational Solidarity*. Durham, Duke University Press 2018.

12 Siehe May Ayim/Katharina Oguntoye/Dagmar Schultz (Hrsg.): *Farbe bekennen. Afro-deutsche Frauen auf den Spuren ihrer Geschichte*. Berlin, Orlanda 2006; Peter Martin: *Schwarze Teufel, edle Mohren. Afrikaner in Geschichte und Bewusstsein der Deutschen*. Hamburg, Junius 1993; Mischa Honeck/Martin Klimke/Anne Kuhlmann (Hrsg.): *Germany and the Black Diaspora. Points of Contact, 1250–1914*. New York, Berghahn 2013.

13 Felicitas Jaima: *Adopting Diaspora. African American Military Women in Cold War West Germany*, Dissertation, New York University, 2016; Sarah Lennox, »Introduction«, in: dies. (Hrsg.): *Remapping Black Germany. New Perspectives on Afro-German History, Politics und Culture*. Amherst, University of Massachusetts Press 2016, S. 5, Fn. 19. Paare in den Vereinigten Staaten und Dänemark adoptierten einige dieser Mixed-Race-Kinder.

14 Marion Kraft: »Re-presentations and Re-definitions: Black People in Germany in the Past and Present«, in: dies. (Hrsg.): *Children of the Liberation: Transatlantic Experiences and Perspectives of Black Germans of the Post-War Generation*. Oxford, Peter Lang 2019, S. 12. Siehe auch Patricia Mazón/Reinhild Steingröver (Hrsg.): *Not so Plain as Black and White. Afro-German Culture and History, 1890–2000*. Rochester, University of Rochester Press 2005, S. 2.

15 James Whitman: *Hitlers amerikanisches Vorbild. Wie die USA die Rassengesetze der Nationalsozialisten inspirierten,* übers. von Andreas Wirthensohn. München, C. H. Beck 2018.

16 Michael Burleigh/Wolfgang Wippermann: *The Racial State. Germany 1933–1945.* Cambridge, Cambridge University Press 1991.
17 Fatima El-Tayeb: *Schwarze Deutsche. Der Diskurs um »Rasse« und nationale Identität, 1890–1933.* Frankfurt am Main, Campus 2001.
18 Tina M. Campt: *Other Germans. Black Germans and the Politics of Race, Gender und Memory in the Third Reich.* Ann Arbor, University of Michigan Press 2004; Iris Wigger: *Die »Schwarze Schmach am Rhein«. Rassistische Diskriminierung zwischen Geschlecht, Klasse, Nation und Rasse.* Münster, Westfälisches Dampfboot 2007. Zu Sterilisierungen siehe Reiner Pommerin: *Sterilisierung der Rheinlandbastarde. Das Schicksal einer farbigen deutschen Minderheit, 1918–1937.* Düsseldorf, Droste 1979.
19 Clarence Lusane: *Hitler's Black Victims. The Historical Experiences of Afro-Germans, European Blacks, Africans and African Americans in the Nazi Era.* New York, Routledge 2003.
20 Katharina Oguntoye: *Eine afro-deutsche Geschichte. Zur Lebenssituation von Afrikanern und Afro-Deutschen in Deutschland von 1884 bis 1950.* Berlin, Hoho Verlag Christine Hoffmann 1997; Robbie Aitken/Eve Rosenhaft: *Black Germany. The Making and Unmaking of a Diaspora Community, 1884–1960.* Cambridge, Cambridge University Press 2013.
21 Yara-Colette Lemke Muniz de Faria: *Zwischen Fürsorge und Ausgrenzung. Afro-deutsche »Besatzungskinder« im Nachkriegsdeutschland.* Berlin, Metropol 2002; Heide Fehrenbach: *Race after Hitler. Black Occupation Children in Postwar Germany and America.* Princeton, Princeton University Press 2005. Ähnlich hatten weiße österreichische Frauen während der Besatzung Österreichs durch die Alliierten (1945–1955) Beziehungen zu afroamerikanischen, marokkanischen und senegalesischen Soldaten, siehe Walter Sauer: *Expeditionen ins afrikanische Österreich. Ein Reisekaleidoskop.* Wien, Mandelbaum 2014; Ingrid Bauer: »Leiblicher Vater: Amerikaner (N…)‹. Besatzungskinder österreichisch-afroamerikanischer Herkunft«, in: Helmuth Niederle/Ulrike Davis-Sulikowski/Thomas Fillitz (Hrsg.): *Früchte der Zeit. Afrika, Diaspora, Literatur und Migration.* Wien, WUV Universitätsverlag 2001, S. 49–67.
22 Siehe Frank Guridy: *Forging Diaspora. Afro-Cubans and African Americans in a World of Empire and Jim Crow.* Chapel Hill, University of North Carolina Press 2010.
23 Stuart Hall: »Cultural Identity and Diaspora«, in: Jonathan Rutherford (Hrsg.): *Identity. Community, Culture und Difference.* London, Lawrence & Wishart 1990, S. 222; ders.: »The Work of Representation«, in: ders. (Hrsg.): *Representation. Cultural Representation and Signifying Practices.* Walton Hall, Open University Press 1997, S. 13–74. Siehe auch Michelle M. Wright: *Becoming Black. Creating Identity in the African Diaspora.* Durham, Duke University Press 2003, S. 26.
24 Fatima El-Tayeb: *Anders Europäisch. Rassismus, Identität und Widerstand im*

vereinten Europa. Münster, Unrast 2015; David Theo Goldberg: »Racial Europeanization«, in: *Journal of Ethnic and Racial Studies* 29, (2006), 2, S. 331–364. Der Diskurs von Rassismuslosigkeit wird durch die Normierung eines unausgesprochenen Weißseins aufrechterhalten. Zu Weißsein im deutschen Kontext siehe Uli Linke: *German Bodies. Race and Representation After Hitler.* New York, Routledge 1999; Maisha Eggers/Grada Kilomba/Peggy Piesche/Susan Arndt (Hrsg.): *Mythen, Masken und Subjekte. Kritische Weißseinsforschung in Deutschland.* Münster, Unrast 2005.

25 Im Sinne Antonio Gramscis ähneln Schwarze Deutsche »organischen Intellektuellen«. Sie waren jedoch nicht in eine historische materialistische Tradition innerhalb eines marxistischen Rahmens eingebunden. Sie gehörten aufgrund ihrer Positionalität weder zur Speerspitze des intellektuellen Mainstreams, noch war ihr Intellektualismus darauf ausgerichtet, und sie verbündeten sich auch nicht mit »traditionellen Intellektuellen«, wie Gramsci es sich für die Arbeiterklasse vorgestellt hatte. Doch Schwarze Deutsche verbreiteten ihre Ideen über Kolonialismus, sie eigneten sich ein besonderes Wissen über Race an und waren mit deutschen und nicht-deutschen Intellektuellen im Gespräch. »Intellektuelle des Alltags« ist ein weiter gefasster und inklusiver Begriff, der sich auf Schwarze Deutsche und andere minorisierte Gemeinschaften als Produzenten von Wissen innerhalb und außerhalb Deutschlands konzentriert. Siehe David Forgacs (Hrsg.): *The Gramsci Reader. Selected Writings 1916–1936.* New York, New York University Press 2000; Stuart Hall: »Cultural Studies and its Theoretical Legacies«, in: David Morley/Kuan-Hsing Chen (Hrsg.): *Stuart Hall. Critical Dialogues in Cultural Studies.* London, Routledge 1996, S. 261–274. Zum Begriff der Öffentlichkeit siehe Jürgen Habermas: *Strukturwandel der Öffentlichkeit. Untersuchungen zu einer Kategorie der bürgerlichen Gesellschaft.* Frankfurt am Main, Suhrkamp 1990; Nancy Fraser: »Rethinking the Public Sphere. A Contribution to the Critique of Actually Existing Democracy«, in: *Social Text* 25/26 (1990), S. 56–80. Zu Dekolonisierung von Wissen siehe Grada Kilomba: *Plantation Memories. Episodes of Everyday Racism.* Münster, Unrast 2010, S. 25–36.

26 Deutschland hatte traditionell eine robuste Mittelschicht, zu der das Wirtschafts- und das Bildungsbürgertum gehörten. Das Kleinbürgertum oder die untere Mittelschicht kam Ende des 19. und zu Beginn des 20. Jahrhunderts auf, wurde jedoch nicht zur eigentlichen Mittelschicht gezählt. Im 20. Jahrhundert und insbesondere nach den Weltkriegen verschwammen Klassengrenzen zusehends. Zu dieser Dynamik trugen auch Deutschlands starke Sozialprogramme, darunter der Sozialstaat und das Gesundheitssystem, bei. Schwarze Deutsche in der Bewegung stammen aus dem Bildungs- und Wirtschaftsbürgertum sowie aus der Mittelschicht bzw. unteren Mittelschicht. Einige konnten auf ausgedehnte, aus Familie und Verwandten bestehende Netzwerke zurückgreifen. Zu den europäischen Mittelschichten siehe Jürgen

Kocka: »The Middle Classes in Europe«, in: *Journal of Modern History* 67 (1995), 4, S. 783–806.

27 Unter intellektuellem Aktivismus verstehe ich die Ausarbeitung alternativer Analysen und das Aussprechen von Wahrheiten vor unterschiedlichen Personengruppen. Zu intellektuellem Aktivismus siehe Patricia Hill Collins: *On Intellectual Activism*. Philadelphia, Temple University Press 2012.

28 Zu Alltagsrassismus siehe Grada Kilomba: *Plantation Memories: Episodes of Everyday Racism*. Münster, Unrast 2010, S. 25–36; Philomena Essed: *Understanding Everyday Racism: An Interdisciplinary Theory*. London, Sage Publications 1991.

29 Zu Juden und Jüdinnen in der BRD siehe Atina Grossmann: *Juden, Deutsche, Alliierte. Begegnungen im besetzten Deutschland*, aus dem Englischen übers. von Ulrike Bischoff. Göttingen, Wallstein 2012; Michael Brenner (Hrsg.): *Geschichte der Juden in Deutschland von 1945 bis zur Gegenwart. Politik, Kultur und Gesellschaft*. München, C. H. Beck 2012.

30 Ich setze »Gastarbeiter*innen« in Anführungszeichen, da der Begriff als abwertend betrachtet wird. Seit 1955 kamen »Gastarbeiter*innen« aus Italien, Spanien, Griechenland, der Türkei, Portugal, Jugoslawien, Japan, Marokko, Tunesien und Korea nach Westdeutschland. Rita Chin: *The Guest Worker Question in Postwar Germany*. New York, Cambridge University Press 2007, S. 37, Fn. 14. Siehe auch Neil MacMaster: *Racism in Europe, 1870–2000*. New York, Palgrave 2001; Rita Chin/Heide Fehrenbach/Atina Grossmann/Geoff Eley (Hrsg.): *After the Nazi Racial State: Difference and Democracy in Germany and Europe*. Ann Arbor, University of Michigan Press 2009.

31 Mit der Aufzählung dieser fest in der deutschen Sprache verwurzelten rassistischen Begriffe verfolge ich nicht die Absicht, jemanden zu verletzen. Stattdessen möchte ich die linguistische Verbreitung des deutschen Rassismus sowie seine materiellen wie affektiven Folgen aufzeigen. Siehe May Ayim/Katharina Oguntoye/Dagmar Schultz (Hrsg.): *Showing Our Colours: Afro-German Women Speak Out*, aus dem Deutschen von Anne V. Adams. Amherst, University of Massachusetts Press 1992, S. 126–133; Rosemarie Lester: *Trivialn.... Das Bild des Schwarzen im westdeutschen Illustriertenroman*. Stuttgart, Akademischer Verlag 1982. »M...« hatte im 16. und 17. Jahrhundert eine ursprünglich religiöse Konnotation. Siehe Kate Lowe: »The Black Diaspora in Europe in the Fifteenth and Sixteenth Centuries, with Special Reference to German-Speaking Areas«, in: Honeck/Klimke/Kuhlmann (Hrsg.): *Germany and the Black Diaspora*, S. 38–56. Der Begriff »N...schweiß« stammt aus der Zeit nach dem Zweiten Weltkrieg und wurde in despektierlicher Absicht für das US-amerikanische Getränk verwendet.

32 Siehe Silke Hackenesch: *Chocolate and Blackness. A Cultural History*. Frankfurt am Main, Campus 2017.

33 David Ciarlo: *Advertising Empire. Race and Visual Culture in Imperial Germany*. Cambridge, Harvard University Press 2011; Dana S. Hale: *Races on Display*.

French Representations of Colonized Peoples, 1886–1940. Bloomington, Indiana University Press 2008; Anne McClintock: Imperial Leather. Race, Gender und Sexuality in the Colonial Context. New York, Routledge 1995.

34 Quinn Slobodian: »Socialist Chromatism: Race, Racism und the Racial Rainbow in East Germany«, in: ders. (Hrsg.): *Comrades of Color. East Germany in the Cold War World*. New York, Berghahn 2015, S. 26, 30. Siehe auch Jeffrey Herf: *Zweierlei Erinnerung: die NS-Vergangenheit im geteilten Deutschland*, aus dem Englischen übers. von Klaus-Dieter Schmidt. Berlin, Propyläen 1998; Britta Schilling: *Postcolonial Germany. Memories of Empire in a Decolonized Nation*. Oxford, Oxford University Press 2014. Schilling führt an, dass »das kollektive Gedächtnis Deutscher an den Kolonialismus zuweilen und vor allem nach 1945 lückenhaft, voller Leerstellen, Unterbrechungen, Akzentverschiebungen und Augenblicken des ›Vergessens‹ war« (S. 9).

35 Slobodian: »Socialist Chromatism«, S. 27.

36 Ebd., S. 28–31; Maria Höhn/Martin Klimke: *A Breath of Freedom. The Civil Rights Struggle, African American GIs und Germany*. New York, Palgrave 2010, S. 123–141.

37 Zu Rassismus in der DDR siehe Peggy Piesche: »Making African Diasporic Pasts Possible: A Retrospective View of the GDR and Its Black (Step-)Children«, in: Lennox (Hrsg.): *Remapping Black Germany*, S. 226–242; Jan Behrends/Thomas Lindenberger/Patrice Poutrus (Hrsg.): *Fremde und Fremd-Sein in der DDR. Zu historischen Ursachen der Fremdenfeindlichkeit in Ostdeutschland*. Berlin, Metropol 2003; Mike Dennis/Norman LaPorte (Hrsg.): *State and Minorities in Communist East Germany*. New York, Berghahn 2011. Seit 1967 kamen »Vertragsarbeiter*innen« aus Ungarn, Polen, Algerien, Kuba, Mosambik, Vietnam, der Mongolei, Angola und China in die DDR. Afrikanische Studierende und Aktivist*innen der Mosambikanischen Befreiungsfront (FRELIMO) und der Südwestafrikanischen Volksorganisation (SWAPO) waren ebenfalls im Land. Siehe Mike Dennis: »Asian and African Workers in the Niches of Society«, in: ders./LaPorte (Hrsg.): *State and Minorities in Communist East Germany*, S. 87–123; Sara Pugach: »African Students and the Politics of Race and Gender in the German Democratic Republic«, in: Slobodian (Hrsg.): *Comrades of Color*, S. 131–156; Gregory Witkowski: »Between Fighters and Beggars. Socialist Philanthropy and the Imagery of Solidarity in East Germany«, in: Slobodian (Hrsg.): *Comrades of Color*, S. 73–94; Meghan O'Dea: »Lucia Engombe's und Stefanie-Lahya Aukongo's Autobiographical Accounts of *Solidaritätspolitik* and Life in the GDR as Namibian Children«, in: Tiffany N. Florvil/Vanessa D. Plumly: *Rethinking Black German Studies: Approaches, Interventions and Histories*. New York, Peter Lang 2018, S. 105–134.

38 Siehe Samuel Moyn: *The Last Utopia. Human Rights in History*. Cambridge, Harvard University Press 2012.

39 Zu Schwarzen Geografien siehe etwa Katherine McKittrick: *Demonic

Grounds. Black Women and the Cartographies of Struggle. Minneapolis, University of Minnesota Press 2006; dies.: »On plantations, prisons and a black sense of place«, in: *Social & Cultural Geography* 12 (2011), 8, S. 947–963; Camilla Hawthrone: »Black Matters are Spatial Matters: Black Geographies for the Twenty-First Century«, in: *Geography Compass* 13 (2019), 11, S. 1–13.

40 Zu anderen Formen des Aktivismus von Schwarzen Deutschen siehe Fatima El-Tayeb: »›If You Can't Pronounce My name, You Can Just Call Me Pride‹. Afro-German Activism, Gender und Hip Hop«, in: *Gender & History* 15 (2003), 3, S. 460–485.

41 Siehe The European Network Against Racism: »1998–2018, A Short History«, Juni 2018, https://www.enar-eu.org/The-European-Network-Against-Racism-1998-2018-a-short-history, letzter Zugriff am 08.01.2023; Sharmilla Beezmohun, »A Timely Intervention – Or Before Its Time? A Short History of European Action for Racial Equality and Social Justice«, in: Dominic Thomas: *Afroeuropean Cartographies*. Newcastle, Cambridge Scholars Publishing 2014, S. 16–24; Pamela Ohene-Nyako: »The Black Women and Europe Network against ›Fortress Europe‹ in the 1990s«, unveröffentlichter Artikel, African American Intellectual History Society Conference 2019, S. 1–11. Zitiert mit Erlaubnis der Autorin.

42 Siehe Daniel Gordon: »French and British Anti-Racists Since the 1960s. A rendezvous manqué?«, in: *Journal of Contemporary History* 50 (2015), 3, S. 606–631.

43 Edwards: *The Practice of Diaspora*; Tiffany Ruby Patterson/Robin D.G. Kelley: »Unfinished Migrations. Reflections on the African Diaspora and the Making of the Modern World«, in: *African Studies Review* 43 (2000), S. 11–45; Michael O. West/William Martin/Fanon Che Wilkins (Hrsg.): *From Toussaint to Tupac. The Black International since the Age of Revolution*. Chapel Hill, University of North Carolina Press 2009.

44 Keisha N. Blain: *Set the World on Fire. Black Nationalist Women and the Global Struggle for Freedom*. Philadelphia, University of Pennsylvania Press 2018; dies./Tiffany M. Gill (Hrsg.): *To Turn the Whole World Over. Black Women and Internationalism*. Urbana, University of Illinois Press 2019; Carole Boyce Davies: *Left of Karl Marx. The Political Life of Black Communist Claudia Jones*. Durham, Duke University Press 2008; Tanisha Ford: *Liberated Threads. Black Women, Style and The Global Politics of Soul*. Chapel Hill, University of North Carolina Press 2015; Cheryl Higashida: *Black Internationalist Feminism. Women Writers of the Black Left, 1945–1995*. Urbana, University of Illinois Press 2011; Marc Matera: *Black London. The Imperial Metropolis and Decolonization in the Twentieth Century*. Oakland, University of California Press 2015; Erik S. McDuffie: *Sojourning for Freedom. Black Women, American Communism und the Making of Black Left Feminism*. Durham, Duke University Press 2011; Barbara Ransby: *Eslanda. The Large and Unconventional Life of Mrs. Paul Robeson*. New Haven, Yale University Press 2013; Tracy Denean Sharpley-Whiting:

Negritude Women. Minneapolis, University of Minnesota Press 2002; Quito Swan: »Giving Berth. Fiji, Black Women's Internationalism und the Pacific Women's Conference of 1975«, in: *Journal of Civil and Human Rights* 4 (2018), 1, S. 37–63; Imaobong Umoren: *Race Women Internationalists. Activist-Intellectuals and Global Freedom Struggles.* Oakland, University of California Press 2018.

45 Zu Black Power in und über Europa hinaus siehe Anne Marie Angelo: »›Black Oppressed People All over the World Are One‹. The British Black Panthers' Grassroots Internationalism, 1969–1973«, in: *Journal of Civil and Human Rights* 4 (2018), 1, S. 64–97; Nico Slate (Hrsg.): *Black Power Beyond Borders. The Global Dimensions of the Black Power Movement.* New York, Palgrave 2012; Maria Höhn: »The Black Panther Solidarity Committee and the Trial of the Ramstein 2«, in: Belinda Davis/Wilfried Mausbach/Martin Klimke/Carla MacDougall (Hrsg.): *Changing the World, Changing Oneself: Political Protest and Collective Identities in West Germany and the U.S. in the 1960s and 1970s.* New York, Berghahn 2010, S. 215–240.

46 Tina M. Campt: *Image Matters. Archive, Photography und the African Diaspora in Europe.* Durham, Duke University Press 2012; El-Tayeb: *Anders Europäisch;* Felix Germain: *Decolonizing the Republic. African and Caribbean Migrants in Postwar Paris.* East Lansing, Michigan State University Press 2016; Paul Gilroy: *The Black Atlantic. Modernity and Double-Consciousness.* Cambridge, Harvard University Press 1993; Kennetta Hammond Perry: *London is the Place for Me. Black Britons, Citizenship und the Politics of Race.* New York, Oxford University Press 2015; Michelle M. Wright: *Physics of Blackness. Beyond the Middle Passage Epistemology.* Minneapolis, University of Minnesota Press 2015. Siehe auch Florvil/Plumly (Hrsg.): *Rethinking Black German Studies;* Olivette Otele: *Afrikanische Europäer: Eine unerzählte Geschichte,* aus dem Englischen übers. von Yasemin Dincer. Berlin, Klaus Wagenbach 2022; Cassander L. Smith/Nicholas Jones/Miles P. Grier (Hrsg.): *Early Modern Black Diaspora Studies. A Critical Anthology.* New York, Palgrave 2018.

47 Wright: *Physics of Blackness,* S. 3–5.

48 Schwarze Deutsche stehen für das, was die Diaspora ist *und* was sie nicht ist. Dies gilt insbesondere in Bezug auf das Erbe von: transatlantischem Handel mit versklavten Menschen, Kolonialismus und Dekolonisierung. Siehe Darlene Clark Hine/Trica Danielle Keaton/Stephen Small (Hrsg.): *Black Europe and the African Diaspora.* Urbana, University of Illinois Press 2009, die Deutschland in ihre Diskussionen mit einbeziehen.

49 Natalie Thomlinson: *Race, Ethnicity and the Women's Movement in England, 1968–1993.* London, Palgrave 2016, insbes. S. 64–103; Tracy Fisher: *What's Left of Blackness. Feminisms, Transracial Solidarities and the Politics of Belonging in Britain.* London, Palgrave 2012; McDuffie: *Sojourning for Freedom.* Zu Schwarzem Feminismus in Europa: Akwugo Emejulu/Francesca Sobande (Hrsg.): *To Exist is to Resist. Black Feminism in Europe.* London, Pluto Press 2019.

50 Zum Intellektualismus Schwarzer Frauen siehe Brittney Cooper: *Beyond Respectability. The Intellectual Thought of Race Women*. Urbana, University of Illinois Press 2017; Mia Bay/Farah Griffin/Martha Jones/Barbara Savage (Hrsg.): *Toward an Intellectual History of Black Women*. Chapel Hill, University of North Carolina Press 2015; Kristin Waters/Carol B. Conaway (Hrsg.): *Black Women's Intellectual Traditions*. Burlington, University of Vermont Press 2007. Siehe auch Davies: *Left of Marx*. Darin lehrt uns Davies, die Verbindungen zwischen Aktivismus und Intellektualismus zu erkennen.

51 Siehe Honeck/Klimke/Kuhlmann (Hrsg.): *Germany and the Black Diaspora*; Larry Greene/Anke Ortlepp (Hrsg.): *Germans and African Americans. Two Centuries of Exchange*. Oxford, University Press of Mississippi 2011; Maria I. Diedrich/Jürgen Heinrichs (Hrsg.): *From Black to Schwarz. Cultural Crossovers between African America and Germany*. Münster, LIT 2010; Carol Blackshire-Belay/Leroy Hopkins/David McBride (Hrsg.): *Cross Currents. African Americans, Africa und Germany in the Modern World*. Columbia, Camden 1998.

52 Zu diesen Personen siehe Marilyn Sephocle: »Anton Wilhelm Amo«, in: *Journal of Black Studies* 23 (1992), 2, S. 182–187; Kenneth Barkin: »W. E. B. Du Bois' Love Affair with Imperial Germany«, in: *German Studies Review* 28 (2005), 2, S. 285–302; Hakim Adi: »Pan-Africanism and communism. The Comintern, the ›Negro Question‹ and the first International Conference of Negro Workers, Hamburg 1930«, in: *African and Black Diaspora* 1 (2008), 2, S. 237–254; Nancy Nenno: »Weiblichkeit – Primitivität – Metropole. Josephine Baker in Berlin«, in: Katharina von Ankum (Hrsg.): *Frauen in der Großstadt. Herausforderung der Moderne?*. Dortmund, edition ebersbach 1999, S. 136–158; Angela Davis: *Angela Davis. An Autobiography*. New York, Random House 1988.

53 Sander Gilman: *On Blackness without Blacks. Essays on the Image of the Black in Germany*. Boston, G. K. Hall 1982. Siehe auch Reinhold Grimm/Jost Hermand (Hrsg.): *Blacks and German Culture*. Madison, University of Wisconsin Press 1986.

54 Einige Wissenschaftler*innen verfolgen Schwarzen Radikalismus in Deutschland bis ins Zeitalter der Aufklärung zurück. Siehe Kevina King: »The Black Radical Tradition in Germany«, unveröffentlichter Artikel, German Studies Association Conference 2019, S. 1–8. Zitiert mit Erlaubnis der Autorin.

55 Bradley Naranch/Geoff Eley (Hrsg.): *German Colonialism in a Global Age*. Durham, Duke University Press 2014; Eric Ames/Marcia Klotz/Lora Wildenthal (Hrsg.): *Germany's Colonial Pasts*. Lincoln, University of Nebraska Press 2005; Pascal Grosse: *Kolonialismus, Eugenik und bürgerliche Gesellschaft in Deutschland, 1850–1918*. Frankfurt am Main, Campus 2000; Sara Lennox/Sara Friedrichsmeyer/Susanne Zantop (Hrsg.): *The Imperialist Imagination. German Colonialism and its Legacy*. Ann Arbor, University of Michigan Press 1999. Deutschland erhielt auch Territorien in China und im Pazifik.

56 Oguntoye: *Eine afro-deutsche Geschichte*, S. 76–109; Aitken/Rosenhaft: *Black*

Germany, S. 22–87; Stefan Gerbing: *Interventionen von Kolonisierten am Wendepunkt der Dekolonisierung Deutschlands 1919*. Frankfurt am Main, Peter Lang 2010.

57 Aitken/Rosenhaft: *Black Germany*. Kameruner*innen waren nicht die einzigen Menschen afrikanischer Herkunft in Deutschland.
58 Tobias Nagl: »Counterfeit Money/Counterfeit Discourse. A Black German Trickster Tale«, in: Lennox (Hrsg.): *Remapping Black Germany*, S. 106.
59 Paulette Reed-Anderson: *Rewriting the Footnotes. Berlin und die afrikanische Diaspora*. Berlin, Die Ausländerbeauftragte des Senats 2000, S. 46–49; Aitken/Rosenhaft: *Black Germany*, S. 129–131; Gerbing: *Interventionen von Kolonisierten*, S. 47–56. Dank der Bemühungen von Oguntoye und anderen wurde zu Ehren von Martin Dibobe im Oktober 2016 an einem Haus in der Kuglerstraße 44 im Prenzlauer Berg eine Gedenktafel angebracht. Im Juli 2019 wurde zu Ehren der anderen Unterzeichner*innen der Petitionen von 1919 eine weitere Tafel angebracht.
60 Wigger: »*Black Horror on the Rhine*«; Campt: *Other Germans*, S. 31–62; Sally Marks: »Black Watch on the Rhine. A Study in Propaganda, Prejudice and Prurience«, in: *European Studies Review* 13 (1983), 3, S. 297–334.
61 Julia Roos: »Nationalism, Racism and Propaganda in Early Weimar Germany. Contradictions in the Campaign against the ›Black Horror on the Rhine‹«, in: *Germany History* 30 (2012), 1, S. 45–74; dies.: »Women's Rights, Nationalist Anxiety und die ›Moral‹ Agenda in the Early Weimar Republic. Revisiting the ›Black Horror‹ Campaign against France's African Occupation Troops«, in: *Central European History* 42 (2009), 3, S. 473–508; Jared Poley: *Decolonization in Germany. Weimar Narratives of Colonial Loss and Foreign Occupation*. Oxford, Peter Lang 2007.
62 Zu Terrells Schwarzem Internationalismus siehe Noaquia N. Callahan: »A Transnational Infatuation. African American Progress and ›the Negro Problem‹ on the International Stage at the Turn of the Twentieth Century«, unveröffentlichter Artikel, German Studies Association Conference 2015, S. 2. Zitiert mit Erlaubnis der Autorin. Siehe auch Reed-Anderson: *Rewriting the Footnotes*, S. 30–32. Auch Claude McKay und Alain Locke haben sich zu dieser Situation geäußert. Siehe Jonathan Wipplinger: »Germany, 1923. Alain Locke, Claude McKay und the New Negro in Germany«, in: *Callaloo* 36 (2013), 1, S. 106–124.
63 Robbie Aitken: »Embracing Germany. Interwar German Society and Black Germans through the Eyes of African American Reporters«, in: *Journal of American Studies* 52 (2018), S. 447–473.
64 Zum Afrikanischen Hilfsverein siehe Leroy Hopkins: »Race, Nationality and Culture. The African Diaspora in Germany«, in: ders. (Hrsg.): *Who Is a German? Historical and Modern Perspectives on Africans in Germany*. Washington, D.C., American Institute of Contemporary German Studies 1999, S. 6–15;

Peter Martin: »Der Afrikanische Hilfsverein von 1918«, in: ders./Christine Alonzo (Hrsg.): *Zwischen Charleston und Stechschritt. Schwarze im Nationalsozialismus*. Hamburg, Dölling und Galitz 2004, insbes. S. 73–80.

65 Oguntoye: *Eine afro-deutsche Geschichte*; Christian Rogowski: »Black Voices on the ›Black Horror on the Rhine‹?«, in: Lennox (Hrsg.): *Remapping Black Germany*, S. 118–134.

66 Philipp Khabo Koepsell: »Literature and Activism«, in: Asoka Esuruoso/Philipp Khabo Koepsell (Hrsg.): *Arriving in the Future. Stories of Home and Exile. An Anthology of Poetry and Creative Writing by Black Writers in Germany*. Berlin, epubli 2014, S. 37–39. Zu diesen kommunistischen Organisationen siehe Adi: »Pan-Africanism and communism«, S. 237–254; Aitken/Rosenhaft: *Black Germany*, S. 194–230.

67 Campt: *Other Germans*, S. 163 f.; Sharon Dodua Otoo: »But Some of Us Are Brave«, in: *migrazine, onlinemagazin von migrantinnen für alle* 1 (2013), http://www.migrazine.at/artikel/some-us-are-brave-english, letzter Zugriff am 08.01.2023.

68 Katharina Oguntoye erwähnte in einem Gespräch im Herbst 2011, dass es nur eine kleine Untergruppe von afrodeutschen Frauen gab, die diese Erfahrung gemacht und dieses Wissen gehabt hatten.

69 Ika Hügel-Marshall: *Daheim unterwegs. Ein deutsches Leben*. Berlin, Orlanda 1998, S. 73 f. § 218 des Strafgesetzbuches verbot Schwangerschaftsabbrüche. In der DDR wurden Abtreibungen bis zur 12. Woche der Schwangerschaft 1972 legalisiert, in Westdeutschland 1976 entkriminalisiert. Zur deutschen Feminismus- und Geschlechterdebatte siehe Friederike Brühöfener/Karen Hagemann/Donna Harsch (Hrsg.): *Gendering Post-1945 German History: Entanglements*. New York, Berghahn 2019; Myra Ferree: *Varieties of Feminism. German Gender Politics in Global Perspectives*. Stanford, Stanford University Press 2012; Atina Grossmann: *Reforming Sex. The German Movement for Birth Control and Abortion Reform, 1920–1950*. New York, Oxford University Press 1995.

70 Hügel-Marshall: *Daheim unterwegs*, S. 74. Zu Hügel-Marshalls Autobiografie siehe Michelle M. Wright: »In a Nation or a Diaspora? Gender, Sexuality and Afro-German Subject Formation«, in: Diedrich/Heinrichs: *From Black to Schwarz*, S. 265–286; Sonya Donaldson: *(Ir)reconcilable Differences? The Search for Identity in Afro-German Autobiography*, Dissertation, University of Virginia 2012, Kap. 2; Deborah Jansen: »The Subject in Black and White. Afro-German Identity Formation in Ika Hügel-Marshall's Autobiography *Daheim unterwegs. Ein deutsches Leben*«, in: *Women in German Yearbook* 21 (2005), S. 62–84.

71 Katharina Oguntoye zitiert nach Peggy Piesche: »Rückblenden und Vorschauen. 20 Jahre Schwarze Frauenbewegung«, in: dies. (Hrsg.): *Euer Schweigen schützt Euch nicht*, S. 23.

72 Oguntoye zitiert nach Piesche: »Rückblenden und Vorschauen«, S. 21 f. Siehe auch Ika Hügel-Marshall: »Lesbischsein läßt sich verleugnen, Schwarzsein

nicht«, in: JoAnn Loulan (Hrsg.): *Lesben, Liebe, Leidenschaft. Texte zur feministischen Psychologie und zu Liebesbeziehungen unter Frauen.* Berlin, Orlanda 1992, S. 298–307.

73 Oguntoye: »The Black German Movement and the Womens Movement in West Germany«, S. 4 und Oguntoye: »Die Schwarze Deutsche Bewegung und die Frauenbewegung in Deutschland«, S. 5.

74 May Opitz: »Betrifft Frauenkongreß, 26. März 1984«, S. 3, Universitätsarchiv Freie Universität Berlin, May-Ayim-Archiv (im Folgenden zitiert als Ayim-Archiv), Box 21; Helga Emde: »Internationaler Frauenkongreß in Frankfurt/Main vom 5.–8.10.1989«, in: *Afrekete (Born Free: WANTED!)* 5 (1989), 4, S. 14 f., Zentrale Bibliothek Frauenforschung, Gender & Queer Studies, Hamburg (im Folgenden zitiert als ZBFG & QS).

75 Siehe Gloria T. Hull/Patricia Bell Scott/Barbara Smith (Hrsg.): *But Some of Us Are Brave. All the Women Are White, All the Blacks Are Men.* New York, CUNY Press 1983; Cherríe Moraga/Gloria Anzaldúa (Hrsg.): *This Bridge Called My Back. Writings by Radical Women of Color.* Albany, State University of New York Press 2015; Kimberly Springer: *Living for the Revolution. Black Feminist Organizations, 1968–1980.* Durham, Duke University Press 2005.

76 Natalia King Rasmussen: *Friends of Freedom, Allies of Peace. African Americans, The Civil Rights Movement und East Germany, 1949–1989,* Dissertation, Boston University 2014, S. 107–164; Höhn/Klimke: *A Breath of Freedom,* S. 90; Mary Dudziak: *Cold War Civil Rights. Race and the Image of American Democracy.* Princeton, Princeton University Press 2000.

77 Höhn/Klimke: *A Breath of Freedom;* Martin Klimke: *The Other Alliance. Student Protest in West Germany and the United States in the Global Sixties.* Princeton, Princeton University Press 2010; Quinn Slobodian: *Foreign Front. Third World Politics in Sixties West Germany.* Durham, Duke University Press 2012.

78 Rasmussen: *Friends of Freedom, Allies of Peace,* S. 97–103.

79 Robeson hatte von 1950 bis 1958 aufgrund der »Roten Angst« keinen Pass. Zu seinen Auftritten in der DDR und Race siehe Kira Thurman: »Singing in the Promised Land. Black Musicians in the German Democratic Republic«, in: *Singing Like Germans. Black Musicians in the Land of Bach, Beethoven and Brahms.* Ithaca, Cornell University Press 2021, insbes. sechstes Kapitel.

80 Rasmussen: *Friends of Freedom, Allies of Peace,* S. 131; Umoren: *Race Women Internationalists,* S. 113. Clara Zetkin spielte in den 1920er Jahren in der deutschen Kommunistischen Partei und in der Komintern eine wichtige Rolle und setzte sich für Frauenrechte ein.

81 Höhn/Klimke: *A Breath of Freedom.*

82 Brandt war von 1957 bis 1966 Regierender Bürgermeister von Berlin und von 1969 bis 1974 Bundeskanzler.

83 Höhn/Klimke: *A Breath of Freedom,* S. 102; Marcia Chatelain/Britta Waldschmidt-Nelson: »Introduction Untold Stories. The March on Washington –

New Perspectives and Transatlantic Legacies«, in: *German Historical Institute Bulletin Supplement* 11 (2015), S. 5–14.

84 Siehe Donald Muldrow Griffith/Fountainhead Tanz Théâtre: *A Complexion Change. Transnational & Intercultural Diplomacy.* Berlin, Commissioner for Integration Tempelhof-Schöneberg 2014, S. 3–132, mit dem der Jahrestag von Kings Besuch begangen wurde.

85 Rasmussen: *Friends of Freedom, Allies of Peace,* S. 107–164; Klimke: *The Other Alliance,* S. 108–142; Katrina Hagen: »Ambivalence and Desire in the East German ›Free Angela Davis‹ Campaign«, in: Slobodian (Hrsg.): *Comrades of Color,* S. 157–187. Siehe auch Jamele Watkins: »Black Rose from Alabama. Solidarity Campaigns with Angela Davis in Europe«, unveröffentlichter Artikel, African American Intellectual History Conference 2019, S. 1–11. Zitiert mit Erlaubnis der Autorin.

86 Moritz Ege: *Schwarz werden. »Afroamerikanophile« in den 1960er und 1970er Jahren.* Bielefeld, Transcript 2007; Priscilla Layne: *White Rebels in Black. German Appropriation of Black Popular Culture.* Ann Arbor, University of Michigan Press 2018.

87 Zu diasporischer Verfolgung siehe Kimberly Alecia Singletary: »Everyday Matters. Haunting and the Black Diasporic Experience«, in: Florvil/Plumly (Hrsg.): *Rethinking Black German Studies,* S. 137–167.

88 Oguntoye: »The Black German Movement and the Womens Movement in West Germany«, S. 8 und Oguntoye: »Die Schwarze Deutsche Bewegung und die Frauenbewegung in Deutschland«, S. 34.

89 Koepsell: »Literature and Activism«, S. 42.

90 Jacqueline Nassy Brown: *Dropping Anchor, Setting Sail. Geographies of Race in Black Liverpool.* Princeton, Princeton University Press 2005, S. 42.

91 Im Gegensatz dazu ratifizierte die DDR das Übereinkommen zur Beseitigung jeder Form von ~~Rassendiskriminierung~~ im Jahr 1973, unterzeichnete CEDAW im Juli 1980 und ratifizierte die Konvention fast unmittelbar danach.

92 Siehe Der Bundesminister des Innern (Hans-Gerd Pracht): »Das neue Ausländergesetz«. Bonn 1990, o. S., Ayim-Archiv, Box 22.

93 Patrice Poutrus: »Asylum in Postwar Germany. Refugee Admissions Policies and their Practical Implementation in the Federal Republic and the GDR between the late 1940s and the mid-1970s«, in: *Journal of Contemporary History* 49 (2014), 1, S. 115–133.

94 Frankreich etwa praktizierte das *jus soli* und knüpfte die Staatsbürgerschaft somit an den Geburtsort. Rogers Brubaker: *Citizenship and Nationhood in France and Germany.* Cambridge, Harvard University Press 1994. Siehe auch Fatima El-Tayeb: »»Blood Is a Very Special Juice. Racialized Bodies and Citizenship in Twentieth-Century Germany«, in: *International Review of Social History* 44 (1999), S. 149–169; Victoria Robinson: »Schwarze Deutsche

Kräfte: Über die Absurdität der Integrationsdebatte«, in: *360°: Das Studentische Journal für Politik und Gesellschaft* (2007), S. 1–10.

95 Deniz Gökturk/David Gramling/Anton Kaes (Hrsg.): *Germany in Transit. Nation and Migration, 1955–2005*. Berkeley, University of California Press 2007, S. 4; Mathias Bös: »The Legal Construction of Membership. Nationality Law in Germany and the United States«, in: *Program for the Study of Germany and Europe, Working Paper Series*, Nr. 5, Cambridge, Minda de Gunzberg Center for European Studies, Harvard University 2000, S. 11. Diese Veränderung erlaubte die Einbürgerung ausländischer Staatsangehöriger. Weitere Änderungen wurden in den Jahren 2005, 2007 und 2014 eingeführt.

96 Siehe McMaster: *Racism in Europe*; Fatima El-Tayeb: *Undeutsch. Die Konstruktion des Anderen in der postmigrantischen Gesellschaft*. Bielefeld, Transcript 2016.

97 Siehe Eleonore Wiedenroth-Coulibaly/Sascha Zinflou: »20 Jahre Schwarze Organisierung in Deutschland. Ein Abriss«, in: ADB Köln/cbN (Hrsg.): *The BlackBook*, S. 142; Noah Sow: *Deutschland Schwarz Weiss. Der alltägliche Rassismus*. München, Goldmann 2008.

98 Roger Karapin: *Protest Politics in Germany. Movements on the Left and Right Since the 1960s*. University Park, Pennsylvania State University Press 2007, S. 161–218; Hermann Kurthen/Werner Bergmann/Rainer Erb (Hrsg.): *Antisemitism and Xenophobia in Germany after Unification*. New York, Oxford University Press 1997. Schon vor dem Fall der Mauer waren Ausländer*innen und Nicht-Weiße in beiden deutschen Staaten das Ziel rassistischer Gewalt.

99 Matthew Carr: *Fortress Europe. Dispatches from a Gated Continent*. New York, New Press 2016, S. 22.

100 Ebd., S. 22.

101 Elizabeth Buettner: *Europe after Empire. Decolonization, Society und Culture*. Cambridge, Cambridge University Press 2016, S. 318–321; Danielle J. Walker: »Report on a Council of Europe Minority Youth Committee Seminar on Sexism and Racism in Western Europe«, in: *Feminist Review* 45 (1993), S. 120–128. Siehe auch John La Rose (Hrsg.): *Racism Nazism Fascism and Racial Attacks. The European Response*. London, New Beacon Books 1991.

102 Buettner: *Europe after Empire*; Erik Jones/Anand Menon/Stephen Weatherill (Hrsg.): *The Oxford Handbook of the European Union*. Oxford, Oxford University Press 2012. Diese zwölf Mitgliedsstaaten waren Frankreich, Westdeutschland, Italien, Belgien, Luxemburg, die Niederlande, Großbritannien, Irland, Dänemark, Griechenland, Portugal und Spanien.

103 Auch in Österreich gab es Schwarzen diasporischen Aktivismus. Siehe Araba Evelyn Johnston-Arthur: »›I resist because I exist ... ‹. Widerstandsstrategien gegen die Bedrohung der eigenen Existenz durch Rassismus«, in: *Nachrichten und Stellungnahmen der Katholischen Sozialakademie Österreichs* 5 (2002),

S. 1–3; Nancy Nenno: »*Here to Stay.* Black Austrian Studies«, in: Florvil/Plumly (Hrsg.): *Rethinking Black German Studies*, S. 71–104.
104 Gökturk/Gramling/Kaes (Hrsg.): *Germany in Transit*, S. 4.
105 »Chancellor Merkel says German multiculturalism has ›utterly failed‹«, in: *Deutsche Welle*, 17.10.2010, http://www.dw.de/chancellor-merkel-says-german-multiculturalism-has-utterly-failed/a-6118859, letzter Zugriff am 08.01.2023; Matthew Weaver: »Angela Merkel: German multiculturalism has ›utterly failed‹«, in: *The Guardian*, 17.10.2010, http://www.guardian.co.uk/world/2010/oct/17/angela-merkel-german-multiculturalism-failed, letzter Zugriff am 08.01.2023. Im Jahr 2015 sprach Merkel von Multikulturalismus als Täuschung.
106 Thilo Sarrazin: *Deutschland schafft sich ab. Wie wir unser Land aufs Spiel setzen*. München, DVA 2010. Im April 2013 urteilten die Vereinten Nationen, dass Deutschland mit Sarrazins Buch und weiteren seiner Aussagen eine internationale Antirassismusvereinbarung verletzt und nun 90 Tage Zeit habe, den Forderungen des Komitees nachzukommen. Siehe »UN takes Germany to task for ›racist‹ Sarrazin«, in: *The Local*, 19.04.2013, https://www.thelocal.de/20130419/49241.
107 Eddie Bruce-Jones: *Race in the Shadow of the Law. State Violence in Contemporary Europe*. Abingdon, Routledge 2017.

1 Schwarze deutsche Frauen und Audre Lorde

1 Aus der ganzen Welt gingen Hunderte von Kondolenzschreiben ein. Alexis De Veaux: *Warrior Poet. A Biography of Audre Lorde*. New York, W. W. Norton 2004, S. 366.
2 »A Eulogy for Audre Lorde. From Afro-German Women«, in: *Aché* 5 (1993), 1, S. 7, Lorde Papers, Box 52, Ordner 742. Die von Lisbet Tellefsen und Pippa Fleming gegründete Zeitschrift *Aché* war das am längsten betriebene afrikanisch-amerikanische lesbische Magazin und wurde von 1989 bis 1993 herausgegeben. Zu *Aché* siehe Angela Bowen: »Black Feminism«, in: Bonnie Zimmerman (Hrsg.): *Lesbian Histories and Cultures: An Encyclopedia*. New York, Taylor & Francis 2000, S. 118.
3 »A Eulogy for Audre Lorde«, S. 7.
4 Ebd.
5 Ebd.
6 Ebd., S. 8. Ich habe Yvonne Kettels' Erlaubnis eingeholt, ihr Gedicht zu verwenden.
7 Ebd., S. 7f. Folgende Schwarze deutsche und Schwarze Frauen unterzeichneten die Trauerrede: »May Ayim, Katharina Oguntoye, Ajoke Sobanjo, Guy St. Louis, Kim Everett, Ina Röder, Peggy, Peppa Gabriel, Abenna Adomako, Muna El-Khawad, Elisabeth Abraham, Elke Jank, Eva v. Pirch, Ria Cheatoh, Judy Gummich, Jasmin, Gabriela Willbold, Tina Campt, Ika Huegel, Helga Emde, Marion Kraft, Katja Kinder, Zariama Harat, Patricia Saad, Nicola

Laure Al-Samarei, Farida Corinna, Marion Gottbrath, Sarah Schnier, Natalie Asfaha, Yvonne Kettels und Yara-Colette Lemke Muniz de Faria«. Die Namen mehrerer dieser Frauen sind falsch geschrieben.

8   Gandhi: *Affective Communities*. Zu Emotionswissenschaften siehe Barbara Rosenwein: *Emotional Communities in the Early Middle Ages*. Ithaca, Cornell University Press 2006; Sara Ahmed: *The Cultural Practice of Emotions*. Abingdon, Routledge 2004; Maria Stehle/Beverly M. Weber: »German Soccer, the 2010 World Cup, and Multicultural Belonging«, in: *German Studies Review* 36 (2013), 1, S. 103–124.

9   Tina M. Campt: »The Crowded Space of Diaspora. Intercultural Address and the Tensions of Diasporic Relation«, in: *Radical History Review* 83 (2002), S. 102.

10 Frederic, der aus Barbados stammte, war bereits verheiratet und hatte Kinder, bevor er 1923 Linda Belmar in Greenville, Grenada, heiratete. Sie zogen ein Jahr später nach New York.

11 Audre Lorde: *Zami. Eine neue Schreibweise meines Namens*. München, Hanser 2022, S. 33.

12 De Veaux: *Warrior Poet*, S. 17.

13 Ebd., S. 26 f., 31; Karla M. Hammond: »Audre Lorde. Interview«, in: Joan Wylie Hall (Hrsg.): *Conversations with Audre Lorde*. Oxford, University of Mississippi Press 2004, S. 34.

14 Lorde: *Zami*, S. 133. Im Jahr 1952 veröffentlichte Lorde im *Harlem Writers Quarterly* und in *Seventeen*.

15 De Veaux: *Warrior Poet*, S. 53.

16 Ebd., S. 39. Die Guild entstand 1950 aus dem »Committee for the Negro in the Arts«, einer Schwarzen linken und kommunistischen Kultureinrichtung, die sich für afrikanisch-amerikanische Künstler*innen, Schauspieler*innen, Musiker*innen und Schriftsteller*innen einsetzte, die während des Kalten Krieges von Hollywood und vom Komitee für unamerikanische Umtriebe auf die schwarze Liste gesetzt wurden. Zur Guild und zur Schwarzen Linken der Nachkriegszeit siehe Higashida: *Black Internationalist Feminism;* Dayo Gore: *Radicalism at the Crossroads. African American Women Activists in the Cold War.* New York, New York University Press 2011; Mary Helen Washington: »Alice Childress, Lorraine Hansberry, and Claudia Jones. Black Women Write the Popular Front«, in: Bill V. Mullen/James Smethurst (Hrsg.): *Left of the Color Line: Race, Radicalism, and Twentieth-Century Literature of the United States.* Chapel Hill, University of North Carolina Press 2003, S. 183–204.

17 Audre Lorde zitiert nach Rebeccah Welch: *Black Art and Activism in Postwar New York, 1950–1965,* Dissertation, New York University 2002, S. 195.

18 De Veaux: *Warrior Poet*, S. 68, 70, 76, 80, 84.

19 Audre Lorde: *The First Cities*. New York, Poets Press 1968.

20 Karla Jay: »Speaking the Unspeakable. Poet Audre Lorde«, in: Hall (Hrsg.):

Conversations with Audre Lorde, S. 111 f.; Ilona Pache / Regina-Maria Dackweiler: »An Interview with Audre Lorde«, in: Hall (Hrsg.): *Conversations with Audre Lorde*, S. 168.
21 De Veaux: *Warrior Poet*, S. 96. Siehe auch Mari Evans: »My Words will be There«, in: Hall (Hrsg.): *Conversations with Audre Lorde*, S. 72. Frances M. Beal, Stuart Hall, Paul Gilroy und andere haben ebenfalls über diese Idee der Differenz theoretisiert.
22 De Veaux: *Warrior Poet*, S. 102 f.
23 Ebd., S. 121 f., 189, 222–224.
24 Ebd., S. 134–138, 151.
25 Siehe Gilroy: *The Black Atlantic*.
26 Collins: *On Intellectual Activism*, S. xxii.
27 Audre Lorde: *The Cancer Journals*. San Francisco, Spinsters Ink 1980. Die deutsche Übersetzung *Auf Leben und Tod. Krebstagebuch* erschien 1984 im sub rosa Frauenverlag.
28 Barbara Smith: »Breaking the Silence that Audre Challenged«, in: Gloria Joseph (Hrsg.): *The Wind is Spirit. The Life, Love and Legacy of Audre Lorde.* New York, Villarosa Media 2016, S. 133; Barbara Smith: »A Press of Our Own Kitchen Table. Women of Color Press«, in: *Frontiers: A Journal of Women Studies* 10 (1989), 3, S. 11; De Veaux: *Warrior Poet*, S. 275–277.
29 Smith: »A Press of Our Own Kitchen Table«, S. 12.
30 De Veaux: *Warrior Poet*, S. 337. Lorde schrieb »America« mit Absicht in Kleinbuchstaben.
31 Ebd., S. 323–327; Susan Cavin: »An Interview with Audre Lorde«, in: Hall (Hrsg.): *Conversations with Audre Lorde*, S. 101 f.
32 Audre Lorde: *Sister Outsider. Essays*, aus dem Englischen übers. von Eva Bonné / Marion Kraft. München, Carl Hanser 2021.
33 Lorde praktizierte und schrieb aus dieser Perspektive, und auch das Combahee River Collective (CRC) arbeitete in den 1970er Jahren mit kritischen intersektionalen Analysen. Doch erst 1989 prägte die Rechtstheoretikerin und Aktivistin Kimberlé Crenshaw den Begriff »Intersektionalität«. Siehe »The Combahee River Collective Statement«, in: Keeanga-Yamahtta Taylor (Hrsg.): *How We Get Free: Black Feminism and the Combahee River Collective.* Chicago, Haymarket Books 2017, S. 15–28; Kimberlé Crenshaw: »Demarginalizing the Intersection of Race and Sex. A Black Feminist Critique of Antidiscrimination Doctrine, Feminist Theory and Antiracist Politics«, in: *University of Chicago Legal Forum* 1 (1989), S. 139–167.
34 Ihr Werk offenbart, wie wichtig Orte und Räume für Lorde waren. Um hier nur einige wenige Texte zu nennen: Lorde: »Notizen von einer Russlandreise«, in: dies.: *Sister Outsider*, S. 208–237; dies.: »Wieder in Grenada. Ein Zwischenbericht«, in: ebd., S. 238–257; dies.: *Ein strahlendes Licht. Schriften, Reden und Gespräche*. Zürich, AKI Verlag 2021. Siehe auch Stella Bolaki / Sabine Broeck

(Hrsg.): *Audre Lorde's Transnational Legacies.* Amherst, University of Massachusetts Press 2015.

35 Gloria Joseph (Hrsg.): *The Wind is Spirit. The Life, Love and Legacy of Audre Lorde.* New York, Villarosa Media 2016, S. 148.

36 Dagmar Schultz zitiert nach Joseph (Hrsg.): *The Wind is Spirit,* S. 145.

37 McKittrick: *Demonic Grounds,* S. X.

38 Dagmar Schultz: »Audre Lorde. Ihr Kampf und ihre Visionen«, aus dem Englischen übers. von Tobe Levin, in: *Beiträge zur feministischen Theorie und Praxis* 34 (1993), 16, S. 152–160, der Originaltext ist nachzulesen unter http://dagmar-schultz.com/downloads/audre_lorde.pdf, letzter Zugriff am 08.01.2023; de Veaux: *Warrior Poet,* S. 295–296; Katharina Gerund: »Sisterly (Inter)Actions: Audre Lorde and the Development of Afro-German Women's Communities«, in: *Gender Forum* 22 (2008), S. 56.

39 Dagmar Schultz, Brief an Audre Lorde, 17.07.1981, S. 1, Lorde Papers, Box 5, Ordner 117; Schultz, Brief an Lorde, 12.09.1981, S. 1, ebd.

40 Schultz, Brief an Lorde, 17.07.1981, S. 2, Lorde Papers, Box 5, Ordner 117; de Veaux: *Warrior Poet,* S. 296. Der 1974 gegründete sub sosa Frauenverlag war auf weibliche Gesundheit und Politik spezialisiert und ursprünglich ein Frauenselbstverlag. Schultz wurde 1982 Miteigentümerin. Der Verlag änderte seinen Namen 1986 in Orlanda Frauenverlag.

41 Schultz, Brief an Lorde, 17.07.1981, S. 2.

42 Dagmar Schultz (Hrsg.): *Macht und Sinnlichkeit. Ausgewählte Texte,* aus dem Englischen übers. von Renate Stendhal/Marion Kraft/Susanne Stern/Erika Wisselinck. Berlin, Orlanda 1993; Sara Lennox: »Divided Feminism. Women, Racism, and German National Identity«, in: *German Studies Review* 18 (1995), 3, S. 482.

43 Siehe Oguntoye: »The Black German Movement and the Womens Movement in West Germany«, S. 4.

44 Lennox: »Divided Feminism«, S. 482, 501; El-Tayeb: *Anders Europäisch,* S. 63. Siehe auch Katharina Gerund: »Visions of (Global) Sisterhood and Black Solidarity: Audre Lorde«, in: dies.: *Transatlantic Cultural Exchange. African American Women's Art and Activism in West Germany.* Bielefeld, Transcript 2013, S. 175–191; Katharina Oguntoye: »Mein Coming-out als Schwarze Lesbe in Deutschland«, in: Gabriele Dennert/Christiane Leidinger/Franziska Rauchut (Hrsg.): *In Bewegung bleiben. 100 Jahre Politik, Kultur und Geschichte von Lesben.* Berlin, Querverlag 2007, S. 161; *Audre Lorde. The Berlin Years 1984–1992,* Regie: Dagmar Schultz mit Ika Hügel-Marshall und Ria Cheatom, New York, Third World Newsreel 2012, DVD. In diesem Film erinnern sich die weißen deutschen Feministinnen Ilona Bubeck und Traude Bührmann an Lordes Einfluss auf die deutsche Frauenbewegung.

45 Lorde: *Ein strahlendes Licht,* S. 83 f.; Audre Lorde, Brief an Horst Hartwich vom 10.12.1983, o. S., The Audre Lorde Archive, Universitätsarchiv Freie Universität Berlin (im Folgenden zitiert als Lorde Archive), Bd. 60. Siehe auch

Horst Hartwich, offizielle Briefe der Freien Universität an Audre Lorde vom 04.10.1982 und vom 12.11.1982, o. S., ebd.; Westhusen, offizieller Brief an den Präsidenten der Freien Universität Berlin, Zentrale Universitätsverwaltung (Frau Handschuhmacher), 05.01.1983, o. S., ebd.

46 Sie unterrichtete »Zeitgenössische Schwarze Literatur«, »Die Dichterin als Außenseiterin« und »Zeitgenössische weibliche Lyrik«. Zu dieser Zeit benutzte May den Nachnamen ihrer Pflegeeltern, Opitz.

47 Oguntoye: »Mein Coming-out als Schwarze Lesbe«, S. 162 f.; Oguntoye zitiert nach Piesche: »Rückblenden und Vorschauen«, S. 24.

48 Lorde: *Ein strahlendes Licht*, S. 84.

49 De Veaux: *Warrior Poet*, S. 344.

50 Lorde: »Foreword to the English Language Edition«, in: Ayim/Oguntoye/Schultz (Hrsg.): *Showing our Colors*, S. vii.

51 Judy Gummich: »Afro-German. A New Spelling of My Identity«, in: Joseph (Hrsg.): *The Wind is Spirit*, S. 171.

52 Zu Lordes Einfluss in Deutschland siehe Maureen Maisha Eggers: »Knowledges of (Un-) Belonging. Epistemic Change as a Defining Mode for Black Women's Activism in Germany«, in: Lennox (Hrsg.): *Remapping Black Germany*, S. 33–45; Piesche (Hrsg.): *Euer Schweigen schützt Euch nicht;* El-Tayeb: *Anders Europäisch*, S. 130–185; Carol Blackshire-Belay: »The African Diaspora in Europe. African Germans Speak Out«, in: *Journal of Black Studies* 31 (2001), 3, S. 264–287; Carolyn Hodges: »The Private/Plural Selves of Afro-German Women and the Search for a Public Voice«, *in: Journal of Black Studies* 23 (1992), 2, S. 219–234.

53 De Veaux: *Warrior Poet*, S. 344 f.

54 El-Tayeb: *Anders Europäisch*, S. 139.

55 Campt: »The Crowded Space of Diaspora«, S. 101 f.

56 El-Tayeb: *Anders Europäisch*, S. 161 f. Siehe auch Anne Adams: »The Souls of Black Volk: Contradiction? Oxymoron?«, in: Mazón/Steingröver (Hrsg.): *Not So Plain as Black and White*, S. 209–232.

57 Ria Cheatom bemerkte in einem Gespräch im August 2011, Lorde sei »die Mutter der Bewegung« gewesen. Siehe Ria Cheatom: Interview, Tonaufnahme. Berlin-Schöneberg, 08.08.2011, Real audio, MP3, Archiv der Autorin. Für Interviews mit einigen Schwarzen deutschen Aktivistinnen wie Judy Gummich, Marion Kraft und Jasmin Eding siehe auch den Film: *Audre Lorde-The Berlin Years 1984–1992,* wo sie ähnliche Ansichten äußern. Andererseits sah Ika Hügel-Marshall Lorde als »Homegirl und Mentorin«, nicht aber als Mutter der Bewegung. Siehe Hügel-Marshall: »That is the Whole Truth«, in: Joseph (Hrsg.): *The Wind is Spirit*, S. 150.

58 Campt: »The Crowded Space of Diaspora«; Brown: *Dropping Anchor, Setting Sail*, S. 42. Auch Wright hat diese These in ihren Arbeiten vertreten. Siehe Wright: *Physics of Blackness*.

59 Auch andere Wissenschaftler*innen schlugen vor, über die Perspektive des »Black Atlantic« hinauszugehen, siehe Jayne O. Ifekwunigwe: »›Black Folk Here and There‹. Repositioning Other(ed) African Diaspora(s) in/and ›Europe‹«, in: Tejumola Olaniyan/James H. Sweet: *The African Diaspora and The Disciplines.* Bloomington, Indiana University Press 2010, S. 313–338; Paul Tiyambe Zeleza: »Rewriting the African Diaspora. Beyond the Black Atlantic«, in: *African Affairs* 104 (2005), 414, S. 35–68.

60 Lorde: »Lyrik ist kein Luxus«, in: dies.: *Sister Outsider,* S. 28 f.

61 Gummich: »Afro-German«, in: Joseph (Hrsg.): *The Wind is Spirit,* S. 173.

62 Zu Gefühlen im Nachkriegsdeutschland siehe Anna Parkinson: *An Emotional State. The Politics of Emotion in Postwar West German Culture.* Ann Arbor, University of Michigan Press 2015.

63 »Reading and discussion in Dagmar Schultz'[s] seminar ›Racism and Sexism‹ at the JFK Institute of North American Studies at the Free University of Berlin«, 07.07.1984, S. 5, Lorde Archive, Bd. 6. Lorde untersuchte in ihrem Werk auch die Bedeutung anderer »negativer« Gefühle wie Schmerz und Angst. Siehe Nina Winter: »Audre Lorde«, in: Hall (Hrsg.): *Conversations with Audre Lorde,* S. 9–17.

64 Lorde: »Vom Nutzen der Wut: Wie Frauen auf Rassismus reagieren«, in: dies.: *Sister Outsider,* S. 17 f.

65 Lorde verwendete diese Zuschreibungen bei öffentlichen Auftritten in Deutschland und anderswo. Siehe »Press Conference (Berlin, 1990)«, 1990, S. 3, Lorde Archive, Bd. 23; »Lesung in der Schokofabrik«, 20.11.1987, S. 2, ebd., Bd. 12a; »Interview with Audre Lorde in Zürich by Radio Lora«, 1984, s. 1, ebd., Bd. 30; Pache/Dackweiler: »An Interview with Lorde«; Charles H. Rowell: »Above the Wind. An Interview with Audre Lorde«, 29.08.1990, S. 68–77, Lorde Papers, Box 52, Ordner 755.

66 »Reading and discussion in Dagmar Schultz'[s] seminar«, 07.07.1984, S. 7. Lorde war bereits 50, nicht 49, als sie in Berlin zu lehren begann.

67 »Lesung in Dresden«, 29.05.1990, S. 2, Lorde Archive, Bd. 24; »Lesung in der Schokofabrik«, 20.11.1987, S. 7, ebd., Bd. 12b. Siehe auch »Audre Lorde, Lesung in Frankfurt/M.«, 13.11.1987, S. 1 f., ebd., Bd. 13.

68 De Veaux: *Warrior Poet,* S. 13.

69 Siehe Diana Taylor: »Acts of Transfer«, in: dies.: *The Archive and the Repertoire. Performing Cultural Memory in the Americas.* Durham, Duke University Press 2003, S. 2 f.

70 Die Konferenz »Ein Traum von Europa« fand vom 25. bis 29. Mai 1988 statt. Entwurfsbemerkungen von Audre Lorde: »The Dream of Europe«, o. J., o. S., Lorde Papers, Box 17, Ordner 061; Dieter Esche, Brief an Audre Lorde, 22.03.1988, S. 1, ebd., Box 51, Ordner 700. Siehe auch Bolaki/Broeck (Hrsg.): *Audre Lorde's Transnational Legacies,* S. 23–26; »Ein Traum von Europa«, in: *Kongress Zeitung,* 25.–29.05.1988, Archiv des Orlanda Frauenverlags (im Fol-

genden zitiert als Orlanda-Archiv), Ordner Lorde Lichtflut 1988; »Ein Traum von Europa«, Flyer, ebd.
71 Zum emotionalen Archiv siehe Ann Cvetkovich: *An Archive of Feelings. Trauma, Sexuality, and Lesbian Public Cultures*. Durham, Duke University Press 2003, S. 7 f.
72 »Lesung in der Schokofabrik«, S. 7; »Lesung in Hanover«, 16.05.1988, S. 1, Lorde Archive, Bd. 15; »Audre Lorde. A New Spelling of Our Name«, in: *Sojourner* 10 (1985), 5, S. 17, Lorde Papers, Box 51, Ordner 659. Zu Beginn der 1980er Jahre befand sich die Schokofabrik in einer ehemaligen Schokoladenfabrik in Kreuzberg. Deutsche Feministinnen leiteten das Projekt mit dem Ziel, junge Mädchen, Lesben und Frauen zu unterstützen.
73 »Audre Lorde, Lesung in Berlin, ›Araquin‹«, 01.07.1987, S. 1–3, Lorde Archive, Bd. 8a.
74 »Lesung im BAZ (Berliner Aktions Zentrum of People of Color)«, Juli 1984, S. 11, Lorde Archive, Bd. 10; »Lesung in Hanover«, S. 1.
75 Lorde hob diese Idee in vielen ihrer Arbeiten hervor. Siehe Lorde: *Sister Outsider;* dies./James Baldwin: »Revolutionary Hope. A Conversation Between James Baldwin and Audre Lorde«, in: *Essence* (1984), S. 72–74, 129 f., 133.
76 »Lesung in der Schokofabrik«, S. 8.
77 »Lesung im Büchergarten«, 25.06.1989, S. 2, Lorde Archive, Bd. 7.
78 »Interview with Audre Lorde by Dagmar Schultz«, S. 5 f.
79 Siehe »Lesung in Stuttgart«, 18.05.1990, S. 7, Lorde Archive, Bd. 25. Siehe auch ADEFRA München: »Rundbrief Mai '91«, Mai 1991, S. 2, im Privatbesitz von Ria Cheatom (im Folgenden zitiert als Cheatom Collection).
80 Lorde: *Ein strahlendes Licht,* S. 85.
81 »Lesung in Dresden«, 29.05.1990, S. 4.
82 Lisa McGill: *Constructing Black Selves: Caribbean American Narratives and the Second Generation*. New York, New York University Press 2005, S. 150.
83 Gandhi: *Affective Communities*.
84 Dieser Kontakt hielt noch über den Februar 2012 hinaus, als Joseph aus Saint Croix nach Berlin reiste, um an der Premiere von Schultz' Film *Audre Lorde – The Berlin Years, 1984–1992* auf der Berlinale teilzunehmen. Zu weiteren Informationen über die Beziehungen siehe den Film. Joseph starb im August 2019.
85 De Veaux: *Warrior Poet,* S. 365.
86 Nicola Lauré al-Samarai, Brief an Audre Lorde, 02.08.1990, S. 1, Lorde Papers, Box 3, Ordner 073.
87 Marion Kraft, Brief an Audre Lorde, 17.10.1988, S. 4, Lorde Papers, Box 3, Ordner 069.
88 May Ayim, Brief an Audre Lorde, 14.11.1991, S. 1, Lorde Papers, Box 3, Ordner 094.
89 May Ayim, Karte an Audre Lorde, 10.05.1991, S. 1, Lorde Papers, Box 3, Ordner 094.

90 Zu diesen Beispielen siehe unter anderem »Ich schicke Dir meine Liebe« – Katharina Oguntoye, Brief an Audre Lorde, 12.11.1986, S. 3, Lorde Papers, Box 3, Ordner 093; »In schwesterlicher Verbundenheit« – Marion Kraft, Brief an dies., 06.03.1988, S. 2, ebd., Box 3, Ordner 069; »Viel Liebe« – Ika Hügel, Fax an dies., 18.02.1992, S. 1, ebd., Box 5, Ordner 118; »Du bist mit uns …« – Lauré al-Samarai, Brief an dies., 04.12.1990, S. 5, ebd., Box 3, Ordner 073.
91 Marion Kraft, Brief an Audre Lorde, 12.07.1986, S. 3, Lorde Papers, Box 3, Ordner 069.
92 bell hooks: »Love as the Practice of Freedom«, in dies.: *Outlaw Culture: Resisting Representations*. New York, Routledge 2006, S. 243–250.
93 Marion Kraft, Brief an Audre Lorde, 20.09.1986, S. 1, Lorde Papers, Box 7, Ordner 161.
94 May Ayim, Karte an Audre Lorde, 10.05.1991, S. 1.
95 Lauré al-Samarai, Brief an Lorde, 04.12.1990, S. 2.
96 Katharina Oguntoye, Brief an Audre Lorde, 04.08.1986, S. 4, Lorde Papers, Box 3, Ordner 093.
97 Marion Kraft, Brief an Audre Lorde, 20.12.1986, S. 1, Lorde Papers, Box 3, Ordner 069. Auch der Schwarze deutsche Aktivist John Kantara war sich der Bedeutung Lordes bewusst, als er ihr eine Rede zukommen ließ, die er zuvor auf der 7. Annual International Book Fair on Radical Black and Third World Books in London gehalten hatte. Doch schrieben ihr Schwarze deutsche Männer eher weniger.
98 Hella Schultheiß, Brief an Audre Lorde, 08.08.1990, o. S., Lorde Papers, Box 5, Ordner 115. Es ist mir nicht gelungen, ihre Herkunft vollständig zu klären. Doch war sie lesbisch und engagierte sich in der Schwarzen deutschen Bewegung.
99 Ayim, Brief an Lorde, 14.11.1991, S. 1.
100 Kraft, Brief an Lorde, 17.10.1988, S. 4.
101 Hügel, Fax an Lorde, 18.02.1992, S. 1.
102 Sheila Mysorekas [sic], Brief an Audre Lorde, 03.09. (Jahr unbekannt), S. 4, Lorde Papers, Box 3, Ordner 086.
103 Sara Ahmed: *Queer Phenomenology. Orientations, Objects, and Others*. Durham, N. C., Duke University Press 2006, S. 2 f.
104 Siehe auch »I am Your Sister: Forging Global Connections Across Differences«, Flyer, Cheatom Collection; »I am Your Sister: Forging Global Connections Across Differences«, Brief vom 12. Mai 1990, S. 1 f., ebd.
105 Katharina Oguntoye, Brief an Audre Lorde, 18. und 22.10.1990, S. 3, Lorde Papers, Box 3, Ordner 093.
106 Ebd.
107 Kraft, Brief an Lorde, 17.10.1988, S. 1.
108 Sheila Mysorekar, Brief an Audre Lorde, Internationaler Frauentag (08.03.1990?), o. J., S. 1, Lorde Papers, Box 3, Ordner 086.

109 Karapin: *Protest Politics in Germany;* Dennis/LaPorte (Hrsg.): *State and Minorities;* Kurthen/Bergmann/Erb (Hrsg.): *Antisemitism and Xenophobia in Germany.* Für einen Vergleich zwischen der Angst und der Furcht, die nach dem Fall der Berliner Mauer herrschte, und dem deutschen Asyldiskurs nach der Kölner Silvesternacht von 2015 siehe Vanessa Plumly: »Refugee Assemblages, Cycles of Violence, and Body Politic(s) in Times of ›Celebratory Fear‹«, in: *Women in German Yearbook* 32 (2016), S. 163–188.

110 Kraft, Karte an Lorde, 09.12.1991, S. 1.

111 Oguntoye, Brief an Lorde, 04.08.1986, S. 1f. Der lesbisch-feministische Schabbeskreis war eine säkulare jüdische feministische und lesbische Gruppe, die von (Ben) Maria Baader, Jessica Jacoby und Gotlinde Magiriba Lwanga in Berlin gegründet wurde und von 1984 bis 1989 existierte. Siehe Michaela Baetz/Gabriele Dennert/Christiane Leidinger: »Chronik der Antisemitismusdiskussionen in der (Frauen- und) Lesbenbewegung der BRD der 80er Jahre«, in: Dennert/Leidinger/Rauchut (Hrsg.): *In Bewegung bleiben,* S. 175.

112 Kraft, Brief an Lorde, 17.10.1988, S. 1.

113 Katharina Oguntoye, Brief an Audre Lorde, 26.10.1988, S. 2, Lorde Papers, Box 3, Ordner 093.

114 Nicola Lauré al-Samarai im Gespräch mit den Aktivistinnen Katja Kinder, Ria Cheatom und Ekpenyong Ani: »›Es ist noch immer ein Aufbruch, aber mit neuer Startposition‹: Zwanzig Jahre ADEFRA und Schwarze Frauen/Bewegungen in Deutschland«, in: Kien Nghi Ha/Nicola Lauré al-Samarai/Sheila Mysorekar (Hrsg.): *Re/visionen. Postkoloniale Perspektiven von People of Color auf Rassismus, Kulturpolitik und Widerstand in Deutschland.* Münster, Unrast 2007, S. 349.

115 Kraft, Brief an Lorde, 17.10.1988, S. 1.

116 Katharina Oguntoye: »Portrait. Audre Lorde«, in: *afro look: Eine Zeitung von Schwarzen Deutschen* 3 (1989), S. 18, Archiv der Autorin.

117 Marion Kraft zitiert nach Schultz: »Audre Lorde – ihr Kampf und ihre Visionen«, S. 156.

118 Tania Leon, Brief an Audre Lorde, o.J., o.S., Lorde Papers, Box 3, Ordner 74. Léon arbeitete auch bei Flamboyant, einer Stiftung mit Bibliothek und Informationen für und über Schwarze und migrantische Frauen, die 1986 gegründet wurde.

119 Monique Ngozi Nri, Brief an Audre Lorde, 14.07.1986, o.S., Lorde Papers, Box 3, Ordner 92.

120 Jackie Kay, Brief an Audre Lorde, 21.03.1988, S. 1, 5, Lorde Papers, Box 3, Ordner 64.

121 Gloria Wekker, Brief an Audre Lorde, 22.07.1986, S. 1, Lorde Papers, Box 5, Ordner 138.

122 Gloria Wekker/Cassandra Ellerbe-Dueck: »Naming Ourselves as Black Wo-

men in Europe. An African American-German and Afro-Dutch Conversation«, in: Bolaki/Broeck (Hrsg.): *Audre Lorde's Transnational Legacies,* S. 58. Sister Outsider wurde 1984 gegründet und 1986 aufgelöst. Siehe auch Gianmaria Colpani/Wigbertson Julian Isenia: »Strange Fruits. Queer of Color Intellectual Labor in the Netherlands in the 1980s and 1990s«, in: Sandra Ponzanesi/Adriano José Habed (Hrsg.): *Postcolonial Intellectuals in Europe. Critics, Artists, Movements, and Their Publics.* London, Rowman & Littlefield 2018, S. 213–230.
123 Wekker, Brief an Lorde, 22.07.1986, S. 2.
124 Wekker, Brief an Lorde, 15.02.1987, o. S.
125 Monique Ngozi Nri, Brief an Audre Lorde, 18.01.1987, Box 3, Ordner 92, S. 1, Lorde Papers. Siehe auch: Jackie Kay, Brief an Audre Lorde, 29.04.1985, box 3, folder 64, o. S., Lorde Papers.
126 Philomena Essed, Brief an Audre Lorde, 14.07.1984, o. S., Lorde Papers.
127 Gloria Wekker, Brief an Audre Lorde, 28.01. (Jahr unbekannt), o. S., Lorde Papers, Box 5, Ordner 138.

2 Die Entstehung einer modernen Schwarzen Bewegung in Deutschland

1 Die in Berlin aufgelegte *AWA-FINNABA* war ein afrikanisches Literaturmagazin, das von 1983 bis 1988 erschien. Ich bespreche AWA im fünften Kapitel. John Amoateng nahm später den Nachnamen seiner Frau Jeannine, Kantara, an, die er über die ISD Berlin kennengelernt hatte.
2 African Writers Association: »Speak your mind«, in: *AWA-FINNABA* 9 (1987), S. 53. Die deutsche Übersetzung des Interviews erschien als »Wir wollen aus der Isolation heraus«, in: May Ayim: *Grenzenlos und unverschämt.* Münster, Unrast 2021, S. 44–47, insbes S. 44.
3 African Writers Association: »Speak your mind«, S. 53 f. und »Wir wollen aus der Isolation heraus«, S. 44 f.
4 El-Tayeb: *Anders Europäisch,* S. 24. Für weitere Informationen zur Rassifizierung in Europa siehe Goldberg: »Racial Europeanization«; Gloria Wekker: *White Innocence. Paradoxes of Colonialism and Race.* Durham, Duke University Press 2016; Paul Gilroy: *»There Ain't No Black in the Union Jack«. The Cultural Politics of Race and Nation.* Chicago, University of Chicago Press 1991; Etienne Balibar/Immanuel Wallerstein (Hrsg.): *Race, Nation, Class. Ambiguous Identities.* London, Verso 1991.
5 Wright: *Becoming Black,* S. 190 f. Wright behauptet, dass andere diasporische Communitys in den Vereinigten Staaten und in Großbritannien als »Others from Within«, als »Andere von innen«, gesehen werden. Menschen, die in einem Land geboren sind und physisch Teil der Nation sind, aber dennoch ausgeschlossen und für minderwertig gehalten werden, unfähig, sich in der Gesellschaft zu integrieren. Siehe auch El-Tayeb: *Anders Europäisch;* Eggers/Kilomba/Piesche/Arndt (Hrsg.): *Mythen, Masken und Subjekte.*

6   Zwar ist die Abkürzung ISD dieselbe geblieben, doch steht sie heute für Initiative Schwarze Menschen in Deutschland e.V. oder ISD Bund e.V. Über die Jahre ISD erfuhr die ISD mehrere Namensänderungen, bis sie sich für diesen inklusiveren entschied.
7   Hobsbawm: »Das Erfinden von Traditionen«, S. 98.
8   Wright: *Physics of Blackness.*
9   Sheila Mysorekar: »›Pass the Word and Break the Silence‹. The Significance of African-American and ›Third World‹ Literature for Black Germans«, in: Carole Boyce Davies/Molara Ogundipe-Leslie (Hrsg.): *Moving Beyond Boundaries. International Dimensions of Black Women's Writing.* New York, New York University Press 1995, Bd. 1, S. 80.
10 Zu Schwarzem Radikalismus siehe Cederic Robinson: *Black Marxism. The Making of the Black Radical Tradition.* Chapel Hill, University of North Carolina Press 2000; Robin D. G. Kelly: *Freedom Dreams. The Black Radical Imagination.* Boston, Beacon Press 2002.
11 Als ich erstmals May Ayims persönliche Materialien in Augenschein nahm, befanden sie sich in privater Hand. Zwar lagern die meisten ihrer Unterlagen mittlerweile in der Freien Universität Berlin, einige Ordner jedoch nicht. Deshalb habe ich diese Materialien als »May Ayim Papers« aufgelistet. Zitiert nach Christiana Ampedu/Helga Emde/Eleonore Wiedenroth: »Einladung«, o.J., o.S., May Ayim Papers (im Folgenden zitiert als Ayim Papers), Ordner May Projekt Afro-Deutsche/Zeitungsartikel über Afro-deutsche-Schwarze in den Medien. Siehe auch Eleonore Wiedenroth-Coulibaly: »Die multiplen Anfänge der ISD«, in: Bergold-Caldwell et al.: *Spiegelblicke,* S. 28–32.
12 Ampedu/Emde/Wiedenroth: »Einladung«. Zu den Erfahrungen Schwarzer Deutscher mit weißen Deutschen siehe Robinson: »Schwarze Deutsche Kräfte«, S. 4; sowie: Sow: *Deutschland Schwarz Weiss,* insbes. S. 252–263; Tupoka Ogette: *exit Racism. rassismuskritisch denken lernen.* Münster, Unrast 2017.
13 Ika Hügel-Marshall: »ADEFRA – Die Anfänge. Ein Gespräch mit Ria Cheatom, Jasmin Eding und Judy Gummich«, in: Marion Kraft: *Kinder der Befreiung. Transatlantische Erfahrungen und Perspektiven Schwarzer Deutscher der Nachkriegsgeneration.* Münster, Unrast 2015, S. 324.
14 Wiedenroth-Coulibaly: »Die multiplen Anfänge der ISD«, S. 29.
15 Oguntoye zitiert nach Piesche: »Rückblenden und Vorschauen«, S. 23; Katharina Oguntoye: »Vorwort zur Neuauflage 2006«, in: Ayim/Oguntoye/Schultz (Hrsg.): *Farbe bekennen,* S. 8.
16 Um nur wenige Beispiele zu nennen, siehe ISD Rhein-Main (Wiesbaden), »ISD Initiative Schwarze Deutsche (wir über uns)«, 1989, S. 4.
17 »Die Situation der schwarzen Deutschen«, in: *Frankfurter Rundschau,* 30.10. 1985, o.S.; »Schwarze Deutsche treffen sich«, in: *Wiesbadener Kurier,* 30.10. 1985, S. 5; »Heute Afro-Deutsche«, in: *Allgemeine Zeitung,* 21.10.1985, o.S., Ayim Papers, Ordner May Projekt Afro-Deutsche/Zeitungsartikel über Afro-

deutsche-Schwarze in den Medien; Wiedenroth-Coulibaly: »Die multiplen Anfänge der ISD«, S. 29.

18 Christiana, Eleonore, Nadja und Sunny, Folgeschreiben an die Teilnehmer vom 02.11. und 29.11.1985, o. S., Ayim Papers, Ordner May Projekt Afro-Deutsche/Zeitungsartikel über Afro-deutsche-Schwarze in den Medien. Im Brief ist auch von einer Teilnehmerinnenliste die Rede, die dem Brief aber nicht (mehr) beliegt.

19 Wiedenroth-Coulibaly: »Die multiplen Anfänge der ISD«, S. 30; Helga Emde: »I too am German – An Afro-German Perspective«, in: Hopkins (Hrsg.): *Who Is a German?*, S. 40. Der Journalist Dietrich Haubold schrieb, es seien etwa 30 Afrodeutsche anwesend gewesen. Siehe Dietrich Haubold (Saarländischer Rundfunk), Brief an »The Initiative«, 13.11.1985, o. S. und ders.: »Wo ist Dein richtiges Heimatland?‹: Hautfarbe schwarz, Nationalität deutsch – Probleme einer Minderheit«, S. 1–5, Ayim Papers, Ordner May Projekt Afro-Deutsche/Zeitungsartikel über Afro-deutsche-Schwarze in den Medien. Mehrere Afrodeutsche empfanden Haubolds Artikel als unsensibel und fehlerhaft. ISD-Mitglieder schrieben ihm und warfen ihm Rassismus vor. Siehe »The Initiative«, Antwortschreiben an Dietrich Haubold, 29.11.1985, ebd.

20 Emde: »I too am German«, S. 40.

21 Ika Hügel-Marshall: »Die Situation von Afrodeutschen nach dem Zweiten Weltkrieg (am Beispiel meiner Autobiographie: ›*Daheim unterwegs. Ein deutsches Leben*‹) und heute«, in: Niederle/Davis-Suilowski/Fillitz (Hrsg.): *Früchte der Zeit*, S. 75–84, insbes. S. 80.

22 Christiana, Eleonore, Nadja und Sunny, Folgeschreiben an die Teilnehmer vom 02.11. und 26.11.1985, o. S.

23 Oguntoye: »Vorwort zur Neuauflage 2006«, in: Ayim/Oguntoye/Schultz (Hrsg.): *Farbe bekennen*, S. 7; Oguntoye: »The Black German Movement and the Womens Movement in West Germany«, S. 2. und Oguntoye: »Die Schwarze deutsche Bewegung und die Frauenbewegung in Deutschland«, S. 3.

24 Emde: »I too am German«, S. 39. Siehe auch Hopkins: »Race, Nationality and Culture«, S. 12–15.

25 Jeannine Kantara: »Die Geschichte der Zeitschrift *afro look* und die Anfänge der ISD. Berliner Frühlingserwachen«, in: Oumar Diallo/Joachim Zeller (Hrsg.): *Black Berlin. Die Deutsche Metropole und ihre Afrikanische Diaspora in Geschichte und Gegenwart.* Berlin, Metropol 2013, S. 166 f.

26 Zum deutschen historischen Gedächtnis wurde viel geforscht, und die folgende Aufzählung von Arbeiten ist in keiner Weise vollständig: Campt: *Other Germans*; Alon Confino: *Germany as a Culture Remembrance. Promises and Limits of Writing History.* Chapel Hill, University of North Carolina Press 2006; Michael Geyer/Konrad Jarausch: *Zerbrochener Spiegel. Deutsche Geschichten im 20. Jahrhundert*, aus dem Englischen übers. von Friedrich Griese. München,

DVA 2005; Anne Fuchs/Mary Cosgrove/Georg Grote (Hrsg.): *German Memory Contests. The Quest for Identity in Literature, Film und Discourse since 1990*. Rochester, Camden House 2006.

27 African Writers Association: »Speak your mind«, S. 55 und »Wir wollen aus der Isolation heraus«, S. 47.
28 Initiative Schwarze Deutsche und Schwarze in Deutschland e.V. (ISD Berlin): Broschüre, o. J., o. S., Cheatom Collection.
29 Wiedenroth-Coulibaly/Zinflou: »20 Jahre Schwarze Organisierung«, in: ADB Köln/cbN (Hrsg.): *The BlackBook*, S. 135.
30 Es ist mir möglich, diese Personen auf der Grundlage von Briefen, kurzen Treffen, einigen Mitgliederlisten sowie weiteren von mir gesammelten Quellen als ISD-Mitglieder zu identifizieren. Dennoch bleibt es schwer zu sagen, wie viele regelmäßig an Treffen und Veranstaltungen dieser oder anderer Gruppen teilnahmen. Siehe ISD Berlin: »Mitglieder (Stand: 09.03.87)« und ISD Berlin: »I.S.D.-Mitglieder (Stand: 25.04.87)«, Ayim Papers, Ordner Literatur e.V. Aktuelles; »I.S.D. Berlin e.V. Mitglieder/Interessenten (Stand: 12.09.88)«, o. S., Ayim-Archiv, Box 6.
31 Leider starben Fidelis Grotke im Mai 2019 und Michael Reichel im Dezember 2017.
32 »I.S.D.-Gruppen in der BRD«, in: *Onkel Tom's Faust* 1 (1988), S. 40; ISD: »Verteilung der Spende des Weltkirchenrates«, 08.12.1988, S. 3, Cheatom Collection, Ordner ISD-Ko-Treffen; Oguntoye: »The Black German Movement and the Womens Movement in West Germany«, S. 2; Wiedenroth-Coulibaly: »Die multiplen Anfänge der ISD«, S. 30, 32.
33 ISD: »Koordinationstreffen 04/92«, Hamburg, 14.–15.11.1992, o. S., Cheatom Collection, Ordner ISD Ko-Treffen; ISD: »Anwesenheitsliste Koordinationstreffen Leipzig (8.–10.1.1993)«, S. 1, ebd.; »2. Koordi/94 in FFM«, S. 4, ebd.; ISD NRW e.V.: »ISD in Bochum, Initiative Schwarze Deutsche & Schwarze in Deutschland«, o. J., o. S., Ayim Papers, Ordner ISD Liga.
34 Initiative Schwarze Deutsche und Schwarze in Deutschland (Fidelis Dusine-Grotke): »Antrag auf Unterstützung«, 24.05.1994, S. 3, Cheatom Collection, Ordner ISD-Ko-Treffen.
35 Megan Watkins: »Desiring Recognition, Accumulating Affect«, in: Melissa Gregg/Gregory J. Seigworth (Hrsg.): *The Affect Theory Reader*. Durham, Duke University Press 2010, S. 272 f.
36 ISD: »Protokoll der Arbeitsgruppen zum Thema«, S. 2. Della, der heute in Berlin lebt, ist bis heute in der Bewegung aktiv. Andere Männer wie Roy Adomako, Thomas Pforth, Michael Küppers-Adebisi (geb. Michael Küppers), Yonas Endrias, Patrice Poutrus, Alexander Weheliye und Austen Brandt engagierten sich ebenfalls in der ISD, allerdings nicht alle in der Münchner Ortsgruppe. Dies ist keine vollständige Liste.
37 Ebd., S. 2.

38 »May [Ayim] and Mike [Reichel], Brief an Helga Emde«, 04.03.1987, o. S., Ayim Papers, Ordner Literatur e. V. Aktuelles.
39 ISD: »Protokoll der Arbeitsgruppen zum Thema ›Bundesweite Zusammenarbeit der Initiativen schwarzer Deutscher-Ziele und Möglichkeiten‹, 2. Bundestreffen der Initiativen schwarzer Deutscher vom 5.–6. Dezember 1987 in Berlin«, S. 1, Cheatom Collection, Ordner ISD Ko-Treffen.
40 ISD: »Protokoll der Arbeitsgruppen«, S. 1.
41 Ebd.
42 Siehe ISD: »Koordinationstreffen der Initiativen Schwarze Deutsche in Frankfurt/Main 26./27.03.1988«, o. S., Cheatom Collection, Ordner ISD Ko-Treffen.
43 ISD: »Protokoll des Finanztreffens«, 15.10.1988, o. S., Cheatom Collection, Ordner ISD Ko-Treffen.
44 Siehe zum Beispiel Cheatom Collection, Ordner ISD Ko-Treffen.
45 ISD: »Anhang Konzeption für eine Geschäftsordnung der Initiative Schwarze in Deutschland/Koordinationstreffen«, S. 1 f., Cheatom Collection, Ordner ISD Ko-Treffen.
46 Ebd., S. 1.
47 »Koordi/94 in FFM«, S. 21 f., Cheatom Collection, Ordner ISD Ko-Treffen.
48 McKittrick: *Demonic Grounds*, S. xxi–xxiv, 1–64; Henri Lefebvre: »The Right to the City«, in: *Writings on Cities*, hrsg. und übers. von Eleonore Kofman/Elizabeth Lebas. Cambridge, Wiley-Blackwell 1996, S. 147–159. Auch Wright hat behauptet, die Metropole diene afrodeutschen und schwarzen britischen Communitys als Gegendiskurs. Siehe Wright: *Becoming Black*, S. 224 f. Zu Translokalität siehe El-Tayeb: *Anders Europäisch*; Arjun Appardurai: *Modernity at Large. Cultural Dimensions of Globalization*. Minneapolis, University of Minnesota Press 1996, S. 178–199.
49 »The Initiative«, Antwortschreiben an Dietrich Haubold, 29. November 1985.
50 El-Tayeb: »Blackness and Its (Queer) Discontents«, S. 252.
51 McKittrick: *Demonic Grounds*, S. 3, 102–106.
52 Zu den Selbststyling-Versuchen Schwarzer Europäer*innen siehe Marleen de Witte: »Heritage, Blackness and Afro-Cool. Styling Africanness in Amsterdam«, in: *African Diaspora* 7 (2014), S. 260–289.
53 ISD Karlsruhe: »ISD Initiative Schwarze Deutsche. Wir über uns«, o. S., Cheatom Collection; ISD Rhein-Main: »ISD Initiative Schwarze Deutsche. Wir über uns«, S. 2, Cheatom Collection.
54 African Writers Association: »Speak your mind«, S. 55 und »Wir wollen aus der Isolation heraus«, S. 46.
55 ISD: »Einige Punkte zur Vorstellung der Initiative Schwarzer Deutscher (Afro-Deutsche)«, o. J., o. S.
56 Siehe Initiative Schwarze Deutsche: »Die kleine Bibliothek. Literatur von schwarzen Autorinnen/Autoren in deutscher Übersetzung«, 1993, S. 1–24, Ayim Papers, Ordner ISD Liga; Initiative Schwarze Deutsche: »Die kleine Bibliothek:

Literatur von schwarzen Autorinnen/Autoren in deutscher Übersetzung«, 1995, S. 1–31, Archiv der Autorin. Diese intellektuelle Tradition wurde von Each One Teach One (EOTO) e. V. in Berlin fortgesetzt, der Verein bewahrt gegenwärtig das Archiv der verstorbenen ISD-Aktivistin Vera Heyer sowie die Buchsammlungen von Ricky Reiser und Eleonore Wiedenroth-Coulibaly auf.

57 Zu Schwarzem Denken in Europa siehe Rob Waters: *Thinking Black. Britain, 1964–1985.* Oakland, University of California Press 2019, S. 51–92.
58 ISD Rhein-Main: »ISD Initiative Schwarze Deutsche. Wir über uns«, Broschüre 1989, S. 2, Cheatom Collection.
59 Siehe Belinda Davis/Wilfried Mausbach/Martin Klimke/Carla MacDougall (Hrsg.): *Changing the World, Changing Oneself. Political Protest and Collective Identities in West Germany and the U.S. in the 1960s and 1970s.* New York, Berghahn 2010; Timothy S. Brown: *West German and the Global Sixties. Anti-Authoritarian Revolt, 1962–1978.* New York, Cambridge University Press 2013.
60 Sabine von Dirke: »*All Power to the Imagination!« The West German Counterculture from the Student Movement to the Greens.* Lincoln, University of Nebraska Press 1997; Belinda Davis: »What's Left? Popular and Democratic Political Participation in Postwar Europe«, in: *American Historical Review* 113 (2008), 2, S. 363–390.
61 Anne-Marie Angelo: »The Black Panthers in London, 1967–1972. A Diasporic Struggle Navigates the Black Atlantic«, in: *Radical History Review* 103 (2009), S. 17–35; Perry: *London is the Place for Me,* S. 126–152; Trica Danielle Keaton/Tracy Denean Sharley-Whiting/Tyler Stovall (Hrsg.): *Black France/France Noire. The History and Politics of Blackness.* Durham, Duke University Press 2012.
62 Siehe Perry: *London is the Place for Me,* S. 126–152; Brett Bebber: »›Standard Transatlantic Practice‹. Race Relations and Anti-Discrimination Law Across the Atlantic«, in: *Journal of Civil and Human Rights* 4 (2018), 1, S. 5 f.; Allison Blakely: »The Emergence of Afro-Europe. A Preliminary Sketch«, in: Hine/Keaton/Small (Hrsg.): *Black Europe and the African Diaspora,* S. 21.
63 Zum diasporischen Aktivismus in Deutschland siehe Asoka Esuruoso: »A Historical Overview«, in: Esuruoso/Koepsell (Hrsg.): *Arriving in the Future,* S. 18–21; Noaquia Callahan: »A Rare Colored Bird: Mary Church Terrell, *Die Fortschritte der farbigen Frauen* and the International Council of Women's Congress in Berlin, Germany 1904«, in: *German Historical Institute Bulletin Supplement* 13 (2017), S. 93–110.
64 ISD: »Protokoll des. 1. Treffens der Afro & Schwarzen Deutschen in Düsseldorf am Rhein«, 24.05.1987, S. 2, Cheatom Collection, Ordner ISD Ko-Treffen.
65 ISD: »Einige Punkte zur Vorstellung der Initiative«.
66 ISD Stuttgart: »ISD Initiative Schwarze Deutsche Stuttgart. Wir über uns«, 1991, o. S., Cheatom Collection.
67 ISD: »Einige Punkte zur Vorstellung der Initiative«.
68 Black Unity Committee: »Black Unity Committee (BUC)«, o. J., o. S., Ayim-

Archiv, Box 22; »The Black Unity Committee (BUC) in Berlin, Germany«, in: *Isivivane* 3 (1991), S. 43, ebd., Box 19.

69 »The Black Unity Community (BUC) responds to the heatwave of racism in Germany«, in: *Isivivane* 4 (1991), S. 22.

70 Black Unity Committee: Dokument o. T., o. J., o. S., Ayim-Archiv, Box 22; Black Unity Committee (Hrsg.): *Dokumentation: Rassistische Überfälle in Berlin und Umgebung im Jahr der Deutsch-Deutschen Vereinigung* (Januar – September 1990), ebd.

71 Siehe Fountainhead Dance Théâtre: »Black Cultural Festival«, 03.–23.03.1986, S. 1–22, Ayim-Archiv, Box 6; Fountainhead Dance Théâtre: »Black International Cinema«, 08.–10. und 12.–13.02.1987, S. 1–24, ebd.

72 »Community-Tagung: Selbstorganisation Schwarzer Menschen in Deutschland«, 18.–20.10.2002, o. S., Cheatom Collection.

73 Kevina King: »Black, People of Color and Migrant Lives Should Matter: Racial Profiling, Police Brutality and Whiteness in Germany«, in: Florvil/Plumly (Hrsg.): *Rethinking Black German Studies*, S. 169–196; Kampagne für Opfer rassistischer Polizeigewalt (KOP) (Hrsg.): *Alltäglicher Ausnahmezustand. Institutioneller Rassismus in deutschen Strafverfolgungsbehörden*. Münster, edition assemblage 2016; »Germany March 15: Day of Action Against the Normalization of Racist Police Violence«, in: *Decolonial International Network*, 04.04.2018, https://din.today/newsletter/2018_04/germany-march-15-day-of-action-against-the-normalization-of-racist-police-violence/, letzter Zugriff am 08.01.2023. Zur staatlichen Gewalt in Deutschland siehe Bruce-Jones: *Race in the Shadow of the Law*.

74 Siehe zum Beispiel ISD Rhein-Main: »ISD Initiative Schwarze Deutsche. Wir über uns«, S. 5, Cheatom Collection; ISD München: »ISD Initiative Schwarze Deutsche München. Wir über uns«, 1989, S. 5, ebd.; ISD Karlsruhe: »ISD Initiative Schwarze Deutsche. Wir über uns«, o. S., ebd.; Ayim/Oguntoye: »Preface to the English Edition«, in: Ayim/Oguntoye/Schultz (Hrsg.): *Showing Our Colors*, S. xvi.

75 ISD: »Koordinationstreffen der Initiativen Schwarze Deutsche in Frankfurt/Main, 26./27.03.1988«, o. S., Cheatom Collection, Ordner ISD Ko-Treffen; Colours: »Events '92«, o. S., ebd. Weitere Informationen zu Colours konnte ich nicht finden. Pamoja wurde 1996 in Wien gegründet. Siehe auch Araba Evelyn Johnston-Arthur: »›Es ist Zeit, der Geschichte selbst eine Gestalt zu geben ...‹ Strategien der Entkolonisierung und Ermächtigung im Kontext der modernen afrikanischen Diaspora in Österreich«, in: Nghi Ha/Lauré al-Samarai/Mysorekar (Hrsg.): *Re/visionen*, S. 423–442.

76 »African American – Black German. Cultural Community X Change 1997«, o. S., Cheatom Collection; »African American – Black German. Cultural Community Youth X Change 1999«, o. S., ebd. Siehe auch Hügel-Marshall: »Die Situation von Afrodeutschen nach dem zweiten Weltkrieg«, S. 83.

77 Eine »People of African Descent« (PAD)-Week fand im November 2019 statt, als Each One Teach One e.V. in Berlin einen dreitägigen Kongress mit mehr als 30 Schwarzen diasporischen Gruppen aus Deutschland organisierte. Siehe Femi Awonyi: »Congress Pushes for more recognition of Black People in Germany«, in: *African Courier*, 30.11.2019, https://www.theafricancourier.de/europe/congress-pushes-for-more-recognition-of-black-people-in-germany, letzter Zugriff am 08.01.2023.

78 European Network for People of African Descent: »#Be The Change Network«, 08.04.2018, http://bethechangenetwork.tumblr.com/quickabout. Keisha Fredua-Mensah/Jamie Schearer: »Initiative Black People in Germany (ISD). Enriching the Public Discourse by highlighting Colonial Continuities«, in: *Migrant Tales,* 12.12.2016, http://www.migranttales.net/initiative-black-people-in-germany-isd-enriching-the-public-discourse-by-highlighting-colonial-continuities; Initiative Schwarze Menschen in Deutschland e.V.: »Parallel Report to the UN Committee on the Elimination of Racial Discrimination on 19th-22nd Report submitted by the Federal Republic of Germany Under Article 9 of the International Convention on the Elimination of All Forms of Racial Discrimination«, März 2015, S. 1–21; »Statement to the media by the United Nations' Working Group of Experts on People of African Descent, on the conclusion of its official visit to Germany, 20–27 February 2017«, https://www.ohchr.org/en/statements/2017/02/statement-media-united-nations-working-group-experts-people-african-descent?LangID=E&NewsID=21233, letzter Zugriff am 08.01.2023.

79 Wiedenroth-Coulibaly: »Die multiplen Anfänge der ISD«, in: Bergold-Caldwell et al.: *Spiegelblicke,* S. 29.

80 ISD Berlin: »In eigener Sache«, in: *Onkel Toms Faust* 1 (1988), S. 3, Archiv der Autorin.

81 Zu diesem Protest und Schwarzen Athleten siehe Amy Bass: *Not the Triumph but the Struggle. The 1968 Olympics and the Making of the Black Athlete.* Minneapolis, University of Minnesota Press 2002. Im Jahr 1853 war Stowes Werk der beliebteste amerikanische Roman in Deutschland. Siehe Heike Paul: »Mobility between Boston and Berlin. How Germans Have Read and Reread Narratives of American Slavery«, in: Stephen Greenblatt (Hrsg.): *Cultural Mobility.* New York, Cambridge University Press 2009, S. 131.

82 ISD Berlin: »In eigener Sache«, S. 3.

83 Ebd.

84 Kantara: »Die Geschichte der Zeitschrift *afro look*«, S. 160; Leroy Hopkins: »Speak, so I might see you! Afro-German Literature«, in: *World Literature Today* 69 (1995), 3, S. 536.

85 Zu *afro look* siehe Kantara: »Die Geschichte der Zeitschrift *afro look*«, S. 160–162; Francine Jobatey: »*Afro Look*«. *Die Geschichte einer Zeitschrift von Schwarzen Deutschen,* Dissertation, University of Massachusetts-Amherst 2000; Hopkins:

»*Speak, so I might see you!*«; Anne Adams: »*afro look, magazine of blacks in Germany.* An Africanist Analysis«, in: Susan Arndt/Marek Spitezok von Brisinski (Hrsg.): *Africa, Europe and (Post)Colonialism.* Racism, Migration and Diaspora in African Literatures, Bayreuth, Universität Bayreuth 2006, S. 257–278.
86 Jobatey: »*Afro look*«, S. 24 f.
87 ISD Berlin: »Impressum«, S. 2.
88 ISD in: *afro look* 8 (1992/1993) 2, Archiv der Autorin.
89 Persönliches Gespräch mit Ricky Reiser, Berlin, im Herbst 2011.
90 Kantara: »Die Geschichte der Zeitschrift *afro look*«, S. 162. Zu *Blite* siehe Oliver Seifert: »Bericht über das Jugendprojekt ›Blite‹ – eine Quartalzeitschrift von Schwarzen Jugendlichen«, in: ADB Köln/cbN (Hrsg.): The BlackBook, S. 163–166; Hopkins: »Race, Nationality and Culture«, S. 21. Siehe auch *Strangers,* Ayim-Archiv, Box 2.
91 ISD: »Protokoll vom 3. Koordinationstreffen in München vom 1.–2. September 1990«, S. 2, Cheatom Collection, Ordner ISD Ko-Treffen.
92 ISD Rhein-Main: »Schwarzes Bewußtsein – Schwarze Politik«, Programm, 12.–14.11.1993, o. S., Cheatom Collection.
93 Ebd.
94 »Sonstiges – Mahnwachengruppe für Südafrika gegen Apartheid«, in: *Onkel Tom's Faust* 1 (1988), S. 31. Siehe auch Heike Hartmann/Susann Lewerenz: »Campaigning against Apartheid in East and West Germany«, in: *Radical History Review* 119 (2014), S. 191–204.
95 ISD Berlin: »Südafrika-Tag der ISD«, o. S., Ayim Papers, Ordner Literatur e.V. Aktuelles.
96 Ebd.
97 »Einladung zur Lesung Schwarzer-deutscher Literatur«, 04.01.1992, o. S., Cheatom Collection.
98 Time to Time bestand aus Martin Recke, Udo Weller und Stefan Grino. Kalpana Vora: »Blacks Outraged by Song«, in: *The European,* 1991, im Archiv von Ricky Reiser (im Folgenden zitiert als Reiser Papers); Sandra Ebert: »10 Kleine N...lein: Dieser Schlager ist dumm und rassistisch«, in: *Express,* 11.05.1991, ebd.; »Null & Nichtig: Kein N...lein«, in: *Rheinische Post,* 21.05.1991, ebd.
99 »Der Musikmarkt Top 15: Deutsche Bestseller«, 01.05.1991, Reiser Papers.
100 Austen P. Brandt, Brief an die Staatsanwaltschaft in Duisburg, 25.05.1991, S. 1–4, Reiser Papers.
101 Ebd., S. 4.
102 ISD Duisburg, Brief an Herrn Helmut Fest, EMI Electrola, 08.05.1991, o. S., Reiser Papers.
103 Thorsten Keller: »Disco-Hit vom Markt genommen: ›Zehn kleine N...lein‹ als rassistisch kritisiert«, in: *Kölner Stadt-Anzeiger,* 16.05.1991, Reiser Papers.
104 Siehe SprecherInnenrat der I.S.D.: »Erklärung des SprecherInnenrates der Initiative Schwarze Deutsche & Schwarze in Deutschland I.S.D.–BRD zu

den rassistischen Ausschreitungen gegenüber Flüchtlingen«, 06.09.1992, o. S., Cheatom Collection; »Kurzansprache auf der Demo in Bonn am 14.11. 92«, ebd., Ordner ISD Ko-Treffen.
105 Emde: »I too am German«, S. 41.
106 Siehe Dialika Neufeld: »It's Time to Remove Racism from Children's Books«, in: *Spiegel Online,* 23.01.2013, http://www.spiegel.de/international/germany/why-racism-should-be-removed-from-books-for-children-a-879628.html.
107 Oguntoye: »The Black German Movement and the Womens Movement in West Germany«, S. 10 und Oguntoye: »Die Schwarze deutsche Bewegung und die Frauenbewegung in Deutschland«, S. 37.
108 May Ayim: »Racism and Resistance in United Germany«, unveröffentlichtes Gespräch, Carleton College, 10.05.1994, S. 4, Ayim-Archiv, Box 10.

3 ADEFRA, *Afrekete* und die Verwandtschaftsbeziehungen Schwarzer deutscher Frauen

1 Auch ADEFRA hat mehrmals den Namen geändert. Heute steht er für Schwarze Frauen in Deutschland e.V. Es gibt mittlerweile zwei Untergruppen: Generation ADEFRA e.V. – Schwarze Frauen in Deutschland und ADEFRA Roots, die beide in Berlin ihren Sitz haben. Die Kerngruppe der Generation ADEFRA besteht aus Maisha-Maureen Auma, Deborah Moses-Sanks, Ekpenyong Ani, Katja Kinder und Peggy Piesche. Zu ADEFRA Roots gehören Ria Cheatom, Judy Gummich und Jasmin Eding.
2 Siehe El-Tayeb: »Blackness and Its (Queer) Discontents«; Brittney Cooper: *Eloquent Rage. A Black Feminist Discovers Her Superpower.* New York, St. Martin's Press 2018, S. 22. Cooper argumentiert, dass Schwarzer Feminismus grundsätzlich queer ist.
3 El-Tayeb: *Anders Europäisch.* Zu queeren Communitys of color siehe E. Patrick Johnson/Mae G. Henderson (Hrsg.): *Black Queer Studies. A Critical Anthology.* Durham, Duke University Press 2005; Fatima El-Tayeb: »›Gays who cannot properly be gay‹. Queer Muslims in the Neoliberal European City«, in: *European Journal of Women's Studies* 19 (2012), 1, S. 79–95.
4 El-Tayeb: *Anders Europäisch,* S. 53; dies.: »Blackness and Its (Queer) Discontents«, S. 253.
5 El-Tayeb: »Blackness and Its (Queer) Discontents«, S. 253 f. Ab der zweiten Ausgabe hieß die Zeitschrift *Afrekete: Zeitung von afro-deutschen und schwarzen Frauen.*
6 Keeanga-Yamahtta Taylor: *How We Get Free. Black Feminism and the Combahee River Collective.* Chicago, Haymarket Books 2017; Beverly Bryan/Stella Dadzie/Suzanne Scafe: *The Heart of the Race. Black Women's Lives in Britain.* London, Virago 2018.
7 Natalie Thomlinson: »›Second-Wave‹ Black Feminist Periodicals in Britain«,

in: *Women. A Cultural Review* 27 (2016), 4, S. 432–445; Julie Enszer: »Fighting to create and maintain our own Black women's culture«. *Conditions, 1977–1990*«, in: *American Periodicals. A Journal of History of Criticism* 25 (2015), 2, S. 160–176. Siehe auch *Aché* 2 (1990), 1, S. 1–32.

8 Édouard Glissant: *Caribbean Discourse. Selected Essays*, aus dem Französischen von Michael Dash. Charlottesville, University of Virginia Press 1989, S. 4.

9 ADEFRA-München: Broschüre ohne Titel, April 1993, o. S., Cheatom Collection.

10 ADEFRA: *20 Jahre Schwarze Frauenbewegung in Deutschland*, Berlin, Museum Europäischer Kulturen 2006, S. 7.

11 Siehe Eva von Pirch: »Black Magic Women: 1. Bundestreffen Afro-deutscher Frauen im Januar 1988«, in: *Afrekete: Zeitung für afro-deutsche und schwarze Frauen (... über was uns angeht)* 1 (1988), 1, S. 7, ZBF & GQS.

12 Ferree: *Varieties of Feminism*, S. 53–83; Robyn Spencer: »Engendering the Black Freedom Struggle: Revolutionary Black Womanhood and the Black Panther Party in the Bay Area, California«, in: *Journal of Women's History* 20 (2008), 1, S. 100–102.

13 ADEFRA: *20 Jahre Schwarze Frauenbewegung in Deutschland*, S. 7; von Pirch: »Black Magic Woman«, S. 7 f.; Hügel-Marshall: »ADEFRA – Die Anfänge«, S. 324.

14 Denise Bergold-Caldwell: »Black to the Future. Ein Gespräch zwischen Katharina Oguntoye, Jasmin Eding und Abenaa Adomako«, in: dies. et al.: *Spiegelblicke*, S. 34.

15 Piesche: »Rückblenden und Vorschauen«, S. 19 f.; ADEFRA: *20 Jahre Schwarze Frauenbewegung in Deutschland*, S. 7; Bergold-Caldwell: »Black to the Future«, S. 34 f.

16 Bergold-Caldwell: »Black to the Future«, S. 35. Siehe auch Ekpenyong Ani: »Die Frau, die Mut zeigt – der Verein ADEFRA Schwarze Deutsche Frauen/Schwarze Frauen in Deutschand«, in: ADB Köln/cbN (Hrsg.): *The BlackBook*, S. 145; Lauré al-Samarai: »›Es ist noch immer ein Aufbruch‹«, S. 348.

17 Siehe »African American – Black German. Cultural Community X Change 1997«; Hügel-Marshall: »ADEFRA – Die Anfänge«, S. 325.

18 ISD (Mike Reichel): »Verteilung der Spende des Weltkirchenrates«, 08.12. 1988, o. S., Cheatom Collection, Ordner ISD-Ko-Treffen. Siehe auch Hügel-Marshall: »ADEFRA – Die Anfänge«, S. 323.

19 Ferree: *Varieties of Feminism*, S. 53–83.

20 Bryan/Dadzie/Scafe: *The Heart of the Race*, S. 148; Thomlinson: *Race, Ethnicity and the Women's Movement*, S. 64. Siehe auch Heidi Safia Mirza: *Black British Feminism. A Reader*. London, Routledge 1997.

21 Zu Schwarzem britischem Feminismus und Olive Morris, siehe Fisher: »Transnational Black Diaspora Feminisms«, S. 65–91; Bryan/Dadzie/Scafe: *The Heart of the Race;* Tanisha Ford: »We Were the People of Soul«, in: dies.:

Liberated Threads, S. 123–157; »OWAAD«, in: *Sisterhood and After. An Oral History of the Women's Liberation Movement*, The British Library, https://www.bl.uk/sisterhood.
22 »Barbara Smith«, in: Taylor: *How We Get Free*, S. 50 f. und 55.
23 Taylor: »Introduction«, in: dies.: *How We Get Free*, S. 7.
24 »The Combahee River Collective Statement«, S. 21.
25 In Deutschland werden Afrikaner*innen unterteilt in diejenige mit Mitteln, nach Europa zu reisen, und Geflüchtete und/oder Asylbewerber*innen, die mit wenigen Ausnahmen aus der Arbeiterklasse stammen. Nach meinem Dafürhalten werden ihre Klassen- und ethnischen Hierarchien eher durch ihr Schwarzsein als durch ihre multikulturelle Identität bestimmt. Dadurch werden sie als verschieden von biracial Afrodeutschen wahrgenommen.
26 Lutz Leisering: »Germany. Reform from Within«, in: Pete Alcock/Gary Craig (Hrsg.): *International Social Policy. Welfare Regimes in the Developed World.* New York, Palgrave 2001, S. 161–182.
27 ADEFRA-München: Broschüre ohne Titel.
28 ADEFRA, *20 Jahre*, S. 3; Ekpenyong Ani/Jasmin Eding/Maisha M. Eggers/Katja Kinder/Peggy Piesche: »Schwarze Lesben im geteilten Feminismus«, in: Dennert, Leidinger und Rauchut, *In Bewegung bleiben*, S. 298–299.
29 Ekpenyong Ani zitiert nach Lauré al-Samarai: »›Es ist noch immer ein Aufbruch‹«, S. 353.
30 ADEFRA: 20 Jahre Schwarze Frauenbewegung in Deutschland, S. 4.
31 Ebd., S. 2.
32 Lauré al-Samarai: »›Es ist noch immer ein Aufbruch‹«, S. 354.
33 Ani/Eding/Eggers/Kinder/Piesche: »Schwarze Lesben im geteilten Feminismus«, S. 298 f.
34 Siehe Leila Rupp: »Sexual Fluidity ›Before Sex‹«, in: *Signs* 37 (2012), 4, S. 849–856. Siehe auch ADEFRA e.V.: »Sister's Pride«, Berlin, 1.–5. Juni 2001, o. S., Cheatom Collection, Ordner ADEFRA ISD ect. Das falsch geschriebene etcetera stand so im Original. Eine Weile schloss ADEFRA im Namen auch Transfrauen mit ein: ADEFRA – Schwarze Frauen/Transfrauen in Deutschland.
35 Cathy Cohen: »Punks, Bulldaggers und Welfare Queens«, in: Johnson/Henderson: *Black Queer Studies*, S. 23.
36 ADEFRA-München: Broschüre ohne Titel.
37 Ani/Eding/Eggers/Kinder/Piesche: »Schwarze Lesben im geteilten Feminismus«, S. 299.
38 Lauré al-Samarai: »›Es ist noch immer ein Aufbruch‹«, S. 348.
39 Katja Kinder zitiert nach Piesche: »Rückblenden und Vorschauen«, S. 20.
40 Oguntoye zitiert nach Piesche: »Rückblenden und Vorschauen«, S. 20; Lauré al-Samarai: »›Es ist noch immer ein Aufbruch‹«, S. 353.
41 Von Pirch: »Black Magic Women«, S. 7.

42 Ebd., S. 8.
43 El-Tayeb: »Blackness and Its (Queer) Discontents«, S. 253; El-Tayeb: *Anders Europäisch,* S. 171f.; Piesche: »Rückblenden und Vorschauen«, S. 22. Siehe auch Ahmed: *Queer Phenomenology,* S. 107.
44 ADEFRA: *20 Jahre Schwarze Frauenbewegung in Deutschland,* S. 7.
45 Hügel-Marshall: »ADEFRA – Die Anfänge«, S. 325, 327; ADEFRA und IISF e.V. in Kooperation mit FrauenAnstiftung: »Rassismus. Geschichte und Hintergründe, Auswirkung und Strategien«, Programm vom 19.–21.02.1993, S. 1–10, Cheatom Collection; ADEFRA München: »Back to Roots. Eine fantastische Reise durch tausendundein Haar«, Programm vom 23.–25.07.1994, Ayim Papers, Ordner ISD Liga. Im Jahr 1994 gründete die Gruppe auch das Kulturzentrum Zami. Siehe ADEFRA München: »Zami. Zentrum für Schwarze Deutsche/Schwarze in Deutschland (Kontakt- und Informationszentrum) Konzeptionsentwurf«, Mai 1994, S. 1–10, Cheatom Collection.
46 ADEFRA: *20 Jahre Schwarze Frauenbewegung in Deutschland,* S. 8. In den späten 1980er Jahren gab es auch die afrodeutsche schwule Männergruppe The Hot Chocolates, die Carl Camurça von seiner Berliner Wohnung aus organisierte. Es ist jedoch schwierig, weitere Informationen über die Gruppe zu erhalten.
47 ADEFRA-Broschüre, o.J., o.S., Cheatom Collection, Ordner ADEFRA ISD ect.; »Newsletter der Initiative Schwarze Menschen in Deutschland – ISD-Bund e.V.«, 26.01.2001, o.S., ebd., Ordner ADEFRA ISD.
48 Ria Cheatom/Jasmin Eding/Mary Powell/Ulrike Gerhart: »Wage Dein Leben und verlasse Dein Haus! ADEFRA München über sich und das 5. Afro-deutsche Frauenbundestreffen«, in: *Kofra. Zeitschrift für Feminismus und Arbeit (Rassismus von Frauen)* 10 (1991), S. 21, Cheatom Collection. Siehe auch Eva von Pirch in: ADEFRA: *20 Jahre Schwarze Frauenbewegung in Deutschland,* S. 16; Ani: »Die Frau, die Mut zeigt«, S. 146.
49 ADEFRA: *20 Jahre Schwarze Frauenbewegung in Deutschland,* S. 8; Hügel-Marshall: »ADEFRA – Die Anfänge«, S. 325, 328.
50 ADEFRA: »Sister's Pride.«
51 Zu den Begriffen Schwarze deutsche Heimat und Verwandtschaftsbeziehungen nach 1989 siehe Vanessa Plumly: *BLACK-Red-Gold in ›der bunten Republik‹. Constructions and Performances of Heimat/en in Post-Wende Afro-/Black German Cultural Productions,* Dissertation, University of Cincinnati 2015.
52 ADEFRA: *20 Jahre Schwarze Frauenbewegung in Deutschland,* S. 5. Siehe auch »›Es ist noch immer ein Aufbruch‹«, S. 347–360.
53 ADEFRA: *20 Jahre Schwarze Frauenbewegung in Deutschland,* S. 7.
54 Ebd., S. 3. Die Kunstausstellung und der Ausstellungskatalog von 2008/2009 enthielten eine kurze Biografie von Ani. Bundeszentrale für politische Bildung und Initiative Schwarze Menschen in Deutschland (Hrsg.): *Homestory Deutschland. Schwarze Biografien in Geschichte und Gegenwart.* Berlin:

bpb 2009. Siehe auch Lauré al-Samarai: »Es ist noch immer ein Aufbruch«, S. 347–360.
55 ADEFRA: *20 Jahre Schwarze Frauenbewegung in Deutschland,* S. 2.
56 Auma zitiert nach ebd.
57 Ebd., S. 8f.
58 Siehe Lorde: »Die Werkzeuge der Herrschenden werden das Haus der Herrschenden niemals einreißen«, in: dies., *Sister Outsider,* S. 8. Dieses Argument führte Lorde in *Zami* aus, dessen Titel »[a]uf Carricou ein Name für Frauen [ist], die als Freundinnen und Liebende zusammenhalten« (S. 411). Sie vertiefte dieses Thema in vielen ihrer Reden und Schriften, darunter in *The Black Unicorn,* und Gedichten wie »Outlines«, »Woman« und »Love Poem.«
59 Hügel-Marshall: »ADEFRA – Die Anfänge«, S. 327, 332–334; Pamela Ohene-Nyako: »Black Women's Transnational Activism and the World Council of Churches«, in: *Open Cultural Studies* 3 (2019), S. 219–231.
60 ADEFRA in Kooperation mit FrauenAnstiftung und Kofra: Programmheft »Int. Schwarzer Frauen Treffen: ›Wage dein Leben und verlasse dein Haus‹«, 01.–04.11.1990, S. 1f., Cheatom Collection; Hügel-Marshall: »ADEFRA – Die Anfänge«, S. 326.
61 ADEFRA: »Int. Schwarzer Frauen Treffen«, S. 3.
62 Cheatom/Eding/Powell/Gerhart: »Wage Dein Leben und verlasse Dein Haus!«, S. 21.
63 Siehe »Ver-Einigung macht stark?: Frauen BRDDR Frauen Frauenkongreß«, 28.–29.07.1990, o. S., Cheatom Collection.
64 Cheatom/Eding/Powell/Gerhart: »Wage Dein Leben und verlasse Dein Haus!«, S. 22.
65 Siehe ADEFRA Hamburg in Kooperation mit der FrauenAnstiftung e.V.: »Bundesweiter Kongress Schwarzer Frauen – Women of Color in Deutschland«, 02.–04.09.1994, S. 1–4, Cheatom Collection; ADEFRA Hamburg in Kooperation mit der FrauenAnstiftung e.V.: »Programminhalte«, Lauenburg, 02.–04.09.1994, o. S., Ayim Papers, Ordner ISD Liga.
66 »3. Bundesweiter Kongress von und für Schwarze/im Exil lebenden Frauen, Migrantinnen und Jüdinnen (SEFMIJ)«, 03.–06.10.1995, o. S., Ayim-Archiv, Box 54.
67 Siehe *LesbenStich* 10 (1988), 4, S. 25; *LesbenStich* 10 (1989), 1, S. 5, Spinnboden Lesbenarchiv und Bibliothek, Berlin.
68 Allem Anschein nach wurde eine 7. Ausgabe produziert, aber nicht veröffentlicht. Es ist mir nicht gelungen, sie aufzutreiben, und meine E-Mails an eine der Herausgeberinnen blieben unbeantwortet.
69 Henry Louis Gates Jr.: *The Signifying Monkey. A Theory of Afro-American Literary Criticism.* New York, Oxford University Press 1988, S. 4f. Zu den afrikanischen Ursprüngen von *Afrekete* siehe Luis Nicolau Parés: »Transformations of the Sea and Thunder Voduns in the Gbe-Speaking Area and in the Bahian

Jeje Candomblé«, in: J. C. Curto/R. Soulodre-La France (Hrsg.): *Africa and the Americas. Interconnections during the Slave Trade.* Trenton, Africa World Press 2005, S. 69–93.

70 Siehe Lorde: *The Black Unicorn* und *Zami.*
71 Lorde: »Ein offener Brief an Mary Daly«, in: dies.: *Sister Outsider,* S. 70–77.
72 Von Pirch in: ADEFRA: 20 Jahre Schwarze Frauenbewegung in Deutschland, S. 16.
73 Zwar war es mir nicht möglich, die Auflagenzahlen von *Afrekete* herauszufinden, doch ich gehe davon aus, dass sie sich im niedrigen dreistelligen oder womöglich nur im zweistelligen Bereich bewegten.
74 Elke Jank/Eva von Pirch: »Einladung«, in: *Afrekete (... über alles, was uns angeht)* 1 (1988), 1, S. 1, ZBF & GQS.
75 Jank/von Pirch: »Einladung«, S. 1.
76 Ebd., S. 2.
77 Siehe José Esteban Muñoz: *Disidentifications. Queers of Color and The Performance of Politics.* Minneapolis, University of Minneapolis Press 1999. Muñoz argumentierte, Desidentifikation sei eine Strategie, die von Minderheiten benutzt werde, um ihre Position in Mehrheitsgesellschaften neu auszuhandeln, und die es ihnen gestattete, sowohl innerhalb als auch außerhalb der vorherrschenden Ideologien zu agieren.
78 Jank/von Pirch: »Vorwort«, in: *Afrekete (... über alles, was uns angeht),* S. 2.
79 »weiß, schwarz – oder sind es nur Farben?«, in: *Afrekete (schwarze überlebens-Kunst)* 4 (1989), 2, S. 8, Cheatom Collection.
80 Ika Hügel: »Der kleine Unterschied bei den Päckchen, die wir ja schließlich alle zu tragen haben«, in: *Afrekete (schwarze überlebens-Kunst)* 4 (1989), 2, S. 20.
81 Eva von Pirch: »Was habe ich mit Afrika zu tun«, in: *Afrekete (... über alles, was uns angeht)* 1 (1988), 1, S. 19.
82 Ebd.: »Enttäuschung und Unglauben sehe ich in Deinem Gesicht, wenn ich Dir sage Berlin.« Siehe auch Erin Leigh Crawley: *Challenging Concepts of Cultural and National Homogeneity. Afro-German Women and the Articulation of Germanness,* Dissertation, University of Wisconsin-Madison 1996, S. 241–319. Crawley hat dasselbe Gedicht analysiert, im Detail unterscheiden sich unsere Ergebnisse aufgrund meiner Diskussion des Standorts.
83 Emde zitiert nach Gülbahar Kültür: »So dumm sind die Deutschen«, in: *taz,* 07.03.1988, erneut in: *Afrekete (... über alles, was uns angeht)* 1 (1988), 1, S. 6.
84 Diese Themen werden u. a. angesprochen in Helga Emde: »Liebeslied für die weiße Frau«, in: *Afrekete (schwarze überlebens-Kunst)* 4 (1989), 2, S. 2, Cheatom Collection; »Mich ärgert das«, in: *Afrekete (schwarzer Feminismus)* 2 (1988), 3, S. 17, ZBF & GQS; Magli (Schmid): Gedicht ohne Titel, in: *Afrekete (Born Free: WANTED!)* 5 (1989), 4, S. 7, ZBF & GQS. Siehe auch May Ayim: »They're People Like Us«, in: Ayim/Oguntoye/Schultz (Hrsg.): *Showing Our Colors,* S. 137 f., sowie weitere Beiträge in demselben Band.

85 Von Pirch: »Was habe ich mit Afrika zu tun«, S. 19f.
86 Siehe Slobodian: *Foreign Front*; Klimke: *The Other Alliance*.
87 Helga Emde zitiert nach Kültür: »So dumm sind die Deutschen«, S. 6.
88 Von Pirch: »Was habe ich mit Afrika zu tun«, S. 20.
89 Ebd.
90 Mary-Ann Powell: »Invisible Woman«, in: *Afrekete (Kunst, Politik, USW)* 6 (1990), 2, S. 13, ZBF & GQS. Siehe auch Veronica von Roon: »Identität«, in: *Afrekete (Kunst, Politik, USW)* 6 (1990), 2, S. 13.
91 Powell: »Invisible Woman«, S. 13.
92 Von Pirch: »Was habe ich mit Afrika zu tun?«, S. 20.
93 Kültür: »So dumm sind die Deutschen«, S. 6.
94 Sharon Marcus: *Between Women. Friendship, Desire und Marriage in Victorian England*. Princeton, Princeton University Press 2007, S. 113.
95 Marcus: *Between Women*, S. 114.
96 Elke Jank: Gedicht ohne Titel, in: *Afrekete (... über alles, was uns angeht)* 1 (1988), 1, S. 10. Siehe auch Tanya: Gedicht ohne Titel, in: *Afrekete (Kunst, Politik, USW)* 6 (1990), 2, S. 27.
97 Jank: Gedicht ohne Titel, S. 10.
98 Lorde: »Vom Nutzen der Erotik: Erotik als Macht«, in: *Sister Outsider*, S. 52.
99 Jank: Gedicht ohne Titel, S. 10.
100 Ebd., S. 27. Siehe auch *Afrekete (schwarzer Feminismus)*, S. 44; *Afrekete (Kunst, Politik, USW)*, S. 40f.; *Afrekete (Born Free: WANTED!)*, S. 55–57.
101 *Afrekete (Kunst, Politik, USW)*, S. 41; ADEFRA: »Rundbrief Mai 91«, S. 3.
102 »27.2.88 workshop im schulz«, in: *Afrekete (... über alles, was uns angeht)*, S. 14–16.
103 May Opitz: »Schwarz-weiss-Monolog«, in: *Afrekete (schwarzer Feminismus)*, S. 26; May Ayim: *Blues in schwarz weiss*. Berlin, Orlanda 1995, S. 75.
104 Weiß als Adjektiv bezieht sich auf die Farbe, doch die erste und dritte Person Singular des Verbs »wissen« werden ebenso geschrieben.
105 Opitz: »Schwarz-weiss-Monolog«, S. 26.
106 Emde: »Unsichtbar«, in: *Afrekete (schwarzer Feminismus)*, S. 36.
107 Haus Neuland Verein für Familienbildung: »Einladung zur ersten gemeinsamen Schreibwerkstatt Schwarzer und Weisser Frauen«, 03.–05.06.1988, S. 1–4, Cheatom Collection.
108 Marion Kraft: »Erste Gemeinsame Schreibwerkstatt Schwarzer und Weisser Frauen«, in: *Afrekete: (schwarzer Feminismus)* 2 (1988), 3, S. 18.
109 Den Ausdruck »Roots and Routes« (Wurzeln und Wege) hat Paul Gilroy in *The Black Atlantic* geprägt.
110 Siehe Ricky Reiser: »Josephine Baker«, in: *afro look* 8 (1992/1993), S. 8f.; ders.: »Interview mit Spike Lee«, in: *afro look 9 (1993)*, S. 16f., Archiv der Autorin. Siehe auch Francine Jobatey: »Black German Literature«, in: Friederike Eid-

ler/Susanne Kord (Hrsg.): *The Feminist Encyclopedia of German Literature.* Westport, Greenwood Press 1997, S. 53; Jobatey: »*Afro Look*«, S. 130–158.
111 Evelyn Higginbotham: »African-American Women's History and the Metalanguage of Race«, in: *Signs* 17 (1992), 2, S. 268. Siehe auch James Clifford: »Diasporas«, in: *Cultural Anthropology* 9 (1994), 3, S. 302–338.
112 Jennifer Michaels: »Audre Lorde and Afro-German Women Writers«, in: *German Studies Review* 29 (2006), 1, S. 35.
113 *Afrekete (schwarzer Feminismus)*, S. 3.
114 Siehe Elke Jank: »Göttinnen, Symbole, Mythen und Magie«, in: *Afrekete (... über alles, was uns angeht)*, S. 21 f.; dies.: »Göttinnen, Symbole, Mythen und Magie«, in: *Afrekete (schwarzer Feminismus)*, S. 38 f.; dies.: »Göttinnen, Symbole, Mythen und Magie«, in: *Afrekete (Born Free: WANTED!)*, S. 43–45; dies.: »Göttinnen, Symbole, Mythen und Magie«, in: *Afrekete (Kunst, Politk, USW)* 6 (1990), 2, S. 23–25; dies.: »Göttinnen, Symbole, Mythen und Magie«, in: *Afrekete (schwarze überlebens-Kunst)*, S. 31 f.; dies.: »Göttinnen, Symbole, Mythen und Magie«, in: *Afrekete* 3 (1989), 1, S. 32–34, FFBIZ.
115 Zu Dulcie September siehe »The Case of ›Dulcie September‹. The Truth Commission Files«, http://www.withmaliceandforethought.com/pdf/dulcie_september.pdf. letzter Zugriff am 08.01.2023.
116 Marion Kraft: »Für Dulcie September«, in: *Afrekete (... über alles, was uns angeht)* 1 (1988), 1, S. 3 f.
117 Ebd., S. 3.
118 Ebd., S. 4. Zu diesem Gedicht siehe Audre Lorde: *Die Quelle unserer Macht*, Gedichte, zweisprachige Ausgabe, aus dem Englischen übers. von Marion Kraft/Sigrid Markmann. Münster, Unrast 2020, S. 67.
119 Zu einigen der Bezüge zu Südafrika siehe *Afrekete (schwarzer Feminismus)*, S. 4 f.; Afrekete (Born Free: WANTED!), S. 23, 32 f., 36, 40, 51–53; *Afrekete (schwarze überlebensKunst)*, S. 38.
120 *Afrekete (schwarzer Feminismus)*, S. 1.
121 Siehe Sakae: Gedicht ohne Titel, in: *Afrekete (schwarzer Feminismus)*, S. 37; *Afrekete (... über alles, was uns angeht)*, S. 24; *Afrekete (schwarzer Feminismus)*, S. 14, 24, 40; Helga Emde: »Frankfurt gegen Rassismus-Schwarze Deutsche«, in: *Afrekete (Kunst, Politik, USW)*, S. 3–5; *Afrekete (Kunst, Politik, USW)*, S. 7, 13, 15.
122 Marion Kraft: »Schwarze Vor-Mütter (I)«, in: *Afrekete (schwarzer Feminismus)*, S. 41.
123 Ebd., S. 41 f.
124 Ebd., S. 41.
125 James Sidbury: *Becoming African in America. Race and Nation in the Early Black Atlantic.* New York, Oxford University Press 2007, S. 6 f., 17–38.
126 Kültür: »So dumm sind die Deutschen«, S. 6.
127 Lorde: *Sister Outsider*, S. 29.

4 Intellektueller Aktivismus und transnationale Überquerungen Schwarzer deutscher Frauen

1. Zu Schwarzem Frausein siehe Hazel Carby: *Reconstructing Womanhood: The Emergence of the Afro-American Woman Novelist.* New York, Oxford University Press 1987; Cooper: Beyond Respectability.
2. Siehe Sean Forner: *German Intellectuals and the Challenge of Democratic Renewal. Culture and Politics after 1945.* Cambridge, Cambridge University Press 2014; Michael Geyer (Hrsg.): *The Power of Intellectuals in Contemporary Germany.* Chicago, University of Chicago Press 2001; Keith Bullivant (Hrsg.): *Beyond 1989: Re-reading Germany Literature since 1945.* Providence, Berghahn 1997.
3. Zur Schwarzen Öffentlichkeit siehe Elsa Barkley Brown: »Negotiating and Transforming the Public Sphere. African American Political Life in the Transition from Slavery to Freedom«, in: *Public Culture* 7 (1994), S. 102–146; V.P. Franklin: *Living Our Stories, Telling Our Truths. Autobiography and the Making of the African American Intellectual Tradition.* New York, Oxford University Press 1996. Siehe auch Eggers: »Knowledges of (Un-)Belonging.«
4. Carole Boyce Davies: »Introduction. Migratory Subjectivities. Black Women's Writing and the Re-negotiation of Identities«, in: dies.: *Black Women, Writing and Identity. Migrations of the Subject.* New York, Routledge 1994, S. 4.
5. »Liste von TeilnehmerInnen«, o. J., o. S., Orlanda-Archiv, Ordner Farbe bekennen; Helga Lukoschat: »Nicht weiß und nicht schwarz«, in: *Die Tageszeitung*, 28.06.1986, o. S., ebd. An der Universität Regensburg schrieb Ayim eine Dissertation mit dem Titel *Afro-Deutsche: Ihre Kultur- und Sozialgeschichte auf dem Hintergrund gesellschaftlicher Veränderungen.* Siehe auch Ayim: *Grenzenlos und unverschämt.* Münster, Unrast 2021, S. 167 f., 171.
6. Orlanda: »Rights Information«, Juni 1986, S. 1, Orlanda-Archiv, Ordner Farbe bekennen, Fotos, Rezensionen.
7. Tina M. Campt: »Afro-German Cultural Identity and the Politics of Positionality. Contests and Contexts in the Formation of a German Ethnic Identity«, in: *New German Critique* 58 (1993), S. 117.
8. Barbara Kosta: *Recasting Autobiography. Women's Counterfictions in Contemporary German Literature and Film.* Ithaca, Cornell University Press 1994, S. 5, 35; von Dirke: »All Power to the Imagination!«, S. 90. Zu Frauen und Autobiografie siehe Sidonie Smith/Julia Watson (Hrsg.): *De/Colonizing the Subject. The Politics of Gender in Women's Autobiography.* Minneapolis, University of Minnesota Press 1992.
9. Kosta: *Recasting Autobiography*, S. 10.
10. Oguntoye: »Vorwort zur Neuauflage 2006«, in: Ayim/Oguntoye/Schultz (Hrsg.): *Farbe bekennen,* S. 5.
11. Peggy Piesche: »Gegen das Schweigen. Diasporische Vernetzungen Schwarzer Frauen in transnationalen Begegnungen: Eine Würdigung«, in: dies. (Hrsg.): *Euer Schweigen schützt Euch nicht,* S. 11.

12 Ani zitiert nach Lauré al-Samarai: »›Es ist noch immer ein Aufbruch‹«, S. 352.
13 Bereits vor *Farbe bekennen* waren mehrere Werke über Schwarzsein in Deutschland erschienen, wenngleich diesen eine ähnliche öffentliche Aufmerksamkeit versagt blieb. Siehe Gisela Fremgen (Hrsg.): *... und wenn du dazu noch Schwarz bist. Berichte schwarzer Frauen in der Bundesrepublik.* Bremen, Edition Con 1984; Guy (Nzingha) St. Louis: *Gedichte einer Schönen Frau (1983).* Rastatt, Pabel-Moewig 1988.
14 Oguntoye/Ayim: »Vorwort der Herausgeberinnen«, in: Ayim/Oguntoye/Schultz (Hrsg.): *Farbe bekennen,* S. 18.
15 Siehe hierzu Aija Poikane-Daumke: *African Diasporas. Afro-German Literature in the Context of the African American Experience.* Münster, LIT 2006. Für weitere Informationen über afrodeutsche Literatur siehe Stephanie Kron: *Fürchte Dich nicht, Bleichgesicht!: Perspektivenwechsel zur Literatur Afro-Deutscher Frauen.* Münster, Unrast 1996.
16 Mysorekar: »›Pass the Word and Break the Silence‹«, S. 82 f. Hervorhebung von Mysorekar. Siehe auch El-Tayeb: *Anders Europäisch,* S. 156–170.
17 Oguntoye/Ayim: »Vorwort der Herausgeberinnen«, S. 17.
18 Katharina Birkenwald: »Ich wollte nie schreiben«, in: Ayim/Oguntoye/Schultz (Hrsg.): *Farbe bekennen,* S. 225. In der Erstausgabe des Buches verwendete Lubinetzki ein Pseudonym. Siehe auch El-Tayeb: *Anders Europäisch,* S. 163 f.
19 Ebd., S. 279.
20 Zu Frauen in der DDR siehe Donna Harsch: *Revenge of the Domestic. Women, the Family und Communism in the German Democratic Republic.* Princeton, Princeton University Press 2006; Brühöfener/Hagemann/Harsch (Hrsg.): *Gendering Post-1945 German History.*
21 Piesche: »Making African Diasporic Pasts Possible«, in: Lennox (Hrsg.): *Remapping Black Germany,* S. 226–242; Piesche: »Irgendwo ist immer Afrika … ›Blackface‹ in DEFA-Filmen« and »Funktionalisierung und Repräsentation von multikulturellen Images in DDR-Comics«, in: ADB Köln/cbN (Hrsg.): *The BlackBook,* S. 286–291, 292–297; Slobodian (Hrsg.): *Comrades of Color.*
22 Birkenwald: »Ich wollte nie schreiben«, S. 226.
23 Ellen Wiedenroth: »Was macht mich so anders in den Augen der anderen?«, in: Ayim/Oguntoye/Schultz (Hrsg.): *Farbe bekennen,* S. 177.
24 Wiedenroth: »Was macht mich so anders in den Augen der anderen?«, S. 177. Wiedenroth veröffentlichte diesen Beitrag auch in einer Zeitschrift. Siehe Ellen Wiedenroth: »Was macht mich so anders in den Augen der anderen?«, in: *Die Brücke: Rundbrief des Military Counseling Networks* 2 (1989), S. 6, Ayim Papers.
25 Poikane-Daumke analysierte in *African Diasporas,* S. 51, denselben Abschnitt aus Wiedenroths Text und fügte ein Interview mit ihr an.
26 Julia Berger: »Ich mache dieselben Sachen wie die anderen«, in: Ayim/Oguntoye/Schultz (Hrsg.): *Farbe bekennen,* S. 204. Berger machte keine genaueren Aussagen, wo in Afrika sie war.

27 Astrid Berger: »Sind sie nicht froh, dass sie immer hier bleiben dürfen?«, in: Ayim/Oguntoye/Schultz (Hrsg.): *Farbe bekennen,* S. 124.
28 Ebd., S. 128. Berger starb im Herbst 2011.
29 Angelika Eisenbrandt: »Auf einmal wußte ich, was ich wollte«, in: Ayim/Oguntoye/Schultz (Hrsg.): *Farbe bekennen,* S. 199.
30 Ebd., S. 201.
31 Helga Emde: »Als ›Besatzungskind‹ im Nachkriegsdeutschland«, in: Ayim/Oguntoye/Schultz (Hrsg.): *Farbe bekennen,* S. 111 f. In den 1980er Jahren wurden die ersten beiden Bezeichnungen in »Schokokuss« und »Schaumkuss« geändert. Die letzte Bezeichnung verweist auf die Berliner Schokoladenfabrik Sarotti. Zu dieser Tradition siehe Ciarlo: *Advertising Empire;* Hackenesch: *Chocolate and Blackness.*
32 Helga Emde: »Der Schrei«, in: Ayim/Oguntoye/Schultz (Hrsg.): *Farbe bekennen,* S. 121. Siehe auch dies.: »Der Revolutionär«, in: ebd., S. 120.
33 Katharina Oguntoye: »Spiegel«: in: Ayim/Oguntoye/Schultz (Hrsg.): *Farbe bekennen,* S. 214; May Ayim: »Aufbruch«, in: ebd., S. 213 f.
34 Einige Beispiele: »Lesung mit Autorinnen von Farbe bekennen. Afro-deutsche Frauen auf den Spuren ihrer Geschichte«, Flyer, 03.10.1986, Frankfurt-Oberwursel, Orlanda-Archiv, Ordner Farbe bekennen, Fotos, Rezensionen 1986; »Lesung mit Audre Lorde und den Autorinnen von *Farbe bekennen. Afrodeutsche Frauen auf den Spuren ihrer Geschichte,* neu erschienen im Orlanda Frauenverlag«, 10. und 13.–14.06.1986, ebd.; »Über Grenzen: Lesung mit Helga Emde, Ika Hügel, Marion Kraft und Raja Lubinetzki«, 05.03.1988, Frauenkulturhaus-Bremen, ebd.
35 Siehe Doris Hege: »*Farbe bekennen«, Theorie Geschichte Politik;* »Schwarze Deutsche«, in: *Emma* 1986, S. 52 f.; »Rassismus«, in: *päd extra,* Oktober 1987; Nora Räthzel in: *Das Argument,* Juli 1987, S. 470–471; H. M.: »Farbe bekennen«, in: *Peripherie* 25/26 (1987), S. 191 f.; Elke Wiechmann-Kubitzek: »Farbe bekennen«, in: *Ika,* August 1987; Dorothee Nolte, »Ich bin die einzige Schwarze in meiner Familie‹. Fremd im eigenen Land. Afrodeutsche Frauen bekennen sich zu ihrer Geschichte«, in: *Der Tagesspiegel,* 05.10.1986, Nr. 12, S. 4; Monica Weber-Nau: »Was ist aus den ›Toxis‹ geworden?: ›Besatzungskinder‹ in der Bundesrepublik«, in: *Frankfurter Rundschau,* 02.08.1986; »Farbe bekennen«, in: *Tarantel,* Januar/Februar 1987, Nr. 18; Dietrich Haubold: »Die Afro-Deutschen: Eine Minderheit sucht ihre Identität«, Saarländischer Rundfunk, Juli 1987, S. 12, alle in Orlanda-Archiv. Weitere Besprechungen erschienen unter anderem in den Magazinen *Sozialmagazin, Baseler Zeitung/Magazin, Peripherie, Wir Berlinerinnen* und *Das Argument.*
36 Christel Priemer: *Ein bißchen schwarz, ein bißchen weiß, oder was es heißt, ein deutscher »Neger« zu sein,* ARD 1984, DVD; dies.: *Deutsche sind weiß, Neger können keine Deutschen sein!,* ARD 1986, DVD; dies.: *Schwarze Frauen bekennen Farbe: Lebensgeschichten aus einem kalten Land,* ARD 1992, DVD. Siehe

auch dies.: *Schwarze Frauen bekennen Farbe,* ARD, 22.06.1992; Monika Mengel: *Farbe bekennen – weiße Feministinnen und Rassismus, ein Bücherbericht,* WDR III, 20.09.1993, Orlanda-Archiv, Ordner Farbe bekennen, Fotos, Rezensionen 1986, S. 1–20; Brief der Familie Wondrejz an die ARD zur Sendung *Schwarze Frauen bekennen Farbe,* 25.06.1992, ebd., Ordner Farbe bekennen Korrespondenz 1986; »Deutsch sein heißt nicht immer weiß zu sein«, ebd.

37 Besprechungen erschienen unter anderem in *Women's Review of Books, African Women, Ms. Magazine, Wasafiri: Focus on Writing in Britain, Sojourner: The Women's Forum.* Das in Toronto erscheinende Magazin *Tiger Lily* für rassifizierte, immigrierte und geflüchtete Frauen hat das Buch ebenfalls rezensiert. Siehe zum Beispiel Sabine Broeck: »On the edge of the margin«, in: *Women's Review of Books* 10 (1992), 2, S. 7 f.; Nana Ama Amamoo: »Showing our Colors«, in: *African Women* (1993), S. 52 f.; Jogamaya Bayer: »Showing our Colors«, in: *Wasafiri: Focus on Writing in Britain* 12 (1993), S. 67 f.

38 Gail Lewis: »Preface to the UK Edition«, in: Ayim/Oguntoye/Schultz (Hrsg.): *Showing Our Colours,* S. vii–x. Leider habe ich für die Besprechung des Buches im Vereinigten Königreich keine Belege.

39 Leroy Hopkins: »Writing Diasporic Identity. Afro-German Literature Since 1985«, in: Mazón/Steingröver (Hrsg.): *Not So Plain as Black and White,* S. 185. Auch der Frankfurter Fischer Taschenbuch Verlag veröffentlichte 1992 das Buch in seiner Buchreihe »Die Frau in der Gesellschaft«.

40 Siehe Helga Emde: »Der Tanz«, in: *Beiträge zur feministischen Theorie und Praxis* 23 (1988), S. 148; »Geteilter Feminismus: Rassismus, Antisemitismus, Fremdenhass«, in: *Beiträge zur feministischen Theorie und Praxis,* 13 (1990), 27, S. 5–160.

41 Gabriela Mönnig (Hrsg.): *Schwarzafrika der Frauen.* München, Frauenoffensive 1989, S. 255–266, 267–279.

42 Für Quellenangaben zu diesen Werken siehe Fußnoten 19 und 9 in Kapitel zwei.

43 Oguntoye: Eine afro-deutsche Geschichte. Oguntoyes Buch ist kürzlich unter dem Titel *Schwarze Wurzeln. Familiengeschichten von 1884 bis 1950.* Berlin, Orlanda 2020, erschienen.

44 Die Literaturwissenschaftlerin und Historikerin Riccarda J. Schneider fand die Arbeit im Januar 2023 in der Charité Berlin. Sie ist unter der Signatur FU Berlin, UA, VN-2 May Ayim_Sig. 121-Logopädie-Facharbeit in der Freien Universität Berlin zu finden und wurde am 13. Februar durch die FU anerkannt. Außerdem gibt es eine Vorfassung der Arbeit: May Ayim: *Erste Zwischenarbeit für die Dissertation zum Thema Ethnozentrismus und Rassismus in Therapiebereichen,* Juni 1992, o. S., Orlanda-Archiv, Ordner Ayim Nachtgesang 1997. Damals begann sie unter dem Namen Ayim zu publizieren und aufzutreten.

45 Silke Mertins: »Blues in Schwarzweiß. May Ayim (1960–1996)«, in: Ayim: *Grenzenlos und unverschämt,* S. 159. Siehe auch Maggie MacCarroll: *May Ayim.*

A Woman in the Margin of German Society, Masterarbeit, Florida State University 2005, S. 1–16, 26–59; *Hoffnung im Herz. Mündliche Poesie,* Regie: Maria Binder, New York, Third World Newsreel 1997, DVD; *Blues Schwarzweiss: Vier schwarze deutsche Leben,* Regie: John A. Kantara, Berlin 1998, Videokassette.

46 Mertins: »Blues in Schwarzweiß«, S. 159.
47 Ebd., S. 158 f.; May Opitz (Ayim): »Aufbruch«, in: Ayim/Oguntoye/Schultz (Hrsg.): *Farbe bekennen,* S. 213 f.
48 Mertins: »Blues in Schwarzweiß«, S. 159.
49 Chantal-Fleur Sandjon: »Der Raum zwischen gestern and morgen. May Ayim«, in: Diallo/Zeller (Hrsg.): *Black Berlin,* S. 241–247. Siehe auch Kelly: *Sisters and Souls.*
50 Dr. Annette Wierschke: »Interview mit May Ayim Opitz (Berlin)«, 02.07.1995, S. 9, Ayim-Archiv, Box 24d.
51 »Einladung zur Mitgliederversammlung«, 08.03.1996, Ayim Papers, Ordner ISD Liga.
52 Antirassistische Initiative: »Aktionstage gegen Rassismus, Sexismus und Faschismus – Veranstaltungshinweise«, 24.04.–08.05.1988, o. S., Ayim-Archiv, Box 6; »Selbstdarstellung der Antirassistischen Initiative e.V.«, o.J., o.S., ebd.
53 May Ayim/Nivedita Prasad (Hrsg.): *Dokumentation: Wege zu Bündnissen.* Berlin: AStA Druckerei der Freien Universität Berlin 1992.
54 Bündnis 90/Die Grünen: »Die andere Republik«, 13.10.1990, Berlin, Ayim-Archiv, Box 22.
55 Siehe zum Beispiel Tsisti Dangarembga: »Informal Newsletter of the Black Women's Informal Information and Support Network«, o.J., o.S., Ayim-Archiv, Box 10. Sparks ist Künstlerin. Okpako ist Regisseurin und Schriftstellerin und bekannt für ihre Filme *The Education of Auma Obama* (*Die Geschichte der Auma Obama,* 2011) und *Dirt for Dinner* (*Dreckfresser,* 2000). Auma Obama ist Baracks Halbschwester, studierte Deutsch und erhielt 1996 einen Doktortitel der Universität Bayreuth.
56 Wierschke: »Interview with May«, S. 9.
57 Literatur Frauen e.V., Ayim-Archiv, Box 20. Siehe auch Verein zur Förderung der Frauenliteratur und -Forschung Berlin e.V.: »Antrag«, Berlin, o.J., S. 15 f., Ayim Papers, Ordner Literatur e.V. Aktuelles; Dagmar Schultz/Hildegard Günther: »Tagesordnung der Gründungsversammlung des Vereins zur Förderung der Frauenliteratur und -Forschung Berlin e.V.«, Berlin, o.S., ebd., Ordner Literatur e.V. Aktuelles; Hildegard Günther, Brief an May Opitz, 15.09.1988, Berlin, o.S., ebd.
58 Frauen der Welt: »Project ›Afrika-Frauen-Wochen‹«, 05.02.–20.03.1988, S. 3, Ayim-Archiv, Box 6.
59 »Schweigen ist schuld. Deutsch ist eine bunte Sprache«, 10.10.1993, o.S., Ayim-Archiv.
60 Literatur Frauen: »Zwischen den Zeiten, zwischen den Welten«, Flyer, 12.01.

1993, Ayim-Archiv, Box 24; May Ayim: »Das Jahr 1990: Heimat und Einheit aus afro-deutscher Perspektive«, in: Ika Hügel/Chris Lange/May Ayim/Ilona Bubeck/Gülsen Aktas/Dagmar Schultz: *Entfernte Verbindungen. Rassismus, Antisemitismus, Klassenunterdrückung.* Berlin, Orlanda 1993, S. 206–222.
61 May Ayim: »Das Jahr 1990. Heimat und Einheit aus afro-deutscher Perspektive«, in: dies.: *Grenzenlos und unverschämt,* S. 88 f.
62 Institut Français: »Lesung Maryse Condé«, 24.02.1994, o. S., Ayim-Archiv, Box 24a; May Ayim: »Maryse Condé über ihr Leben – eine eigene Vorstellung«, in: *Umbrüche* 10 (1994), S. 60–63, ebd., Box 10.
63 Ayim las unter anderem Frantz Fanons *Schwarze Haut, weiße Masken,* Toni Morrisons *The Bluest Eye,* Jean Paul Sartres *Reflexions sur la question juive* sowie Cherrìe Moraga und Gloria Anzalduìas *This Bridge Called My Back.* Während meiner Nachforschungen stieß ich auf einen von Ayims Zettelkästen. Darin machte sie sich Notizen zu ihrer Lektüre und wies auf Bücher und Gedichte hin. Auf einer Karteikarte kritisierte sie sogar Fanon: »Wo bleibt die schwarze Frau?«. Siehe May Ayim, braune Holzbox mit Karteikarten, Zettelkasten, Ayim Papers.
64 Ayim diskutierte Hegel in Ayim/Oguntoye/Schultz (Hrsg.): *Farbe bekennen,* S. 25 f. Siehe auch Wright: *Becoming Black,* S. 8–16, 27–64. Hegel reiste nie nach Afrika und unterstützte den europäischen Imperialismus ebenso wie den transatlantischen Handel mit versklavten Menschen.
65 Siehe Marion Kraft: Kurt Tucholsky und seine publizistischen Arbeiten aus der Zeit der Weimarer Republik. Frankfurt am Main, Universität Frankfurt 1976; St. Louis: Gedichte einer schönen Frau; Raja Lubinetzki: Magie: Gedichte und Grafik. Berlin, Künstlerbuch 1985.
66 Ayim: Blues in schwarz weiss.
67 Maryse Condé: »Grußwort«, in: Ayim: *Blues in schwarz weiss,* S. 8.
68 Diese Symbole entsprechen Aphorismen, die von den ghanaischen Akan und im ivorischen Königreich Gyaman in Westafrika verwendet wurden. Ayim diskutierte diese Abstammungslinie in *Blues in schwarz weiss.* Sie bediente sich des Buches Haus der Kulturen der Welt: *Adinkra. Symbolsprache der Ashanti.* Berlin: Movimento Drück 1993, Ayim Papers. Siehe auch Karin Schestokat: »May Ayim. Texte und Themen«, in: Ursula E. Beitter (Hrsg.): *Literatur und Identität: deutsch-deutsche Befindlichkeiten und die multikulturelle Gesellschaft.* Frankfurt am Main, Peter Lang 2000, S. 219–221; Karein Goertz: »Showing Her Colors. An Afro-German Writes the Blues in Black and White«, in: *Callaloo* 26 (2003), 2, S. 30.
69 Siehe Barbara von Korff Schmising: »Blues in schwarz-weiß«, in: *Der ev. Buchberater,* Dezember 1995, S. 364; »Poesie Schwarz-Weiss. Lustvoll gereimt«, in: *Schnüss – das Bonner Stadtmagazin,* September 1995, S. 33; Gerlinde Holland: »Blues in schwarz-weiß«, in: *Stadt Revue,* November 1996, S. 141. Siehe auch Orlanda-Archiv, Ordner May Ayim Blues in schwarz weiss 1995; J. M. Evans,

Brief an May Opitz, 29.07.1994, Ayim Papers. In ihrer Veröffentlichung von 1995 ist auch eine kurze Biografie enthalten.

70   May Opitz: »Afro-German«, in: Dagmar Schultz, Brief an Audre Lorde, 23.03.1986, o. S., Lorde Papers, Box 5. Ayim hat dieses unveröffentlichte Gedicht ursprünglich auf Englisch geschrieben. Dagmar Schultz gab mir die Erlaubnis, es hier zu zitieren.

71   Sim da Vida: »Negras USAM Poesia Para Combater Racismo«, Oktober 1993, Rio de Janiero, o. S., Ayim-Archiv, Box 24a.

72   May Ayim: »afro-deutsch I« und »afro-deutsch II«, in: dies.: *Blues in schwarz weiss*, S. 18 f., 25. In *Becoming Black* argumentiert Wright, dass Ayim »in ›afro-deutsch I‹ und ›afro-deutsch II‹, eine Strategie anwendet, die auch bei Du Bois *[The Souls of Black Folk]* and Aimé Césaire *[Notebook of a Return to My Native Land]* zu finden ist: Bauchreden. Allerdings verfolgt sie damit ein anderes Ziel: Sie will die unlogischen räumlichen und zeitlichen Annahmen von Subjekten entlarven, die unfähig sind, die materielle, aufgeführte Wahrheit diasporischer Identitäten, die nicht leicht mit monologischen Definitionen von Race und Nation in Einklang zu bringen sind, zu verstehen geschweige denn auszusprechen.« (S. 197).

73   Ayim: »afro-deutsch I«, S. 18.

74   Ebd. Auch Wright und andere haben dieses Gedicht analysiert. Siehe Wright: *Becoming Black*, S. 192–194; dies.: »Others-from-within from Without: Afro-German Subject Formation and the Challenge of a Counter-Discourse«, in: *Callaloo* 26 (2003), 2, S. 299–301; Schestokat: »May Ayim«, S. 221 f. Meine Diskussion von »afro-deutsch I« bezieht sich auf die Analyse dieser Wissenschaftler*innen. Allerdings merkt Wright an, die angesprochene Person sei eher ein Mann als eine Frau, und Schestokat befasste sich mit Homi Bhabhas Begriff der Hybridität sowie Molefi Asantes Ideen zur kulturellen und gesellschaftlichen Entwurzelung.

75   Siehe auch Karin Obermeier: »Afro-German Women. Recording Their Own History«, in: *New German Critique* 46 (1989), S. 175.

76   Ayim: »afro-deutsch II«, S. 25.

77   Wright: *Becoming Black* S. 8, 30–32, 191.

78   Ayim: »afro-deutsch II«, S. 25.

79   Wright: »Others-from-within from Without«, S. 303.

80   Ayim: »entfernte verbindungen«, S. 28 f.; »blues in schwarz weiss«, S. 82 f.; »gegen leberwurstgrau – für eine bunte republik talk-talk-show für den blabla-kampf«, S. 62–65 und »deutschland im herbst«, S. 68–70.

81   »Bibliographie«, o. J., Orlanda-Archiv, Ordner Ayim Grenzenlos und unverschämt 1997.

82   Ayim: »jerusalem«, S. 87, und »bitte bosnien herzegowina krieg«, S. 92–94.

83   Ana Herrero Villamor: »die zeit danach«, S. 53 f.; »soul sister«, S. 56 f. und »ana« S. 47–49. Die 22-jährige Dichterin und Spoken-Word-Künstlerin Ana

Herrero Villamor wurde 1992 tot in ihrer Wohnung aufgefunden. Siehe »Beerdigung von Ana Herrero Villamor«, 11.11.1992, Berlin-Charlottenburg, o. S., Ayim-Archiv, Box 18. Siehe einige von Herrero Villamors Gedichte in: Piesche (Hrsg.): *Euer Schweigen schützt Euch nicht.* Siehe auch »community«, S. 99–101, wo Ayim auf Steve Biko, Malcolm X, Marcus Garvey, Sojourner Truth, Rigoberta Menchu, Mahatma Gandhi und andere verweist. Zu Ayims anderen Schriften siehe dies./Jamilia Suandi/Rose Tuelo Brock (Hrsg.): *Akwaaba.* London, Pankhurst Press 1995, Ayim Papers; dies.: »Grenzenlos und unverschämt«, in: *Isivivane* 2 (1990), S. 8, Ayim-Archiv, Box 9; dies.: »Das Jahr 1990: Heimat und Einheit aus afro-deutscher Perspektive«, in: Lange et al.: *Entfernte Verbindungen,* S. 206–222.

84 Condé: ohne Titel, 1995, Orlanda-Archiv, Ordner Ayim Grenzenlos und unverschämt, 1997.

85 Bisi Adeleye-Fayemi/Nana Ama Amanoo/Jerusha Arothe-Vaughan: »African Women in Europe. Report of Conference convened by Akina Mama Wa Afrika London«, 30.–31.10.1992, S. 25, Ayim-Archiv, Box 4b.

86 Adeleye-Fayemi/Amanoo/arothe-Vaughan: »African Women«, S. 25.

87 »Veröffentlichungen«, o. J., o. S., Ayim Papers; Czarina Wilpert, Einladung an May Ayim, 15.10.1993, o. S., Ayim-Archiv, Box 46; Technische Universität Berlin und University of Warwick: »Diskriminierung, Rassismus, und Staatsbürgerschaft in Großbritannien und Deutschland«, Programm, o. S., ebd.

88 11th International Book Fair of Radical Black and Third World Books: »1993 Brochure and Programme«, 21.–27.03.1993, S. 16, Ayim-Archiv, Box 4a. Ayims Gedichte wurden 1992 auch in Busbys Anthologie *Daughters of Africa* veröffentlicht.

89 Zur Geschichte dieser Buchmesse siehe Sarah White/Roxy Harris/Sharmilla Beezmohun (Hrsg.): *A Meeting of the Continents: The International Book Fair of Radical Black and Third World Books – Revisited: History, Memories, Organisation and Programmes 1982–1995.* London, New Beacon Books 2005.

90 »Rassismen & Feminismus«, Konferenz, 29.–30.10.1994, o. S., Ayim-Archiv, Box 24.

91 »May Ayim, Veröffentlichtes Gesamtwerk: Inhaltsverzeichnis/Bibliografie«, Februar 1997, Orlanda-Archiv, Ordner Ayim Nachtgesang 1997; Pan-European Women's Network for Intercultural Action and Exchange: »Programme of Activity«, o. J., o. S., Ayim-Archiv, Box 19; AKWAABA Pan European Women's Network for Intercultural Action and Exchange: »Newsletter«, 2 (1994), 3, o. S., ebd. Ayim erhielt auch von der Black Women's European Alliance und dem Black Women and Europe Network Briefe. Es ist nicht klar, ob aus diesen Organisationen schließlich AKWAABA hervorging.

92 University of Minnesota: »Xenophobia in Germany. National and Cultural Identities after Unification, 11.–14. Mai 1994«, Programm, o. S., Ayim-Archiv, Box 10; German and Russian Departments at Carleton College: »May Ayim.

Afro-German Writer and Poet – Christopher U. Light Lecturer«, Programm, Northfield, Minnesota, 9.–11.05.1994, S. 1–3, ebd.
93 Ayim: »Racism and Resistance in United Germany«, S. 8 f.
94 Siehe Margaret Hampton, Fax an May Ayim, 02.03.1994, S. 2, Ayim-Archiv, Box 46; May Ayim, Brief an Inca Rumold, 25.02.1994, o. S., ebd.; Inca Rumold, Brief an May Ayim, 14.02.1994, o. S., ebd.
95 2nd Pan-African Historical Theatre Festival (Panafest '94): »The Re-emergence of African Civilization«, 12.–16.12.1994, S. 3, Ayim-Archiv, Box 10.
96 Orlanda: »Wir trauern um unsere Autorin May Ayim«, o. J., S. 1–3, Cheatom Collection.
97 May Ayim: *Grenzenlos und unverschämt*. Berlin, Orlanda 1997; dies.: *Nachtgesang*. Berlin, Orlanda 1997.
98 Mertins: »Blues in Schwarzweiß«, S. 169.
99 Abini Zöllner: ohne Titel, 25.08.1996, Orlanda-Archiv, Ordner Ayim Grenzenlos und unverschämt 1997; Nicola Lauré al-Samarai: ohne Titel, 23.08.1996, ebd.
100 Siehe etwa Kader Konuk/Nancy Jancovich: »With Love, In Memory and in Honour of May Ayim«, in: *Journal of Gender Studies* 6 (1997), 1, S. 72 f.; Barbara Smith, Karte an Dagmar Schultz, 23.08.1996, o. S., Ayim-Archiv, Box 56; Linton Kwesi Johnson: »Reggae Fi May Ayim«, in: Ayim: *Blues in Black and White*, S. 1–3.
101 Zu *afro look* und *Onkel Tom's Faust* siehe Hopkins: »Speak, so I might see you!«, S. 533–538; ders.: »Writing Diasporic Identity«, in: Mazón/Steingröver (Hrsg.): *Not So Plain as Black and White*, S. 183–208; Adams: »afro look«, S. 257–278; Jobatey: »*afro look.*« Siehe auch *Weibblick: Informationsblatt von Frauen für Frauen (Schwarze deutsche Frauen, Rassismus in der Sprache, weiße Frauen mit schwarzen Kindern)* 13 (1993), S. 1–49.
102 Siehe Hügel-Marshall: *Daheim unterwegs;* Marie Nejar: *Mach nicht so traurige Augen, weil du ein N...lein bist. Meine Jugend im Dritten Reich.* Hamburg, Rowohlt 2007; Harald Gerunde: *Eine von uns. Als Schwarze in Deutschland geboren.* Wuppertal, Peter Hammer 2000; Abini Zöllner: *Schokoladenkind. Meine Familie und andere Wunder.* Berlin, Rowohlt 2003; ManuEla Ritz: *Die Farbe meiner Haut. Die Anti-Rassismustrainerin erzählt.* Freiburg, Herder 2009. Harald Gerunde, der Bärbel Kampmanns Ehemann war, schrieb das Buch, nachdem sie 1999 an Krebs gestorben war. Zu afrodeutschen Autobiografien siehe Tina Bach: »Schwarze Deutsche Literatur. Eine Einführung«, in: *freitext* 18 (2011), S. 19–23; Reinhild Steingröver: »From Farbe bekennen to Schokoladenkind. Generational Change in Afro-German Autobiographies«, in: Laurel Cohen-Pfister/Susanne Vees-Gulani (Hrsg.): *Generational Shifts in Contemporary German Culture.* Rochester, Camden 2010, S. 287–310; Ekpenyong Ani: »›Say it loud‹ Afro-Diasporische Lebensgeschichten im deutschen Kontext«, Mai 2006, https://heimatkunde.boell.de/2006/05/01/

say-it-loud-afro-diasporische-lebensgeschichten-im-deutschen-kontext, letzter Zugriff am 08.01.2023; Nicola Lauré al-Samarai: »Unwegsame Erinnerungen: Auto/biographische Zeugnisse von Schwarzen Deutschen aus der BRD und der DDR«, in: Marianne Bechhaus-Gerst/Reinhard Klein-Arendt (Hrsg.): *Encounters/Begegnungen*. Münster, LIT 2004, S. 197–210; siehe auch Sharon Dodua Otoo/Jeannette Oholi (Hrsg.): *Resonanzen-Schwarzes Literaturfestival. Eine Dokumentation.* Leipzig, Spector Books, 2022.

103 Siehe Hans Massaquoi: *Neger, Neger, Schornsteinfeger! Meine Kindheit in Deutschland.* München, Fretz & Wassmuth 2000, und die Fortsetzung *Hänschen klein, ging allein ...: Mein Weg in die neue Welt.* Frankfurt am Main, Fischer 2004. Der erste Teil erschien zunächst auf Englisch als *Destined to Witness. Growing up Black in Nazi Germany.* New York, Harper Collins 1999. Die Verfilmung lief im Oktober 2006 im ZDF. Siehe auch Theodor Michael: *Deutsch sein und schwarz dazu. Erinnerungen eines Afro-Deutschen.* München, dtv 2013. Diese Liste ist nicht vollständig. So haben etwa auch Thomas Usleber, Charles Huber, Gert Schramm und andere ihre Memoiren geschrieben.

104 Siehe Olumide Popoola: *this is not about sadness*. Münster, Unrast 2010; dies.: *When we Speak of Nothing.* London, Cassava Republic Press 2017; Victoria Robinson: *Schanzen-Slam.* Berlin, Anais 2009; Noah Sow: *Die Schwarze Madonna: Afrodeutscher Heimatkrimi.* Norderstedt, Books on Demand 2019; Philipp Khabo Koepsell: *The Afropean Contemporary. Literatur- und Gesellschaftsmagazin.* Berlin, epubli 2015; ders.: *Die Akte James Knopf.* Münster, Unrast 2010; SchwarzRund: *Biskaya. Afropolitaner Berlin-Roman.* Wien, Zaglossus 2016. Auch Nadine Golly, Natasha A. Kelly, Olivia Wenzel und Chantal-Fleur Sandjon, um nur einige zu nennen, haben Bücher veröffentlicht.

105 Das diasporische Literaturprojekt Witnessed wurde im Herbst 2012 von der in Berlin lebenden Schwarzen britischen Schriftstellerin und Aktivistin Dodua Otoo gegründet und bringt in englischer Sprache verfasste Werke von Autor*innen heraus. Siehe Sandrine Micossé-Aikins/Sharon Dodua Otoo: *The Little Book of Big Visions. How to be an Artist and Revolutionize the World.* Münster, Edition Assemblage 2012 (Witnessed 1); Olumide Popoola: *Also By Mail. A Play.* Münster, Edition Assemblage 2013 (Wittnessed 2); Nzitu Mawakha: *Diama. Images of Women of Colour in Germany.* Münster, Edition Assemblage 2013 (Witnessed 3). Otoo hat auch eigene literarische Werke auf Deutsch und Englisch veröffentlicht und 2016 den prestigeträchtigen Ingeborg-Bachmann-Preis gewonnen. Siehe auch Sharon Dodua Otoo: *Synchronicity.* Münster, Edition Assemblage 2014; dies.: »The Unpublished Interview«, unveröffentlicht, Black Women Writers Presentation 2019, S. 1–19, zitiert mit Erlaubnis der Autorin; dies.: *Adas Raum*. Frankfurt am Main, Fischer 2022.

106 Michael Küppers: »professional kultur°evolution inna germany«, in: ADB

Köln/cbN (Hrsg.): *The BlackBook*, S. 154; Peggy Piesche: »Gegen das Schweigen«, in: dies. (Hrsg.): *Euer Schweigen schützt Euch nicht*, S. 14. Küppers leitet das Projekt mit seiner Frau Adetoun, die ebenfalls Aktivistin ist.

107 Siehe Peggy Piesche/Michael Küppers/Ani Ekpenyong/Angela Alagiyawanna (Hrsg.): *May Ayim Award. Erster internationaler schwarzer deutscher Literaturpreis 2004*. Berlin, Orlanda 2004.

108 Popoola veröffentlichte Gedichte in *afro look*. Siehe auch Olumide Popoola/Beldan Sezen (Hrsg.): *Talking Home. Heimat aus unserer eigenen Feder.* Amsterdam, Blue Moon 1999; dies./Annie Holmes: *Breach*. London, Peirene Press 2016.

109 Paul Gilroy/Tina M. Campt (Hrsg.): *Der Black Atlantic*. Berlin, Haus der Kulturen der Welt 2004.

110 Ich war am 29. August 2011 bei der offiziellen Zeremonie für Ayim in Berlin-Kreuzberg. Aikins veröffentlichte 2008 auch einen Bericht über koloniale Straßennamen in Berlin. Google Deutschland ehrte Ayim im Februar 2018 mit einem Doodle.

5 Diasporische Raumpolitik und Black History Month in Berlin

1 Black History Month: »10 Jahre BHM in Berlin«, Programm, 31.01.–27.02. 1999, S. 9, 11, 26, 30, Archiv der Autorin.

2 McKittrick: »On plantations, prisons und a black sense of place«, S. 949f. Hervorhebung von McKittrick. Sie bemerkte darüber hinaus: »Ein Schwarzes Raumgefühl ist deshalb an fluktuierende geografische und historische Kontexte geknüpft.« (S. 949).

3 In Augsburg wurde im Juli 2005 ein »Afrikanisches Dorf« veranstaltet. Die ISD kritisierte dies unmittelbar und ordnete es als der Völkerschau-Tradition zugehörig ein. Zur Völkerschau siehe Angela Zimmerman: *Anthropology and Antihumanism in Imperial Germany*. Chicago, University of Chicago Press 2001; Jürgen Zimmerer: *Kein Platz an der Sonne. Erinnerungsorte der deutschen Kolonialgeschichte*. Frankfurt am Main, Campus 2013.

4 Wright: *Physics of Blackness*, S. 14.

5 El-Tayeb: *Anders Europäisch*, S. 79. Zum Schwarzen Aktivismus in Berlin siehe Reed-Anderson: *Rewriting the Footnotes*; dies.: *Menschen, Orte, Themen. Zur Geschichte und Kultur der Afrikanischen Diaspora in Berlin*. Berlin, Senatsverwaltung für Arbeit, Integration und Frauen – Die Beauftragte für Integration und Migration 2013; Diallo/Zeller (Hrsg.): *Black Berlin*.

6 Zu translokalen Räumen siehe El-Tayeb: *Anders Europäisch*, S. 68; Appardurai: *Modernity at Large*. Die Forschung zu Transnationalismus ist ziemlich umfangreich. Ich zitiere hier nur wenige Beispiele: »AHR Conversation. On Transnational History«, in: *American Historical Review* 111 (2006), 5, S. 1441–1464; Robin D. G. Kelley: »»But a Local Phase of a World Problem«. Black History's Global Vision, 1883–1950«, in: *Journal of American History* 86

(1999), S. 1045–1074; Angela Zimmerman: *Alabama in Africa: Booker T. Washington, the German Empire und the Globalization of the New South*. Princeton, Princeton University Press 2010.

7   Als Zeuginnen eines veränderten Klimas in Deutschland schrieben Audre Lorde und Gloria Joseph einen Brief an Kohl, in dem sie ihn wissen ließen, was dies für Menschen of Color bedeutete, und wie unsicher sie sich nach dem Mauerfall fühlen würden. Der Brief wurde von mehreren deutschen Zeitungen und amerikanischen Zeitschriften abgedruckt. »Black Women Find Racism Rampant in Germany«, in: *Off Our Backs* 22 (1992), 10, S. 18.
8   hooks: »Love as the Practice of Freedom«, S. 243–250.
9   Tahir Della im Gespräch mit Hadija Haruna-Oelker: »›Wir wollten Schwarze Gemeinschaft auf vielen Ebenen erlebbar machen‹«, in: Bergold-Caldwell et al.: *Spiegelblicke*, S. 40, 42.
10 »Hallo Sisters und Brothers, Freaks und Froots!«, Brief, o. J., S. 2, Ayim Papers, Ordner Literatur e.V. Aktuelles.
11 Ebd., S. 2.
12 Ebd. Siehe auch R. Luyken: »Schwarzsein ist nicht genug«, in: *Die Zeit*, 26.12.1986, Ayim Papers, Ordner Literatur e.V. Aktuelles; Dagmar Schultz, Brief an *Die Zeit*, 20.01.1987, ebd.
13 »Ausländerhass trifft auch Deutsche. Zweites bundesweites Treffen der ›Initiative Schwarze Deutsche‹«, in: *Unsere Zeit (UZ)-DKP Zeitung*, 17.12.1986, o. S., Ayim Papers, Ordner May Projekt Afro-Deutsche/Zeitungsartikel über Afro-deutsche/Schwarze in den Medien.
14 Michael Meinert: »Eine Frau: Wir werden oft totgeschwiegen ... ›Initiative Schwarze Deutsche‹ tagte/›Kampf gegen Rassismus in allen Bereichen‹«, in: *Frankfurter Rundschau*, 09.12.1986, Nr. 285, S. 13, Ayim Papers, Ordner May Projekt Afro-Deutsche/Zeitungsartikel über Afro-deutsche/Schwarze in den Medien.
15 »Ausländerhass trifft auch Deutsche«, o. S.
16 El-Tayeb: »Blackness and Its (Queer) Discontents«, S. 252 f.
17 Siehe etwa »II. Bundestreffen der Initiative schwarzer Deutscher von 5.–6. Dezember 1987 in Berlin«, Cheatom Collection, Ordner Ko-Treffen; Della im Gespräch mit Haruna-Oelker: »›Wir wollten Schwarze Gemeinschaft‹«, in: Bergold-Caldwell et al.: *Spiegelblicke*, S. 40; ISD: »4. Bundestreffen der Initiative Schwarze Deutsche«, Düsseldorf, 16.–18.09.1988, Ayim Papers, Ordner Literatur e.V., Aktuelles, o. S.
18 ISD München: »Einladung ISD-Bundestreffen 1989«, 08.–10.10.1989, o. S., Ayim Papers, Ordner Literatur e.V. Aktuelles.
19 ISD München: »Einladung ISD-Bundestreffen 1989.«
20 ISD: »6.-I.S.D.-Bundestreffen-1991«, Programmübersicht, Verden, 11.–13.10.1991, o. S., Ayim Papers, Ordner ISD Liga.
21 Zum Schwarzen Theater in Deutschland siehe Jamele Watkins: *The Drama of*

Race. Contemporary Afro-German Theater, Dissertation, University of Massachusetts 2017, insbes. S. 53–93.
22 ISD: »Einladung zur 9. Bundestagung der Initiative Schwarze Deutsche und Schwarze in Deutschland vom 11. bis 15. Mai 1994«, Finnentrop, o. S., Ayim Papers, Ordner ISD Liga.
23 ISD: »Einladung zur 9. Bundestagung.«
24 ISD: »10. Bundestreffen 3.–6. August 1995 Berlin – Vergangenheit, Gegenwart & Perspektiven Schwarzer Existenz in Europa«, Programm, o. S., Cheatom Collection.
25 ISD, »10. Bundestreffen 3.–6. August 1995 Berlin.«
26 Dies basiert auf informellen Gesprächen mit Besucher*innen beim BT 2009, an dem auch ich teilgenommen habe.
27 Siehe Bergold-Caldwell et al.: *Spiegelblicke*. Siehe auch Marie-Sophie Adeoso: »Afro-deutsche Vielfalt«, in: *Frankfurter Rundschau*, 25.02.2016, http://www.fr.de/kultur/ literatur/schwarze-bewegung-afrodeutsche-vielfalt-a-378901, letzter Zugriff am 08.01.2023; Juli(a) Rivera: *mEin Viertel 100 – 25 Jahre Bundestreffen* (Berlin, 2011). In der DDR geboren, ist Rivera eine genderfluide Schwarze deutsche Aktivist*in mit Wohnsitz in Toronto und Berlin. Der Film war die erste Schwarze deutsche Dokumentation über die Community.
28 Fountainhead Dance Théâtre: »Foreword«, in: »Black Cultural Festival«, S. 4f.
29 Fountainhead Dance Théâtre: »Black International Cinema«, S. 1–24.
30 Siehe Fountainhead Dance Théâtre: »XXXI. 2016 Black International Cinema Berlin«, Programm, Berlin, 13.–15.05.2016, S. 48, Archiv der Autorin.
31 Siehe African Writers Association: *AWA-FINNABA* 9 (1987), S. 4–76.
32 Vusi Mchunu: »AWA-FINNABA and the Berlin Congo Conference«, in: *AWA-FINNABA* 5 (1985), S. 14–16. Siehe auch Koepsell: »Literature and Activism«, S. 42.
33 Institute of Black Studies: »Programm«, 1989, Berlin, o. S., Ayim Papers, Ordner Literatur e.V. Aktuelles. Ich bin mir nicht sicher, wann es zur Umbenennung kam.
34 Institute of Black Studies: »Programm.«
35 ISD: »Black History Month 17.–25. Februar 1990 Programm«, Berlin, S. 1, Ayim Papers, Ordner Literatur e.V. Aktuelles.
36 Siehe Wiedenroth-Coulibaly/Zinflou: »20 Jahre Schwarze Organisierung«, in: ADB Köln/cbN (Hrsg.): *The BlackBook*, S. 140.
37 ISD: »Black History Month Programm 17.–25. Februar 1990«, S. 1; ISD: »Programm Black History Month 1991«, S. 1. Reichel und Hafke blieben über die Bereiche Finanzen, Planung und Programmgestaltung bis zuletzt mit dem BHM verbunden. Leider beging Reichel im Herbst 2017 Selbstmord.
38 ISD: »Black History Month '92«, Berlin, S. 1, Ayim Papers, Ordner Literatur e.V. Aktuelles.

39 Wiedenroth-Coulibaly/Zinflou: »20 Jahre Schwarze Organisierung«, in: ADB Köln/cbN (Hrsg.): *The BlackBook*, S. 134.
40 Oguntoye: »Vorwort zur Neuauflage 2006«, in: Ayim/Oguntoye/Schultz (Hrsg.): *Farbe bekennen*, S. 8.
41 May Ayim: »Die Afro-deutsche Minderheit«, in: Cornelia Schmalz-Jacobsen/ Georg Hansen (Hrsg.): *Ethnische Minderheiten in der Bundesrepublik Deutschland. Ein Lexikon.* München, C. H. Beck 1995, S. 51.
42 Siehe ISD: »Vorwort«, in: »Black History 1996. Schwarze Visionen«, Berlin, S. 3, Ayim Papers, Ordner ISD Liga; I.S.D. Initiative Schwarze Deutsche Berlin: »Hallo Ihr AFROS da draußen!« August 1989, ebd., Ordner Literatur e. V. Aktuelles.
43 Unter diesen Freund*innen waren Love Newkirk, Iris Moore und LaToya Manly-Spain.
44 Seit 2020 ist dieser Link zu den BHM auf der Website der ISD nicht mehr verfügbar. Nigel Asher: »Die Geschichte des Black History Month in Deutschland«, in: Bergold-Caldwell et al.: *Spiegelblicke*, S. 46 f.
45 Siehe ISD/Heinrich Böll Stiftung: »Black History Month 2013«, Frankfurt am Main 2013; Camilla Ridha/Eleonore Wiedenroth-Coulibaly: »Impressionen vom Black History Month in Frankfurt am Main«, in: Bergold-Caldwell et al.: *Spiegelblicke*, S. 51–55.
46 Siehe zum Beispiel ISD Düsseldorf: »Black Film Festival '89«, Düsseldorf, 23.–25.06.1989, o. S., Ayim Papers, Ordner Literatur e. V. Aktuelles; Initiative Schwarze Deutsche: »Black Film Festival«, Flyer, 12.–15.06.1990, o. S., Cheatom Collection; Sokoni e. V.: »3. Afrikanische Kulturtage«, Programm, 18.10.–22.11.1991, Hamburg, o. S., ebd.; Black Media Access: »Afrika Festival Würzburg«, in: *African Programme Afro-Kulturkalender* 55 (1995), S. 4, Ayim Papers, Ordner ISD-Liga.
47 Ricky Reiser: »Re: Black History Month«, E-Mail-Korrespondenz mit der Autorin, 10.04.2019.
48 Wright: *Becoming Black*, S. 224.
49 Zitiert nach Davies: *Left of Karl Marx*, S. 173. Siehe auch Bill Schwarz: »›Claudia Jones and the West Indian Gazette‹. Reflections on the Emergence of Post-colonial Britain«, in: *Twentieth Century British History* 14 (2003), 3, S. 269; Perry: *London is the Place for Me*, S. 89–125.
50 Davies: *Left of Karl Marx*, S. 175.
51 Ebd., S. 180, 177.
52 ISD: »Vorwort«, in: »Black History Month 1998, Programm«, Berlin, 30.01.–04.03.1998, S. 4, Archiv der Autorin.
53 Schwarz: »›Claudia Jones and the *West Indian Gazette*‹«, S. 275; Davies: *Left of Karl Marx*, S. 182.
54 ISD: »Antrag auf finanzielle Unterstützung des Black History Month 1991«, S. 1–4, Ayim Papers, Ordner ISD Liga; ISD: »Programm Black History Month 1991«.

55 ISD: »Black History Month '92«, S. 2–4.
56 ISD: »Black History Month '93«, Berlin, S. 4, Ayim-Archiv, Box 18.
57 ISD: »Black History Month '93«, S. 1.
58 ISD: »Vorwort«, in: »Black History 1996: Schwarze Visionen«, S. 3 f.
59 ISD: »Black History 1996. Schwarze Visionen«, S. 12. Siehe auch ISD: »Black History Month '94. Die Farben Afrikas«, Berlin, S. 6, Archiv der Autorin.
60 Komitee des Black History Month: »Vorwort«, in: »Black History, 3. Februar – 3. März 1996 (Schwarze Visionen)«, S. 3, Ayim Papers, Ordner ISD Liga.
61 John Amoateng: »Afro-Deutsche Geschichte«, in: »Black History Month 17.–25. Februar 1990 Programm«, S. 1; ders.: »Afro-Deutsche Geschichte«, in: »Programm Black History Month 1991«, S. 3. Zu Amo siehe Sephocle: »Anton Wilhelm Amo«, S. 182–187; Martin: »Der Schwarze Philosoph«, S. 308–328. Ein Großteil der philosophischen Arbeiten Amos sind verloren gegangen. Er ist ein vergessener Protagonist der deutschen Aufklärung.
62 Elke Jank: »Der verleugnete Beitrag schwarzer Menschen zur Geschichte Europas«, in: »Black History Month 1991«, S. 8.
63 Katharina Oguntoye: »Im Windschatten der deutschen Geschichte – zur Geschichte von AfrikanerInnen und Afro-deutschen in Deutschland seit 1884«, in: »Black History Month '93«, S. 14; dies.: »Die Geschichte der Afrikaner und Afro-Deutschen in Deutschland von 1884 bis 1950«, in: »Black History Month '97«, S. 30, Cheatom Collection. Für die vollständige Quellenangabe zu Oguntoyes Buch siehe Fn. 20 der Einleitung.
64 Thomas Pforth: »1492 Vergangenheit, 1992 Gegenwart und 1993 Perspektive Schwarzer Existenz in Deutschland«, in: »Black History Month '92«, S. 17.
65 Austen P. Brandt: »Schwarzes Christentum«, in: »Black History Month '92«, S. 17.
66 Brandt: »Schwarzes Christentum«, S. 17.
67 Campt/Grosse: »Aspekte Afro-Deutscher Geschichte«, in: »Black History Month '92«, S. 18.
68 Campt/Grosse/Lemke Muniz de Faria: »Schwarze Deutsche und Schwarze in Deutschland, 1920–1960. Aspekte ihrer gesellschaftlichen Wahrnehmung«, in: »Black History Month '94«, S. 31.
69 N. N.: » Die Schwarze Community in der DDR vor und nach dem Fall der Mauer«, in: »Programm Black History Month 1991«, S. 9.
70 Malika Beer/Kerstin Eisner/Pierre Gaulke/Patrice Poutrus: »Schwarze Deutsche in der DDR«, in: »Black History Month '94«, S. 16.
71 Ika Hügel: »Afro-Deutsche Identität«, in: »Programm Black History Month 1991«, S. 5.
72 Oguntoye: »Afro-deutsche – Schwarze Deutsche – Schwarze in Deutschland«, in: »Black History Month '93«, S. 6.
73 Bärbel Kampmann: »Psychische Probleme Schwarzer Deutscher und Therapie als Hilfestellung«, in: »Programm Black History Month 1991«, S. 5.

74 Ebd.
75 Bärbel Kampmann: »Basisprobleme Schwarzer Deutscher«, in: »Black History Month '92«, S. 13; Dr. Lula Lewes: »Stressmanagement«, in: »Black History Month '97«, S. 20.
76 Mario Santiago: »Selbstverteidigungsworkshop«, in: »Black History Month '93«, ISD Berlin, S. 14, Ayim Papers.
77 So etwa Alagiyawanna-Kadalie, Küppers, Laja, Mysorekar und Schmid. »Schwarze Deutsche Literatur«, in: »Black History Month '92«, S. 13; ISD München (Hrsg.): *Macht der Nacht. Eine Schwarze Deutsche Anthologie.* München, ISD 1991/1992.
78 Michael H. Küppers: »Return of the Native«, in »Black History Month '93«, S. 12. Er hatte 1989 an der Duke University bei Fredric Jameson postmoderne Literatur und bei Henry Louis Gates Jr. afroamerikanische Literatur studiert. Und 1996 war er der erste afrodeutsche Lyriker am Goethe-Institut in New York.
79 May Ayim: »Blues in schwarz weiss: Lesung in deutscher Sprache«, in: »Black History 1996«, S. 20.
80 Siehe ISD: »May Ayim Opitz von der Black Community Berlin«, in: »Black History Month'97«, S. 6f.; »May Ayim Tag«, in: »Black History Month '97«, S. 34.
81 Siehe Harambee/ISD: »Black Heritage Party«, in: »Programm Black History Month 1991; »Concert & Party, Black Liberation Sound System & Live Music from Ghana«, in: »Black History Month '93«, S. 8; ISD: »›Schwarze Musik‹ in der ›Weißen Rose‹: Eröffnungsparty zum Black History Month«, in: »Black History 1996«, S. 14.
82 ABATIGAYA: »Tänze und Gesang aus Ruanda mit ABATIGAYA«, in: »Black History Month '94«, S. 27
83 Afrikanisches Frauentheater: »Theateraufführung. Erinnerung an die eigene Fremdheit«, in: »Black History Month '94«, S. 29.
84 People's Art Ensemble: »People's Poets Theatre«, in: »Black History Month '92«, S. 18.
85 Sparks: »Black History Month – Artist in Residence«, in: »Black History Month '94«, S. 33.
86 »Different Colours«, in: »Black History Month '94«, S. 11.
87 Ebd.
88 Im Jahr 1995 schuf Reiser zusammen mit Vera Heyer und Pierre Gaulke auch den Schwarzen Kalender, der die Geburtstage bedeutender Personen und wichtige Ereignisse in der Geschichte der Schwarzen Diaspora enthielt. Siehe Reiser/Heyer/Gaulke: »Kalender mit Daten Schwarzer Persönlichkeiten aus Politik, Kunst, Literatur, Kultur«, Berlin 1995, Archiv der Autorin.
89 Siehe Ricky Reiser: »Mediensprache und Rassismus«, in: »Black History Month '93«, S. 5.
90 Stuart Hall: »The Local and the Global. Globalization and Ethnicity«, in:

Anne McClintock/Aamir Mufti/Ella Shehata (Hrsg.): *Dangerous Liaisons. Gender, Nation, and Postcolonial Perspectives.* Minneapolis, University of Minnesota Press 1997, S. 173–187.
91 ISD: »Black History Month 1991«, S. 1.
92 Luyanda Mpahlwa/Vusi Mchunu: »Südafrika heute und die Geschichte des politischen Kampfes«, in: »Black History Month 1991«, S. 2.
93 Ebd.
94 Peggy Luswazi: »Erziehung zur Befreiung – ein Weg aus der Kolonialisierung des Geistes«, in: »Black History Month 1991«, S. 2. Luswazis Name wurde im Programmheft falsch geschrieben. Ich habe den Fehler hier korrigiert.
95 Luyanda Mpahlwa: »Break the Chains of Apartheid – Change is pain!«, in: »Black History Month '92«, S. 9. Siehe auch Abdul Ilal: »Südafrika – Dominanz oder Partnerschaft?«, in: »Black History 1996«, S. 30.
96 I. Schuhmacher/E. Rodtman: »Aus den Ruinen der Apartheid – Situation der Landbevölkerung in Südafrika«, in: »Black History Month '92«, S. 9.
97 Ebd.
98 Einige Beispiele hierfür finden sich in Abdul Illal: »Demokratie und Versöhnung in Mosambik«, in: »Black History 1996«, S. 7; Shungu M. Tundanonga-Dikunda: »Nachhaltige Entwicklung contra Entwicklung Afrikas südlich der Sahara«, in: »Black History 1996«, S. 19; Stephania A. A. Evboikuokha: »Die Völker und Sprachen Nigerias«, in: »Black History 1996«, S. 28; Nur Weheliye: »Friedensperspektive in Somalia«, in: »Black History 1996«, S. 30.
99 Ada Gay Griffin: »Audrey [sic] Lorde«, in: »Black History Month 1991«, o. S.; Michael Maynard: »FireIce«, in: »Black History Month 1991«, o. S. Lordes Name wurde in dem Programm falsch geschrieben. Siehe auch »The Black History Month Programme, Berlin February 23–March 10th, 1991«, in: *Isivivane* 4 (1991), S. 23.
100 EURAFRI: »Lumumba. Tod eines Propheten«, in: »Black History Month '92«, S. 5; ISD: »Marcus Garvey and Paul Robeson – A Tribute to an Artist«, in: »Black History Month '92«, S. 9.
101 F. R. Brownman: »Schwarze Filmgeschichte«, in: »Black History Month '93«, S. 13.
102 ISD: »Million Men March«, in: »Black History 1996«, S. 30; ISD: »Black Panthers – Huey P. Newton«, in: »Black History Month '94«, S. 27; ISD: »Malcolm X«, in: »Black History 1996«, S. 29; IPF: »Sweet France«, in: »Black History Month '93«, S. 10; ISD: »The Life and Death of Steve Biko«, in: »Black History Month '94«, S. 12; HARAMBEE: »History of Reggae Music and Rasta-Movement«, in: »Black History Month '94«, S. 22.
103 »I'm Gonna [Git] You Sucka!« und »Film Sweet Sweetback's Badasss Song«, in: »Black History Month '94«, S. 16, 21.
104 Patricia Elcock: »Black Unity«, in: »Black History Month 17.–25. Februar 1990, Programm.«

105 Nicol Laure-Al Samarei [sic]: »Schwarz als Politischer Begriff«, in: »Black History Month 1991«, S. 9; Manu Holzer: »Schwarzes Bewusstsein – Black Consciousness. Eine Überlebensnotwendigkeit«, in: »Black History Month '94«, S. 18; dies.: »Schwarze Solidarität kennt keine Grenzen oder ...«, in: »Black History Month '94«, S. 20.
106 ISD: »Das Programm. The Events«, in: »Black History Month '92«, S. 5; Mahoma Mwaungulu: »Pan-Afrikanismus«, in: »Black History 1996«, S. 21. Er war 1997 Mitbegründer des Pan-Afrikanischen Forums e.V. Mwaungulu starb 2004, während des BHM 2009 wurde an ihn erinnert.
107 Gladwell Otieno/Tsitsi Dangarembga: »›Wann and wo ich eintrete‹. Schwarze Frauen in der Geschichte – am Beispiel der Literatur«, in: »Black History Month 1991«, o. S.
108 »Schwarze Frauentage im Rahmen des BHM 1993«, in: »Black History Month '93«, S. 16; »Schwarze Frauentage«, Programm, 26.–28.02.1993, o. S., Ayim-Archiv, Box 18.
109 »Gedenkfeier zu Ehren Audre Lordes«, in: »Black History Month '93«, S. 9; »Celebration of Life. Audre Lorde – Memorial Celebration«, 06.02.1993.
110 Smith/Hull/Scott (Hrsg.): *But Some of Us Are Brave.*
111 May Ayim: »Alle Frauen sind weiß, alle Schwarzen sind Männer – Aber manche von uns sind mutig: Rassismus aus afrofeministischer Perspektive«, in: »Black History 1996«, S. 24. Zu anderen BHM-Veranstaltungen von und/oder über Schwarze Frauen der Diaspora siehe Charlotte Burrows: »Schwarze Frauenbewegung in den USA«, in: »Black History Month '93«, S. 10; Ilona Ivan: »Black Women in Jazz«, in: »Black History Month '94«, S. 20; ADEFRA/ISD: »Black Women Support Network«, in: »Black History Month '94«, Berlin, S. 18.
112 Siehe »Die Geschichte des Black History Month in Deutschland«, in: *Heritage Newsletter* 7/8 (2003), https://blackhistorymonthberlin.wordpress.com/die-geschichte-des-black-history-month-in-deutschland/. Im Jahr 2009 kehrten die BHM nach Berlin zurück.

6 Schwarze feministische Solidarität in Deutschland und Schwarzer Internationalismus

1 Ulrike Helwerth: »Black Coming Out«, in: *Die Tageszeitung,* 25.08.1991, o. S., Cheatom Collection; Dora Hartmann, »Neues Europa – neuer Feminismus? Schwarze Frauen über Rassismus und Sexismus«, in: *Bielefelder Stadtblatt,* 15.08.1991, o. S., ebd.; »Strategien gegen den Rassismus. Frauen-Seminar über Schwarze in Europäischer Gemeinschaft«, in: *Frankfurter Allgemeine Zeitung,* 05.08.1991, o. S., ebd.; »›Schwarze Frauen stehen in Europa ganz am Rande‹. Interkulturelles Sommer-Seminar für Frauenstudien«, in: *Frankfurter Rundschau,* 05.08.1991, Nr. 179, ebd.; Dr. Phyllis E. Jackson: »The Cross-Cultural Black Women's Studies Summer Institute. A History, 1987–1990«, 01.06.1990,

S. 3, Ayim-Archiv, Box 14. Jackson war Historikerin und Herausgeberin des Instituts, im Jahr 1990 starb sie völlig unerwartet.
2 Die Delegierten kamen aus Aotearoa/Neuseeland, Brasilien, Kanada, Äthiopien, Eritrea, Frankreich, Großbritannien, Indien, Italien, den Niederlanden, Nigeria, Norwegen, Pakistan, Panama, Peru, den Philippinen, Südafrika, Trinidad und Tobago, Uganda, den Vereinigten Staaten, Venezuela und Zimbabwe. Zur Betonung von Differenzen und Gemeinsamkeiten innerhalb feministischer Organisationsformen siehe Chandra Talpade Mohanty: *Feminism without Borders. Decolonizing Theory, Practicing Solidarity.* Durham, Duke University Press 2003.
3 Interkulturelle Initiative Schwarzer Frauen für Minoritätenrechte und -studien in Deutschland: »Black World. Eine Broschüre von Schwarzen Frauen vol. 1. (Juli 1992), Ordentliche Jahres-Vereinsversammlung vom 31.1. bis 2.2.1992 in Köln«, S. 2, Cheatom Collection.
4 Hartmann: »Neues Europa – neuer Feminismus?«, S. 7. Kraft erhielt ihren Doktortitel 1994 an der Universität Osnabrück.
5 Dies schloss auch weiße Frauen ein. Zu ähnlichen Praktiken in der Schwarzen britischen feministischen Bewegung siehe Nydia Swaby: »›Disparate in Voice, Sympathetic in Direction‹. Gendered Political Blackness and the Politics of Solidarity«, in: *Feminist Review* 108 (2014), 1, S. 11–25; Julia Subdury: »*Other Kinds of Dreams«. Black Women's Organisations and the Politics of Transformation.* London: Routledge, 1998.
6 De Veaux: *Warrior Poet;* Ransby: *Eslanda.*
7 Siehe Ohene-Nyako: »Black Women's Transnational Activism«; dies.: »The Black Women and Europe Network«. Nach dem Black European Women's Congress von 2007 entstand eine weitere Schwarze europäische Frauenorganisation, das Black European Women's Council (BEWC). Zu weiteren Informationen über das BEWC siehe Cassandra Ellerbe-Dueck: »The Black European Women's Council. ›Thinking oneself into the New Europe‹«, in: *African and Black Diaspora* 4 (2011), 2, S. 145–160.
8 Carmen Faymonville: »Black Germans and Transnational Identification«, in: *Callaloo* 26 (2003), 2, S. 367.
9 Marion Kraft/Rukhsana Shamim Ashraf-Khan (Hrsg.): *Schwarze Frauen der Welt. Europa und Migration.* Berlin, Orlanda 1993.
10 Jean Quartet/Benita Roth (Hrsg.): »Human Rights, Global Conferences und the Making of Postwar Transnational Feminisms«, in: *Journal of Women's History* 24 (2012), 4, S. 20. Die Literatur zum Internationalen Jahr der Frau 1975 sowie zu den UN-Frauen- und -Feminismus-Konferenzen ist sehr umfangreich. Siehe zum Beispiel Myra Marx Ferree: »Globalization and Feminism. Opportunities and Obstacles for Activism in the Global Arena«, in: dies./Alli Mari Tripp (Hrsg.): *Global Feminism. Transnational Women's Activism, Organizing, and Human Rights.* New York, New York University Press 2006, S. 3–23; Jocelyn Olcott: »Cold War Conflicts and Cheap Cabaret. Sexual Politics at

the 1975 United Nations International Women's Year Conference«, in: *Gender & History* 22 (2010), 3, S. 733–754; Jutta Joachim: *Agenda Setting, the UN und NGOs. Gender Violence and Reproductive Rights*. Washington, Georgetown University Press 2007; Lois West: »The United States Women's Conferences and Feminist Politics«, in: Mary Meyer/Elisabeth Prügl (Hrsg.): *Gender Politics in Global Governance*. New York, Lanham, Rowman & Littlefield 1999, S. 177–194. Zur Diskussion eines sozialistisch-feministischen Aktivismus siehe Kristen Ghodsee: *Second World, Second Sex. Socialist Women's Activism and Global Solidarity during the Cold War*. Durham, Duke University Press 2019. In den Vereinigten Staaten gab es 1977 auch eine nationale Frauenkonferenz in Houston.

11 Shelby Lewis: »Africana Feminism. An Alternative Paradigm for Black Women in the Academy«, in: Lois Benjamin (Hrsg.): *Black Women in the Academy. Promises and Perils*. Gainesville, University Press of Florida 1997, S. 48; Stanlie M. James/Frances Smith Foster/Beverly Guy-Sheftall (Hrsg.): *Still Brave. The Evolution of Black Women's Studies*. New York, Feminist Press 2009, S. 1–19.

12 Siehe Umoren: *Race Women Internationalists;* Blain: *Set the World on Fire;* Blain/Gill: *To Turn the Whole World Over;* Judith Byfield: »From Ladies to Women. Funmilayo Ransome-Kuti and Women's Political Activism in Post-World War II Nigeria«, in: Bay/Griffin/Jones/Savage (Hrsg.): *Toward an Intellectual History of Black Women*, S. 197–213.

13 Cross-Cultural Black Women's Studies Summer Institute: »Applicant Information«, 1989, o. S., Ayim-Archiv, Box 14.

14 Jackson: »Cross-Cultural Black Women's Studies«, S. 3.

15 Nach Anfängen 1988 in Harare, Zimbabwe, wurde die Zeitschrift ab 1989 an der Clark Atlanta University herausgeben. Ihre letzte Ausgabe erschien 1990. Siehe Kathleen Sheldon: *Historical Dictionary of Women in Sub-Saharan Africa*. New York, Lanham, Rowman & Littlefield 2016; Challen Nicklen: *Rhetorics of Connection in the United Nations Conferences on Women, 1975–1995*, Dissertation, Penn State University 2008, S. 121.

16 Jackson: »Cross-Cultural Black Women's Studies«, S. 3.

17 Ebd., S. 3 f.

18 Ebd., S. 4; Cross-Cultural Black Women Studies: »1987 Women's Studies Summer Institute: Centre for Research and Education on Gender«, University of London, Institute of Education, 13.07.–07.08.1987, S. 1–20, Ayim-Archiv, Box 14. Siehe auch Cross-Cultural Black Women's Studies Summer Institute: *21st Anniversary Celebration Honorees, International Cross-Cultural Black Women's Studies Institute: A Global Network*. New York, 2008, S. 6.

19 Jackson: »Cross-Cultural Black Women's Studies«, S. 4.

20 Ebd., S. 4 f.; Cross-Cultural Black Women's Studies Summer Institute: »Women and the Politics of Food«, 07.–26.08.1989, o. S., Ayim-Archiv, Box 14.

21 Andrée Nicola McLaughlin: »Third Annual Cross-Cultural Black Women's

Studies Summer Institute. Harare, Zimbabwe«, in: *Sage: A Scholarly Journal on Black Women* 6 (1989), 1, S. 80. Siehe auch Cross-Cultural Black Women's Studies Summer Institute: *21st Anniversary Celebration*, S. 6; Jackson: »Cross-Cultural Black Women's Studies«, S. 5.

22 Jackson: »Cross-Cultural Black Women's Studies«, S. 5. Siehe auch Deborah K. King: »Multiple Jeopardy, Multiple Consciousness. The Context of a Black Feminist Ideology«, in: *Signs* 14 (1988), 1, S. 42–72.

23 »International, Cross-Cultural Black Women's Studies Summer Institute. 1991 Resolutions«, S. 3, Lorde Papers, Box 52, Ordner 791. McLaughlin schickte den Delegierten einen auf den 16. Januar 1992 datierten Brief, der die aktualisierten Beschlüsse enthielt.

24 E. Patrick Johnson: »Introduction. ›Blackness‹ and Authenticity. What's Performance Got to Do With It?«, in: ders.: *Appropriating Blackness. Performance and the Politics of Authenticity.* Durham, Duke University Press 2003, S. 2 f.

25 Anjuli Gupta: »Überlegungen zum ›Cross-Cultural Black Womans's [sic] Summer Institute‹«, in: *Afrekete (schwarzer Feminismus)* 2 (1988), 3, S. 11.

26 Ebd., S. 11 f.

27 Ebd.; Cross-Cultural Black Women's Studies Summer Institute: »Women and the Politics of Food«. Siehe auch Helga Emdes Brief an Jean Sindab vom 07.02.1989, S. 2, Archiv des Weltkirchenrats in Genf, 4223.7.18. Ich möchte mich bei Pamela Ohene-Nyako für den Hinweis auf diese Quelle bedanken.

28 Jackson: »Cross-Cultural Black Women's Studies«, S. 7.

29 Ebd., S. 8. Brawley hatte vier weiße Männer falsch beschuldigt, sie vergewaltigt zu haben.

30 Ebd. Siehe auch Andree Nicola McLaughlin, Cross-Cultural Black Women's Studies Summer Institute, Brief an Mitglieder, 27.06.1989, o. S., Ayim-Archiv, Box 14; Cross-Cultural Black Women's Studies Summer Institute, »Communications«, 11.–30.07.1988, New York City, o. S., ebd.

31 Jackson: »Cross-Cultural Black Women's Studies«, S. 8.

32 Ebd., S. 11; Katharina [Oguntoye] (ISD Berlin): »Das Black Women Summer Institute in New York City«, in: *afro look* 2 (1988), S. 6, Archiv der Autorin.

33 Interkulturelle Initiative Schwarzer Frauen für Minoritätenrechte und -studien in Deutschland/Nozizwe: *Fünftes Interkulturelles Sommer-Seminar*, S. 4; Cross-Cultural Black Women's Studies Summer Institute, S. 6; Cross-Cultural Black Women's Studies Summer Institute: »Women and the Politics of Food.«

34 Cross-Cultural Black Women's Studies Summer Institute: »Update«, 26.01. 1989, S. 3, Ayim-Archiv, Box 14.

35 McLaughlin: »Third Annual Cross-Cultural Black Women's Studies Summer Institute«, S. 80.

36 Marion Kraft, Brief an Audre Lorde, 21. September 1989, Lorde Papers, Box 3, Ordner 069, S. 2.

37 Ebd.

38 Jackson: »Cross-Cultural Black Women's Studies«, S. 10.
39 Ebd., S. 11.
40 Appendix A: »Preliminary Report on the Aotearoa Institute«, 1991, S. 15, Ayim-Archiv, Box 14.
41 Ebd.
42 Das 1994 gegründete Pacific Women's Network unterstützte das Seminar 1995 in Hawaii. Die Konferenz fand vor der 4. UN-Weltfrauenkonferenz von 1995 in Peking statt. Siehe Robert Mast/Anne Mast: *Autobiography of Protest in Hawai'i*. Honolulu, University of Hawai'i Press 1996, S. 232; Cross-Cultural Black Women's Studies Summer Institute, S. 6.
43 In Deutschland hatten Aktivistinnen of Color mit Verbündeten bereits mehrere Konferenzen organisiert, die Rassismus und Antisemitismus anprangerten, darunter »Wege zu Bündnissen« vom 8. bis 10. Juni 1990 in Bremen; den Zweiten bundesweiten Kongress für Immigranten, jüdische und Schwarze Frauen vom 3. bis 6. Oktober 1991 in Berlin und »Feminismus zwischen Rassismus, Ignoranz und Ausgrenzung« vom 5. bis 8. Oktober 1990 in Frankfurt am Main.
44 »Sommerseminar für Schwarze-Frauen-Studien«, in: *Frankfurter Rundschau*, 27.07.1991, o. S.
45 Fifth Annual Cross-Cultural Black Women's Studies Summer Institute, Programm, 02.–23.08.1991, S. 3, Ayim-Archiv, Box 14; McLaughlin: »Cross-Cultural Institute Letter and 1991 Resolutions«, 16.01.1992, S. 1.
46 Interkulturelle Initiative Schwarzer Frauen für Minoritätenrechte und -studien in Deutschland/Nozizwe: *Fünftes Interkulturelles Sommer-Seminar Für Schwarze Frauen-Studien*, S. 2f.; Fifth Cross-Cultural Black Women's Studies Summer Institute: »Directory of Delegates«, 02.–23.08.1991, o. S., Ayim-Archiv, Box 14; Helwerth: »Black Coming Out«, in: *Die Tageszeitung*, 25.08.1991. Weitere Schwarze Deutsche kamen, und sogar Tina M. Campt nahm teil.
47 Marion Kraft (IISF), Brief vom 02.01.1991, o. S., Ayim-Archiv, Box 20; »Interkulturelle Initiative Schwarzer Frauen für die Entwicklung von Minoritätenrechten und -studien in Deutschland e.V.«, 01.12.1990, S. 1–10, ebd., Box 14. Eine Mitgliederliste der IISF vom März 1991 enthielt unter anderem die Namen von Abigail van Rooyen, Angela Amankwaa, Barbara Walker, Bärbel Kampmann, Christiana Ampedu, Christina Jones, Dimitria Clayton, Gabriela Winbold, Hannah Aman, Helga Emde, Henny Tangande, Jasmin Eding, Judy Gummich, Katharina Williams, Magali Schmid, Maria Andres, Marie-Therese Aden, Marion Kraft, Mary Powell, Modupe Laja, Peggy Piesche, Ria Cheatom und Shireen Aga. Clayton, Emde, Gummich, Tangande, Kraft und Laja waren Vorstandsmitglieder. Siehe »IISF Adressenliste«, März 1991, o. S., Cheatom Collection. Die IISF löste sich 1996 auf.
48 Marion Kraft: »Cross-Cultural Sisterhood. Audre Lorde's Living Legacy in Germany«, in: *The Feminist Wire*, 20.02.2014, https://thefeministwire.com/

2014/02/cross-cultural-sisterhood-audre-lordes-living-legacy-in-germany-2/, letzter Zugriff am 08.01.2023.
49 McLaughlin: »Cross-Cultural Institute Letter and 1991 Resolutions«, S. 2. Auch Jean Sindab, eine afroamerikanische Menschenrechts- und Umweltaktivistin und von 1986 bis 1991 Geschäftsführerin des ÖRK-Programms zur Bekämpfung des Rassismus in der Schweiz, unterstützte und besuchte das Seminar 1991. Für weitere Informationen zu Sindab siehe Ohene-Nyako: »Black Women's Transnational Activism.«
50 Ebd., S. 2, 4.
51 Ebd., S. 1.
52 Helga Emde zitiert nach Baureithel: »Das Universum neu schaffen«.
53 »Strategien gegen den Rassismus«, in: *Frankfurter Allgemeine Zeitung*.
54 Heide Platen: »Schwarze Frauen analysieren Europa«, in: *Die Tageszeitung*, 05.08.1991, o. S.
55 Interkulturelle Initiative Schwarzer Frauen für die Entwicklung von Minoritätenrechten und -studien in Deutschland: »5. Interkulturelles Sommer Seminar für Schwarze Frauen-Studien.«
56 Fifth Annual Cross-Cultural Black Women's Studies Summer Institute: »Focus: Black People and the European Community«, o. S., Ayim-Archiv, Box 14.
57 Hartmann: »Neues Europa – neuer Feminismus?«, S. 7.
58 Helwerth: »Black Coming Out«.
59 Interkulturelle Initiative Schwarzer Frauen für Minoritätenrechte und -studien in Deutschland, »Black World«, S. 2.
60 Ebd.
61 »Über die Identität der Schwarzen. Sommer-Seminar für Frauen mit internationalen Gästen«, in: *Frankfurter Allgemeine Zeitung*, 30. Juli 1991, Cheatom Collection, o. S.
62 Ebd.
63 »›Schwarze-Frauen-Studien‹ Sommerseminar am OS-Kolleg«, in: *Neue Westfälische*, 26.07.1991, o. S., Cheatom Collection.
64 Ebd.; »Schwarze Frauen-Studien«, in: *Bielefelder Stadtblatt*, 01.08.1991, o. S., Cheatom Collection.
65 MODEFEN wurde 1981 gegründet. Gilroy war selbst eine bekannte Persönlichkeit, ihr Sohn ist der noch bekanntere Wissenschaftler Paul Gilroy.
66 Baureithel: »Das Universum neu schaffen.«
67 Helga Emde zitiert nach »Schwarze Frauen stehen in Europa ganz am Rande«, in: *Frankfurter Rundschau*.
68 Helwerth: »Black Coming Out«.
69 Klimke: *The Other Alliance;* Davis: »A Whole World Opening Up«; Slobodian: *Foreign Front.* Zu ausländischen Studierenden in Osteuropa siehe Sara Pugach: »Agents of dissent. African student organizations in the German Democratic Republic«, in: *Africa* 89 (2019), S 1, S. 90–108; Eric Burton: »Navigating global

socialism. Tanzanian students in and beyond East Germany«, in: *Cold War History* 19 (2019), 1, S. 63–83; Maxim Matusevich: »Probing the Limits of Internationalism. African Students Confront Soviet Ritual«, in: *Anthropology of East Europe Review* 27 (2009), 2, S. 19–39.

70 International Cross-Cultural Black Women's Studies Summer Institute: »1991 Resolutions«, S. 3, Lorde Papers. Die Resolutionen wurden in deutscher und englischer Sprache verfasst. Nachfolgende Zitate orientieren sich an der englischsprachigen Version.

71 Siehe Steven Jensen: *The Making of International Human Rights. The 1960s, Decolonization und the Reconstruction of Global Values.* New York, Cambridge University Press 2016; Moyn: *The Last Utopia.* Andere Forscher*innen glauben, die Entwicklung internationaler Menschrechte habe bereits vor den 1960er und 1970er Jahren begonnen. Siehe etwa Katherine Marino: *Feminisms for the Americas. The Making of an International Human Rights Movement.* Chapel Hill, University of North Carolina 2019.

72 Siehe El-Tayeb: *Anders Europäisch;* Stuart Hall: »The West and the Rest. Discourse and Power«, in: Tania Das Gupta/Carl E. James/Chris Anderson/Grace-Edward Galabuzi/Roger C. A. Maaka (Hrsg.): *Race and Racialization. Essential Readings.* Toronto, Canadian Scholars 2018, S. 85–93.

73 International Cross-Cultural Institute: »1991 Resolutions«, S. 3.

74 Ebd.

75 Ebd., S. 4.

76 Ebd., S. 5.

77 Ebd., S. 6.

78 Ebd., S. 7.

79 Ebd., S. 8. Der Vertrag räumte ihnen auch die Rechte britischer Untertan*innen ein.

80 Ebd., S. 9.

81 Ebd., S. 10. Der Rat bestand aus acht Ältesten, darunter Lydie Dooh-Bunya und Beryl Gilroy. Mit »First Nations« werden alle indigenen Völker Kanadas bezeichnet.

82 Ebd., S. 12. Siehe auch Kwame Nimako: »About Them, But Without Them. Race and Ethnic Relations Studies in Dutch Universities«, in: *Human Architecture: Journal of the Sociology of Self-Knowledge* 10 (2012), 1, S. 46.

83 Ebd., S. 47. Auch Essed hatte im CRES gearbeitet. Im Jahr darauf wurde es unter neuer Leitung und leicht verändertem Fokus als Institute for Migration and Ethnic Studies (IMES) wiedereröffnet.

84 International Cross-Cultural Institute, S. 4.

85 Ebd. Zu rassistisch motivierten Gewalttaten und Morden in Deutschland siehe Panikos Panayi: »Racial Violence in the New Germany 1990–1993«, in: *Contemporary European History* 3 (1994), 3, S. 265–288; Bruce-Jones: *Race in the Shadow of Law.*

86 International Cross-Cultural Institute, S. 4.
87 Ahmed: *The Cultural Practice of Emotions;* Verta Taylor/Leila Rupp: »Loving Internationalism. The Emotion Culture of Transnational Women's Organizations, 1888–1945«, in: *Mobilization* 2 (2002), 2, S. 141–158.
88 International Cross-Cultural Institute, S. 4.
89 Interkulturelle Initiative Schwarzer Frauen für Minoritätenrechte und -studien in Deutschland, S. 2.
90 International Cross-Cultural Institute, S. 11.
91 Ebd., S. 4.
92 Kraft/Ashraf-Khan: »Einleitung«, in dies. (Hrsg.): *Schwarze Frauen der Welt,* S. 11. Dieses Buch besprochen hat Ohene-Nyako: »Black Women's Transnational Activism.«
93 Ebd., S. 11.
94 Ebd., S. 209.
95 Ebd., S. 211.
96 May Ayim: »Rassismus und Verdrängung im vereinten Deutschland«: in Kraft/Ashraf-Khan (Hrsg.): *Schwarze Frauen der Welt,* S. 29–34.
97 Marion Kraft: »Feminismus und Frauen afrikanischer Herkunft in Europa«, in: dies./Ashraf-Khan (Hrsg.): *Schwarze Frauen der Welt,* S. 171–183.
98 Sheila Mysorekar: »Asiatisch-afrikanische Beziehungen-Probleme, Spaltung und Solidarität in der Diaspora«, in: Kraft/Ashraf-Khan (Hrsg.): *Schwarze Frauen der Welt,* S. 191–199, insbes. S. 198.

Black Lives Matter in Deutschland. Epilog

1 Kim Alecia Singletary: »Black Lives Matter Globally«, *H-Black-Europe,* 26.07.2016, https://networks.h-net.org/node/113394/discussions/135619/ann-media-watch-black-lives-matter-globally, letzter Zugriff am 08.01.2023.
2 European Network of People of African Descent (ENPAD): »#Ferguson is Everywhere #Black Lives Matter Photocampaign Berlin«, 23.08.2014
3 »#CampusRassismus«, *Mädchenmannschaft,* 15.12.2015, https://maedchenmannschaft.net/campusrassismus, letzter Zugriff am 08.01.2023. Darüber hinaus beteiligte sich die ISD auch an anderen Formen digitalen Aktivismus, darunter 2015 an der Hashtag-Kampagne #CampusRassismus, die sich auf die Erfahrungen von Studierenden of Color mit Rassismus an weißen Universitäten in Deutschland konzentrierte. Eine weitere Hashtag-Kampagne ist #Schauhin. Sie versucht, ein Bewusstsein für den alltäglichen Rassismus zu schaffen, dem Menschen of Color in Deutschland ausgesetzt sind und geht auf eine Initiative der deutsch-türkischen Journalistin Kübra Gümüşay aus dem Jahr 2013 zurück.
4 Siehe auch Maisha Auma: »Black Lives Matter Berlin. Statement by Prof. Maisha Auma on Behalf of the Organization ADEFRA, Black Women in Germany«, 25.07.2016, http://www.adefra.de/index.php/blog/73-black-lives-matter-berlin-statem, letzter Zugriff am 08.01.2023.

5 Siehe Muñoz: Disidentifications.
6 Josephine Apraku/Shaheen Wacker/Nela Biedermann/Kristin Lein/Jacqueline Mayen/Mic Oala: »Wenn ich sage ›Black Lives Matter‹, dann sage ich auch, dass mein eigenes Leben zählt«, in: *Missy Magazine,* 20.06.2017, https://missy-magazine.de/blog/2017/06/20/wenn-ich-sage-black-lives-matter-dann-sage-ich-auch-dass-mein-eigenes-leben-zaehlt.
7 Siehe Jean Beaman: »From Ferguson to France«, in: *Contexts* 14 (2015), 1, S. 65–67; Cooper: *Beyond Respectability,* S. 141–152.
8 George Steinmetz: »The First Genocide of the 20th Century and its Postcolonial Afterlives. Germany and the Namibian Ovaherero«, in: *Journal of the International Institute* 12 (2005), 2, https://quod.lib.umich.edu/j/jii/4750978.0012.201?view=text;rgn=main, letzter Zugriff am 08.01.2023; Christopher Browning: *Ordinary Men. Reserve Police Battalion 101 and the Final Solution in Poland.* New York, Harper Collins 2017; Marcel Fürstenau: »Neo-Nazi murder spree shocks Germany«, in: *Deutsche Welle,* 13.04.2013, http://www.dw.com/en/neo-nazi-murder-spree-shocks-germany/a-16742061, letzter Zugriff am 08.01.2023; Emran Feroz: »Living as a refugee in Germany under the shadow of violence«, *TRT World,* 16.01.2019, https://www.trtworld.com/opinion/living-as-a-refugee-in-germany-under-the-shadow-of-violence-23356, letzter Zugriff am 08.01.2023. Damit sei nicht gesagt, dass Angriffe gegen Ausländer*innen und Deutsche of Color nicht auch schon früher stattgefunden hätten. Doch haben sie besonders seit der Ankunft syrischer und anderer Geflohener in den Jahren 2015 und 2016 zugenommen.
9 Bei den Wahlen im Herbst 2017 zog die AfD erstmals in den Bundestag ein, wo sie mit 49 Sitzen die drittgrößte Fraktion stellte. Im Oktober 2019 landete sie bei den Landtagswahlen in Thüringen auf dem zweiten Platz. Die AfD gehört wie die Französische Rassemblement National und die niederländische Freiheitspartei zur europäischen Rechten. Die 1964 gegründete Nationaldemokratische Partei Deutschlands (NPD) und die 2014 gegründete Pegida sind zwei weitere Beispiele für die Mobilisierung des rechten Rands in Deutschland.
10 Siehe El-Tayeb: *Undeutsch;* El-Tayeb: *Anders Europäisch;* Kilomba: *Plantation Memories.*
11 Daniel Pelz: »Berlin neighborhood confronts colonial past«, in: *Deutsche Welle,* 20.04.2018, http://www.dw.com/en/berlins-african-quarter-to-change-colonial-era-street-names/a-43474130, letzter Zugriff am 08.01.2023. Siehe auch Berlin-Postkolonial http://www.berlin-postkolonial.de, letzter Zugriff am 08.01.2023.
12 Siehe John A. Kantara: »Schwarz sein und deutsch dazu«, in: *Die Zeit,* 23.04.1998, http://www.zeit.de/1998/18/schwarz.txt.19980423.xml, letzter Zugriff am 08.01.2023. Im Jahr 2013 wurden erstmals zwei Politiker afrikanischer Herkunft in den Bundestag gewählt: Karamba Diaby (SPD) und Charles Huber (CDU).

Abkürzungen

ADEFRA	Afrodeutsche Frauen/Schwarze Frauen in Deutschland e.V.
AFI	Afrikanische Fraueninitiative e.V.
AFT	Afrikanisches Frauentheater
AKWAABA	Pan European Women's Network for Intercultural Action and Exchange
ANC	African National Congress
ARA	African Refugee Association
ARiC	Antirassistisch-Interkulturelles Informationszentrum e.V.
AStA	Allgemeiner Studierendenausschuss
ASU	Afrikanische Studenten Union
AWA	African Writers Association
BAM	Black Arts Movement
BAZ	Bildungs- und Aktionszentrum Dritte Welt e.V.
BBWG	Brixton Black Women's Group
BCM	Black Consciousness Movement
BHM	Black History Month
BLM	Black Lives Matter
BLS	Black Liberation Sounds/Black Liberation Sound System
BMA	Black Media Access
BSO	Black Student Organisation
BUC	Black Unity Committee
BT	Bundestreffen
BWEN	Black Women and Europe Network
CEDAW	United Nations Convention on the Elimination of All Forms of Discrimination against Women (Übereinkommen zur Beseitigung jeder Form von Diskriminierung der Frau)
CNA	Committee for the Negro in the Arts
CRC	Combahee River Collective
CRES	Centre for Race and Ethnic Studies
EARESJ	European Action for Racial Equality and Social Justice
EEA	Einheitliche Europäische Akte
EWG	Europäische Wirtschaftsgemeinschaft
ENAR	European Network Against Racism (Europäisches Netzwerk gegen Rassismus)
ENPAD	European Network of People of African Descent (Europäisches Netzwerk für Menschen afrikanischer Herkunft)
EURAFRI	Europa Afrika Zentrum
FU	Freie Universität Berlin
IAF	Interessengemeinschaft der mit Ausländern verheirateten Frauen e.V. (umbenannt in Verband binationaler Familien und Partnerschaften)

IBR	Institute for Black Research
IFAF	Interkulturelles Feministisches Antirassismus Forum e.V.
IPF	Immigrantenpolitisches Forum e.V.
IRNWAD	International Resource Network of Women of African Descent
ISD	Initiative Schwarze Deutsche/Initiative Schwarze Menschen in Deutschland e.V.
IISF	Interkulturelle Initiative Schwarzer Frauen für Minoritätenrechte und -studien in Deutschland e.V.
KOP	Kampagne für Opfer rassistischer Polizeigewalt
KT	Koordinationstreffen
LIT	Literatur Frauen e.V.
MODEFEN	Mouvement pour la défense des droits de la femme noire (Bewegung für die Verteidigung der Rechte von Schwarzen Frauen)
OWAAD	Organisation of Women of Asian and African Descent
PAF	Pan African Forum
PCR	Programme to Combat Racism (Programm zur Bekämpfung von Rassismus)
SDS	Sozialistischer Deutscher Studentenbund
SED	Sozialistische Einheitspartei Deutschlands
SISTERS	Sisters in Struggle to Eliminate Racism and Sexism
SOMFV	Somali Women's Association
SOS	Struggle of Students
UN	United Nations (Vereinte Nationen)
UNESCO	United Nations Educational, Scientific and Cultural Organization (Organisation der Vereinten Nationen für Bildung, Wissenschaft und Kultur)
WCC	World Council of Churches (Ökumenischer Rat der Kirchen, ÖRK)
WUR	Women Under Racism

Abbildungen

S. 73: Fotografie von Dagmar Schultz, Berlin, Freie Universität Berlin, Universitätsarchiv, V/N-47 Audre Lorde, Sign. 92

S. 81: Fotografie von Ute Weller, Freie Universität Berlin, Universitätsarchiv, V/N-47 Audre Lorde, Sign. 184

S. 89: Fotografie von Dagmar Schultz, Freie Universität Berlin, Universitätsarchiv, V/N-47 Audre Lorde, Sign. 184

S. 109: Fotogaf*in unbekannt, Freie Universität Berlin, Universitätsarchiv, V/N-2 May Ayim (Opitz), Sign. 19

S. 125: Fotografie im Archiv der Autorin

S. 127: Fotografie im Archiv der Autorin

S. 157: Zentrale Bibliothek Frauenforschung, Gender & Queer Studies (Hamburg)

S. 182: Fotografie im Archiv der Autorin

S. 194: Fotograf*in unbekannt, Freie Universität Berlin, Universitätsarchiv, V/N-2 May Ayim (Opitz), Sign. 17

S. 198: Fotograf*in unbekannt, Freie Universität Berlin, Universitätsarchiv, V/N-2 May Ayim (Opitz), Sign. 8

S. 201: Fotograf*in unbekannt, Freie Universität Berlin, Universitätsarchiv, V/N-2 May Ayim (Opitz), Sign. 15

S. 247: Fotografie im Archiv der Autorin

Quellen und Literatur

Archive
Nachlass Audre Lorde Archiv, Universitätsarchiv, Freie Universität Berlin
The Collection of Audre Lorde, Spelman College, Atlanta, Georgia
Nachlass May Ayim, Universitätsarchiv, Freie Universität Berlin
Frauenforschungs-, -bildungs- und Informationszentrum (FFBIZ), Berlin
Orlanda Frauenverlag, Berlin
Spinnboden Lesbenarchiv und Bibliothek, Berlin
Zentrale Bibliothek Frauenforschung, Gender & Queer Studies (ZBF & GQS), Hamburg

Private Sammlungen
The May Ayim Papers
The Private Collection of Ria Cheatom
The Private Collection of Ricky Reiser

Zeitschriften und Zeitungen
Afrekete. Zeitung für afro-deutsche und schwarze Frauen
afro look. eine zeitschrift von schwarzen deutschen / Onkel Tom's Faust
AWA-FINNABA. An African Literary and Cultural Journal
BBC News
Bielefelder Stadtblatt
Der Spiegel
Deutsche Welle
Der Tagesspiegel
Die Tageszeitung (taz)
Die Zeit
Frankfurter Allgemeine Zeitung
Frankfurter Rundschau
Isivivane. Journal of Letters and Arts in Africa and the Diaspora
LesbenStich. Das Lesbenmagazin für den aufrechten Gang
Süddeutsche Zeitung
The European
The Guardian

Filme
Binder, Maria: *Hoffnung im Herz. Mündliche Poesie*, DVD, New York, Third World Newsreel 1997
Griffin, Ada Gay / Michelle Parkerson: *A Litany for Survival. The Life and Work of Audre Lorde*, DVD, New York, Third World Newsreel 1995

Kantara, John A.: *Blues Schwarzweiss. Vier schwarze deutsche Leben,* Videokassette, Berlin 1998
Priemer, Christel: *Deutsche sind weiß, Neger können keine Deutschen sein!,* DVD, ARD 1986
Priemer, Christel: *Ein bißchen schwarz, ein bißchen weiß oder was es heißt, ein deutscher Neger zu sein,* DVD, ARD 1984
Priemer, Christel: *Schwarze Frauen bekennen Farbe. Lebensgeschichten aus einem kalten Land,* DVD, ARD 1992
Rivera, Julia: *mEin Viertel 100. 25 Jahre Bundestreffen,* DVD, Berlin 2011
Schultz, Dagmar mit Ika Hügel-Marshall und Ria Cheatom: *Audre Lorde – The Berlin Years 1984–1992,* DVD, New York, Third World Newsreel 2012

Audio
Cheatom, Ria: Informelles Gespräch, Tonaufnahme, Berlin-Schöneberg, 8. August 2011. Aus der Privatsammlung der Autorin, Real audio, MP3

Primärliteratur
»A Eulogy for Audre Lorde. From Afro-German Women«, in: *Aché* 5 (1993), 1, S. 7–9.
ADEFRA: *20 Jahre Schwarze Frauenbewegung in Deutschland/20 Years of Black Women's Activism in Germany.* Berlin, Museum Europäischer Kulturen 2006.
Ani, Ekpenyong/Jasmin Eding/Maisha M. Eggers/Katja Kinder/Peggy Piesche: »Schwarze Lesben im geteilten Feminismus«, in: Gabriele Dennert/Christiane Leidinger/Franziska Rauchut (Hrsg.): *In Bewegung bleiben. 100 Jahre Politik, Kultur und Geschichte von Lesben.* Berlin, Querverlag 2007, S. 297–299.
Ani, Ekpenyong: »Die Frau, die Mut zeigt – der Verein ADEFRA Schwarze Deutsche Frauen/Schwarze Frauen in Deutschland«, in: ADB Köln/cbN (Hrsg.): *The BlackBook,* S. 145–149.
AntiDiskriminierungsBüro Köln (ADB Köln)/cyberNomads (cbN) (Hrsg.): *The BlackBook. Deutschlands Häutungen.* Frankfurt am Main, IKO-Verlag für Interkulturelle Kommunikation 2004.
Ayim, May/Nivedita Prasad (Hrsg.): *Dokumentation Wege zu Bündnissen.* Berlin, AStA Druckerei der Freien Universität Berlin 1992.
Ayim, May: »Aufbruch«, in: Ayim/Oguntoye/Schultz (Hrsg.): *Farbe bekennen,* S. 213 f.
Ayim, May/Katharina Oguntoye/Dagmar Schultz (Hrsg.): *Showing Our Colours. Afro-German Women Speak Out,* aus dem Deutschen von Anne V. Adams. Amherst, University of Massachusetts Press 1992.
Ayim, May/Katharina Oguntoye/Dagmar Schultz (Hrsg.): *Showing Our Colours. Afro-German Women Speak Out.* London, Open Letters 1992.
Ayim, May/Katharina Oguntoye/Dagmar Schultz (Hrsg.): *Farbe bekennen. Afrodeutsche Frauen auf den Spuren ihrer Geschichte.* Berlin, Orlanda 2006.
Ayim, May: *Blues in schwarz weiss.* Berlin, Orlanda 1995.

Ayim, May: »afro-deutsch I«, in: dies.: *Blues in schwarz weiss,* S. 18.
Ayim, May: »Afro-Deutsch«, in: Ayim/Oguntoye/Schultz (Hrsg.): *Farbe bekennen,* S. 146.
Ayim, May: »Ein Brief aus Münster«, in: dies.: *Grenzenlos und unverschämt,* S. 9–12.
Ayim, May: »afro-deutsch II«, in: dies.: *Blues in schwarz weiss,* S. 25.
Ayim, May: »deutschland im herbst« und »gegen leberwurstgrau – für eine bunte republik talk-talk-show für den bla-bla-kampf«, in: dies.: *Blues in schwarz weiss,* S. 68–70 und 62–65.
Ayim, May: »Die Afro-deutsche Minderheit«, in: Cornelia Schmalz-Jacobsen/Georg Hansen (Hrsg.): *Ethnische Minderheiten in der Bundesrepublik Deutschland: Ein Lexikon.* München, C. H. Beck 1995, S. 39–51.
Ayim, May: *Grenzenlos und unverschämt.* Berlin, Unrast 2021.
Ayim, May: *Afro-Deutsche. Ihre Kultur- und Sozialgeschichte auf dem Hintergrund gesellschaftlicher Veränderungen.* Magisterarbeit, Universität Regensburg 1984.
Ayim, May: »Eine Der Anderen – Rückkehr in mein Dorf«, in: Gabriela Mönnig (Hrsg.): *Schwarzafrika der Frauen.* München, Frauenoffensive 1989, S. 267–279.
Ayim, May: »May Ayim, Curriculum Vitae«, in: dies.: *Blues in Black and White. A Collection of Essays, Poetry and Conversations,* übers. von Anne Adams. Trenton, N. J., Africa World Press 2003, S. 171f.
Ayim, May: *Nachtgesang.* Berlin, Orlanda 1997.
Ayim, May: »Wir wollen aus der Isolation heraus«, in: dies.: *Grenzenlos und unverschämt,* S. 44–47.
Ayim, May: »Das Jahr 1990. Heimat und Einheit aus afro-deutscher Perspektive«, in: dies.: *Grenzenlos und unverschämt,* S. 88f.
Ayim, May: »Rassismus und Verdrängung im vereinten Deutschland«, in: Marion Kraft/Rukhsana Shamim Ashraf-Khan (Hrsg.): *Schwarze Frauen der Welt,* S. 29–34.
Berger, Astrid: »Sind Sie nicht froh, dass Sie immer hier bleiben dürfen?«, in: Ayim/Oguntoye/Schultz (Hrsg.): *Farbe bekennen,* S. 122–128.
Berger, Julia: »Ich mache dieselben Sachen wie die anderen«, in: Ayim/Oguntoye/Schultz (Hrsg.): *Farbe bekennen,* S. 202–204.
Bergold-Caldwell, Denise/Laura Digoh/Hadija Haruna-Oelker/Christelle Nkwendja-Ngnoubamdjum/Camilla Ridha/Eleonore Wiedenroth-Coulibaly (Hrsg.): *Spiegelblicke. Perspektiven Schwarzer Bewegung in Deutschland.* Berlin, Orlanda 2015.
Byrd, Rudolph P./Johnnetta Betsch Cole/Beverly Guy-Sheftall (Hrsg.): *I Am Your Sister. Collected and Unpublished Writings of Audre Lorde.* New York, Oxford University Press 2009.
Cheatom, Ria/Jasmin Eding/Mary Powell/Ulrike Gerhart: »Wage dein Leben

und verlasse Dein Haus! ADEFRA München über sich und das 5. Afro-deutsche Frauenbundestreffen«, in: *Kofra. Zeitschrift für Feminismus und Arbeit (Rassismus von Frauen)* 10 (1991), S. 21 f.

Eisenbrandt, Angelika: »Auf einmal wußte ich, was ich wollte«, in: Ayim/Oguntoye/Schultz (Hrsg.): *Farbe bekennen*, S. 197–201.

Emde, Helga: »Als ›Besatzungskind‹ im Nachkriegsdeutschland«, in: Ayim/Oguntoye/Schultz (Hrsg.): *Farbe bekennen*, S. 115–121.

Emde, Helga: »Der Schrei«, in: Ayim/Oguntoye/Schultz (Hrsg.): *Farbe bekennen*, S. 121.

Emde, Helga: »I too am German – An Afro-German Perspective«, in: Leroy Hopkins (Hrsg.): *Who is a German? Historical and Modern Perspectives of Africans in Germany*. Washington, American Institute for Contemporary German Studies 1999, S. 33–42.

Fremgen, Gisela (Hrsg.): *... und wenn du dazu noch Schwarz bist. Berichte schwarzer Frauen in der Bundesrepublik*. Bremen, Edition CON 1984.

Gummich, Judy: »Auffallen und verändern. Schwarze Deutsche«, in: *Weibblick. Informationsblatt von Frauen für Frauen (Schwarze deutsche Frauen, Rassismus in der Sprache, weiße Frauen mit schwarzen Kindern)* 13 (1993), S. 5–8.

Gummich, Judy: »Als Schwarze diskriminiert – als Deutsche ignoriert. Schwarze Deutsche«, in: *Perspektiven* (1993), S. 1–12.

Ha, Kien Nghi/Nicola Lauré al-Samarai/Sheila Mysorekar (Hrsg.): *Re/visionen. Postkoloniale Perspektiven von People of Color auf Rassismus, Kulturpolitik und Widerstand in Deutschland*. Münster, Unrast 2007.

Hall, Joan Wylie (Hrsg.): *Conversations with Audre Lorde*. Oxford, University Press of Mississippi 2004.

Haus der Kulturen der Welt: *Adinkra. Symbolic language of the Ashanti/Adinkra. Symbolsprache der Ashanti*. Berlin, Movimento Druck 1993.

Herrero-Villamor, Ana: »91«, »Auf den Straßen unserer Stadt«, »bin heimatlos«, »Heaven«, »wir berliner«, »Gold«, »Blau/Indigo«, »sie möchte deine lippen lesen«, »Musternde Blicke« und »I Am A Sister«, in: Peggy Piesche (Hrsg.): *Euer Schweigen schützt Euch nicht*, S. 41, 52, 69–74, 156, 168–171, 186, 203f., 212–215.

Hügel-Marshall, Ika: *Daheim unterwegs. Ein deutsches Leben*. Berlin, Orlanda 1998.

Hügel-Marshall, Ika: »Lesbischsein lässt sich verleugnen, schwarzsein nicht«, in: JoAnn Loulan (Hrsg.): *Lesben, Liebe, Leidenschaft. Texte zur feministischen Psychologie und zu Liebesbeziehungen unter Frauen*. Berlin, Orlanda 1992, S. 298–307.

Hügel-Marshall, Ika: »Die Situation von Afrodeutschen nach dem Zweiten Weltkrieg (am Beispiel meiner Autobiographie ›Daheim unterwegs. Ein deutsches Leben‹) und heute«, in: Helmuth Niederle/Ulrike Davis-Suilowski/Thomas Fillitz (Hrsg.): *Früchte der Zeit. Afrika, Diaspora, Literatur und Migration*. Wien, WUV Universitätsverlag 2001, S. 75–84.

ISD München (Hrsg.): *Macht der Nacht. Eine Schwarze Deutsche Anthologie.* München, ISD 1991/1992.

Kantara, Jeannine: »Die Geschichte der Zeitschrift *afro look* und die Anfänge der ISD Berliner Frühlingserwachen«, in: Oumar Diallo/Joachim Zeller (Hrsg.): *Black Berlin. Die deutsche Metropole und ihre afrikanische Diaspora in Geschichte und Gegenwart.* Berlin, Metropol 2013, S. 165–176.

Kantara, Jeannine: »Die Geschichte der *afro look*«, in: ADBüro Köln/cbN: *The BlackBook,* S. 160–162.

Kinder, Katja: »Rückblenden und Vorschauen. 20 Jahre Schwarze Frauenbewegung«, in: Piesche (Hrsg.): *Euer Schweigen schützt Euch nicht,* S. 17–40.

Kraft, Marion/Rukhsana Shamim Ashraf-Khan (Hrsg.): *Schwarze Frauen der Welt. Europa und Migration.* Berlin, Orlanda 1994.

Kraft, Marion (Hrsg.): *Kinder der Befreiung. Transatlantische Erfahrungen und Perspektiven Schwarzer Deutscher der Nachkriegsgeneration.* Münster, Unrast 2015.

Küppers, Michael: »professional kultur°evolution inna germany«, in: ADB Köln/cbN (Hrsg.): *The BlackBook,* S. 150–154.

Lorde, Audre/James Baldwin: »Revolutionary Hope. A Conversation Between James Baldwin and Audre Lorde«, in: *Essence* (1984), S. 72–74, 129 f., 133.

Lorde, Audre: »Audre Lorde. A New Spelling of Our Name«, in: *Sojourner* 10 (1985), 5, S. 16 f.

Lorde, Audre: *Lichtflut. Neue Texte.* Berlin, Orlanda 1988.

Audre Lorde: *Auf Leben und Tod. Krebstagebuch,* übers. von Renate Stendhal/Margarete Längsfeld. Frankfurt am Main, Fischer 2000.

Lorde, Audre: *Zami. Eine neue Schreibweise meines Namens.* München, Hanser 2022.

Lorde, Audre: *Die Quelle unserer Macht. Gedichte,* zweisprachige Ausgabe, übers. von Marion Kraft/Sigrid Markmann. Berlin, Orlanda 1994.

Lorde, Audre: *Black Unicorn. Poems.* New York, W. W. Norton 1995.

Lorde, Audre: *The Collected Poems of Audre Lorde.* New York, W. W. Norton 2000.

Lorde, Audre: *Sister Outsider. Essays.* München, Hanser 2021.

Lubinetzki/Birkenwald, Raja: »Gespräch mit Katherina Birkenwald (23 J.) DDR. ›Ich wollte nie schreiben, ich konnte nie anders‹«, in: Ayim/Oguntoye/Schultz (Hrsg.): *Farbe bekennen,* S. 225–238.

Lubinetzki/Birkenwald, Raja: »ruf«, in: Ayim/Oguntoye/Schultz (Hrsg.): *Farbe bekennen,* S. 232.

Oguntoye, Katharina: *Eine afro-deutsche Geschichte. Zur Lebenssituation von Afrikanern und Afro-Deutschen in Deutschland von 1884 bis 1950.* Berlin, Hoho Verlag Christine Hoffmann 1997.

Oguntoye, Katharina: »Vorwort zur Neuauflage 2006«, in: Ayim/Oguntoye/Schultz (Hrsg.): *Farbe bekennen,* S. 5–14.

Oguntoye, Katharina: »Mein Coming-out als Schwarze Lesbe in Deutschland«, in: Gabriele Dennert/Christiane Leidinger/Franziska Rauchut (Hrsg.): *In Bewegung bleiben. 100 Jahre Politik, Kultur und Geschichte von Lesben*. Berlin, Querverlag 2007, S. 160–163.

Oguntoye, Katharina: »Rückblenden und Vorschauen. 20 Jahre Schwarze Frauenbewegung«, in: Piesche (Hrsg.): *Euer Schweigen schützt Euch nicht*, S. 17–40.

Oguntoye, Katharina: »Spiegel«, in: Ayim/Oguntoye/Schultz (Hrsg.): *Farbe bekennen*, S. 222.

Piesche, Peggy (Hrsg.): *Euer Schweigen schützt Euch nicht. Audre Lorde und die Schwarze Frauenbewegung in Deutschland*. Berlin, Orlanda 2012.

Schultz, Dagmar (Hrsg.): *Audre Lorde und Adrienne Rich. Macht und Sinnlichkeit. Ausgewählte Texte,* aus dem Englischen übers. von Renate Stendhal/Marion Kraft/Susanne Stern/Erika Wisselinck. Berlin, Orlanda 1993.

Schultz, Dagmar: »Vorwort«, in: Audre Lorde: *Auf Leben und Tod: Krebstagebuch,* aus dem Englischen übers. von Renate Stendhal/Margarete Längsfeld. Frankfurt am Main, Fischer 2000.

Schultz, Dagmar: »Audre Lorde – Her Struggles and Her Visions«. Berlin, Heinrich Böll Stiftung und Gunda Werde Institut, Feminismus und Geschlechterdemokratie, o. J., http://dagmarschultz.com/download/audre_lorde.pdf.

Wiedenroth-Coulibaly, Eleonore/Sascha Zinflou: »20 Jahre Schwarze Organisierung in Deutschland – Ein Abriss«, in: ADB Köln/cbN (Hrsg.): *The Black Book,* S. 133–144.

Wiedenroth, Ellen: »Was macht mich so anders in den Augen der anderen?«, in: Ayim/Oguntoye/Schultz (Hrsg.): *Farbe bekennen*, S. 172–183.

Sekundärliteratur

Adams, Anne: »The Souls of Black Volk. Contradiction? Oxymoron?«, in: Patricia Mazòn/Reinheld Steingröver (Hrsg.): *Not So Plain as Black and White. Afro-German Culture and History, 1890–2000*. Rochester, N.Y., University of Rochester Press, 2005, S. 209–232.

Adams, Anne: »*afro look* – magazine of blacks in germany. An Africanist Analysis«, in: Susan Arndt/Marek Spitczok von Brisinski (Hrsg.): *Africa, Europe and (Post)Colonialism. Racism, Migration and Diaspora in African Literatures*. Bayreuth, Universität Bayreuth 2006, S. 257–278.

Ahmed, Sara: *The Cultural Practice of Emotions*. Abingdon, Routledge 2004.

Ahmed, Sara: *Queer Phenomenology. Orientations, Objects, and Others*. Durham, Duke University Press 2006.

Aimes, Eric/Lora Wildenthal/Marcia Klotz (Hrsg.): *Germany's Colonial Pasts*. Lincoln, University of Nebraska Press 2005.

Aitken, Robbie: »Embracing Germany. Interwar German Society and Black Germans through the Eyes of African American Reporters«, in: *Journal of American Studies* 52 (2018), S. 447–473.

Al-Samarai, Nicola: »Unwegsame Erinnerungen. Auto/biographische Zeugnisse von Schwarzen Deutschen aus der BRD und der DDR«, in: Marianne Bechhaus-Gerst/Reinhard Klein-Arendt (Hrsg.): *Encounters/Begegnungen*. Münster, LIT 2004, S. 197–210.

Bach, Tina: »Schwarze Deutsche Literatur. Eine Einführung«, in: *freitext* 18 (2011), S. 19–23.

Behrends, Jan/Thomas Lindenberger/Patrice Poutrus (Hrsg.): *Fremde und Fremd-Sein in der DDR. Zu historischen Ursachen der Fremdenfeindlichkeit in Ostdeutschland*. Berlin, Metropol 2003.

Blackshire-Belay, Carol Aisha: »The African Diaspora in Europe. African Germans Speak Out«, in: *Journal of Black Studies* 31 (2001), 3, S. 264–287.

Blain, Keisha N.: *Set the World on Fire. Black Nationalist Women and the Global Struggle for Freedom*. Philadelphia, University of Pennsylvania Press 2018.

Blain, Keisha N./Tiffany M. Gill (Hrsg.): *To Turn the Whole World Over. Black Women and Internationalism*. Urbana, University of Illinois Press 2019.

Bowen, Angela: »Black Feminism«, in: Bonnie Zimmerman (Hrsg.): *Lesbian Histories and Cultures. An Encyclopedia*. New York, Taylor & Francis 2000, S. 117–119.

Brown, Elsa Barkley: »Negotiating and Transforming the Public Sphere. African American Political Life in the Transition from Slavery to Freedom«, in: *Public Culture* 7 (1994), S. 102–146.

Brown, Jacqueline Nassy: *Dropping Anchor, Setting Sail. Geographies of Race in Black Liverpool*. Princeton, Princeton University Press 2005.

Bruce-Jones, Eddie: *Race in the Shadow of the Law. State Violence in Contemporary Europe*. Abingdon, Routledge 2017.

Bryan, Beverly/Stella Dadzie/Suzanne Scafe (Hrsg.): *The Heart of the Race. Black Women's Lives in Britain*. London, Virago 2018.

Campt, Tina M./Paul Gilroy (Hrsg.): *Der Black Atlantic*. Berlin, Haus der Kulturen der Welt 2004.

Campt, Tina M.: *Other Germans. Black Germans and the Politics of Race, Gender, and Memory in the Third Reich*. Ann Arbor, University of Michigan Press 2004.

Campt, Tina M.: *Image Matters. Archive, Photography, and the African Diaspora in Europe*. Durham, Duke University Press 2012.

Campt, Tina M.: »Afro-German Cultural Identity and the Politics of Positionality. Contests and Contexts in the Formation of a German Ethnic Identity«, in: *New German Critique* 58 (1993), S. 109–126.

Campt, Tina M.: »The Crowded Space of Diaspora. Intercultural Address and the Tensions of Diasporic Relation«, in: *Radical History Review* 83 (2002), S. 94–113.

Carby, Hazel: *Reconstructing Womanhood. The Emergence of the Afro-American Woman Novelist*. New York, Oxford University Press 1987.

Chin, Rita/Heide Fehrenbach/Atina Grossmann/Geoff Eley (Hrsg.): *After the*

Nazi Racial State. Difference and Democracy in Germany and Europe. Ann Arbor, University of Michigan Press 2009.

Chin, Rita: *The Guest Worker Question in Postwar Germany.* New York, Cambridge University Press 2007.

Cohen, Cathy J.: »Punks, Bulldaggers, and Welfare Queens. The Radical Potenzial of Queer Politics?«, in: Johnson/Henderson (Hrsg.): *Black Queer Studies,* S. 21–51.

Collins, Patricia Hill: *On Intellectual Activism.* Philadelphia, Temple University Press 2013.

Cooper, Brittney: *Beyond Respectability. The Intellectual Thought of Race Women.* Urbana, University of Illinois Press 2017.

Crawley, Erin Leigh: *Challenging Concepts of Cultural and National Homogeneity. Afro-German Women and the Articulation of Germanness*, Dissertation, University of Wisconsin-Madison 1996.

Crenshaw, Kimberlé: »Mapping the Margins. Intersectionality, Identity Politics, and Violence against Women of Color«, in: *Stanford Law Review* 43 (1991), 6, S. 1241–1299.

Crenshaw, Kimberlé: »Demarginalizing the Intersection of Race and Sex. A Black Feminist Critique of Antidiscrimination Doctrine, Feminist Theory and Antiracist Politics.« in: *University of Chicago Legal Forum* 1 (1989), S. 139–167.

Cvetkovich, Ann: *An Archive of Feelings. Trauma, Sexuality, and Lesbian Public Cultures.* Durham, Duke University Press 2003.

Davies, Carole Boyce: *Black Women, Writing and Identity. Migrations of the Subject.* New York, Routledge 1994.

Davies, Carole Boyce: *Left of Karl Marx. The Political Life of Black Communist Claudia Jones.* Durham, Duke University Press 2008.

De Veux, Alexis: *Warrior Poet. A Biography of Audre Lorde.* New York, W.W. Norton 2004.

Diedrich, Maria I./Jürgen Heinrichs (Hrsg.): *From Black to Schwarz. Cultural Crossovers between African America and Germany.* Münster, LIT 2010.

Donaldson, Sonya: *(Ir)reconcilable Differences? The Search for Identity in Afro-German Autobiography*, Dissertation, University of Virginia 2012.

Dubey, Madhu: »Gayl Jones and the Matrilineal Metaphor of Tradition«, in: *Signs* 20 (1995), 2, S. 245–267.

Edwards, Brent Hayes: *The Practice of Diaspora. Literature, Translation, and the Rise of Black Internationalism.* Cambridge, Harvard University Press 2003.

Eggers, Maureen Maisha: »Knowledges of (Un-)Belonging. Epistemic Change as a Defining Mode for Black Women's Activism in Germany«, in: Lennox (Hrsg.): *Remapping Black Germany,* S. 33–45.

El-Tayeb, Fatima: *Undeutsch. Die Konstruktion des Anderen in der Postmigrantischen Gesellschaft.* Bielefeld, Transcript 2016.

El-Tayeb, Fatima: *Anders Europäisch. Rassismus, Identität und Widerstand im vereinten Europa.* Münster, Unrast 2015.

El-Tayeb, Fatima: *Schwarze Deutsche. Der Diskurs um »Rasse« und nationale Identität, 1890–1933.* Frankfurt am Main, Campus 2001.

El-Tayeb, Fatima: »›If You Can't Pronounce My Name, You Can Just Call Me Pride‹. Afro-German Activism, Gender and Hip Hop«, in: *Gender and History* 15 (2003), 3, S. 459–485.

Essed, Philomena: *Understanding Everyday Racism. An Interdisciplinary Theory.* London, Sage Publications 1991.

Faymonville, Carmen: »Black Germans and Transnational Identification«, in: *Callaloo* 26 (2003), 2, S. 364–382.

Fehrenbach, Heide: *Race After Hitler. Black Occupation Children in Postwar Germany and America.* Princeton, Princeton University Press 2005.

Florvil, Tiffany N./Vanessa D. Plumly (Hrsg.): *Rethinking Black German Studies. Approaches, Interventions and Histories.* London, Peter Lang 2018.

Ford, Tanisha: »We Were the People of Soul«, in: dies.: *Liberated Threads. Black Women, Style, and The Global Politics of Soul.* Chapel Hill, University of North Carolina Press 2015, S. 123–157.

Franklin, V. P.: *Living Our Stories, Telling Our Truths. Autobiography and the Making of the African American Intellectual Tradition.* New York, Oxford University Press 1996.

Fuentes, Marisa: *Dispossessed Lives. Enslaved Women, Violence, and the Archive.* Philadelphia, University of Pennsylvania Press 2016.

Germain, Felix: *Decolonizing the Republic. African and Caribbean Migrants in Postwar Paris.* East Lansing, Michigan State University Press 2016.

Gerund, Katharina: »Visions of (Global) Sisterhood and Black Solidarity. Audre Lorde«, in: dies.: *Transatlantic Cultural Exchange. African American Women's Art and Activism in West Germany.* Bielefeld, Transcript 2013, S. 157–210.

Geyer, Michael/Konrad Jarausch: *Shattered Past. Reconstructing German Histories.* Princeton, Princeton University Press 2003.

Geyer, Michael (Hrsg.): *The Power of Intellectuals in Contemporary Germany.* Chicago, University of Chicago Press 2001.

Gilroy, Paul: *The Black Atlantic. Modernity and Double-Consciousness.* Cambridge, Harvard University Press 1993.

Glissant, Eduoard: *Caribbean Discourses. Selected Essays,* übers. von Michael J. Dash. Charlottesville, University of Virginia Press 1989.

Goertz, Karein: »Borderless and Brazen. Ethnicity Redefined by Afro-German and Turkish German Poets«, in: *Comparatist* 21 (1997), S. 68–91.

Goertz, Karein: »Showing Her Colors. An Afro-German Writes the Blues in Black and White«, in: *Callaloo* 26 (2003), 2, S. 306–319.

Gökturk, Deniz/David Gramling/Anton Kaes (Hrsg.): *Germany in Transit. Nation and Migration, 1955–2005.* Berkeley, University of California Press 2007.

Greene, Larry/Anke Ortlepp (Hrsg.): *Germans and African Americans. Two Centuries of Exchange*. Oxford, University Press of Mississippi 2011.
Grossmann, Atina: *Reforming Sex. The German Movement for Birth Control and Abortion Reform, 1920–1950*. New York, Oxford University Press 1995.
Grossmann, Atina: *Jews, Germans, and Allies. Close Encounters in Occupied Germany*. Princeton, Princeton University Press 2007.
Guridy, Frank: *Forging Diaspora, Afro-Cubans and African Americans in a World of Empire and Jim Crow*. Chapel Hill, University of North Carolina Press 2010.
Hackenesch, Silke: *Chocolate and Blackness. A Cultural History*. Frankfurt am Main, Campus 2017.
Hall, Stuart: »Cultural Identity and Diaspora«, in: Jonathan Rutherford (Hrsg.): *Identity. Community, Culture, and Difference*. London, Lawrence & Wishart 1990, S. 222–237.
Hall, Stuart: »The Local and the Global. Globalization and Ethnicity«, in: Anne McClintock/Aamir Mufti/Ella Shohat (Hrsg.): *Dangerous Liaisons. Gender, Nation, and Postcolonial Perspectives*. Minneapolis, University of Minnesota Press 1997, S. 173–187.
Higashida, Cheryl: *Black Internationalist Feminism. Women Writers of the Black Left, 1945–1995*. Urbana, University of Illinois Press 2011.
Higginbotham, Evelyn Brooks: »African-American Women's History and the Metalanguage of Race«, in: *Signs* 17 (1992), 2, S. 251–274.
Eric Hobsbawm: »Das Erfinden von Traditionen«, in: Christoph Conrad/Martina Kessel (Hrsg.): *Kultur & Geschichte. Neue Einblicke in eine alte Beziehung*. Stuttgart, Philipp Reclam jun. 1998, S. 97–118.
Hodges, Carolyn: »The Private/Plural Selves of Afro-German Women and the Search for a Public Voice«, in: *Journal of Black Studies* 23 (1992), 2, S. 219–234.
Höhn, Maria/Martin Klimke: *A Breath of Freedom. The Civil Rights Struggle, African American GIs, and Germany*. New York, Palgrave 2010.
hooks, bell: *Outlaw Culture. Resisting Representations*. New York, Routledge, 2006.
Hopkins, Leroy: »Speak, so I might see you! Afro-German Literature«, in: *World Literature Today* 69 (1995), 3, S. 533–538.
Hopkins, Leroy: »Writing Diasporic Identity. Afro-German Literature Since 1985«, in: Patricia Mazón/Reinhild Steingröver (Hrsg.): *Not So Plain as Black and White. Afro-German Culture and History, 1890–2000*. Rochester, University of Rochester Press 2005, S. 183–208.
Hopkins, Leroy: »Race, Nationality and Culture. The African Diaspora in Germany«, in: ders. (Hrsg.): *Who is a German? Historical and Modern Perspectives of Africans in Germany*. Washington, American Institute for Contemporary German Studies 1999, S. 1–32.
Hull, Gloria T./Patricia Bell Scott/Barbara Smith (Hrsg.): *But Some of US Are Brave. All the Women Are White, All the Blacks Are Men*. New York, CUNY 1983.

Ifekwunigwe, Jayne O: »›Black Folk Here and There‹. Repositioning Other(ed) African Diaspora(s) in/and ›Europe‹«, in: Tejumola Olaniyan/James H. Sweet (Hrsg.): *The African Diaspora and The Disciplines*. Bloomington, Indiana University Press 2010, S. 313–338.

Jobatey, Francine: »*Afro Look*«. *Die Geschichte einer Zeitschrift von Schwarzen Deutschen*, Dissertation, University of Massachusetts-Amherst 2000.

Johnson, E. Patrick/Mae G. Henderson (Hrsg.): *Black Queer Studies. A Critical Anthology*. Durham, Duke University Press 2005.

Kelley, Robin D. G.: »But a Local Phase of a World Problem. Black History's Global Vision, 1883–1950«, in: *Journal of American History* 86 (1999), 3, S. 1045–1077.

Kelley, Robin D. G.: *Freedom Dreams. The Black Radical Imagination*. Boston, Beacon Press 2002.

King, Kevina: »Black, People of Color and Migrant Lives Should Matter. Racial Profiling, Police Brutality and Whiteness in Germany«, in: Florvil/Plumly (Hrsg.): *Rethinking Black German Studies*, S. 169–196.

Klimke, Martin: *The Other Alliance. Student Protest in West Germany and the United States in the Global Sixties*. Princeton, Princeton University Press 2010.

Koepsell, Philipp Khabo/Asoka Esuruoso (Hrsg.): *Arriving in the Future. Stories of Home and Exile. An Anthology of Poetry and Creative Writing by Black Writers in Germany*. Berlin, epubli 2014.

Koepsell, Philipp Khabo: *The Afropean Contemporary. Literatur- und Gesellschaftsmagazin*. Berlin, epubli 2015.

Koepsell, Philipp Khabo: *Die Akte James Knopf*. Münster, Unrast 2010.

Kosta, Barbara: *Recasting Autobiography. Women's Counterfictions in Contemporary German Literature and Film*. Ithaca, Cornell University Press 1994.

Lemke Muniz de Faria, Yara-Colette: *Zwischen Fürsorge und Ausgrenzung. Afrodeutsche »Besatzungskinder« im Nachkriegsdeutschland*. Berlin, Metropol 2002.

Lennox, Sara/Sara Friedrichsmeyer/Susanne Zantop (Hrsg.): *The Imperialist Imagination. German Colonialism and Its Legacy*. Ann Arbor, University of Michigan Press 1999.

Lennox, Sara: »Divided Feminism. Women, Racism, and German National Identity«, in: *German Studies Review* 18 (1995), 3, S. 481–502.

Lennox, Sara (Hrsg.): *Remapping Black Germany. New Perspectives on Afro-German History, Politics, and Culture*. Amherst, University of Massachusetts Press 2016.

Lester, Rosemarie: *Trivialn.... Das Bild des Schwarzen im westdeutschen Illustriertenroman*. Stuttgart, Akademischer Verlag 1982.

Lewis, Shelby F.: »Africana Feminism. An Alternative Paradigm for Black Women in the Academy«, in: Lois Benjamin (Hrsg.): *Black Women in the Academy. Promises and Perils*. Gainesville, University Press of Florida 1997, S. 41–52.

MacCarroll, Maggie: *May Ayim. A Woman in the Margin of German Society*, Masterarbeit, Florida State University 2005.

MacMaster, Neil: *Racism in Europe, 1870–2000*. New York, Palgrave 2001.
Martin, Peter: *Schwarze Teufel, edle Mohren. Afrikaner in Geschichte und Bewusstsein der Deutschen*. Hamburg, Junius 1993.
Matera, Marc: *Black London. The Imperial Metropolis and Decolonization in the Twentieth Century*. Oakland, University of California Press 2015.
McDuffie, Erik S.: *Sojourning for Freedom. Black Women, American Communism, and the Making of Black Left Feminism*. Durham, Duke University Press 2011.
McGill, Lisa G.: *Constructing Black Selves. Caribbean American Narratives and the Second Generation*. New York, New York University Press 2005.
McKittrick, Katherine: *Demonic Grounds. Black Women and the Cartographies of Struggle*. Minneapolis, University of Minnesota Press 2006.
Mertins, Silke: »Blues in Schwarzweiß. May Ayim (1960–1996)«, in: Ayim: *Grenzenlos und unverschämt*, S. 156–170.
Muñoz, José Estaban: *Disidentifications. Queers of Color and the Performance of Politics*. Minneapolis, University of Minnesota Press 1999.
Mysorekar, Sheila: »›Pass the Word and Break the Silence‹. The Significance of African-American and ›Third World‹ Literature for Black Germans«, in: Carole Boyce Davies/Molara Ogundipe-Leslie (Hrsg.): *Moving Beyond Boundaries. International Dimensions of Black Women's Writing*. New York, New York University Press 1995, Bd. 1, S. 79–83.
Nenno, Nancy: »Weiblichkeit – Primitivität – Metropole. Josephine Baker in Berlin«, in: Katharina von Ankum (Hrsg.): *Frauen in der Großstadt. Herausforderung der Moderne?*. Dortmund, edition ebersbach 1999, S. 136–158.
Nenno, Nancy: »*Here to Stay*. Black Austrian Studies«, in: Florvil/Plumly (Hrsg.): *Rethinking Black German Studies*, S. 71–104.
Ohene-Nyako, Pamela: »Black Women's Transnational Activism and the World Council of Churches«, in: *Open Cultural Studies* 3 (2019), S. 219–231.
Olaniyan, Tejumola/James Sweet (Hrsg.): *The African Diaspora and the Disciplines*. Bloomington, Indiana University Press 2010.
Otoo, Sharon Dodua: »But Some of Us Are Brave«, *migrazine, online magazin von migrantinnen für alle* 1 (2013), http://www.migrazine.at/artikel/some-us-are-brave-english.
Parés, Luis Nicolau: »Transformations of the Sea and Thunder Voduns in the Gbe-Speaking Area and in the Bahian Jeje Candomblé«, in: J. C. Curto/R. Soulodre-La France (Hrsg.): *Africa and the Americas. Interconnections during the Slave Trade*. Trenton, Africa World Press 2005, S. 69–93.
Patterson, Tiffany R./Robin D. G. Kelley: »Unfinished Migrations. Reflections on the African Diaspora and the Making of the Modern World«, in: *African Studies Review* 43 (2000), S. 11–45.
Perry, Kennetta Hammond: *London is the Place for Me. Black Britons, Citizenship, and the Politics of Race*. New York, Oxford University Press 2015.

Piesche, Peggy: »Irgendwo ist immer Afrika ... ›Blackface‹ in DEFA-Filmen«, in: ADB Köln/cbN (Hrsg.): *The BlackBook*, S. 286–291.

Piesche, Peggy: »Funktionalisierung und Repräsentation von multikulturellen Images in DDR-Comics«, in: ADB Köln/cbN (Hrsg.): *The BlackBook*, S. 292–297.

Piesche, Peggy: »Making African Diasporic Pasts Possible. A Retrospective View of the GDR and Its Black (Step-)Children«, in: Lennox (Hrsg.): *Remapping Black Germany*, S. 226–242.

Plumly, Vanessa: *BLACK-Red-Gold in »der bunten Republik«. Constructions and Performances of Heimat/en in Post-Wende Afro-/Black German Cultural Productions*, Dissertation, University of Cincinnati 2015.

Plumly, Vanessa: »Refugee Assemblages, Cycles of Violence, and Body Politic(s) in Times of ›Celebratory Fear‹«, in: *Women in German Yearbook* 32 (2016), S. 163–188.

Poikane-Daumke, Aija: *African Diasporas. Afro-German Literature in the Context of the African American Experience*. Münster, LIT 2006.

Pommerin, Reiner: *Sterilisierung der Rheinlandbastarde. Das Schicksal einer farbigen deutschen Minderheit 1918–1937*. Düsseldorf, Droste 1979.

Popoola, Olumide/Annie Holmes: *Breach*. London, Peirene Press 2016.

Popoola, Olumide/Beldan Sezen (Hrsg.): *Talking Home. Heimat uns unserer eigenen Felder*. Amsterdam, Blue Moon 1999.

Popoola, Olumide: *This is not about sadness*. Münster, Unrast 2010.

Popoola, Olumide: *When we Speak of Nothing*. London, Cassava Republic Press 2017.

Popoola, Olumide: *Also By Mail. A Play*. Münster, Edition Assemblage 2013 (Witnessed Book Series Edition 2).

Poutrus, Patrice: »Asylum in Postwar Germany. Refugee Admissions Policies and their Practical Implementation in the Federal Republic and the GDR between the late 1940s and the mid-1970s«, in: *Journal of Contemporary History* 49 (2014), 1, S. 115–133.

Pugach, Sara: »Agents of dissent. African student organizations in the German Democratic Republic«, in: *Africa* 89 (2019), S 1, S. 90–108.

Ransby, Barbara: *Eslanda. The Large and Unconventional Life of Mrs. Paul Robeson*. New Haven, Yale University Press 2013.

Rasmussen, Natalia King: *Friends of Freedom, Allies of Peace. African Americans, The Civil Rights Movement, and East Germany, 1949–1989*, Dissertation, Boston University 2014.

Reed-Anderson, Paulette: *Rewriting the Footnotes. Berlin und die afrikanische Diaspora*. Berlin, Die Ausländerbeauftragte des Senats 2000.

Reed-Anderson, Paulette: *Menschen, Orte, Themen. Zur Geschichte und Kultur der Afrikanischen Diaspora in Berlin*. Berlin, Senatsverwaltung für Arbeit, Integration und Frauen, die Beauftragte für Integration und Migration 2013.

Robinson, Victoria: »Schwarze Deutsche Kräfte. Über Die Absurdität der Integrationsdebatte«, in: *360°: Das Studentische Journal Für Politik und Gesellschaft* (2007), S. 1–10.

Rosenhaft, Eve/Robbie Aitken (Hrsg.): *Black Germany. The Making and Unmaking of a Diaspora Community, 1884–1960*. Cambridge, Cambridge University Press 2013.

SchwarzRund: *Biskaya. Afropolitaner Berlin-Roman*. Wien, Zaglossus 2016.

Sephocle, Marilyn: »Anton Wilhem Amo«, in: *Journal of Black Studies* 23 (1992), 2, S. 182–187.

Sharpley-Whiting, Tracy Denean: *Negritude Women*. Minneapolis, University of Minnesota Press 2002.

Sidbury, James: *Becoming African in America. Race and Nation in the Early Black Atlantic*. New York, Oxford University Press 2007.

Singletary, Kimberly Alecia: »Everyday Matters. Haunting and the Black Diasporic Experience«, in: Florvil/Plumly (Hrsg.): *Rethinking Black German Studies*, S. 137–167.

Slobodian, Quinn: *Foreign Front. Third World Politics in Sixties West Germany*. Durham, Duke University Press 2012.

Smith, Sidonie/Julia Watson (Hrsg.): *De/Colonizing the Subject. The Politics of Gender in Women's Autobiography*. Minneapolis, University of Minnesota Press 1992.

Sow, Noah: *Deutschland Schwarz Weiss. Der alltägliche Rassismus*. München, Goldmann 2008.

Steingröver, Reinhild: »From *Farbe bekennen* to *Schokoladenkind*. Generational Change in Afro-German Autobiographies«, in: Laurel Cohen-Pfister/Susanne Vees-Gulani (Hrsg.): *Generational Shifts in Contemporary German Culture*. Rochester, Camden 2010, S. 287–310.

Swan, Quito: »Giving Berth. Fiji, Black Women's Internationalism, and the Pacific Women's Conference of 1975«, in: *Journal of Civil and Human Rights* 4 (2018), 1, S. 37–63.

Taylor, Diana: »Acts of Transfer«, in: dies.: *The Archive and the Repertoire. Performing Cultural Memory in the Americas*. Durham, Duke University Press 2003, S. 1–53.

Taylor, Keeanga-Yamahtta (Hrsg.): *How We Get Free. Black Feminism and the Combahee River Collective*. Chicago, Haymarket Books 2017.

Trouillot, Michel-Rolph: *Silencing the Past. Power and the Production of History*. Boston, Beacon Press 1995.

Umoren, Imaobong: *Race Women Internationalists. Activist-Intellectuals and Global Freedom Struggles*. Oakland, University of California Press 2018.

Von Dirke, Sabine: *»All Power to the Imagination!« The West German Counterculture from the Student Movement to the Greens*. Lincoln, University of Nebraska Press 1997.

Waters, Kristin/Carol B. Conaway (Hrsg.): *Black Women's Intellectual Traditions.* Burlington, University of Vermont Press 2007.

Watkins, Jamele: *The Drama of Race. Contemporary Afro-German Theater*, Dissertation, University of Massachusetts 2017.

Wekker, Gloria: *White Innocence. Paradoxes of Colonialism and Race.* Durham, Duke University Press 2016.

Wright, Michelle M.: *Becoming Black. Creating Identity in the African Diaspora.* Durham, Duke University Press 2004.

Wright, Michelle M.: *Physics of Blackness. Beyond the Middle Passage Epistemology.* Minneapolis, University of Minnesota Press 2015.

Wright, Michelle M.: »Others-from-within from Without. Afro-German Subject Formation and the Challenge of a Counter-Discourse«, in: *Callaloo* 26 (2003), 2, S. 296–305.

Wright, Michelle M.: »In a Nation or a Diaspora? Gender, Sexuality and Afro-German Subject Formation«, in: Diedrich/Heinrichs (Hrsg.) *From Black to Schwarz*, S. 265–286.

Zeleza, Paul Tiyambe: »Rewriting the African Diaspora. Beyond the Black Atlantic«, in: *African Affairs* 104 (2005), 414, S. 35–68.

Glossar

Im Deutschen gibt es keine einheitliche Strategie im Umgang mit rassistischer Sprache oder rassistischem Gedankengut. Für den vorliegenden Text wurde folgende Doppelstrategie gewählt:

Neben einem Glossar, das zentrale Begriffe erklärt und einordnet, werden rassistische Wörter und Wendungen im Text durch Durchstreichungen und Ellipsen markiert. Durchstreichungen sind Zensur und Hervorhebung zugleich. Begriffe wie »Farbige« sind für Leser*innen weiterhin erkennbar, mit ihrer Durchstreichung soll jedoch jede unkritische Reproduktion vermieden werden. N-Wort und M-Wort werden durch Ellipsen (N…, M…) zensiert, da sie in dieser Form weiterhin erkennbar bleiben.

Bei den Quellenangaben wird aus Gründen der Zitiergenauigkeit auf Durchstreichungen verzichtet.

Das im angelsächsischen Sprachraum etablierte Wort **Race** verweist auf ein soziales, von Institutionen aufrechterhaltenes Konstrukt. Race besitzt keine biologische Realität, weshalb das Wort auch nicht mit »Rasse« übersetzt werden sollte, einem Begriff, der ebendiese biologische Realität, die Existenz unterschiedlicher menschlicher »Rassen«, setzt.

Entsprechend benennt der Begriff **Mixed-Race-Person** eine Person, deren Eltern oder Großeltern einem gesellschaftlichen Konstrukt zufolge unterschiedlicher Race sind. Der Übersetzungsversuch mit »Mischling« muss allein deshalb schon scheitern, da er einem nationalsozialistischen Sprachgebrauch mit Anleihen aus der Tierzucht entspringt.

Beide Begriffe werden hier wie im Englischen verwendet, allerdings unterscheidet sich der angelsächsische Diskurs über »Race« vom deutschen (z. B. durch den Diskurs über Ethnonationalismus und die Tabuisierung des Wortes »Rasse«, der einen Dialog über Rassifizierung im öffentlichen Raum verhindert).

Mit der Verwendung von **Frauen, Männer, Menschen u. a. of Color** wird der Versuch unternommen, den etablierteren Begriff **People of Color**, eine Selbstbezeichnung von Menschen mit Rassismuserfahrungen in weißen Mehrheitsgesellschaften, möglichst elegant an das Deutsche heranzuführen. Sie folgt damit Fatima El-Tayebs Herangehensweise in *Anders Europäisch*.

Eine **Ideologie weißer Überlegenheit** oder Vorherrschaft gründet in der rassistischen Annahme, wonach Menschen mit europäischen Vorfahren, »Weiße«, anderen Menschen grundsätzlich überlegen seien. Im englischsprachigen Raum spricht man von »White Supremacy«.

Mit **Verwandtschaftsbeziehungen** werden enge Bande zwischen mindestens zwei Menschen bezeichnet, die nicht genealogischer Natur sind, sondern aufgrund gemeinsamer Werte, Ziele oder Erfahrungen bewusst eingegangen wurden.

Mit **weißen Verbündeten** werden Menschen mit europäischen Vorfahren

(»Weiße«) bezeichnet, die selbst nicht von Rassismus betroffen sind, sich diesem jedoch gemeinsam mit Menschen of Color entgegenstellen. Im Deutschen ist auch die englischsprachige Bezeichnung **White Ally** verbreitet.

Die Bezeichnung **Festung Europa** wurde in den 1990er Jahren verwendet, um die zunehmend restriktive Asylpolitik in Europa kritisch zu hinterfragen. Sie war aber auch während des Nationalsozialismus im Sprachgebrauch und bezog sich auf die von den Nationalsozialisten besetzten Gebiete. Gegenwärtig wird der Begriff auch von rechtsextremen Gruppierungen eingesetzt. Bei Identitären ist die Festung Europa ein reales Bestreben.

Personenregister

Abbott, Robert 40
Abernathy, Ralph 44
Abraham, Elizabeth 128, 314
Abu-Gindy, Magdy 108
Achebe, Chinua 117
Adams, Anne 13
Addy, Kingsley 128
Addy, Nii David 15, 107, 208
Addy, Obi 107, 208
Adelson, Leslie 209
Aden, Marie Theres 103, 108, 361
Adomako, Abenaa (oder Abena)
   15, 107, 314
Adomako, Roy 326
Adriano, Alberto 291
Ahmed, Sara 88
Aikins, Joshua Kwesi 215, 350
Aitken, Robbie 13
Alagiyawanna, Angela (oder Alagiya-
   wanna-Kadalie) 107, 130, 247
Alagiyawanna, Daniel 107, 128
Alexander, Jacqui M. 266
Alkalimat, Abdul 230
Amankwaa-Birago, Andrea-Vicky
   13, 361
Amo, Anton Wilhelm 37, 242
Amoateng, Rita 108
Ampedu, Christiana 103f., 361
Andler, Sylvia (siehe Ayim, May)
Andler, Ursula 192
Angelou, Maya 185
Ani, Ekpenyong 144, 149–151, 184,
   332
Anzaldúa, Gloria 345
Apraku, Josephine 15, 292, 294
Aradzo, Chiny 202
Armatrading, Joan 163
Arnold, Babette 249
Asfaha, Natalie 107, 128, 315
Asher, Nigel 233

Ashraf-Khan, Rukhsana Shamim
   286
Auma, Maisha-Maureen (geb.
   Maureen Maisha Eggers)
   13, 149, 151
Ayim, Emmanuel 192
Ayim, May (geb. Sylvia Andler,
   aufgewachsen als Sylvia Brigitte
   Gertrud Opitz) 10, 14f., 18f., 22,
   42, 53, 70f., 89, 91, 99, 104, 109,
   167, 178f., 192-216, 248, 268, 273,
   294, 314, 318, 324f., 346

Baader, (Ben) Maria 322
Baker, Josephine 37
Baldwin, James 185
Bambara, Toni Cade 63, 66, 268
Barry, Céline 13
Basu, Sanchita 197
Bauche, Manuela 13
Beauvoir, Simone de 182
Beer, Dede Malika 245
Bell, Emily Duala Manga 40
Bell, Rudolf Duala Manga 38
Berger, Astrid 187, 342
Berger, Julia 187, 341
Bergold-Caldwell, Denise 13, 15
Bess, Reginald 13
Beveridge, Ray 39
Biedermann, Nela 292, 294
Biko, Steve 252f.
Bismarck, Otto von 38
Blackshire-Belay, Carol Aisha 13
Blain, Keisha N. 34
Blyden, Edward 230
Böhm, Tatjana 197
Botsio, Michael 108
Boura, Ewa 198
Brah, Avtar 208
Brandt, Austen 131, 243f., 326

Brandt, Willy   43 f., 311
Brawley, Tawana   269, 360
Brimah, Detlef   108
Brody, Louis (geb. M'bebe Mpessa)   40
Brown, Mike   291
Brown, Wilmette   230
Burrows, Vinie   277
Busby, Dennis   233
Busby, Margaret   208
Buwo (geb. Gloria Mauermeier)   148
Bux, Nisma   130
Byrd, Vance   13
Byron, Frederic   60

Campt, Tina M.   13, 34, 72, 74, 215, 244, 361
Camurça, Carl   335
Carby, Hazel   14
Carlos, John   126
Çelebi, Sevim   197
Césaire, Aimé   346
Chapman, Tracy   173
Cheatom, Ria   13, 15, 110, 148, 152, 154, 273, 314, 317 f., 361
Christian, Barbara   63
Çinar, Dilek   208
Clarke, John Henrik   62
Clayton, Frances   63, 67
Cleaver, Kathleen   44
Cliff, Michelle   66
Cohen, Cathy   145
Collins, Patricia Hill   65, 208
Condé, Maryse   201 f., 206
Cooper, Anna Julia   254
Cora, Tanya   148, 152
Corrina, Farida   315
Crenshaw, Kimberlé   316
Croll, Peter   108
Curiel, Ochy   202
Curvello, Mario   215

Dadzie, Stella   142, 183
Dangarembga, Tsitsi   254
Davies, Carole Boyce   14, 34, 191, 308
Davis, Angela   11, 38, 44 f., 163, 171, 182, 228
Davis, Donna   157
Davis, Fania   44
Della, Tahir (geb. Thomas Della)   110, 225, 326
de Roos, Elsbeth   198
de Veaux, Alexis   77
Diaby, Karamba   365
Dibobe, Martin   39, 309
Donaldson, Sonya   13
Dooh-Bunya, Lydie   277
Du Bois, Shirley Graham   15, 43
Du Bois, W. E. B.   11, 37, 43
Dunsford, Cathie   277
Dux, Nisma   247

Eding, Jasmin   13, 15, 19, 110, 140, 148, 150–152, 154 f., 273, 318, 332, 361
Edwards, Brent Hayes   33
Ege, Moritz   45
Eisenbrandt, Angelika   187 f.
Eisner, Kerstin   245
Elcock, Patricia   107, 232, 253
El-Khawad, Muna   314
Ellerbe-Drück, Cassandra   148
Ellison, Ralph   173
El-Tayeb, Fatima   13, 34, 225, 302
Emde, Helga   15, 19, 42, 90, 92, 103–106, 108, 149, 161 f., 168, 178, 180, 188–192, 194, 268, 273, 275, 278, 314, 342, 361
Endrias, Yonas   326
Essed, Philomena   15, 96, 277, 363
Essi, Cedric   13
Everett, Kim   314

Falk Garcia, Rosa-Lubia   157
Fanon, Frantz   14, 33, 182, 230, 345

Fleming, Pippa 314
Flower, Dulcie 270
Ford, Tanisha 34
Frankenberg, Ruth 208
Frazier, Demita 142

Gabriel, Peppa 314
Gamada, Arfasse 149
Garvey, Marcus 116, 252
Gates, Henry Louis, Jr. 156, 355
Gaulke, Pierre 245
Germain, Felix 34
Gilroy, Beryl 277, 362 f.
Gilroy, Paul 14, 34, 215, 316, 338, 362
Glissant, Édouard 138
Golden, Lily 272
Gottbrath, Marion 315
Gramsci, Antonio 303
Griffin, Ada Gay 268
Griffith, Donald Muldrow 120, 229
Griffith, Gayle McKinney 120
Griffith, Karina 13
Gröben, Otto Friederich von der 215
Grosse, Pascal 244
Grotke, Christina 108, 140, 149
Grotke, Domenica 92, 108, 140, 149
Grotke, Fidelis 108, 149
Grüber, Heinrich 44
Gummich, Judy 13, 15, 19, 71, 76, 110, 148, 152, 155, 273, 314, 318, 332, 361
Gupta, Anjuli 268
Guy-Sheftall, Beverly 268

Hafke, Danny 107, 232, 249, 257, 352
Hall, Stuart 14, 15, 25
Hall, Thomas 108
Harat, Zariama 314
Hegel, Georg Wilhelm Friedrich 200, 214, 345
Herrero-Villamor, Ana 205, 346 f.
Heyer, Vera 328, 355
Higashida, Cheryl 34

Hobsbawm, Eric 300
Holland, Sekai 269 f.
Holzer, Manu 253
Holzhauser, Vera 108
hooks, bell 86, 191
Hopkins, Leroy 13, 190
Howard, Noreen 265
Huber, Charles 349, 365
Hügel-Marshall, Ika (geb. Erika Hügel) 13, 16, 40–42, 84, 88 f., 105, 140, 149, 153, 160, 191, 213, 245, 273
Hughes, Langston 62
Hull, Gloria T. 255
Hurst, Carla de Andrade 108
Hurston, Zora Neale 172

Ivan, Ilona 254

Jacoby, Jessica 322
Jalloh, Oury 51, 291
Jank, Elke (Ja-El) 140, 242, 314
Jansen, Fasia 15, 40, 67
Jaromin, Manu 148
Johnson, Eva 277
Johnson, Jack 228
Johnson, Linton Kwesi 208, 211
Jones, Beryle M. 266
Jones, Claudia 15, 37, 67, 183, 222, 236 f.
Jordan, June 15, 63, 202, 208
Joseph, Gloria 56, 66 f., 84, 135, 266, 320, 351
Joseph-Gabriel, Annette 16, 299

Kadalie, Themba 108
Kampmann, Bärbel 213, 226, 246, 273, 348, 361
Kantara, Jeannine 106 f., 116, 155, 323
Kantara, John (geb. John Amoateng) 15, 99 f., 107, 128, 208, 242, 321, 323
Kay, Jackie 94

Kelley, Robin D. G. 33
Kelly, Natasha A. 13, 349
Kennedy, John F. 43
Kettels, Yvonne 56–58, 273, 315
Kinder, Katja 13, 107, 140, 149, 254, 314, 332
Kinder, Nikolai 107
King, Kevina 13
King, Martin Luther, Jr. 43, 205, 228, 231
Kiowa, Amadeu Antonio 48, 291
Koepsell, Philipp Khabo 13, 213, 233
Kohl, Helmut 47 f., 51, 59, 143, 285, 351
Kouamadio, Dominique 291
Kraft, Marion 13, 15, 84–87, 90–93, 110, 168, 172–174, 191, 259, 268, 270–276, 286, 314, 358, 361
Kültür, Gülbahar 175
Küppers-Adebisi, Michael (geb. Michael Küppers) 130, 214, 247, 326, 350
Kürsat-Ahlers, Elçin 287
Kuzwayo, Ellen 198

Laja, Modupe 130, 247, 273, 361
La Rose, John 208
Lauré al-Samarai, Nicola 84, 87, 144, 211, 253
Layne, Priscilla 13
Lehmann, Bebero 13
Lehmann, Jelka 149
Lein, Kristin 292
Lemke Muniz de Faria, Yara-Colette 13, 41, 56 f., 244, 315
Leon, Tania (geb. Ruth Naomi Leon) 93 f.
Le Pen, Jean-Marie 239, 252
Lewis, Gail 142, 190, 269
Lewis, Heidi 13
Lorde, Audre 11, 15, 22, 37, 42, 52, 56–99, 135, 139, 142, 148, 151, 156, 165, 168, 170, 183 f., 205, 252, 255, 260, 268–270, 274, 286, 295, 316, 318 f., 321, 336, 351
Lorde, Linda Gertrude Belmar 60, 315
Lorde-Rollins, Elizabeth 62
Lord Kitchener 236
Lottenburger, Indrid 197
Lubinetzki, Raja 185, 273
Lumumba, Patrice 252
Lusane, Clarence 13
Luswazi, Peggy 251, 356
Luyken, Rainer 224
Lwanga, Gotlinde Magiriba 322

Maas, José 94, 153
Makeba, Miriam 167
Malcolm X 231, 252
Mandala, Azziza B. 13
Mandela, Nelson 210
Mandela, Winnie 163, 172, 283
Manly-Spain, LaToya 353
Marcus, Sharon 165
Marshall, Paule 185
Martin, Peter 13
Martin, William 33
Massaquoi, Hans Jürgen 213, 349
Matera, Marc 34
Mayen, Jacqueline 292, 294
Mayfield, Julian 62
Mbatha, Khosi 272
McDuffie, Erik 34
McGill, Lisa 83
Mchunu, Vusi 250
McIntosh, Peggy 268
McKittrick, Katherine 14, 68, 218, 350
McLaughlin, Andrée Nicola 264–267, 270, 272, 275, 278, 360, 362
McMillan, Lewis K. 40
MC Santana 215

Merkel, Angela 51, 314
Merritt, Adrienne 13
Michael, Theodor 108, 213, 228
Michaels, Jennifer 169f.
Minh-ha, Trinh T. 208
Mmanthatisi 172
Moody, Anne 15
Moore, Iris 353
Moraga, Cherríe 65, 345
Morel, Edmund D. 39
Morris, Olive 15, 142
Morrison, Toni 173, 185, 345
Moyd, Michelle 13
Mpahlwa, Luyanda 250f.
Mukherjee, Bharati 185
Muñoz, José Esteban 14, 337
Mutasa, Chenzira J. 266
Mwangulu, Mahoma 253
Mysorekar, Sheila 88, 90f., 101, 108, 130, 184, 191, 247, 273, 287

Nardal, Jane 37
Nardal, Paulette 37
Nassy Brown, Jacqueline 46, 74
Nejar, Marie 213
Newkirk, Love 353
Newton, Huey P. 252
Nkobi, Jacqueline 108
Nri, Monique Ngozi 93, 95

Oala, Mic 292
Obama, Auma 197, 344
Obama, Barack 344
Odum, Kwesi Anan 108
Oduro-Opuni, Obenewaa 13
Oguntoye, Katharina 13, 15, 18f., 22, 24, 37, 40–42, 46, 53, 70, 84, 87, 89–93, 104f., 107, 128, 132, 140, 147, 149, 153, 177f., 180f., 183f., 189, 191f., 232, 234, 243, 245, 249, 268, 273, 275, 299f., 309f., 314, 322, 342

Ohene-Nyako, Pamela 13, 358, 360, 364
Oholi, Jeannette 13, 15
Opitz, May (siehe Ayim, May)
Okpako, Branwen 197, 344
Otenia, Dieudonné 249
Otieno, Gladwell 254
Otoo, Sharon Dodua 15f., 349

Padmore, George 37
Parks, Rosa 172
Patterson, Tiffany Ruby 33
Pazarkaya, Yüksel 209
Peck, Raoul 252
Peña, Rosemarie 13
Perea Diaz, Berta Ines 266
Perry, Kennetta Hammond 34
Pforth, Thomas 243, 326
Piesche, Peggy 13, 151, 154, 183, 305, 332, 361
Plumly, Vanessa 13, 322
Pommerin, Reiner 13
Popoola, Olumide 15, 213, 215, 233, 349
Poutrus, Patrice 13, 245, 305, 326
Powell, Mary-Ann 110, 148, 152, 154, 164, 361
Prasad, Nivedita 197
Preußler, Otfried 29
Priemer, Christel 103, 342
Pugach, Sara 13

Ransby, Barbara 34
Reed Anderson, Paulette 13
Reichel, Mike (auch Michael) 15, 107, 128, 130, 232, 257, 326, 352
Reichert, Daniella 108
Reinsberg, Netsanet 149
Reis, Marc 110
Reiser, Ricky 13, 16, 128, 249f., 328, 355
Rich, Adrienne 63, 66, 69

Ritz, ManuEla 213
Rivera, Juli(a) 352
Robeson, Eslanda (Essie) 260
Robeson, Paul 43, 237, 252, 311
Röder, Ina 154, 273
Rodney, Walter 182
Rodtman, E. 251
Rogers, Joel A. 40
Rollins, Edwin 62
Rollins, Jonathan 62
Rosenhaft, Eve 13

Saad, Patricia 314
Safo, Henrietta 249
Sanchez, Sonia 268
Sankara, Thomas 129
Sarrazin, Thilo 51, 314
Sartre, Jean Paul 182, 345
Schestokat, Karin 346
Schilling, Britta 305
Schleicher, Aminata Cissé 154
Schmidt, Magali 131
Schnier, Sarah 315
Schramm, Gert 349
Schuhmacher, I. 251
Schultheiß, Hella 87, 321
Schultz, Dagmar 13, 68–70, 77, 84, 89, 104, 153, 181, 198, 211, 304, 317
SchwarzRund 213
Schwundeck, Christy 291
Scott, Patricia Bell 255
Seale, Bobby 44
Sephocle, Marilyn 13
September, Dulcie 172
Shange, Ntzoke 185
Sharpe, Christina 14
Sharpley-Whiting, Tracy 34
Shaughnessy, Mina 63
Sindab, Jean 362
Slobodian, Quinn 30
Smith, Barbara 65, 142, 211, 255, 266, 268

Smith, Beverly 142
Smith, Tommie 126
Sobanjo, Ajoke 314
Solarte, Sonia 198
Sow, Noah 213
Sparks, Dionne 197, 249, 344
Sparrow, Mighty 237
Stanley, Carmen Oliver 154
Steil, Beate 152
Stein, Regina 13, 128, 150
St. Louis, Guy (Nzingha) 314
Stowe, Harriet Beecher 126, 330
Sumter, Tieneke 94
Swan, Quito 34

Tan, Amy 185
Tangande, Henny 361
Tellefsen, Lisbet 314
Terrell, Mary Church 39, 309
Thurman, Kira 13, 311
Toney-Robinson, Victoria (geb. Victoria Robinson) 213
Tourkarzi, Daniela 140
Trouillot, Michel-Rolph 14
Tufek, Selena 208

Ulbricht, Walter 43
Umoren, Imaobong 34
Usleber, Thomas 349
Utterbach, Cynthia 233

van Royen, Abigail 149
von Pirch, Eva 140, 147–149, 156–158, 160–165, 167, 170, 314

Wacker, Shaheen 292, 294
Walker, Alice 173 f., 185
Walker, Barbara 277, 361
Watkins, Jamele 13, 312
Weheliye, Alexander 14, 326
Wekker, Gloria 15, 94–96
Weldeghiorgis, Elsa 287

Wenzel, Olivia 15, 349
West, Michael O. 33
Wheatley, Phillis 173–174
Wichert, Roy 128, 232
Wiedenroth-Coulibaly, Eleonore
 (geb. Eleonore Wiedenroth)
 15, 16, 103–105, 108, 140, 149, 178,
 180, 186, 224, 232, 247, 273
Wilkins, Fanon Che 33
Willbold, Gabriela 314
Wilson, Melba 273, 277
Woodson, Carter G. 222, 231

Wright, Gisela 108
Wright, Michelle M. 13, 34f., 75,
 203f., 220, 235, 318, 323, 327, 345f.
Wright, Richard 185
Wright, Susan 108
Wynter, Sylvia 237

Yerby, Frank 117

Zinflou, Sascha 232
Zöllner, Abini 211, 213
Zwanbun, Anita 108

Stichwortregister

A Litany for Survival (Dokumentation, 1995) 252
ABATIGAYA (ruandische Gruppe) 248
Aché (Zeitschrift) 56 f., 138
ADEFRA (Afrodeutsche Frauen) 10, 20–22, 31, 45, 52–54, 92 f., 97, 101, 104, 110, 121 f., 135–138, 141–154, 158–160, 165–178, 196, 223, 225–227, 231, 238, 242, 254, 259, 273 f., 292–294, 332
ADEFRA Bremen 149, 242
ADEFRA Hamburg 149, 151, 254
ADEFRA München 147–154, 177, 274
Adinkra-Symbole 202, 210, 345
AfD 294, 365
affektive Community 31, 59, 76, 83, 86, 88, 92, 275
Afrekete (Göttin) 57, 83, 156, 167, 170
Afrekete (Zeitschrift) 57, 135–138, 147–149, 156–176, 190, 213, 296
Africagora (französische Organisation) 118
African National Congress (ANC) 172, 251
African Refugee Association (ARA) 121
»African Women in Europe« (Konferenz, London, 1992) 206
African Writers Association (AWA) 99, 222, 229 f., 250
Afrika 23–32, 38, 49, 64, 100, 111, 130, 152–164, 167–174, 184–187, 198, 203, 221, 229–234, 238 f., 243, 250 f., 265–267, 280
Afrika Festival 234
afrikanische Diaspora 14
Afrikanische Fraueninitiative (AFI) 238
Afrikanische Kulturtage 234
Afrikanische Studenten Union (ASU) 119
Afrikanischer Hilfsverein 40
Afrikanischer Kameradschaftsverband 40
»Afrikanisches Dorf« (Augsburg, 2005) 350
Afrikanisches Frauentheater (AFT) 248
afro look (Literaturzeitschrift) 111, 126–129, 133, 213, 217, 249, 296
Afroamerikaner*innen 23, 45, 73, 75, 122, 283
Afroamerikanophilie 45
Afrotalk TV Cybernomads 214
Akan 345
Aktivist*innen-Intellektuelle 18, 20, 25, 31, 35 f., 50, 101, 107, 122, 221, 230, 233, 256, 292
Alliance Noire Citoyenne (französische Organisation) 118
amharisch (Sprache) 141
Amsterdam 93–95, 140, 283, 291
Anderssein und Zu-Anderengemacht-Werden 19, 22, 133, 136, 159, 181,
Angelou Center (britische Organisation) 152
Angola 30, 48, 268, 291, 305
Antidiskriminierungsgesetze 119, 137
Antirassistisch-Interkulturelles Informationszentrum (ARiC) 32, 121
Antisemitismus 28, 70, 80, 190, 273, 361
Aotearoa/Neuseeland 258, 268 f., 272, 283, 289, 358
Apartheid 33, 122, 130, 172, 237, 250 f., 256, 269, 282 f., 289
Asien 49, 185, 265, 267, 270, 280
Asylkompromiss (1993) 47

Asylpolitik 137, 149
Äthiopien 170, 270, 358
Atlanta University (heute Clark Atlanta University) 264, 359
Aufklärung (Diskurs) 174, 308, 354
Ausländergesetz (1990) 47
Australien 270
AWA-FINNABA (Literaturzeitschrift) 99, 116, 230, 250, 323

Bandung-Konferenz (1955) 301
Berlin 9, 16, 22, 32, 37 f., 40–44, 46 f., 52, 54, 56 f., 60, 67–73, 78–82, 84 f., 89, 93, 99 f., 106–114, 119–141, 149 f., 155, 161, 191, 195–198, 201, 205, 207, 211–257, 273 f., 278, 291–294
Berliner Mauer 47, 85, 208
Bielefeld 108, 110, 149, 168, 257, 273, 277
Bildungs- und Aktionszentrum Dritte Welt e.V. (BAZ) 235
Black Arts Movement (BAM) 119
Black Basar (2004) 234
Black British Women's Group 190
Black Butterfly (Schulprojekt) 149
Black Consciousness Movement (BCM) 253
Black European Studies 242
Black Film Festival 234
BLACK Freiburg 108
Black German Studies (BGS) 26, 117, 232, 242, 411
BLACK Heidelberg 108
Black Heritage Party 248
Black History Month 54, 111, 119, 121, 124, 196, 216 f., 221, 229–247
Black International Cinema 229
»Black is beautiful«-Bewegung 171, 185
BLACK Karlsruhe 108

Black Liberation Sounds/Black Liberation Sound System (BLS) 119
Black Media Access (BMA) 119, 238
Black Panther Party 44, 118, 139, 252
Black Student Organisation (BSO) 121
Black Unity Committee (BUC) 119 f.
Black Women and Europe Network (BWEN) 260
Black Women's European Alliance 347
Black Women's Informal Information and Support Network 197
Black Women's Studies 55, 209, 257 f., 263–265, 273, 281, 288
Black Lives Matter 9, 52, 291
Black Power 43 f., 142
Bochum 108
Brasilien 278
Bremen 361
Brixton Black Women's Group (BBWG) 137, 142
Bundestreffen (BT) 124, 133, 141, 150, 152, 196, 222–228, 246, 256, 297
Bürgerrechtsbewegung (USA) 43, 206, 231
Burkina Faso 129
Burundi 38

Campaign Against Racial Discrimination (1964) 118
#CampusRassismus 364
CDU/CSU 48, 51, 285, 365
CEDAW (Übereinkommen zur Beseitigung jeder Form von Diskriminierung der Frau) 47
Centre for Race and Ethnic Studies (CRES) 283 f.
Christentum 234, 243 f.
Collectif Égalité (französische Organisation) 118

Coloured People's Progressive Association (britische Organisation) 118
Colours (Schweizer Organisation) 122
Combahee River Collective (CRC) 137, 142, 316
Committee for the Negro in the Arts (CNA) 62
Committee of African Organisations 118
Community-Tagung (2002, 2003) 121

Dahomey 64
DDR (Deutsche Demokratische Republik) 30, 43–47, 82, 87, 91, 108 f., 151, 154, 185 f., 210, 244 f.
Der braune Mob (Media-Watch-Organisation) 300
Deutsche sind weiß, N… können keine Deutschen sein (Dokumentation, 1986) 103, 106, 242
Diaspora 14, 19, 21, 23, 25, 35, 46, 53, 57, 59, 64, 67–75, 77, 81, 83, 87, 91, 97 f., 102, 118–129, 133, 137–145, 154, 156 f., 163, 169–177, 180, 184 f., 202, 205, 210, 212, 215–241, 243, 249, 255–257, 263 f., 271, 278, 287, 289, 292, 295, 297, 299
Diaspora Africaine (französische Organisation) 118
diasporische Community 72, 86, 98, 169, 257, 287 f., 294
diasporische Identität 31, 34, 242
Die Pumpe 235
»Diskriminierung, Rassismus und Staatsbürgerschaft« (Konferenz, 1993) 207
Dixielanders (Musiker) 236
Dokumentation: Wege zu Bündnissen (1992) 197

Dresden 82, 108
Duisburg 108, 131, 243
Düsseldorf 46, 108, 111, 128, 130, 167, 234

Each One Teach One e. V. (EOTO) 16, 300, 327 f.
»Ein Traum von Europa« (Symposium, Berlin, 1988) 78, 319
Einheitliche Europäische Akte (EEA) 50
El Salvador 268
EMI Electrola 131 f.
England (siehe Großbritannien)
erfundene Traditionen 21, 33, 52, 101 f., 124–134, 136, 157, 221, 250
Erster Weltkrieg 38
Ethnonationalismus 91, 129, 221, 236, 245, 296
Europa Afrika Zentrum (EURAFRI) 217, 238, 252
Europa 14 f., 23, 26, 28–34, 37 f., 55, 59, 68, 78, 100, 115, 152, 169, 171, 206–212, 217–219, 227, 230, 239, 241, 246, 250, 256, 260 f., 265, 273, 276, 280 f., 287
Europäische Gemeinschaft (EG) 273, 276
Europäische Union (EU) 32, 50, 123
Europäische Wirtschaftsgemeinschaft (EWG) 49, 278, 282
Europäisches Netzwerk für Menschen afrikanischer Herkunft (ENPAD) 123
Europarat 209
European Action for Racial Equality and Social Justice (EARESJ) 32, 208
European Network Against Racism (ENAR) 32, 123
»Exklusion and Toleranz« (Konferenz, Eindhoven, 1990) 207

Farbe bekennen (1986) 10, 14, 53, 58, 72, 91, 97, 104, 106, 110, 139 f., 157, 177–192, 202, 212–214, 217, 232, 241–243, 259, 286, 296
#FergusonisEverywhere-Kampagne 291
Festung Europa 49, 207, 219, 230, 256, 260, 280, 282, 289, 296, 385
Fountainhead Dance Théâtre 222
FOWAAD! (Newsletter) 142
Frankfurt am Main 38, 41, 43 f., 106, 108, 110 f., 121 f., 131 f., 149, 218, 233, 257, 273–277
Frankfurter Buchmesse (1993) 198
Frankreich 11, 39, 86, 118, 172, 227 f., 274, 293, 312 f., 358
französische Kolonialtruppen im Rheinland 24, 39
Frauen der Welt (Konferenz, Berlin, 1988) 198
Freie Universität Berlin (FU) 69, 77, 83, 343
Freiheitspartei 365
Freundschaftsgesellschaft 283, 285 f.
Front National (französische Partei, seit 2018 Rassemblement National) 239, 252, 365

Gastarbeiter*innen 29, 304
genderfluide Individuen 142, 352
Ghana 38, 64, 192, 195, 202, 208, 214 f., 230, 248
Gießen 130, 149
Globaler-Süden-Feminismus 33, 36, 55, 135, 261, 264, 274, 282, 290
Graswurzelaktivismus 54, 123 f., 129, 152, 231
Großbritannien 11, 36, 39, 90, 114, 118, 137, 141, 143, 152, 207 f., 227, 230, 236, 243, 252, 261, 266, 287, 293

Halle 37, 242
Hamburg 37, 40, 108, 149, 151, 155, 177, 192, 218, 233 f., 251, 254
Handel mit versklavten Menschen 35, 218, 225, 291, 345
Harambee 238, 248
Harawira 269, 272
Harlem Writers Guild 61 f.
Haus der Kulturen der Welt 214 f.
Heilbronn 108
Herero 123, 293
Holocaust 28, 72, 75, 161, 245, 293
Homophobie 40, 58, 136, 141, 147, 159, 268, 299
Howard University Washington, D.C. 122
Humboldt-Universität zu Berlin 38, 43 f.

»I am Your Sister: Forging Global Connections Across Differences« (Konferenz, Boston, 1990) 89
Immigrantenpolitisches Forum e.V. (IPF) 217, 238
Institute for Black Research (IBR) 119, 222, 230
Institute for Migration and Ethnic Studies (IMES) 363
Instituts für diskriminierungsfreie Bildung in Berlin (IDB) 294
Intellektuelle des Alltags 15, 26 f., 53, 102, 107, 116, 125, 133 f., 136, 138, 143, 149–155, 157–160, 168, 170, 177, 179–182, 189 f., 199 f., 211, 215, 219, 224, 227, 232, 238, 242, 250, 281, 288, 295 f., 303
intellektueller Aktivismus 178 f., 196, 215, 243
Interkulturelle Initiative Schwarzer Frauen für Minoritätenrechte und -studien in Deutschland e.V. (IISF) 274, 276, 281, 284

Inter-Racial Friendship Coordinating Council 118
International Conference on Research and Teaching Related to Women 263
International Resource Network of Women of African Descent (IRNWAD) 264f.
Internationale Liga für Menschenrechte 196
Internationaler Ältestenrat 283
Internationaler Tag gegen Polizeigewalt 122
internationales interkulturelles Sommerseminar für Black Women's Studies 55, 209, 257–263, 265–293
Internationalismus 20, 26f., 32–36, 39, 54f., 64–72, 89f., 93, 122f., 137–139, 152, 159, 176, 181, 195, 210, 214f., 221f., 253, 257–263, 266, 273, 281, 289
Intersektionalität 15, 42, 53, 67, 81, 124, 134f., 144, 148, 155f., 167, 239, 277f., 284, 287, 293f.
ISD (Initiative Schwarze Deutsche) 10, 20–22, 31, 45, 52, 54, 97f., 100, 102, 104, 106–123, 169, 178, 196, 207, 217, 220, 223–240, 244–246, 248–254, 257, 273, 277, 291–294, 323
ISD Berlin 100, 105–107, 109, 111, 119, 124f., 128, 130, 140, 205, 221, 232, 242, 249, 253, 274, 323
ISD Bielefeld 108, 110
ISD Bochum 108
ISD Dresden 108
ISD Duisburg 108, 131, 243
ISD Frankfurt am Main/Wiesbaden 106, 108–111, 122, 132, 233
ISD Hamburg 108, 233
ISD Heilbronn 108

ISD Karlsruhe 115
ISD Kiel 108
ISD Köln/Düsseldorf 108, 111, 128, 130f.
ISD Leipzig 108, 244
ISD Mainz 108
ISD München 110, 128, 130, 126
ISD Nord 108
ISD Nordrhein-Westfalen 108
ISD Ost-Berlin 108
ISD Rhein-Main 108, 111, 116f., 129f.
ISD Stuttgart 108, 119
Isivivane (Zeitschrift) 238
Isolation 19, 42, 46, 58, 93, 98f., 103, 107, 111, 117, 133, 137, 175, 183, 195, 223, 243, 246, 295

Jena 242
Jim-Crow-Gesetze 24
Joliba (multikulturell-migrantische Organisation) 234, 300
Juden und Jüdinnen 24, 30, 51, 203, 293

Kalter Krieg 43, 47f., 62
Kamerun 38–40, 187, 277
Kampagne für Opfer rassistischer Polizeigewalt (KOP) 121
Kanada 115, 152, 190, 266, 358
Karibischer Karneval 236–237
Kassel 121, 149
Kenia 151, 195, 230
Kirchlicher Entwicklungsdienst 238
Kitchen Table: Women of Color Press 65f.
Koalitionspolitik 81
Köln 9, 81, 110, 110, 130f., 140, 149, 277
Kolonialismus 14, 23, 27, 33f., 39, 54, 72, 102, 162, 173, 218f., 231, 261, 265, 279f., 291, 296, 303, 305, 307
Kongo 174, 252, 278, 291

Kongo-Konferenz (1884, 1885) 38, 219, 230
Kuba 30, 305
KulturBrauerei 235
Kulturproduktionen 26, 46, 51, 54, 177

Lateinamerika 23, 49, 152, 161, 265, 267
Leipzig 108, 244
LesbenStich (Zeitschrift) 156, 190
Liberia Hilfsorganisation 239
Literatur Frauen e.V. (LIT) 198
London 140, 183, 190, 208, 215, 230, 236, 263, 265–277, 273, 291

Macht der Nacht (1992) 247
Maji-Maji-Aufstand (1905–1907) 293
Mali 129
Maori 269, 272, 282 f.
May Ayim Award 214
May-Ayim-Ufer 215
Mittelpassage 35, 74 f., 173, 218
Mixed-Race-Personen 23, 192 f., 301, 384
Mosambik 48, 251, 291, 305
Mouvement pour la défense des droits de la femme noire (MODEFEN, Bewegung zur Verteidigung der Rechte Schwarzer Frauen) 277, 362
Ms. (Zeitschrift) 205
Multikulturalismus 48, 51, 196 f., 201, 314
München 110, 114, 130 f., 141, 149, 152, 167, 222, 234, 274
Muslim*innen 48, 51

Nama 123, 293
Namibia 38, 123, 230, 293
National Women's Studies Association (NWSA) 69 f.

Nationalismus 199, 241
Nationalsozialismus 22, 72, 188, 242
Ndebele 271
Négritude-Bewegung 301
Neofaschismus 34, 48, 54, 120, 196, 208, 232, 256, 276, 293
Neuseeland 258, 268 f., 272, 283, 289
Niederlande 41, 151, 198, 207, 230, 261, 268, 273, 278, 284, 358
Nigeria 87, 114, 117, 151, 215, 251, 291
Nogoma-Leipzig-Gruppe 180
Nomzamo 172
Nozizwe (migrantische Frauenorganisation) 238, 251, 254, 274
NPD 365
Nürnberger Gesetze 24 f.

Onkel Tom's Faust (Magazin) 125 f.
Organisation for Women of African and Asian Descent (OWAAD) 137, 142
Orlanda Frauenverlag 140, 181, 199, 211, 286
Ostafrika 38
Ost-Berlin 43 f., 108, 262
Ostdeutschland 43, 48, 91, 108, 154, 299
Österreich 228, 302, 313

Pacific Women's Network 361
Pamoja (österreichische Organisation) 122, 329
Pan African Forum (PAF) 217
Pan-Africanism Working Group 234
Panafest 210
Panafrikanismus 253
Pan-European Women's Network for Intercultural Action and Exchange (AKWAABA) 209
Pegida 365
People's Art Ensemble 248

Politik und Poetik der Repräsentation
    19, 51, 100f., 116, 136, 181, 199, 225,
    299
Polizeigewalt   51, 121f., 291

Racial Profiling   121, 233
Raumpolitik   31, 46, 55, 101f., 124, 135,
    148, 161, 217f., 234, 240, 256, 297
real life: Deutschland (Theaterstück)
    226
Rom*nja   24, 203
Ruanda   38, 256

#Schauhin   364
Schokofabrik   79f.
Schomburg Forschungszentrums
    für Schwarze Kultur   269
Schriftstellerinnensymposium
    (Saint Croix, 1981)   66
*Schwarze Frauen der Welt. Europa und
    die Migration* (1993)   262, 286
Search for Education, Elevation, and
    Knowledge (SEEK)   63
Senatsverwaltung für Kulturelle
    Angelegenheiten   238
Senegal   248, 302
Shona   271
Showing our Colors (1992, siehe auch
    Farbe bekennen, 1986)   122, 190
Sierra Leone   230
Sim da Vida (afrobrasilianisches
    Magazin, *Ja zum Leben*)   202
Simbabwe   266, 268, 270f.
Sinti*zze   24, 203
Sister Outsider (Organisation)
    94, 152, 323
Sisterhood   93, 165
SISTERS (Sisters in Struggle to Eli-
    minate Racism and Sexism)   152
»Sister's Pride«   150
Solidarität   11, 21, 30–32, 34f., 42,
    44f., 48, 54f., 59, 78, 98, 114,
    119f., 125, 133, 139, 142, 144, 152,
    163, 167–169, 186, 199, 203, 208,
    217, 224, 228, 236, 240, 250–288,
    291, 295f.
Somali Women's Association
    (SOMFV)   121
Somalia   240, 251, 296
SOS Rassismus (Organisation)   274
SED   30, 43f.
Sozialistischer Deutscher Studenten-
    bund (SDS)   139
SPD   48, 51, 285, 295, 365
Speak Out (Newsletter)   142
Spiegelblicke (2015)   228, 232f.,
Staatsangehörigkeit   26, 31, 47, 115,
    119, 295
Staatsbürgerschaft   21, 24f., 35, 39, 47,
    49f., 115, 161, 179, 193, 207, 240,
    244, 246, 296, 312
Strangers (Magazin)   128
Struggle of Students (SOS)   121
Stuttgart   82, 87, 108, 119, 151, 238
sub rosa Frauenverlag   69, 316
Subculture (Newsletter)   128
Südafrika   35, 93, 114, 129f., 172, 198,
    210, 221, 226, 230f., 240, 248,
    250–253, 256, 258, 269, 272, 276,
    282f., 289, 296
Sudan   253
Südwestafrika   38, 305
südliche Sahara   251

Tansania Community Berlin   238
Tansania   38, 238, 240, 253, 293
Tarantel (Zeitschrift)   342
The Hot Chocolates (Band)   335
»The Black Atlantic« (Ausstellung)
    215
Time to Time (Band)   131, 331
Togo   38, 64
Translokalität   114, 120, 220f., 234f.,
    236, 238, 250, 255f., 296

Transnationalität 32 f., 35, 54, 57, 59, 70, 74, 126, 138, 169, 178–257, 260–262, 266 f., 275, 288 f., 296
Tricontinental-Konferenz (1966) 301
Trinidad All Stars (Band) 236

Uganda 230, 248, 270, 358
Umoja Afrika Center 238
United Nations (UN, Vereinte Nationen) 47, 65, 69, 123, 262–264, 268 f., 271, 276, 281 f., 285, 358, 361
UNESCO 30, 209, 214, 264
Unsere Zeit (Zeitung) 224
Unsichtbarkeit 31, 107 f., 134, 188
Unsichtbarmachung 19, 26, 114, 159, 175

Verband binationaler Familien und Partnerschaften 274
Verband Deutscher N… 40
Vereinigte Staaten (USA, auch Nordamerika) 9, 11, 14 f., 118, 161, 243, 263, 266

Vertrag von Maastricht (1993) 50
Vertrag von Waitangi (1840) 272, 283
Vertragsarbeiter*innen 30, 305
Verwandtschaftsbeziehungen 20, 25, 52, 55, 59, 66, 79, 81, 83, 85, 88, 90, 93, 95–98, 105, 133, 135–177, 218, 225, 273, 278, 335, 384
Volksrepublik Benin 64, 170

Weltkirchenrat (Ökumenischer Rat der Kirchen, ÖRK) 109, 152, 274
Werkstatt der Kulturen 235, 248 f.,
Westindische Föderation 237
Wiesbaden 103–106, 111, 124, 149, 222 f.
Wissensproduktion 22, 127, 177, 272
Witnessed (Literaturprojekt) 349
Würzburg 234

Young Black Soul 108

Zweiter Weltkrieg 14, 28, 293, 304

Dank

Wow: Es hat lange gedauert, an diesen Punkt zu gelangen. *Black Germany* war es wert! Während ich dieses Buch schrieb, habe ich mich weiterentwickelt und viel darüber erfahren, wer ich als Forscherin, Denkerin, Wissenschaftlerin, Aktivistin und Freundin bin. Ich habe gelernt, familiären Verpflichtungen auf neue Weise gerecht zu werden, wenngleich ich an dieser Front bis heute zu kämpfen habe. Dennoch war es keine leichte Aufgabe, dieses Buch zu schreiben, und ich müsste lügen, würde ich meine wiederkehrende Verzweiflung verschweigen. Ich litt an Zuständen von Depression und Traurigkeit, was meine Ängste und Unsicherheiten nur verstärkte. Doch ich blieb standhaft! Ich habe durchgehalten, weil viele Familienmitglieder (biologische und selbstgewählte), Freund*innen und Kolleg*innen mich wieder aufgerichtet und mich darin bestärkt haben, dieses Buch zu schreiben. Ich möchte jenen Menschen meine Dankbarkeit versichern, die mich und dieses Projekt über die Jahre geprägt, unterstützt und geliebt haben.

Als Erstes muss ich in die Zeit meines Grundstudiums an der Florida State University zurückkehren. Ich möchte allen meinen Professor*innen dort danken, vor allem aus den Fachbereichen Moderne Sprachen/Linguistik und Geschichte. In Moderne Sprachen/Linguistik ging ich am liebsten in die Seminare von Birgit Maier-Katkin, in denen ich meine deutsche Stimme und einen kritischen Blick für Literatur entwickelt habe. In Geschichte verkörperte Maxine Jones alles, was eine afroamerikanische Historikerin sein und erreichen konnte. Sie war die einzige afroamerikanische Professorin des Fachbereichs und ermunterte ihre Studentinnen zu außergewöhnlichen Leistungen. Beide haben mich und mein akademisches Interesse maßgeblich geformt.

Wenngleich sich meine Studienerfahrungen an der University of Wisconsin-Madison auf verschiedenen Ebenen als schwierig erwiesen, bleibe ich dankbar für die Professor*innen und Freund*innen, die ich dort kennenlernte. Zu den Professor*innen zählen Rudy Koshar, James Sweet, Brenda Gayle Plummer, B. Venkat Mani und Sabine Mödersheim. Ich traf viele großartige Student*innen, von denen viele heute Professor*innen sind, darunter Crystal Moten, Chris Fojtik, Erika Hughes, Kathy Kae, Solsi del Moral, Andreas Matias-Oritz, Gabby Kuenzli und Stacy Milacek. An der University of South Carolina wurde ich von vielen Menschen beeinflusst. Zunächst und vor allem möchte ich meiner fantastischen Tutorin Ann Johnson danken. Erst ihr Glaube an mich ermöglichte es mir, als Wissenschaftlerin erfolgreich zu sein. Mochten andere an der Fakultät meine Fähigkeiten in Frage stellen, sie hatte keinerlei Zweifel. Tatsächlich erreichte ich unter ihrer Aufsicht glänzende Leistungen. Ich schloss meine Dissertation ab und bekam eine befristete Stelle an der Universität. Traurigerweise starb Ann 2016 und konnte den Abschluss dieses Projekts nicht mehr miterleben. Ich glaube, sie wäre stolz auf mich gewesen. Ich möchte noch weiteren Professor*innen an der USC danken: Carol Harrison, Yvonne Ivory, Matt Childs, Dan Littlefield, Emil Kerenji, Anne Gulick, Kathryn Edwards und Bobby Donaldson. Carol hat mich über meinen Studienabschluss im Jahr 2013 hinaus unterstützt. Ich hatte eine nette Gruppe an der USC, zu der Candace Cunningham, Gabby Dudley, Christiane Steckenbiller, Sarah Scripps, Tara Strauch, Michael Woods, Laura Foxworth, Kathryn Silva und Ramon Jackson gehörten. Nach der USC verbrachte ich eine kurze Zeit in Bloomington, Indiana. Ich möchte den Menschen danken, die ich innerhalb und außerhalb des Fachbereichs Geschichte kennenlernen durfte: Ellen Wu, Micol Seigel, Wendy Gamber, Jason McGraw, Christina Snyder, Felicity Turner, Claudia Drieling und Susan »Suz« Eckelmann Berghel. Vor allem mit Susan bin ich seitdem eng befreundet, und ich bin dankbar, dass sie Teil meines Lebens ist.

Die ganzen Jahre über unterstützten mich viele Menschen und Institutionen und ermöglichten meine Forschung. Ich danke diesen Kolleg*innen, Freund*innen und anderen. In Deutschland gab es viele liebenswürdige Menschen, die Zeit mit mir verbrachten. Sie luden mich zu sich nach Hause ein und machten mir die Zeit angenehm: Ria Cheatom, Marion Kraft, Katharina Oguntoye, Cassandra Ellerbe, Paulette Reed Anderson, Ricky Reiser, Ika Hügel-Marshall, Dagmar Schultz, Silke Hackenesch, Inez Templeton, Andreas Kurz, Rebecca Brückmann, Katrin Summa sowie Helga und Andreas Mandt. Ein besonderer Dank gilt einer meiner besten Freundinnen, Inika »Inie« Otto. Unsere über zwanzigjährige Freundschaft war Balsam für mein Leben, und ich bin froh, dass wir einander im Englisch-Leistungskurs gefunden haben. Ich möchte auch Alicia Villarosa vom Villarosa Verlag sowie den Archivarinnen von Spinnboden Lesbenarchiv und Bibliothek e.V. in Berlin danken, dem Universitätsarchiv der Freien Universität Berlin (insbesondere Frank Lehmann und Birgit Rehse), dem Frauenforschungs-, -bildungs- und -informationszentrum in Berlin und der Zentralen Bibliothek Frauenforschung, Gender & Queer Studies in Hamburg. In den Vereinigten Staaten möchte ich den Archivarinnen der Spelman Archives in Atlanta danken (besonders der verstorbenen Taronda Spencer, Holly Smith und Kassandra Ware). Ich danke Diana Ejaita für die großartige Grafik, die ich für das Cover meines Buches verwenden durfte.

Darüber hinaus freue ich mich, folgende Stipendien erhalten zu haben: das Dr. Richard M. Hunt Fellowship for the Study of German Politics, Society, and Culture des American Council on Germany, das Faculty Research Grant des Feminist Research Institute an der University von New Mexico, ein Stipendium des Deutschen Akademischen Austauschdienstes (DAAD), das Ceny Walker Graduate Fellowship des Walker Institute of International and Areas Studies an der University of South Carolina, das Becht Family Endowment Fund Dissertation Preparation Fellowship der University of South Carolina, das College of Arts and Sciences Dean's Dissertation Fellowship der University of South Carolina und das Rhude M. Patterson Trustee Graduate Fellowship der University of South Carolina. Diese Unterstützung ermöglichte es mir, Forschungsreisen nach Europa und in den Vereinigten Staaten zu unternehmen.

Außerdem möchte ich den verschiedenen Wissenschaftler*innen-/Archivar*innen-Generationen für Black German Studies beiderseits des Atlantiks danken. Ich schätze ihre Bemühungen innerhalb und außerhalb der akademischen Welt: Joshua Kwesi Aikins, Robbie Aitken, Christine Alonzo, Maisha-Maureen Auma, May Ayim, Carol Blackshire-Belay, Jeff Bowersox, Eddie Bruce-Jones, Tina M. Campt, Ria Cheatom, Sonya Donaldson, Jasmin Eding, Fatima El-Tayeb, Nadine Golly, Judy Gummich, Silke Hackenesch, Leroy Hopkins, S. Marina Jones, Natasha A. Kelly, Katja Kinder, Kevina King, Philipp Khabo Koepsell, Marion Kraft, Priscilla Layne, Sara Lennox, Heidi Lewis, Azziza Malanda, Peter Martin, Nancy Nenno, Katharina Oguntoye, Sharon Dodua Otoo, Rosemarie Peña, Peggy Piesche, Vanessa Plumly, Paulette Reed Anderson, Ricky Reiser, Eve Rosenhaft, Marilyn Sephocle, Kim Singletary, Kira Thurman, Victoria Toney-Robinson, Jamele Watkins, Alexander Weheliye, Michelle Wright sowie anderen, die ich hier vergessen haben könnte. Mein aufrichtiger Dank gilt Vanessa und Jamele, die mehrere Kapitel des Buches gelesen haben, meine Zweifel ausräumen konnten und sehr rücksichtsvoll waren. Vor allem Vanessa ist mir bis heute eine liebe Freundin und Kollegin, die ich zu schätzen gelernt habe. Ihr danke ich von ganzem Herzen. Ich möchte Dagmar Schultz danken, die mir erlaubt hat, einige ihrer Materialien zu verwenden. Dank gilt auch anderen Wissenschaftler*innen, die sich trotz voller Terminpläne die Zeit genommen haben, meine Arbeit zu lesen und mir Feedback und/oder Unterstützung zu geben: Rebecca Brückmann, Susan Eckelmann Berghel, Mary Dudziak, Felix Germain, Jennifer Foray, Silke Hackenesch, Kennetta Hammond Perry, Jane Jones, S. Marina Jones, Nicholas Jones, Robin Mitchell, Crystal Moten, Nancy Nenno, Vanessa Plumly, Kimberly Singletary, Vanessa Valdés und Jamele Watkins. Beide Vanessas (Plumly und Valdés) haben zusammen mit S. Marina Jones und Silke Hackenesch große Teile des Buches gelesen, wofür ich ihnen verbunden bin. Sie haben es zu einem besseren Buch gemacht, und ich stehe in ihrer Schuld. Sollte es dennoch Fehler enthalten, sind es meine eigenen.

Ich habe Teile von *Black Germany* in den Vereinigten Staaten und in Europa vorgestellt und weiß die vielen Diskussionen darüber zu schätzen. Für ihre freundlichen Einladungen, klugen Kommentare und prägnanten Fragen danke ich den Doktorandinnen Pamela Ohene-Nyako und Mélanie Evely Petremont von der Universität Genf, Nina Martin, Louna Sbou und Nora Chirikure vom Be'Kech Anti-Café in Berlin; Vance Byrd und Javier Samper Vendrell vom Grinnell College, Jamele Watkins von der Stanford University, Tanya Nusser, Sunnie Rucker-Chang und Felix Chang von der University of Cincinnati, Martin Sheehan von der Tennessee Technological University, Christoph Ribbat und Alexandra Hartmann von der Universität Paderborn; Derek Hillard und Janice McGregor von der Kansas State University und S. Marina Jones vom Oberlin College.

Seit ich 2013 an die University of New Mexico kam, schätze ich die Unterstützung, die ich dort erhalte. Mein Dank gilt den Kolleg*innen (ehemalige und aktuelle) vom Fachbereich Geschichte für ihre Zuwendung, Unterstützung und Freundschaft. Viele von ihnen sorgten für Essen, Heiterkeit und Getränke: Tamsen Song Anderson, Melissa Bokovoy, Judy Bieber, Cathleen Cahill, Sarah Davis-Secord, Jeffrey Erbig, Kimberly Gauderman, Fred Gibbs, Linda Hall, Luis Herrán Ávila, Elizabeth Hutchinson, Tamara Kay, Barbara Reyes, Mike »Rockstar« Ryan, Enrique Sanabria, Andrew Sandoval-Strausz, Virginia Scharff, Jane Slaughter, Myra Washington und Shannon Withycombe. Aus der größeren Community von Albuquerque möchte ich Cynthia Suchomel und Yoni Young für ihre Liebenswürdigkeit und Fürsorge danken. Namaste! Ich möchte sogar meinen Hater*innen danken. Sie wissen, wer gemeint ist, und ich schätze ihre Skepsis mir gegenüber, da sie mich nur angespornt haben, mehr zu erreichen. Danke!

Ich bin glücklich, dass ich dieses Buch mit Dawn Durante von der University of Illinois Press entwickeln konnte, und ich fühle mich geehrt, dass ich Teil der von Keisha N. Blain und Quito Swan herausgegebenen Black-Internationalism-Reihe sein darf. Dawn zeigte sich begeistert und gab mir Mut. Sie unterstützte mich auf allen Etappen meines Weges und glaubte an das Projekt, als andere zweifelten. Ich möchte auch den beiden Gutachtern des Manuskripts danken, die das Buch auf erhebliche Weise mitgeformt haben.

Ich danke meiner Familie – Glenda, David, Bill und Peg – für ihre Liebe, Fürsorge und Unterstützung. Tiefe Dankbarkeit empfinde ich meiner Mutter (Glenda) und meinem Partner (David) gegenüber, die an mich und dieses Projekt geglaubt haben. Mum war immer meine größte Cheerleaderin, und sie war ein Anker in meinem Leben. Mit ihrem Zuspruch und ihrer unerschütterlichen Liebe haben sie mich stärker unterstützt, als ihnen bewusst ist.

Zuletzt du, mein lieber Isaac: Danke, dass du mein Herz mit Liebe füllst und meinem Leben Sinn gibst. Isaac wurde geboren, während ich noch herauszufinden versuchte, was ich mit diesem Projekt anfangen soll, und stellte meine Welt buchstäblich auf den Kopf. Hihi! Ich bin froh, dass du zum richtigen Zeitpunkt in mein Leben gekommen bist, und hoffe, du wirst dieses Buch eines Tages lesen.

***

Teile der Kapitel eins und vier wurden in kürzerer Form veröffentlicht als »Emotional Connections: Audre Lorde and Black German Women«, in: Stella Bolaki/Sabine Broeck (Hrsg.): *Audre Lorde's Transnational Legacies*. Amherst, University of Massachusetts Press 2015, S. 135–147.

Eine überarbeitete Version des dritten Kapitels wurde unter dem Titel »Connected Differences: Black German Feminists and Their Transnational Connections in the 1980s and 1990s«, in: Friederike Brühöfener/Karen Hagemann/Donna Harsch (Hrsg.): *Gendering Post-1945 German History. Entanglements*. New York, Berghahn 2019, S. 229–249, veröffentlicht.

Teile der Einleitung sowie des zweiten und vierten Kapitels erschienen als »Distant Ties. May Ayim's Transnational Solidarity and

Activism«, in: Keisha N. Blain/Tiffany M. Gill (Hrsg.): *To Turn this Whole World Over. Black Women and Internationalism.* Chicago, University of Illinois Press 2019, S. 74–97.

Eine Frühform des sechsten Kapitels erschien als »Transnational Feminist Solidarity, Black German Women, and the Politics of Belonging«, in: Toyin Falola/Olajumoke Yacob-Haliso (Hrsg.): *Gendering Knowledge in Africa and the African Diaspora. Contesting History and Power.* New York, Routledge 2017, S. 87–110.